인류시원문명 요하문명은
한반도로 흐른다

요하문명은
한반도로 흐른다

Yoha civilization
is to the Korean Peninsula
It's flowing

이대구 지음

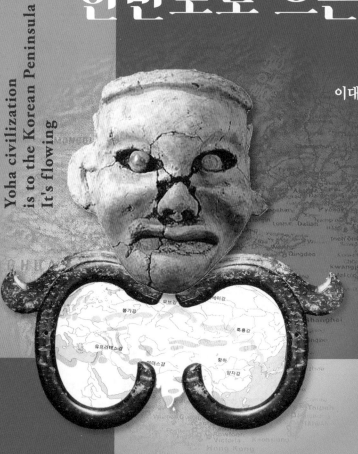

RI MEDIA

차 례

I

**인류의
기원설과 DNA,
그리고 고고학**

C o n t e n t s

VI

**중국문명과
요하문명
그리고 고조선**

C o n t e n t s

VII

**요하문명과
단군신화**

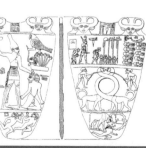

Contents

머리말

1. 단군에 얽힌 세 사람의 이야기

오늘날 우리 겨레는 우리의 선조들이 남긴 자취인 소중한 사료가 매몰되어 우리의 상고사는 신화나 전설의 베일속에 거의 잃거나 잊어버리고 그 진실을 모두 잃어버린 채 그 주체를 모르고 비틀거리고 있고, 수만 년 동안 우리의 선조들이 이룩한 숭고하고 거룩한 역사와 문화의 뿌리, 그 실체를 찾는 일이 무엇보다 우선시되어야 할 것이다.

우리는 어떠한가? 뿌리를 같이하고 있는 동족끼리 그 사상을 달리하는 분단국가로 대립하고 있지 않은가! 민족주의란 독립된 의식이 있어야 한다. 그러나 그처럼 민족주의를 내세우며 민족과 나라를 사랑한다는 정치인들은 그것이 한낱 자신들의 영달만을 위해서 빌려온 입 잔치에 불과했음을 그들이 만들어 나온 역사의 수레바퀴가 말해주고 있지 않은가. 어느 누구에게나 자기 조상이 있는 것처럼 어느 민족이나 자기 민족의 뿌리와 형성과정을 알고 싶은 것은 자연스런 지적 욕구라고 할 수 있겠다. 그러나 우리 겨레의 역사는 일제 식민주의 사관에 의해 근원적으로 철저하게 왜곡되었으며, 근세에 와서는 유교가 국시로 됨으로써 상고사 연구의 귀중한 자료가 되는 『환단고기』·『부도지』, 『조대기』와 같은 고대의 수많은 비서(祕書)들이 외세의 침탈로 사고가 불태워지고, 주체성 없이 사대주의나 모화사상에 물들어 국왕(王)의 명(命)으로 금서(禁書)가 되고[1], 국가적으로 수거하여 소각됨으로써 『부도지』[2]의 마고성 천부가 황궁씨·유인씨·환인씨(桓仁)·환웅씨(桓雄)·임검씨·부루씨·읍루씨를 거치면서 단군(檀君)에서 신라로 이어지는 한민족의 1만여 년의 장엄한 역사[3]는 망각의 어두움 속으로 사라져 버린 실정이다. 우리나라 역사학자들이 역사학의 입문에 가장 먼저 알아야 할 사항이 자료상의 그 많은 문헌 사료들이 왕명에 의해 금서(禁書)가 된 연유부터 먼저 규명해야 될 일인데, 일제의 잔학한 행위가 많은 문적의 서책들이 몰수·소각한 그 까닭부터 알아야하고 가장 시급히 복원되어야 할 우리의 참된 역사복원이어야 할 텐데, 광복 78주년이 되었으나, 자국의 역사에 대한 역사의 문맹인으로서 깨우침을 터득하지 못한 현실이 심히 우려하고 싶고 개탄스럽기도 하다.

---

1   심백강 『한국 상고사 환국』 2022, 바른역사, p22
     조선왕조 『세조실록』에 세조 3년(1457년) 5월26일 무자 3번째기사.
     팔도관찰사에게 유시하기를 "『古朝鮮秘詞』, 『大辯說』, 『朝代記』, 『周南逸士記』, 『誌公記』, 『表訓三聖密記』, 安含老 원동중 『三聖密記』, 『道證記』, 『智異聖母河沙良訓』, 文泰山 王居人 薛業 등 『三人記錄』, 『修撰企所』 1백 권과 『動天錄』, 『磨蝨錄』, 『通天錄』, 『壺中錄』, 『地華錄』, 道詵 『漢都讖記』 등의 문서는 私處에 간직해서는 안되니, 만약 간직한 사람이 있으면 진상하도록 허가하고, 자원하는 서책을 가지고 回賜할 것이다 그것을 관청, 민간 및 寺社에 널리 효유(曉喩)하라,"
2   박제상 원저 윤치원 편저 『부도지』, 2009, 대원, p 139.
     부도지는 4세기경 신라의 중신 박제상(朴堤上:363~419 ?)공에 의해 집필되었다. 신라 내물왕 28년 간관(諫官)으로 임명되고 태학사를 지낸 뒤, 414년 삽량주(歃良州)의 간(干)으로 임명되어 태학사(大學士)로 있을 때 자료와 가전비서(家傳祕書)를 정리하여 징심록(澄心錄) 15지를 저술하였으나 '부도지(符都誌)'가 바로 그 중의 첫 번째 책이다. 부도(符都)라는 말은 하늘의 뜻에 부합하는 나라라는 뜻이다. 징심록은 3교(敎)15지(誌)로 되어 있는데, 상세내용은 생략.
3   『부도지』 박제상 엮음, 김봉열 옮김, 마고문화, 2019, p 16, 69

나에게도 일상적인 생활고의 찌드름에서 점차적으로 조금의 여유와 시간이 늘어나면서 역사 서적들을 두루 접하면서 어떤 때는 다독이고, 때로는 정독을 하기도 하면서 어느덧 나의 살림살이에 서재라고 할 수는 없으나, 살림살이에 적지 않은 비중을 차지하게 되었고, 지금이야 이사할 일이 없지만 새로이 살 집을 찾아서 이사하는 날이면, 애물단지처럼 가족들에게는 거추장스럽게 여겨지는 눈빛과 이사짐센타의 이사 비용에 추가되기도 하였다. 그러는 사이 조금씩 쌓여가는 가운데 제법 서책이 늘어나 작은 방 한 가득에 끼워 넣을 곳 한 톨도 없는 공간으로 되었다. 그러는 가운데 역사에 흥미를 더해감은 어디서 오는 걸까. 이 세상에서 최고의 정체성을 갖는 실체가 있다면 오로지 자기의 나라에 대한 역사와 역사적인 진실을 알아가는 일이 흥미와 자아를 도취시키는 일이 아닌가 한다. 역사적 관심이 상상 이상의 열정이 생겨나고 단재 신채호의 저작과 만나면서 내가 보아 온 책속에서 항상 의문의 연속으로 역사가인 전문가나 역사학자라고 하는 사람을 만나면 물어보는 일이지만, 어느 누구에게나 한결같이 시원한 대답을 기대할 수 없었다. 평상시 관심을 가지고 의문을 가진 것은 그것도 우리나라의 사람이 아닌 외국인(他國)의 세 사람이 던진 말과 글이다.

세 사람에 대한 이야기를 하면 웬만한 관심과 상식을 가진 사람이면 다 아는 인물들인데 항상 의문이 따랐다.

그 첫 번째로 너무나 유명한 인도 최고의 지성인의 한 사람이기도 한 그는 세계적인 석학이고, 동양인 최초로 노벨문학상(1913년)을 받은 인도의 시성(詩聖) 라빈드라나트 타고르(Rabindranath Tagore(1861~1941년)는 우리나라를 최고 지성의 샘에서 솟는 신의 목소리로 예찬한 "동방의 등불"이라고 찬탄하면서 오지 못한 상황에서 기자에게 건네준 한편의 시, 타고르는 왜 그 같은 아름다운 시(詩)를 남겼을까?, 왜 동방의 등불이라 했을까? 다음과 같은 시를 남겼다.

"일찍이 아시아의 황금시대에

빛나던 등불 하나 코리아

그 등불이 다시 켜지는 날

너는 동방의 밝은 빛이 되리라

마음엔 두려움이 없고

머리는 높이 들린 곳

지식은 자유롭고

좁은 담 벽으로 세계가 조각조각 갈라지지 않는 곳

진실의 깊은 곳에 말씀이 솟아나는 곳

끊임없이 노력으로 완성을 향해 팔을 벌리는 곳

무한히 퍼져 나가는 생각과 행동으로

우리들의 마음이 안정되는 곳

그러한 천국으로 내 마음의 조국, 코리아여! 깨어나소서"

"그 빛이 다시 켜지는 날에 동방의 빛이 되리라"고 한 이 한마디는 지금 이 순간에도 우리 겨레의 양심을 고동치게 하는 맥박을 억지할 수가 없습니다. 그 연유를 찾아보면 상고시대의 이야기로 신라 때 박제상의 『부도지(符都誌)』에 따르면 약 7만 년 전[4] 파미르고원에 인류사의 시원

---

4   정연규·신세용 『파미르고원의 마고성』, 2021, 한국문화사. p 22
     정연규 『수메르 이스라엘 문화를 탄생시킨 한민족』 2004, 한국문화사. p 24
     정연규·송래선 공저 『한겨레의 역사와 얼은 인류사의 뿌리』 2004, 한국문화사, p 20, 21, 259
     지구상에서 가장 오래된 사료를 기록한 학자는 『삼성기』를 남긴 원동중(元董仲)과 레무리아 대륙의 무(Mu)제국에 관한 사료를 제공해 준 영국의 고고학자 제임스 처치워드(James Churchward)이며, 자료로는 작자를 알 수 없는 메소포타미아의 왕명표이다. 이 세 자료들이 약 7만 년 전의 인류사에 관한 매우 중요한 정보를 우리에게 제시한 것으로 생각한다. 제임스 처치워드는 50년 동안 인도, 미얀마, 티벳, 이집트 등의 나아칼(Naacal)의 점토판을 발굴, 해독하

지라고 볼 수 있는 마고성 여권씨족사회(女權氏族社會)가 있었고, 이 씨족들이 네 파로 나뉘어 사방으로 이동을 시작했다. 청궁(靑穹)씨는 동쪽 운해주(雲海州), 파미르고원의 동쪽, 지금의 중국의 중원지역으로 가고, 백소(白巢)씨는 권속을 이끌고 서쪽 월식주(月息州), 파미르고원의 서쪽 중동 근동지역으로 가고, 흑소(黑巢)씨는 권속을 이끌고 남쪽 성생주(星生州), 파미르고원의 남쪽, 인도 및 동남아지역으로 가고, 황궁씨(皇穹氏)족은 권속을 이끌고 북쪽 천산주(天山州), 파미르고원의 북쪽 천산산맥지역으로 가니, 천산주는 매우 춥고 위험한 땅이었다.[5] 황궁씨는 천산주시대의 맏이로 우두머리이며, 그 법통이 아들인 유인(有因), 환인(桓因), 환웅(桓雄), 단군(檀君)으로 이어져 온 우리들의 직계 조상들이고, 이동 생활하였다고 한다.[6] 그 중 흑소씨(黑巢氏)족이 동남아로 이동하여 나가(Naga), 마야(Maya) 및 타밀문화를 이룩한 주역들이라 생각된다. 인더스 강은 다른 문명의 발상지와 같이 기름진 농경지대를 형성하고 있을 뿐만 아니라 바다와 육지양면으로 중동지방과의 통상의 길이 열려져 있고, 강의 오른쪽 변에 있는 모헨조다로(Mohenjo Daro)는 1920년

여 그의 저서를 통하여 다음과 같이 말하고 있다. 「나는 티벳의 사원에서 추정의 실마리가 되는 나아칼의 점토판을 발견했다. 그것에 따르면, 약7만 년 전 나아칼이 어머니 나라의 신성한 책(천부경), 거룩한 영감의 책의 사본을 위글(Uigur) 수도로 가져왔다.」고 했다. 또한 메소포타미아의 왕명 표에는 「왕권이 하늘에서 내려와 먼저 에리두에 있었다. 에리두에서는 아무림이 왕이 되어 28,800년간 통치하였다. 아라르가르는 36,000년 간 통치하였으니 두 왕은 합하여 64,800년간 통치하였다.」고 했다. 『삼성기』에는 「환인 7세의 역년이 3,301년, 혹은 63,182년이다.」라고 기록하고 있다. 증선지(曾先之)가 집필한 『십팔사략』은 반고의 뒤를 이은 황제로 천황(天皇), 지황(地皇), 인황(人皇)을 들고 있으며, 인황(人皇)씨와 그들 씨족들이 150대를 이어 45,000년을 집권했다고 했다. 위 공통된 약 70,000년 전이라는 년대는 인류사가 파미르고원에서 시작되었음을 우리에게 알리고 있다,

5   『부도지』 박제상 엮음, 김봉열 옮김, 마고문화, 2019, p 15~17,
     『부도지』 빅제상 지음, 김은수 번역·주해, 한문화멀티미디어, 2021 p 18~25
     『박제상』원저 윤치원 편저 『부도지』, 2009, 대원출판, p 144~162.
6   정연규·신세용 『파미르고원의 마고성』 한국문화사, 2012, p 33
     정연규·송래선 공저 『한겨레의 역사와 얼은 인류사의 뿌리』 2004, 한국문화사, p 22.

영국의 고고학자들에 의하여 발굴되어 동기(銅器)문화의 발달을 알려주고 있으며, 동으로 만든 그릇, 왕후의 상, 설형문자 등이 발굴되었다. BCE.1500년경 북쪽의 아리안계 인종이 침입하여 왕국을 세우고 인도문명을 형성하게 되었다. 이 아리안계는 지금의 고비사막에서 왕국을 세운 위굴족으로 그들의 수도가 칼라 코트(Khara Khoto)였다. 유목을 주로 하던 그들은 농경을 주로 하던 원주민을 정복하여 베다(Veda)라는 종교문학을 이루었다.[7] 그러므로 이때를 베다시대라고 한다.

또한 아리안계와 드라비다 계 이외에 인도에 먼저 들어온 종족이 나가(Naga)와 마야(Mayas)족이다. 히포리트 파우춰(Hippolyte Fauche)는 고전 라마야나(Ramayana)를 번역하고, 「인도에 처음 들어와 정착한 사람들은 마야(Maya)족이라 하고, 그들은 "어머니 나라"를 떠나 미얀마로 이동했는데, 그곳에서는 그들을 나가족(Nagas)이라고 불렀다. 그 후 다시 인도로 이동하고 인도에서는 그들을 다나바스(Danavas)족이라 했다. 그 후 마야족은 대양을 종횡으로 누비는 황해사들 이었다. 그들은 큰 도시와 궁전을 짓고, 먼 옛날에 고도의 문명을 누렸다. 그들은 용감한 병사」였다는 기록이 있다.[8] 위러(Wheeler)는 그의 저서 『인도의 역사(History of India)』에서 "마야족은 35000년 전에 인도에 이동하여 힌두제국을 세운 나가 제국의 마야 왕자에서 이어온 세계의 종족들이다."라고 했다. 불교 석가의 어머니가 마야의 부인이며, 미 대륙에 이주하여 마야와 잉카 문명을 건설한 종족들도 같은 세계로 생각한다. 마야 종족들은 우수한 과학자들이며, 건축가로 알려져 있다. 나가족은 파타라(Patala)에서 왔으

---

7   정연규·신세용 『파미르고원의 마고성』 한국문화사, 2012, p 138
8   정연규·신세용 『파미르고원의 마고성』 한국문화사, 2012, p 138
     정연규 『한겨레의 역사와 문화의 뿌리를 찾아서』 2008, 한국문화사, p 311

며, 이 파타라는 나아가 말로 "태양의 나라"를 뜻한다고 한다. 나가족은 첫 힌두제국을 건설했으며, 그들의 첫 왕을 태양신 라마(Ra Ma)라고 했다고 한다. 나가(Naga) 제국은 35000년 전에 건설되었다고 하지만 정확한 연대는 알 수 없다.[9]

『부도지』에 따르면 마고성(麻姑城)[10]은 유라시아 대륙의 심장부이며, 세계의 지붕이라고 하는 파미르고원에서 출발한 우리 겨레는 일찍이 인도반도, 파미르고원, 천산, 적석산, 태백산, 알타이산에 진리의 등불을 밝혔으며, 이 등불을 『성경』에서는 "빛은 동방에서 온다."고 했으며 이 천부 진리의 등불을 높이 들고 전 세계를 밝힌 우리 겨레를 위해 인도의 시인 타고르는 "동방의 등불"이라 노래했던 것이다[11]. 우리는 하늘에 부합된 세상을 만들려고 하는 이상향을 향해 사람을 구하려고 하고 있다. 하늘나라가 우주공간에 있을까. 우주공간에는 하늘나라가 없다. 다만 사람의 마음속에 있는 하늘나라를 지상에 실현시켰을 때 비로소 천지인(天地人) 일체의 원리가 완성되는 것이다. 하늘을 공경하고, 땅의 고마움을 알고 사람답게 살아가는 세계, 그것이 우리 인류가 지향해야 할 세계이다. 천(天)·지(地)·인(人) 이념을 이해하려면 천산(天山), 천주(天主), 천간(天干)의 뜻을 이해해야 한다. 단군성조의 건국 이상과 고구려, 발해의 그 높은 민족정기를 일깨워주는 밝은 촛불, 동방의 등불 코리아가 되리라. 중국의 한족들은 자기들 나라를 세계의 중심이라 하여 중

9   정연규 『한겨레의 역사와 문화의 뿌리를 찾아서』 2008, 한국문화사, p 312.
10 마고성(麻姑城)은 중앙아시아의 심장부인 파미르고원에 있었다. 이 고원의 동북으로는 높이 7,000m, 길이 약 2,400km(6,000리)의 천산산맥이 동서로 길게 뻗어 있다. 그 남쪽에는 높이 7,000m,의 곤륜산(崑崙山)이 약 2,500km 길게 놓여있다. 천산과 곤륜사이에 폭이 약1,000km나 되는 타림분지가 동서로 길게 놓여 있다. 이 타림분자의 중앙에 길이 약 900km의 타클라마칸 사막이 있는데, 이 사막의 동쪽 입구는 돈황(敦煌)이요, 서쪽 경계는 파미르(Pamir)고원이다.
11 정연규·신세용 『파미르고원의 마고성』 한국문화사, 2012, p 15

화(中華)라고 부른다. 뿐만 아니라 주변에 있는 민족들은 모두 야만이라 하여 동이(東夷), 서융(西戎), 남만(南蠻), 북적(北狄)이라 했다.[12] 그러나 중국의 여러 사서들은 동이(東夷)는 군자국(君子國)이요, 크고 인자한 사람이 사는 곳이라고 다음과 같이 칭찬하고 있다. 백익(伯益)의 저서로 알려진 『산해경(山海經)』에도 "동이는 군자국으로 의관을 갖추고 칼을 차며 다투지 않는다"고 했다.[13]

『후한서』「동이전」 왕제칙기(王制則記)에 동방을 이(夷)라고 하는데, 어질고 생물을 좋아하므로 만물이 땅을 밀고 나온다. 천성이 부드럽다, 라고 했고, 이(夷)에는 구종(九種)이 있다고 하였다.[14]

그런데 고대사의 유일한 관찬서인 『삼국사기』에는 우리나라의 건국자인 단군에 대해 한마디도 없는 사실과 『삼국유사』의 결점을 비유하여, 일찍이 단재 신채호가 지적했듯이 불자(佛子) 일연(一然)이 지은 『삼국유사』에는 불법이 들어오지 않은 왕검(王儉)시대부터 인도의 범어(梵語)로 만든 지명과 인명이 가득 차 있다 하였다.[15] 실제로 국내 탐사팀에 의하면 우리 조상들의 흔적이 아직도 인도에는 세계 어느 지역보다 많이 남아있다고 한다.[16]

---

12   박제상 지음, 김은수 번역 『부도지』, 한문화 , 2021.p 238
13   『산해경』「해외동경」〔君子國在其北, 衣冠帶劍, 食獸, 使二大虎在旁, 其人好讓不淨. 有薰華草, 朝生夕死, 一曰在肝揄之尸北.〕
14   후한서 동이전.(《王制》云:"東方曰夷。"夷者,柢也,言仁而好生,萬物柢地而出。故天性柔順,易以道御,至有君子,不死之國焉。夷有九種 .....〕
15   신채호『조선상고사』. 비봉, 2014, p 31.
16   정연규『수메르 이스라엘 문화를 탄생시킨 한민족』한국문화사, 2004, 32~40
      언어학적으로 한국어와 드라비다언 어족과의 친연성을 주장한 한말(韓末)의 미국 선교사 헐버트(1863~1949)의 연구사례가 있으며, 1996년 3월 8일자 (중앙일보 한국문화를 닮은 문화 아세아 10만리) 기사이기도 하였지만, 탐사팀이 놀란 것은 구자라트주의 큰 길가에 한국 사람이면 60% 이상 읽을 수 있는 낯익은 글자들이었고, 우리 한글 자모와 같은 모양의 글자를 찾았는데, 부처의 말씀을 전하는 산크리스트어는 음성까지도 우리 한글과 닮은 것일까. 이는 『환단고기』「단군세기」의 3세 단군 가륵 2년(BCE. 2,181년)께서 삼랑(三郎) 을보륵(乙普勒)에게 명하여 정음(正音)

고조선은 그 이전 환국(桓國)시대 말기 곰과 호랑 등을 귀히 여기는 여러 부족들을 하나로 통일해 최초 단합된 민족국가를 이루었기에[17] 우리 역사의 기원(起原)으로 중요시되는 것이라고" 하였고, "역대의 사적을 엮어 가며 입에서 입으로 전해 내려왔다."고 하는 세년가(世年歌)라는 것이 있어 세년가가 전하는 대로이다. 세년가(世年歌)[18]는 한자가 보급되기 전 일찍이 정음(正音)의 원본 가림토(加臨土)와 각종 이두(吏讀)가 있었다.[19] 고구려 초기에 이두문자로 사서(史書) 유기(留記) 100권을 지었다고 『삼국사기』에도 기록돼 있다. 삼한시대에 쓰던 붓과 먹도 많이 발굴되었다. 고구려보다 앞선 삼한(三韓)에 글이 있었다는 증거라고 하였다.

이와 같이 고대 인도와의 관계가 단군시대부터 교류가 있었음을 강단사학은 국조 단군을 부정하고 있다. 그러나 『환단고기』, 『부도지』, 노래로 고대의 사적을 입으로 구전되어 온 「세연가」와 실록을 통하여 단군시대를 실사임을 증명하고 있다.

두 번째 사람은 20세기 초·중반에 서양철학의 전통이었던 존재를 증명하는 과정을 다른 각도에서 접근한 인간의 영역으로 하는 실존

38자를 짓게 하였다. 이것이 한글의 시원과 고조선 원형 문자인 가림토(加臨土)이다. 흑소씨(黑巢氏)족은 남쪽으로 이동하여 나아칼(Naacal), 마야문명, 타밀을 비롯한 드라비다 문명, 갠지스, 인더스 강 유역의 베다 문명을 건설한 주인공이라는 것이다.

17 심백강 『한국상고사 환국』 2022, 바른역사, p 52, 147.
18 세년가(世年歌)는 노래로 역대의 사적을 엮어가며 입에서 입으로 전해 내려왔다. 현존하는 세연가는 1973년 『조선왕조실록』 영인본이 발행되면서 세종실록 제40권, 세종10년 6월 유관(柳寬)이 올린 상서와 세종 18년 12월 유관의 조카 유사눌(柳思訥)의 상서에서 단군의 사적과 단군릉에 관한 사실이 세년가로 전해 내려오고 있고, 『標題音註東國史略』이란 책머리에 바로 동국 세년가가 기록되어 있다. 우리나라에서 없어진 세년가가 일본에 남아있다. 한국인 도공 14대 심수관(沈壽官)을 방문하여 일본의 조선인 도공들이 세운 단군사당 옥산궁의 축문과 축가에 전해오는 세년가를 법학자이면서 역사가인 최태영 교수님이 찾아내었다.
19 최태영 『한국 고대사를 생각한다』 눈빛 2019, p33

주의에 관해 가장 중심적인 세계 대표적인 철학자로 칼 야스퍼스[20]와 쌍벽을 이루는 한 사람으로 평가받는 독일의 마르틴 하이데거(Martin Heidegger:1889~1976)는 세계 역사상 가장 완전무결한 평화정치를 3000년 간이나 펼친 단군(檀君)시대를 안다고 했는데 어디서 어떻게 알고 그런 말을 할 수 있었을까?[21] 그런데 우리 강단사학자들은 그렇게 말한 세계적인 철학자의 말에 그 까닭이 무엇 때문일까? 하고 의문 속에서 알아보는 것이 우리의 역사학자들의 책임과 의무인 동시에, 본연의 자세일 텐데, 우리의 국조 단군(檀君)을 부정하고 단군(檀君)은 실사(實史)가 아닌 만들어진 신화(神化)[22]로 치부하고, 아니면 연구자의 본연의 의무를 회피하기 위한 피안(彼岸)의 길이었는지, 물어야 할 것이다. 최태영(崔泰永)님은 "오랜 역사를 가진 나라는 어느 곳이나 신화가 있고, 그 신화에 역사적 사실이 반영되어 있는 것이 상식이지만, 우리나라의 역사는 고조선 개국부터는 분명한 史實이요, 신화가 아닌. 실사(實史)라고 했다.[23] 우리는 그 동안 우리 겨레가 걸어온 자취를 잃거나 잊고 말 았는데, 우

20   칼 야스퍼스는 미륵반가사유상을 보고 "완벽한 실존의 최고 경지를 조금의 미혹도 없이 완벽하게 표현했다"고했다. 존 코벨의 한국문화의 뿌리를 찾아서 p 346 참조

21   안경전 『환단고기』 2013, p173~264
      임승국 번역·주해 『한단고기』 1995, 정신세계사, p29~43
      『환단고기』에 따르면 약7만 년 전의 파미르고원의 마고성시대, 황궁씨와 유인씨의 천산주시대는 역년으로 63,182이라 했고, 환국(桓國)인 환인(桓仁)씨의 적석산(積石山)시대(BCE 7,179~BCE 3,897)로 7세에 역년 3,301년간, 환웅(桓雄)씨의 태백산(太白山)시대(BCE 3,897~BCE 2,333)는 18세로 역년1565년, 조선단군의 아사달(阿斯達)시대(BCE 2,333~ BCE 238)가 47세로 역년 2,096년으로 동방 한민족 삼성조가 6,960년이다. 삼성조(환인, 환웅, 단군)의 이 기간에는 환인, 환웅때는 세상을 신교(神敎)의 진리로 다스리고 깨우쳐서(재세이화(在世理化) 인간을 널리 이롭게 하시며(홍익인간(弘益人間), 신시에 도읍하고, 황제 헌원(BCE 2,692~BCE 2,592)과 자오지(慈烏支: 蚩尤)환웅과의 탁록전쟁 이전에는 평화의 시대를 구가하였던 것이다.

22   신화(神化)란 자연과 사회현상을 신격(神格)으로 한 설화인데 신화에는 역사적, 종교적, 문화적, 제요소가 미분화(未分化)상태로 나타난다. 그러므로 신화는 인류의 상고사 연구에 매우 중요한 사료가 되고 있다. 그런데 강단사학자 송호정 『단군, 만들어진 신화』, 산처럼, 2004. 출간하였다.

23   최태영 『한국 고대사를 생각한다.』 눈빛, 2019, p 23

리에게 신화나 전설처럼 남아있는 옛 선조들의 이야기조차 우리에게 너무나 소중한 역사적 사료가 된다는 것을 알고, 신화[24]를 갖추지 못한 겨레는 뿌리가 없는 나무와 같듯이 신화가 없는 상고사는 고대사가 없는 한국사와 같을 것이다.

세계적인 여러 석학들의 고고학, 언어학적, 문헌학적 연구에 따르면, 부도지의 마고(麻姑, 인류사회의 시원)〉 궁희(穹姬)〉 황궁(皇穹)〉 유인(有因)〉 환인(桓因)〉 단군(檀君)으로 이어지는 역사는 우리 겨레만의 것이 아니라, 인류사의 뿌리가 되는 근원적 사실이다.[25]

『부도지』와 『환단고기』에 따르면 『부도지』에는 파미르고원의 마고성에서 우리 겨레는 지구상의 동서남북 사방으로 이동하여 천도(天道)정치의 한국문화를 전 세계에 심어놓았다[26].

한국 고대 문화와 철학사상의 원형 외에도 미래사회의 씨앗이 될 값진 문화적 자산이 많이 숨어있다. 『환단고기』 「삼성기」에 의하면 첫 마

---

24 박시인 『알타이신화』 1994, 청노루, 저자의 말
신화를 통하여 민족의 전통적 우주관, 인생관과 정치이념, 역사, 문화전파 등 기본적인 중요성을 알 수 있고, 국가·국토의 유래, 국민적 신앙, 신앙의 근원, 국민의 이동, 문화의 특질, 지명의 소재 등을 알 수 있으며, 더 나아가 신화를 통하여 사대·식민사관의 맹점을 알게 되고, 역사왜곡을 바로 잡을 수 있다.고 했다.

25 하프쿠트교수는 그의 저서 『고대 해양왕의 지도』에서 「약 만년쯤의 태고시대에 고도로 발달한 문명이 있었는데, 그 문명은 중국대륙에서 아메리카까지 지상 전역에 퍼져 있다가 갑자기 사라졌다」고 했다. 북남미 인디언들이 인종적으로 몽골종에 속한다는 설이 확인되고 있으며, 남미의 마야, 잉카문명 등이 동양에서 전파된 것으로 니이벤 씨의 발굴조사와 처치 워드의 금석문(金石文) 해독으로 판명되었다.
임승국 『漢四郡은 없었다』. 2016, 사림원 p 228,

26 『환단고기』 「삼성기하」에 파내류산(波柰留山 : 파미르고원)아래에 환인씨(桓因氏)의 나라가 있으니 천해의 동쪽 땅을 또한 波柰留國이라 한다. 그 땅의 넓이는 남북으로 5만리, 동서로 2만여 리이니 통틀어 환국이라 했다. 이 환국은 다시 여러 나라로 구성되었는데 그 이름은 卑離國, 養雲國, 寇莫汗國, 句茶川國, 一群國, 虞婁國(일명 畢那國), 客賢汗國, 勾牟額國, 賣勾餘國, (일명 稷臼多國), 斯納阿國, 鮮稗國(일명 豕韋國 또는 通古斯國), 須密爾國, 으로 합하여 12국이다. 천해는 지금의 북해이다. 7세에 전하여 역년3,301년, 혹은 63,182년이라고 하는데 어느 것이 맞는지 알 수가 없다.

디에 '오환건국(吾桓建國)이 최고(最古)라'. 환국 환인시대 7세의 역년이 3301년이고, 배달 환웅시대(BCE.3897~BCE.2333년) 18세의 역년이 1565년으로 환국, 배달시대의 재위기간의 합이 4866년이었고, 이 기간 내 자오지(慈烏支)환웅 치우(BCE.2707~BCE. 2598년)가 쇠를 달구어 병기를 만들어 중국의 황제(黃帝) 헌원(軒轅)과 탁록에서 70회나 싸웠다고 한다. 이 싸움이 있기 전까지 3000년까지 환국 말기에 안파견(安巴堅)께서 삼위산(三危山)과 태백산(太白山)[27]을 내려다보시면서 두 곳 모두 인간을 널리 이롭게 할 수 있는 곳이다. 즉 홍익인간(弘益人間)사상을 서구식 현재 법철학으로 말하면 '"최대 다수의 최대 행복"을 실현하자는 것이고, 편협한 민족애가 아닌 지상의 모든 인류를 널리 이롭게 한다는 소위 글로벌 정신이다. 인간 세상의 360여 가지 일을 주관하여 세상을 신교(神敎:Shamanism)로써 다스려 깨우쳐서(재세이화在世理化), 인간을 널리 이롭게(홍익인간弘益人間) 하셨다. 그리하여 상고시대의 3000여 "여 년 가까이에 전쟁이 없는 화평한 정치를 베풀었기 때문이다. 이 시기는 인류역사 발달과정상 무리사회단계로 아직 부락연맹 이전단계로 전쟁이 시작되기 전 단계임을 나타내는 부계사회기가 아닌 모계사회인 것을 보여주는 것이다.

이러한 이론을 통하여 환인시대 이전의 파미르고원의 마고성(麻姑城)시대의 역사를 밝히고, 한겨레의 기원을 근원적으로 파악해 보면, 우리의 상고사를 이해하려고 하면 대부분의 강단학의 역사학자들이 위서(僞書)라고 오해하고 있는『부도지』,『환단고기』이 두 권의 책이 인류의 아주 귀중한 사료가 된다는 것을 다시 한 번 강조하고 싶다. 그 동안 학

---

27   삼위산(三危山)은 감숙성(甘肅省) 돈황현(燉煌縣)에 있는 산이며, 태백산은 섬서성(陝西省)에 있는 높이 4,017m의 산이다. 이 위치가 중원의 중심적인 주인이 누구인가를 알려 준다.

계는 최초의 고대문명으로서 나일강 유역의 고대 이집트문명, 티그리스·유프라테스 강 유역의 메소포타미아, 갠지스·인더스강 유역의 고대 인도문명, 황하 유역의 고대 중원문명을 들고 있으나 인류의 가장 오래된 문명의 발상지가 유라시아 대륙이라는 것을 유라시아 공통조어설[28]은 밝혀놓은 것이다. 유라시아 대륙의 가장 중심지역에 알타이산맥지대가 있고, 그 아래에 천산산맥이 동서로 뻗어있으며 이 산맥의 남쪽에는 "세계의 지붕"이라고 하는 파미르고원이 있다. 알타이 산맥과 천산산맥 사이에 준가르리아 분지가 있고 서쪽에 발하시호가 있다. 이 지역이 마고(麻姑) 궁희, 유인, 환인, 환웅, 단군으로 이어지는 우리 겨레의 환국(桓國)이 형성되는 곳이라고 『환단고기』는 전한다.[29] 이와 같이 유라시아 어족들은 일광처럼 퍼지며 동서남북으로 땅 끝까지 여러 줄기로 갈라져 이동하였다. 동으로 이동한 어족이 만주어, 퉁구스어, 한국어, 일본어, 축지어, 길략어족, 에스키모족 등이고, 북미 인디언어와 남미의 마야·잉카어족들도 유라시아 어족의 지족들로 생각된다. 또한 서쪽으로 터어키어족·수메르어족·라틴어족·그리스어족·유태어족들이 이동한 어족이 스키텐, 수메르, 이집트. 그 외의 모든 서양의 어족들이고, 남쪽으로 이동한 어족이 나아가, 마야, 드라비다족 들이다.[30]

28　정연규 『수메르 이스라엘 문화를 탄생시킨 한민족』 한국문화사, 2008, p 251
　　스텐포드 대학의 언어학자 그린버그(Joseph H. Greenberg)는 유럽과 아시아의 모든 언어, 즉 한국에서 영어까지에 이르기까지 공통요소가 있으며 이들 언어권의 조상들이 유라시아 지방에 문명권을 만들어 왔다는 것이고, 세계도처에 자매 언어들이 퍼져 있다는 것은 유라시아어족들이 여러 곳으로 옮겨갔다는 것을 전하고 있는 것이다. 그 동안 학계는 최초의 고대문명으로서 나일강 유역의 고대 이집트문명, 티그리스 유프라테스 강 유역의 메소포타미아 문명, 개지스·인더스 강 유역의 고대 인도문명, 황하유역의 고대 중국문명을 들고 있으나 인류의 가장 오랜 문명의 발상지가 유라시아 대륙이라 보는 것이 유라시아 공통조어설이다.
29　임승국 역주해 『환단고기』「삼성기상」, 「태백일사Ⅱ」「환국본기」정신세계사 1995, p 15,162.
30　정연규 『한겨레의 역사와 문화의 뿌리를 찾아서』 한국문화사, 2008, p 7.
　　정연규 『수메르 이스라엘문화를 탄생시킨 한민족』 2004, 한국문화사, P 252.

끝으로 러시아의 세계적인 역사학자로 이름난 유 엠 푸틴(БУТИН Ю

рий Михайлович (BUTIN Yuri Mikhailovich :1931~2002)은 우리에게는 그의

저서『고조선 연구』로 많이 알려진 역사학자로 그의 연구에 의하면 고

조선의 강역인 현재 홍산문화[31] 일대가 협소하게 그려졌다고 하며, 한대

(漢代) 이전부터 현토(玄菟)와 낙랑(樂浪)지역에 이르렀던 조선의 영역은

한번도 중국의 제후국이 된 적이 없으며 연(燕)나라나 주(周)나라에 예

속된 적이 없다고 한다. 동북아 고대사에서 단군(檀君)을 제외하면 아

시아 역사는 이해 할 수 없다. 그 만큼 단군조선(檀君朝鮮)은 아시아 고

대사에 중요한 위치를 차지한다. 한국 내의 역사학자들은 고대사를 왜

부인하는지 이해할 수 없다. 일본이나 중국은 없는 역사도 만들어내는

데 당신들 한국인은 어째서 있는 역사도 없다고 왜 그러는지…… 도대

체 이해할 수 없는 나라이다.라고 했었다. 자국도 아닌 외국인 사학자가

울화가 치밀어 올라 얼마나 속 터지도록 답답했으면 그런 말을 했을까?

사실 국내 역사학자들에게는 이보다 더 창피한 말이 또 어디에 있단 말

인가. 마찬가지로 고대사의 유일한 관찬서인『삼국사기』「열전」에는 어째

서 수백 년간 전 조선인의 마음을 지배하였던 영랑(永郎)·술랑(述郎)·안

랑(安郎)·남랑(南郎) 등 네 대성(大聖)에 관한 이야기는 전혀 없고, 중국

에 유학하고 돌아온 최치원만 시시콜콜하게 서술하였다.[32] 우리나라의

31 　정형진『천년왕국 수시아나에서 온 환웅』 2013, 일빛, p 40, 56,113
　　적봉은 웅녀의 고향이라고 상정하는 홍산문화 지역인 동시에 그 문화를 계승·발전시킨 하가점
　　하층문화지역이기도 하다. 최근에 주목받고 있는 요서지역의 홍산문화를 황제나 전욱, 그리고 은
　　나라의 조상들과 연결할 뿐 아니라 심지어는 여왜(女媧)와도 연결하면서 중화문명의 발상지로 설
　　명하고 최근 중국에서 발간된 중국문화사나 미술사에는 이러한 주장이 상식처럼 되어 있으며,
　　요서지역은 BCE. 6,000~5,000년경에 신석기문화를 꽃피웠던 사해-흥륭와문화인들이 있었고,
　　이들은 중국에서 가장 오래된 용과 옥기를 만들었다. 홍산문화는 BCE.3,000년 전후에 형성하여
　　중원지역과 산동지역과 다른 화려하고도 독창적인 문화유산을 남겼다.
32 　신채호『조선상고사』비봉, 2014, p 32

건국의 국조(國祖) 단군에 관한 단 한 자(字)도 없는 까닭은 무얼까? 수십 세기가 지난 후대에 와서 그것도 국내학자가 아니라 해도 조금의 역사의식이 있다면 누구나 다 아는 너무나 유명한 세계적인 지성인들이 한 말들이 모두 거짓은 아닐 것인데, 무엇인가 근거가 있는 토대에서 나온 것이 아닐까 한다.

2. 지나족(한족)과 동이족, 그리고 학설

한족(漢族)과 동이족(東夷族)[33]의 역사를 정확하게 파악하면 중국의 역사와 한국의 역사를 대비한 사실(Fact)대로 바르게 기술하게 될 것이다. 환웅이 천산산맥 즉 준가르 분지에서 돈황(燉煌)까지의 철도노선을 따라 중원지역으로 이동할 때 반고(盤古)[34]는 감숙성(甘肅省)에, 환웅은 섬서성(陝西省)에 각각 정착하게 된다. 중국 기록을 살펴보면 『이십오사(二十五史)』에는 치우를 고천자지명(古天子之名)이라 하였고, 왕동령(王桐齡)은 삼묘족(三苗族)의 나라를 구려(九黎)라 하고 구려(九黎)의 임금을 치우(蚩尤)라고 『중국민족사』에서 말했다. 조선과 마고의 사기(史記)를 전하여주는 중국 최고의 인문지리인 『산해경』에 따르면 중국 고대의 삼황오제(三皇五帝)는 현재 중국을 지배하고 있는 한(漢)의 조상이 아니고 동이족(東夷族)이라고 주장했다. 대황지(大荒地) 가운데 불함산[35]이 있는데 그 속에는 숙신씨(肅慎氏)가 흰 옷을 입고 사는 곳이며, 복희(伏羲), 헌

---

33 동이족의 활동지역을 문헌상으로 보면 하북성 동북부와 산동일대, 양자강 하류 유역 등이다.

34 반고는 감숙성 돈황현에 있는 납목동굴이 있는 三危山'에 임금이 되어 盤古可汗 이라하였다. 그 곳에는 돈황굴로 알려진 굴이 480개나 된다. 굴 가운데 가장 큰 天佛洞의 벽화에는 신라시대의 것으로 착각하는 騎馬狩獵圖와 환웅과 대동한 것으로 기록된 雨師, 風伯, 雲師로 해석되는 벽화가 있다고 한다.

35 『산해경』「대황북경」,〔大荒之中, 有山, 名曰 不咸有肅慎氏之國, 有蜚蛭, 四翼, 有蟲 獸首蛇身, 名曰禽蟲〕

24

원(軒轅), 신농(神農) 삼황(三皇)과 소호(少昊), 고양(高陽), 고신(高辛), 당요(唐堯), 우순(虞舜)의 오제(五帝)는 모두 숙신(肅愼)에서 배출된 인물이라고 했다. 황제 이전의 치우는 구이(九夷)[36]의 군주였으며, 그는 탁록(涿鹿)의 들판에서 헌원(軒轅)과 대전(大戰)했을 때 환웅(桓雄)이 거느렸던 풍백(風伯)과 우사(雨師)의 도움을 받았다는 기록도 있다. 서량지(徐亮之)교수는 「지금으로부터 4천여 년 전 은(殷)나라시대 이전뿐 아니라 그 이후의 주(周)나라 춘추전국(春秋戰國)시대까지의 중원(中原)은 동이족이 점유하고 있었다. 산동지방을 위시해 하남(河南), 강소(江蘇), 안휘(安徽), 호북(湖北)지방과 하북(河北) 및 발해(渤海) 요동지방과 조선반도의 광대한 지역이 동이의 활동지였고, 그 중에서 산동지방이 동이 활동의 중심지였다」고 했다.[37] 중국의 학자 왕동령(王桐齡)은 「천산산맥(天山山脈)과 곤륜산(崑崙山)사이 타림분지의 티벳지방에서 한족이 중원으로 이동해 들어오기 이전의 호북(湖北), 호남(湖南), 강서(江西), 절강(浙江), 강소(江蘇)지방은 묘족(苗族)이 점하고 있었고, 이 구이의 군주(君主)는 치우(蚩尤)였다」고 했다. 이상으로 살펴본 바와 같이 삼황오제를 전후한 중원은 동이족이 점하고 있었으며, 동이의 활동중심지였던, 산동의 유웅국(有熊國)[38]은 환웅의 제후국이었다는 사실을 부인할 수 없다. 그러기에 서량지(徐亮之) 왕동령(王桐齡: 홍콩대), 임혜상(林惠祥: 대만대) 등 중국 사학자들은

---

36 『後漢書』「東夷列傳, 제75」: 〈王制曰〉"夷者,柢也,言仁而好生,萬物柢地而出。故天性柔順, 易以道御,至有君子,不死之國焉。夷有九種,曰畎夷、於夷、方夷、黃夷、白夷、赤夷、玄夷、風夷、陽夷。故孔子欲居九夷也。

37 정연규·신세용『파미르고원의 마고성』, 한국문화사 2021, p 11

38 「사기집해」에 서광(徐廣)은 황제의 호(號)를 유웅(有熊)이라 했고, 이는 그가 본래 제후국인 유웅국(有熊國) 군주(君主)의 아들이기 때문이고, 그의 도읍지가 지금의 하남성 신정현이다. 「삼황묘비」에 복희 아들이 소전이라고 하는데, 소전(少典)은 황제의 아버지이고, 소전은 유웅씨가 되는데, 유웅씨는 동이족 성씨로 소전(少典)의 모친이 여와(女媧)인데, 여와(왜)는 동이족(東夷族) 모계(母系)사회의 전통을 말해주는 창세(創世)여신(女神)이다.

지금으로부터 4천 년 전 티베트 지방의 한족(漢族)이 중원으로 들어오기 전에 중원(中原)은 동이족(東夷族)이 점하고 있었다고 하는 사실이 분명하다고 했다.[39]

우리에게는 믿을 수 없을 정도로 고착되어 부정하고, 위서(僞書)로 몰아 부치는 두 권의 책을 중심으로 알아보았는데, 우리에겐 믿을 수 없을 정도로 상상하기조차 힘든 까마득한 옛날의 이야기를 엮은 『부도지』와 우리나라의 역사문헌 가운데 상고사 연구에 유일하고 소중한 재료인 『환단고기』는 『부도지』와 쌍벽을 이루는데, 이 또한 위서(僞書)로 몰고 있는데 여러 시대에 걸쳐서 이루어진 석학들이 지은 우리의 사서(史書)들을 20세기에 들어서 합본하여 세상에 빛을 보게 된 것이지만, 일부가 역사속의 이야기들을 엮었다고 하나 구전되어온 이야기도 신화와 마찬가지로 역사속의, 어떤 사실을 담고 있는 것이지 터무니없이 지어낸 이야기가 아니고, 어떤 역사적인 사실들을 신화나 설화를 근거로 한 것일 것이기 때문일 것이다. 그래서 최근에 연구되고 세계적으로 흐르는 역사에 비추어 우리의 상고시대의 고대사를 알려주는 박제상의 『부도지』와 『환단고기』가 우리를 주체로 한 근거한 실마리를 풀어보고자 한다.

어느 겨레나 민족도 마찬가지로 언제, 어디에서 비롯되었으며, 어떻게 뭉쳐서 어디로 옮겨 살았는지 알고 싶은 것은 당연한 귀결일 것이다.

인류의 역사를 연구하는데 있어서 문자의 기록으로 남겨진 것을 중심으로 생각해 볼 때 가장 오래된 옛날의 사료를 기록한 학자는 『삼성기』를 남긴 원동중(元董仲)과 레무리아 대륙의 무(Mu)제국에 관한 사료

---

39   정연규 『한겨레의 역사와 문화의 뿌리를 찾아서』 한국문화사, 2008, p 51~52

를 제공해준 영국의 고고학자 제임스 처치워드(James Churchward)[40]이며, 자료로는 작자를 알 수 없는 메소포타미아의 왕명표이다. 증선지(曾先之)[41]가 집필한 『십팔사략(十八史略)』은 반고(盤古)의 뒤를 이은 왕으로 천황(天皇), 지황(地皇), 인황(人皇)을 들고 있으며, 인황씨와 그들 씨족들이 150대를 이어 45600년을 집권했다고 했다. 이들 황제는 마고(麻姑), 궁희(穹姬), 청궁(靑穹) 역사를 가리켜 천황(天皇), 지황(地皇), 인황(人皇)으로 생각한다.[42]

제임스 처치워드는 50년 동안 인도, 미얀마, 티벳, 이집트 등의 나아칼(Naacal)의 점토판을 발굴, 해독하여 그의 저서를 통하여 다음과 같이 말하고 있다. 「나는 티벳의 사원에서 추정의 실마리가 되는 나아칼의 점토판을 발견했다. 그것에 따르면 약 7만 년 전 나아칼이 어머니 나라의 신성한 책(일명: 천부경), 거룩한 영감의 책의 사본을 위글(Uigur)의 수

---

40 제임스 처치워드(James Churchward): 영국의 고고학자로서 티벳, 인도, 미얀마, 등지의 사원에 숨어있는 나아칼(Naacal)의 점토판을 50년 해독하여 1953년 『Cosmic Forces of Mu』『The Sacred Symbol of Mu』 3권의 책을 출판하여 신석기시대의 인류사연구에 매우 귀중한 사료가 되고 있다. 나아칼의 점토판에서 해독된 우주의 탄생에 관한 역사를 즉 우주생성의 기호를 통해 전해주고 있다.
    정연규·송래선 『한겨레의 역사와 얼은 인류사의 뿌리』 한국문화사 2004, p 21
41 증선지(曾先之: 생몰미상): 송(宋)나라 말기에서 원(元)나라 초기의 학자, 송나라 15대 도종때 과거에 급제 법관을 역임하여 정무에 지극히 공평하게 집행으로 명성이 높았음, 자는 종야(從野), 여릉(廬陵 :강서성)사람이다. 송나라 문천상의 후배로 충절의 학자로 불행하게 조국인 송나라가 몽골에 멸망 당 함, 그 후 벼슬하지 않고, 생애 미상. 『사기(史記)』·『한서(漢書)』 이하 송(宋)까지의 사서(史書) 18종에서 사실(史實)이나 사화(史話)를 읽기 편하게 간략하게 뽑아 엮은 책 7권. 그가 『십팔사략』을 집필하였는데 서술은 태고(太古)·삼황(三皇)·오제(五帝)·하(夏)·은(殷)·주(周)·춘추전국(春秋戰國)·진(秦)·서한(西漢)·동한(東漢)·삼국(三國)·서진(西晋)·동진(東晋)·남북조(南北朝)·수(隋)·당(唐)·오대(五代)·송(宋)·남송(南宋)의 순으로 되어 있다.
42 중국에서 말하는 삼황오제(三皇五帝)는 복희(伏羲), 헌원(軒轅), 신농(神農) 삼황(三皇)과 소호(少昊), 고양(高陽), 고신(高辛), 당요(唐堯), 우순(虞舜)의 오제(五帝)를 말하나, 우리 조상들은 삼신오제를 섬기고 있었고, 삼신(三神)은 천(天), 지(地), 인(人)을 말하고, 오제(五帝)는 물(水), 불(火), 나무(木), 금(金), 흙 (土)의 신 즉 다섯 원소 오행(五行)을 말한다. 즉 태양으로 상징된 하나의 하늘을 낳고 기르는 하나의 대지, 태양의 양기와 지구의 음기가 서로 화합한 가운데 생겨난 만물 중에서 가장 중요한 인간, 이 세 가지를 하늘, 땅, 사람이라고 했다. 즉 삼신오제(三神五帝)이다.

도로 가져왔다.」고 했다. 또한 메소포타미아의 왕명표에는 「왕권이 하늘에서 내려와 먼저 에두리에 있었다. 에리두에서는 아무림이 왕이 되어 28800년 간 통치하였다. 아라르가르는 36000년 간 통치하였으니 두 왕은 합하여 64800년 간 통치하였다.」고 했다. 『삼성기』에는 「환인(桓仁) 7세에 역년(曆年)이 3301년 혹은 63812년 이다」[43] 라고 기록하고 있다. 인류 사상이 낸 사료들이 약 7만 년 전 인류사의 시원에 관한 매우 중요한 정보를 우리에게 제시한 것으로 생각한다. 상고시대에 관하여 『부도지(符都誌)』와 『환단고기(桓檀古記)』에 따르면 약 7만 년 전의 파미르고원의 마고성(麻姑城)시대, 황궁(皇穹)씨와 유인(有因)씨의 천산주(天山州)시대, 환인(桓因)씨의 적석산(積石山)시대, 환웅(桓雄)씨의 태백산(太白山)시대, 단군(檀君)의 아사달(阿斯達) 시대로 구분하고 있다.[44]

세계 여러 석학들의 선사시대(Pre-historic age)의 역사를 연구하는데 있어서, 지질학, 고생물학, 인류학, 고고학적, 언어학, 토속학, 신화학, 사회학, 신화학, 문헌학적 연구에 따르면, 마고(麻姑)〉 궁희(穹姬)〉황궁(皇穹)〉 유인(有因)〉 환인(桓因)〉 환웅(桓雄)〉 단군(檀君)으로 이어지는 역사는 우리 겨레만의 것이 아니고, 인류사의 뿌리가 되는 근원적 사실이다.[45]

박제상의 『부도지』에 따르면 약 7만 년 전 파미르고원에 인류사의 시발점이라고 볼 수 있는 마고성(麻姑城)에서 출발한 마고씨(麻姑氏)족은 지구상의 동서남북 사방으로 이동하여 천도(天道)정치의 마고문화를 전 세

---

43 『환단고기』「삼성기전」하편, 「古記云 波奈留之山下, 有桓仁氏之國, 天海以東之地, 亦稱波奈留之國. 其之廣, 南北 五萬里, 東西二萬里, 摠言桓國. 分言則卑離國, 養雲國, 寇莫汗國, 勾多川國, 一群國, 虞婁國 一云 畢那國, 客賢汗國, 勾牟額國, 賣勾餘國, 一云 稷臼多國, 斯納阿國, 鮮稗國 一稱豕韋國, 或云,通古斯國, 須密爾國, 合十二國也. 天海今曰北海. 傳七世, 曆年 共三千三百一年, 或云 六萬三千一百八十二年, 未知孰是.」

44 정연규 『한겨레의 역사와 얼은 인류사의 뿌리』한국문화사, 2004, p163,183,203.

45 정연규 『한겨레의 역사와 문화의 뿌리를 찾아서』한국문화사, 2008, p 7

계에 심어놓았다. 천부의 마고문화는 메소포타미아, 인도, 이집트, 그리스, 프랑스, 영국, 동남아시아, 태평양, 아메리카 대륙에 역법, 거석, 세석기, 빗살무늬토기, 신화 전설, 종교, 철학, 천문학, 음악, 수학에 그 발자취를 남겨놓았다. 여권 씨족사회가 있었고, 이 씨족들이 세계의 동서남북으로 이동했다고 한다. 마고의 세계와 이동사는 다음과 같다.

마고씨족의 이동사와 인류문명의 발생[46]

마고(麻姑)	궁희(穹姬)	황궁(皇穹)	유인-환인-환웅-단군-한문화
		청궁(靑穹)	중국의 황하문명
	소희(巢姬)	백소(白巢)	중근동의 수메르, 이집트, 로마 그리스, 서구문명
		흑소(黑巢)	간지스, 인더스 강을 비롯한 동남아 문명

그 동안 학계는 최초의 고대문명으로서 나일강유역의 고대 이집트문명, 티그리스·유프라테스 강 유역의 메소포타미아 문명, 갠지스·인더스 강 유역의 고대 인도문명, 황하유역의 고대 중원문명을 들고 있으나 인류의 가장 오래된 문명의 발상지가 유라시아 대륙이라는 것을 유라시아 공통조어설(共通祖語說)[47]이 밝혀놓은 것이다. 유라시아 대륙의 중심지역

---

46 정연규 『한겨레의 역사와 문화의 뿌리를 찾아서』한국문화사, 2008, p 26
47 정연규 『수메르·이스라엘 문화를 탄생시킨 한민족』한국문화사, 2004, p 5, 30. 251.
미국 스탠포드대학의 언어학자 그린버그(Joseph H Geenberg : 1915~2001)는 유라시아 공통조어라는 학설을 세웠다. 최근 아프리카언어의 분류를 마치고 에스키모·에룃어를 분석하던 가운데 이 어족이 우랄·알타이어족과 친연관계가 있다는 것을 발견하고, 인도, 유럽어족, 우랄, 알타이어족, 축지·길략어족, 에스키모·에룃어족들의 조상어로서 유라시아 공통조상어(共通祖上語)가 있었다고 발표했다. 유럽과 아세아의 모든 언어, 즉 한국어에서 영어에 이르기까지 공통요소가 있으며, 이들 언어권의 조상들이 유라시아 지방에서 문화권을 형성하고 살아왔다는 것이고, 세계도처에 이 자매 언어들이 분포되어 있다는 것은 유라시아 어족들이 여러 곳으로 옮겨갔다는 것을 전하고 있는 것이다. 그 동안 학계는 최초의 고대문명으로서 나일강 유역의 고대 이집트문명, 티그리스·유프라테스강 유역의 메소포타미아문명, 갠지스·인더스강 유역의 고대 인도문명, 황하유역의 고대 문명을 들고 있으나 인류최고의 문명발상지가 유라시아 대륙이라는 것을 유라시아 공통조어설(共通祖語說)(Eurasia Proto- Language)은 밝혀놓은 것이다. 궁극적으로 인류의 언어가 하나의 조어에서 분화되었을 것이라는 가정은 누구에게나 호기심을 갖게 하는 문제이다.

에 알타이산맥지대가 있고, 그 아래에 천산산맥이 동서로 뻗어 있으며, 이 산맥의 남쪽에는 "세계의 지붕"이라고 하는 파미르고원이 있다. 이 지역이 마고(麻姑), 궁희(穹姬), 유인(有因), 환인(桓仁), 환웅(桓雄), 단군(檀君)으로 이어지는 우리 겨레의 상고사가 형성되는 곳이라고 『부도지』와 『환단고기』는 전한다. 이와 같이 유라시아 어족들은 일광처럼 퍼지며, 동서남북으로 땅 끝까지 여러 줄기로 갈라져 이동하였다. 동으로 이동한 어족이 만주, 퉁구스, 한국, 일본, 축지, 길략어족, 에스키모족들이며, 서쪽으로 이동한 어족이 스키텐, 수메르, 이집트, 그 외의 모든 서양의 어족들이고, 남쪽으로 이동한 어족이 나아가 마야, 드라비다어족들이다. 마고성의 후천세계는 세월이 흘러 열두 개 파를 형성했으며, 인구가 증가하여 각 파마다 3천명이 되어있다고 했다. 인구의 증가는 이동을 불가피하게 했다. 열두 개 파는 네 파로 나뉘어 이동을 시작했다. 청궁(靑穹)씨는 동쪽 운해주(雲海洲), 파미르고원 동쪽, 지금 중국의 중원지역으로 가고, 백소(白巢)씨는 권속을 이끌고 서쪽 월식주(月息州), 파미르고원의 서쪽, 중동 근동지역으로 가고, 흑소(黑巢)씨는 권속을 이끌고 남쪽 성생주(星生州), 파미르고원의 남쪽, 인도 및 동남아 지역으로 가고, 황궁(皇穹)씨는 권속을 이끌고 북쪽 천산주(天山州), 파미르고원의 북쪽, 천산산맥 지역으로 가니, 천산주는 매우 춥고 위험한 땅이었다.[48] 이는 한겨레의 직계 조상들의 이동사를 알려주는 매우 중요한 사료가 된다 하겠다.

---

48   박제상, 윤치원 편저 『부도지』 대원, 2009, p 149,

3. 중국 문헌상의 공공족[49, 50]

중국 사서인 『서경』, 『순자』, 『산해경』, 『논형』, 『회남자』, 『열자』 「탕문」 등에 나오는 공공족은 단군을 말하고 있다.[51] 『사기』 「삼황본기」에 보면 태호포희(太皞疱犧 :복희)는 풍성(風姓)이며, 몸은 뱀이고, 얼굴은 사람이라고 했다. 그는 수인(燧人)씨에 이어 왕이 되었으며, 소·양 등 가축을 기르고, 진에 도읍했다고 했다. 여와씨(女媧氏)도 풍성이며 여희라고도 불렀는데, 역시 몸은 뱀이고 얼굴은 사람이다. 공공씨(共工氏)가 여와씨 (女媧氏)의 천하에 침공하였으나 축융(祝融)씨의 방어에 못 이겨 실패하자, 그곳에 홍수를 일으켰다. 그러나 여와(女媧)씨는 화로의 재로써 홍수를 막아 기주(冀州)를 구제했다고 했다.

---

49 박제상, 김은수 역 『부도지』, 한문화, 2021, p 258
복희는 6대 다의발 환웅(BCE.3,419~BCE. 3,322)의 명을 받아 수인을 정벌하고 서비(西鄙) 남족 (藍族) 땅의 군주가 되어 백성들을 복되게 했다. 그 뒤 복희가 쇠하자 공공(共工)이 난을 일으키므로 여와가 그를 멸했다,

50 박제상 저, 김봉열 옮김 『부도지』, 마고문화, 2019, P 118
순이 요임금 중신이었던 공공(共工), 환두(驩兜), 곤(鯀)을 귀양을 보내거나 죽이고, 양자강 유역의 동정호와 파양호 사이에 살고 있던 삼묘(三苗)를 정벌하여 청해성 삼위부근으로 귀양 보낸 일이 있다. 『서경』「순전」제27장과 「대우모」제20, 21장에도 순이 묘예를 정벌한 기록이 있다. "공공을 유주로 유배를 보내고, 환두를 숭산에 유치하셨으며, 삼묘를 삼위로 추방하였으며 곤(鯀)을 우산에 귀양 보내어 죽을 때까지 있게 하시어 네 사람을 벌하시니 천하가 다 복종하였느니라"(于是把共工流放到幽州,把驩兜流放到崇山,把三苗驱逐到三危,把鯀流放到羽山。这四个人处罚了,天下的人都心悦诚服。)공공은 요임금 후계자로 거론된 인물이며 환두는 공공(共工)을 요임금 후계자로 천거한 인물이다.(『서경』「요전」10장) 또 곤(鯀)은 우임금 아버지로 9년 동안 홍수를 다스리는 직책을 맡았으며, 모두 요임금의 쟁쟁한 중신들이었다.(『서경』「요전」11장)

51 정형진 『천년왕국 수시아나에서 온 환웅』, 일빛, 2013, p 93, 99~
사서(史書)의 공공의 대표적인 표현 문장이「昔者共工与顓頊争为帝,怒而触不周之山,天柱折,地維絕。」이고 共工, 驩兜, 三苗, 鯀과 四罪로 불리는데 이들은 모두 이족, 즉 東夷族으로 중국과 帝位를 다툰 족이다. 당나라 사마정(司馬貞)은 여와(女媧)의 천하를 노린 공공(共工)이 반란을 일으키고, 그를 축융(祝融)이 평정했다고 했다. 복희·여와(女媧)시대 말기에 새로운 변화의 기운이 싹텄고, 그 변화의 기운을 타고 들어온 일군의 사람들이 있었는데 그 선두에 있었던 사람들이 공공족이었다. 공공과 염제가 중원에 들어와 주도권 싸움을 벌인 역사적 사건이 이야기 형태로 전달되었고, 공공과 염제가 독자적이고 종족적 기원을 가지고 있음은 춘추 시대 좌구명(左丘明)의 『좌전』에는 공공이 염제와 구별되는 독립된 세력을 형성했던 집단임이고, 분명히 다른 기원을 가진 집단임을 보여주고 있다.

"공공족[52]의 항해 길은 멀고도 험난했다. 그들의 고향은 아직도 밝혀지지 않았다. 그들은 물을 좋아해서 물가에 모여 살았다. 그들은 저 멀리 천산을 넘어 어딘가에서 출항했을 것으로 짐작된다. 하지만 그 출항지를 밝히기를 아직 이른 것 같고, 누구나 알 수 있는 그들의 기항지인 황하 중류 지역에서부터 탐색하기로 한다.

공공족(共工族)은 위하(渭河)와 황하를 무대로 신석기시대 후기의 주역으로 활동한 사람들이다. 그들은 중국의 서북쪽에서 내려와 동쪽으로 이동했다. 황제가 염제와 치우를 이기고 중원으로 내려가 활동하기 시작하면서 공공족은 역사무대의 악역으로 등장한다. 그들은 자신의 땅을 이민족에게 빼앗겼으면서도 역사에는 악역으로 남게 되는 슬픈 운명을 떠맡게 된 것이다.

공공족은 삼황오제(三皇五帝)[53]에 들어갈 자격이 있었음에도 대부분의 문헌에서 무시당하였다. 비록 당나라 때 사마정(司馬貞)[54]에 의해 공

---

52   단군신화에 등장하는 환웅세력인 공공족이 있으며, 그 공공족과 연합하여 단군시대를 연 후기 홍산문화의 주인공인 맥족이다. 공공은 요나라 때에는 물을 다스리는 관이며, 순나라 때에는 백공의 관이며, 한나라 `때에는 소부(少府)의 관이다. 공공은 최고의 능력은 물을 다스리는 소관인 동시에 공사였다.

53   정형진『천년왕국 수시아나에서 온 환웅』, 일빛, 2013,p 188.
      삼황오제의 동일 혈통설에 최근 들어 몽문통(蒙文通)은 상고시기의 중국민족을 크게 세 민족, 즉 강한민족(江漢民族), 하락민족(河洛民族), 해대민족(海岱民族)으로 나누었다. 그 중 강한민족은 공공씨(共工氏)가 주도했는데, 그는 여왜씨에서 나왔다. 염제계, 치우, 곤은 강한민족에 속한다. 그리고 하락민족은 황제계를 말하고, 해대민족은 복희 이후의 태호와 소호족을 말한다. 서욱생(徐旭生)은 다른 견해로 상고시대 중국에는 크게 보아 화하(華夏)집단, 동이(東夷)집단, 묘만(苗蠻)집단이 있었다는 것이다. 화하집단은 염황집단으로 염제와 황제의 후손들이다. 그들은 섬서성의 황토고원에서 발생해서 중국의 북방과 중부에 있는 황하를 따라서 살았다. 동이집단은 태호와 복희 및 치우집단을 말하는데 이들은 산동과 하남 그리고 강소운하의 동쪽지역에서 활약했다. 묘만집단은 전욱에서 갈라져 나온 축융(祝融)으로 삼묘(三苗)라고 한다. 그들의 수령은 환두(驩兜)라고 불렸으며 그 중심지는 호남과 호북 지역이다.

54   사마정은 당 현종 때 사학자로서 사마천이『계본(系本)』과『상서 서』등에는 삼황을 서술하였는데 사마천은 삼황(三皇)을 지우는 대신 삼황의 마지막인 오제의 첫머리로 기록한 것에 의문을 품고, 오제(五帝) 앞에 삼황을 설정한『사기』를 다시 편찬했으며『사기』주석서인『사기색은(史記索隱)』30권을 편찬하고 자신의 관점에 따라『사기』의 내용을 수정했다.

공은 복희(伏羲)·신농(神農)과 함깨 삼황(三皇)에 든 적이 있지만, 대부분의 문헌에서 실세로 대접을 받지 못했다."[55]

공공이 현재의 천하 즉 하늘과 땅의 형세를 형성하는데 중요한 역할을 했음을 상고시대에 전달되고 삼황오제의 시기에는 전욱(顓頊)을 지나 요·순·우대까지도 공공은 그들에게 적극적으로 협조하지 않았으며, 어떤 면에서는 주나라 초기까지도 공공족은 중원에 독자적 세력을 구축하고 있었고, 炎帝족은 불을 토템으로 하는 집단이었고, 共工은 물을 토템으로 하는 집단이었다.[56]

4. 중국사와 한국사[57]의 분기점

중국은 이미 하상주단대공정(夏商周段大工程,BCE.1996~2000)을 통해서 중국의 고사서(古史書) 위지(魏志)에서 밝힌 BCE.2333년 단군시대의 역사보다 약 300여년 늦은 하(夏)나라(BCE.2070년), 상(商)나라(BCE.1600년), 주(周)나라(BCE.1046년)의 역사를 복원하였고, 이 공정을 성공적으로 마친 중국의 사회과학원은 후속작업으로 2000년부터 중화문명탐원공정(中華文明探原工程)을 진행하고 있다. 신화와 전설의 시대로 알려진 삼황(三皇)인 복희(伏羲), 신농(神農), 헌원(軒轅), 오제(五帝)인 소호(少昊), 전욱(顓頊), 고신(高辛), 요(堯), 순(舜) 시대까지를 중국의 역사로 복원하여 그들의 역

---

55   정형진 『천년왕국 수시아나에서 온 환웅』, 일빛, 2013, p 188 본문 중에서
56   정형진 『천년왕국 수시아나에서 온 환웅』, 일빛, 2013, p 222~230
57   박제상, 김은수 역 『부도지』, 한문화, 2021, p 237,
     한국사의 대한 오해를 보면 중국의 진현창은 신라와 발해가 당나라의 지방국가였다고 하고, 일본의 하다다기요시와 이노우에 들은 "단군전설은 13세기말 항몽 투쟁 과정에서 형성된 것"이라고 했으며, 영국의 토인비는 한국 문명을 중국 문명의 곁가지로 분류했는가 하면, 미국의 남가주 클레이어몬드 대학원의 식물원에서는 「1천 년 동안 중국이 지배하던 한국을 일본이 서기 665년에 해방시켰다」고 소개하고 있다. 중국은 한국으로부터 독립한 후 한국을 침략하고 한국의 영토를 앗아갔으며 한국의 사료를 탈취하여 자기 것으로 위장하고 날조한 장본인이다

사를 일만 년 전, 즉 환인(桓仁) 시대와 같은 연대의 10000년 전으로 끌어올리고, 이를 통해서 중국의 역사가 세계 최고의 문명임을 밝히려는 거대한 프로젝트를 진행하고 있다. 2003년 6월24일자 중국의 광명일보에 "고구려는 중국 동북지방의 소수민족이며, 고구려는 중국 역사의 일부분이다."라는 기사가 실렸다. 하(夏)나라는 이전에 이들 삼황과 오제의 시대가 500여 년 이었다고 『사기』[58]에 기술되어 있다. 황제는 유웅국(有熊國) 소전(少典)군주의 둘째 황자이며 수구(壽丘)에서 출생했는데, 수구는 노나라 지방의 동문 북쪽의 지금의 연주 부곡현이라 밝히고 있다. 홍산문화 우하량(牛河梁) 유적에서 여인상이 발굴되었는데, 이 여신상이 나온 여신묘(女神廟)에서 흙으로 만든 곰 아래턱뼈가 발굴되었는데, 단군신화에 등장하는 웅녀의 원형일 가능성이 있다. 18세 거불단 환웅과 유웅국(有熊國)의 웅녀(熊女)가 후(后)가 되었다는 사실을 알 수 있다. 단군의 외가(外家)가 유웅국이요, 헌원이 유웅국 출신이라는 점에서 더욱 호기심이 가는 대목이다.

더욱이 『산해경(山海經)』에 따르면 삼황오제(三皇五帝)는 중국의 한족이 아니고 동이족(東夷族)이었다고 문헌상으로도 고고학자들이 증언하고 있다. 이들은 흰 옷을 입고 사는 숙신(肅愼)에서 배출된 인물들이라는 것이다. 대북대 교수 서량지(徐亮之)는 말하기를 지금으로부터 4천여 년 전 은(殷)나라 이전뿐 아니라 은대(殷代)이후의 주(周)나라 춘추전국(春秋戰國)시대까지 중원(中原)은 동이족의 활동지였다고 했으며, 산동지방을 위시해 하남(河南), 강소(江蘇), 안휘(安徽), 호북(湖北), 하북(河北) 및

---

58 『史記』(卷一)〔五帝本紀 皇帝者 小典之子 註 索隱 爲五帝之首 系本並以 伏羲 神農爲三皇 少昊 高陽 高辛 唐堯 虞舜 爲五帝 皇帝號有熊 以其本是 有熊國君之子也. 黃帝都軒轅之丘因以爲名 索隱 小典者 諸侯國號 非人名也 八帝五百年〕

발해(渤海) 요동반도 지방과 조선반도의 광대한 지역이 동이의 활동지였고, 그 중에서도 산동지방이 동이(東夷)활동의 중심지였다고 했다.[59] 문헌상으로 숙신[60]은 단군조선의 봉후국(封侯國)에 수봉된 신지(臣智)의 후예들이라고 규원사화(揆園史話)는 전하고 있다.[61] 읍루(挹婁), 말갈(靺鞨), 금(金), 여진족(女眞族)들도 같은 후예들이다. 황하문명의 유적은 하남성의 낙양, 서쪽 양사오촌의 은나라 유적에서 발굴된 채도(彩陶)와 산동성의 용산진(龍山鎭)에서 발굴된 흑도(黑陶)문화가 있다. 서량지(徐亮之)교수는 동이는 원시 세석기 문화인이었다고 하고, 동이인(東夷人) 순(舜)은 흑도문화의 창시자였을 것이라고 했다. 이러한 때에 우리 역사를 지키는 것이야말로 민족의 뿌리와 정체성을 가지고 민족적 자긍심을 지켜내는 실로 소중한 일이 아닐 수 없다. 중원에서 활약한 영수들이 사적을 밝혀 중국의 대 공정에 맞설 우리의 상고사가 하루 속히 광복해야 할 것이다.

『삼성기』에 따르면 환웅(桓雄)과 반고(盤古)는 무리 3,000을 거느리고 새로운 삶의 터전을 찾아 이동하게 된다. 오늘날 준가르 분지의 비단길의 요지인 우르무치 역에서 서안(西安)까지 깔려있는 철도노선을 따라가다가, 반고는 돈황의 납목동굴에서 도읍을 하게 되고, 환웅은 섬서성(陝西省)의 태백산에 도읍(都邑)을 하였다. 환웅과 반고가 약 6000년 전에 헤어져 각각 다른 곳에 정착하게 된 것이 중국사와 한국사가 분리

---

59   정연규·신세용 공저 『파미르고원의 마고성』 한국문화사, 2021, p 62
60   숙신(肅愼)은 한나라 이전에는 허베이 지역과 남만주지역에 나타나고 있고, 한나라 이후는 흑룡강과 연해주를 중심으로 나타나고 있으며, 고조선의 영역이 대부분이 겹치고 있고, 숙신은 직신(稷愼), 식신(息愼),으로도 불리며, 숙신은 맥(예맥(濊貊)이라 한다.
61   규원사화(揆園史話) 태시기(太始記)

되는 분기점으로 생각한다.[62,63] 오늘날 우리들은 우리의 역사, 문화와 얼의 뿌리를 찾는 일이 시급하다. 이와 같이 왜곡된 우리 국사의 진정한 광복이 절실하다. 일제가 우리 민족을 그들의 영구적 식민통치하에 두기 위해서 뿌리 깊은 우리의 역사를 먼저 잘 알아야 했다. 이것이 우리 민족혼을 말살하려는 그들의 침략정책이었다. 이제 우리는 '한얼' 사상의 보배로운 정신적 가치관을 되찾고, 면면히 이어온 우리 조상의 숨결과 정신을 되살려, 손과 손을 잡고, 나의 조국을 바로 세워야 할 것이다. 우리는 유라시아 대륙 파미르고원에서 인류의 문화와 문명을 창조하여 이 세상 동서남북 곳곳에 전파한 우리 선조들의 위대한 업적을 바로 찾아 알고, 이 튼튼한 역사의 뿌리를 다지고 민족중흥의 기치를 더 높여 세계사의 주류 속에 뛰어들어야 한다.

5. 요하문명

1979년 05월 중국의 요령성 조양시 객라심좌익(喀喇沁左翼) 몽고족자치현(蒙古族自治縣:통칭으로 객좌현으로 불림) 동산취촌(東山嘴村) 뒷산 정상에서 대형 제단유적인 동산취 유적이 발견되었다. 80년대 이후 요서지역을 중심으로 형성된 요하문명의 새로운 발견으로 이 지역에서 고대로부터 하나의 거대한 문명이 있었다는 것이 밝혀졌다. 중국계에서는 이 요하문명의 주도세력을 중국인들의 조상이라는 황제족으로 끌고 가려

---

62   정연규 『한겨레의 역사와 문화의 뿌리를 찾아서』 한국문화사, 2008, p 527
63   임승국 『한단고기』 「삼성기 하」 정신세계사 p 31
      時 有盤固者 好奇術 欲分道而往 請乃許之 遂積財寶 率十干十二支之神將 與共工有巢 有苗有
      燧 偕至三危山拉林洞窟 而立爲君 謂之諸畎 是謂盤固可汗也, 於是桓雄率衆三千 降于太白山
      頂神壇樹下 謂之神市 是謂桓雄天王也 將風伯雨師雲師 而主穀主命主刑主病主善惡 凡主人
      間三百六十餘事 在世理化 弘益人間.......
      안경전 역주 『한단고기』 「삼성기하」 상생, 2013. p186.

하고 있지만, 한국의 상고사~고대사와도 밀접하게 연결되어 있다.

우리 학계의 현실을 볼 때 얼마나 적극적으로 반영될지는 알 수 없다. 앞에서 본 바와 같이 인류역사의 시원문화를 가지고 있다는 것은 단순한 우리의 자존심을 앞세운 국수주의적인 입장이 아닌 세계사적인 측면에서 문화나 문명의 발달이 한 곳에서 비롯된 것이 아니라 인류는 혼자만이 사는 것이 아니고, 더불어 살면서 교류를 통한 만남을 통해 교류와 교감에서 이루어지는 것이다. 사무엘 노아 크레이머(Samuel Noah Kramer)[64]에 의하면 지금까지 가장 보편적으로 지구상의 세상 사람들에게 알려진 인류의 "역사는 수메르에서 시작되었다(History begins at Sumer)"고 하는 이유는 인류학자들의 피와 고통과 눈물이 깃들어 이루어낸 세계적인 학자들의 공통된 연구기록의 결과로 얻어진 결실이었다고 하겠다. 그러나 세계적으로 지역이나 대륙 속에서 가지고 있는 각국이나 각 민족들이 진력해온 모든 분야, 즉 정부와 정치, 교육과 문화, 철학과 윤리학, 법과 재판, 그리고 농업과 의학, 천문에서 기상 기후에 이르기까지 이들에게는 빠짐없이 모든 사료의 증거를 토대로 하여 모든 증거들은 가능한 한 명확하고 모호하지 않는 것에서 맺어진 결실이라 하겠다.

그러나 세계에는 다양하고 복잡한 기록 가운데에서도 인류의 역사를 연구하는데 문자의 기록으로 남겨진 것을 중심으로 생각해 볼 때, 레무리아 대륙의 무(Mu)제국에 관한 사료를 제공해준 영국의 제임스 처치워드(James Churchward)이며, 자료로는 작자를 알 수 없는 메소포타미아의 왕명표이다. 이 사료들이 약 7만 년 전의 인류사에 관한 매우 귀중

---

64   The New Bible Dictionary)의 저자 더글라스(J. D. Douglas) 씨와 영국의 고고학자 크라며 (Krammer)의 저서 역사는 수메르에서 시작되다.(History begins at Sumer)에 "수메르 사람은 고도의 문화를 가진 민족이며 그들은 아마 바다로 동방에서 왔다(Probable they came from the East by sea)"라고 하였다.

한 정보를 우리에게 제시한 것으로 생각된다. 제임스 처치워드는 50년 동안 인도, 미얀마, 티벳, 이집트 등의 나아칼(Naacal)의 점토판을 발굴, 해독하여 그의 저서(The Continent Mu)를 통하여 다음과 같이 말하고 있다. "나는 티벳사원에서 추정의 실마리가 되는 나아칼(Naacal)의 점토판을 발견했다. 그것에 따르면 약 7만 년 전 나아칼이 어머니 나라의 신성한 책[65, 66], 거룩한 영감의 책의 사본을 위글(Uigur)의 수도로 가져 왔다"고 했다. 또한 메소포타미아의 왕명표에는 "왕권이 하늘에서 내려와 먼저 에두리에 있었다. 에두리[67]에서는 아무림이 왕이 되어 28800년간 통치하였다. 아라르가르는 36000년 간 통치하였으니 두 왕은 합하여

---

65 정연규·신세용 『인류사가 비롯된 파미르 고원의 마고성』 2021, 한국문화사, p 360
천부경(天符經) : 제임스 처치워드에 따르면, 약7만 년 전 나아칼이 어머니 나라의 신성한 책, 거룩한 영감의 책의 사본을 위글의 수도로 가져왔다고 했다. 이 어머니의 나라는 파미르고원의 마고성을 말하며, 이 책은 천부경이라고 생각한다. 천부경은 『환단고기』 「태백일사 제4」,〈소도경전 본훈〉에 수록되어 있다. 마고시대의 7만 년 전부터 황궁, 유인, 환인, 환웅, 단군으로 이어지는 시대에 말로 전하여온 경전이다. 삼성세기는 역년을 63,182년이라고 기록하고 있다.

66 『부도지』 박제상 지음, 김은수 번역, 한문화, 2021, p23,91,124.
천부경은 천리를 숫자로 표현한 것이다. 천지창조의 소리를 적은 경전이다. 한국(桓國)에서 구전된 것으로 한단시대를 지치(至治)의 세상이라 했고, 이 말은 사라져버린 고대문화 정체를 주는 이 세상의 남은 단 한마디의 증언이다.

67 정형진 『천년왕국 수시아나에서 온 환웅』, 일빛, 2013, p 280~308, 345~460
천산지역을 중심으로 해서 살던 아시아 종족중 일부가 중앙아시아를 거쳐서 자그로스산악의 분지에서 발달한 농경의 메소포타미아 평원지역과 다른 하나는 인도의 남부에서 북으로 이동한 드라비다족이 중앙아시아나 이란고원으로 올라가고, 이란의 자그로스 산맥을 넘어 메소포타미아로 내려간 길은 고고학적으로 볼 때 두 방향인데 북부에 있는 자르모를 통과하는 길이고, 다른 하나는 남부의 에리두로 들어가는 길이다. 에리두는 남부 메소포타미아와 수메르에서 가장 오래된 정착지로 여기에서 발견된 가장 오래된 토기(우바이드 1기)는 수시아나의 이른 토기의 제작 시기와 동일하다고 한다. 초기의 아시아인의 모습을 띠었던 프타 신의 기원이 메소포타미아의 최초의 도시와 관련이 있음을 보여주는 자료는 수메르 왕명록에 의하면 하늘에서 에리두에 최초의 왕권이 내려왔으며, 또 상이집트의 왕관이 고깔과 관련 사실을 받아들일 때에 고깔모자는 광명신의 아들임을 상징하고, 그 고깔모자의 원형이 고고학적으로 나타난 것이 메소포타미아 에리두 유적지에서 나온 뾰족 삼각형 머리를 한 아시아계 신인상이다. 농경지를 기반으로 메소포타미아의 최초의 문명을 일구어 천년왕국을 이루고 살다가 남하하여 수시아나를 거쳐 이주한 이들이 엘람인이다. 수메르 학자 크레이머에 따르면 수메르인 노아의 장남인 셈은 앗수르(아시리아), 엘람, 아람, 에베르의 직계조상이다.

64800년간 통치하였다"고 했다.

그리고 또 증선지(曾先之)가 집필한『십팔사략(十八史略)』에서는 반고(盤古)의 뒤를 이은 황제로, 천황(天皇), 지황(地皇), 인황(人皇)을 들고 있으며, 인황씨와 그들 씨족들이 150대를 이어 45600 년을 집권 했다고 했다. 위의 공통된 약 70000년 전이라는 년대는 인류사가 파미르고원에서 시작되었음을 우리에게 알려주고 있다.

지구상에 가장 오래된 옛날의 사료를 기록한 학자는『환단고기』에「삼성기」를 남긴 원동중(元董仲)으로 삼성기에는「환인(桓因) 7세의 역년이 3301년 혹은 63182년이다」라고 기록하고 있다. 이를 비추어 보면 인류의 기록된 문화와 인류의 시초는 70000년이라는 가설이 가능하다. '어머니 나라'는 파미르 고원의 마고(麻姑)는 여권씨족사회(女權氏族社會)를 말하며, '거룩한 영감(靈感)의 책'은 신성한 책으로는 천부경(天符經)을 말한 것으로 추정된다.[68]

우리 국내 역사학자들 특히 강단사학자들은 인류 최고의 기록을 가진 환단고기(桓檀古記)를 불신하고 완전 이단(異端)의 책으로 몰아 부침은 마치 조선 초기에 우리의 고대사의 전적(典籍)을 수거하고, 가진 자에게는 참형으로 다스린 것처럼 이를 불신하여 배척하고 이를 위서(僞書)로 보고 있음이 현실이다. 그렇지만 우리가 잘 아는 강점기의 일본사학자로 자기 나름대로 독자적인 사관을 가진 가지마 노보루(鹿島昇)[69]은『환단고기』를 번역하여, 1986년에 출간하여 일본에서는 500명이 넘는 일본학자들과 명사들이 추천한 도서가 되기도 하였다. 녹도승(鹿島昇)은

---

68   정연규·신세용『인류사가 비롯된 파미르 고원의 마고성』2021, 한국문화사, p 293
69   가지마노보루(鹿島昇): 1926~2001,4) 일본의 변호사 고대사연구가, 독자적 서관을 전개하였고, 다수의 저작을 발표하였음, 그 중 환단고기의 단군 48대, 마한세가, 번한세가를 번역하였음.

『환단고기』를 번역하고 일본내의 독자적인 사관을 전개하기도 하였지만, 이 사서(史書)야말로 동양사(東洋史), 나아가 세계사(世界史)를 밝혀주는 유일한 책이라고 칭찬했다. 이외에도 일본사학자 고바 쯔키모리(木庭 次守 : 1917~1993)는 『환단고기』야 말로 한국사, 동양사, 세계사를 이해하는데 아주 귀중한 사실을 제시해준다고 했다. 또한 그는 환인·환웅·단군으로 이어지는 신은 한민족의 신이 아니고 세계의 주신(主神)이며, 지구상의 모든 종교는 이 신에서 유래되었다고 했다. 한민족－수메르족－이스라엘족의 뿌리를 생각해 볼 때 고바 쯔키모리씨의 주장이 과장된 것이 아닐 것이라는 생각을 갖게 한다.[70] 뿐만아니라 요하유역은 BCE. 8000년경 신석기시대의 문화를 꽃피운 문화인이었다.

끝으로 이 책이 나오기까지 언제나 늘 쓸데없는 짓이라고 핀잔만 주는 척 하면서 그래도 물심양면으로 자못 다 챙겨주는 늘 고마운 내조자와 언제나 책과 답사 때나 한결같이 많은 정보와 자료를 배려해 주며 아낌없이 협력해 주신 신종근님께 감사드리며. 그리고 바쁜 가운데 교정을 맡아주신 성헌식님, 이원환님 두분께서 감사하고, 그리고 어려움에도 흔쾌히 수락해 삽도 및 편집을 맡아주신 블루디자인에 감사드리며 출판에 이르기까지 길잡이가 되어주신 한영국소장님과 리치미디어에 감사의 말씀을 드립니다.

2022. 11. 풍납동 우거에서

이대구 씀

70   정연규 『수메르 이스라엘문화를 탄생시킨 한민족』, 2004, 한국문화사, P 262

I

인류의
기원설과
DNA,
그리고 고고학

1

인류의 기원설과 DNA

    인류학에서 인간의 특징으로 불(火)과 언어의 사용, 도구의 제작과 사용, 직립 보행을 들고 있다. 6천5백만 년 전 혜성의 충돌로 공룡의 중생대(中生代)는 막을 내리고, 그동안 어렵게 지냈던 포유류가 본격적인 진화를 시작했다. 1천6백만 년 전 유인원(類人猿 : anthropoid: 사람과 비슷한 원숭이란 의미)이 등장하고 분화되다가, 약 6백만 년 전으로 추정되는 시기에 오스트랄로피테쿠스(Australopithecus : 원인(猿人)가 등장하여 다양한 종의 변이를 거치면서 아프리카 대륙에 화석을 남겼다. 300만 년 전 아프리카에서 호모 屬(Genus)이 등장하고, 180만 년 전 신생대(新生代) 3기에서 4기[71]로 지각변동이 일어날 때, 우리에게 익숙한 호모에투렉스(Homo erectus : 原人)가 나타난다. 아프리카 올두바이에서 처음 등장하는

---

[71] 신생대(新生代) 4기는 200만 년 전 시작하여 오늘에 이른다. 4기는 홍적세(洪積世 : 플라이스토세)와 1만 년 전에 시작된 충적세(沖積世 : 홀로세)로 나뉜다. 충적세 때 인류는 벼농사를 시작하고 문명이 개화된다. 40만 년 전 이래, 10~12만년 주기로 지구에 빙하기와 간빙기가 4차례 진행되었다.

"루시"[72]가 그것이다. 호모에렉투스는 약 1백만 년 전 아프리카를 탈출하여 구대륙 곳곳에 퍼져나가 약 10만 년 전까지 생존한 것으로 여겨지는데, 구석기와 불을 사용하고 동물가죽으로 만든 옷을 입고 육식도 한 원인(遠人)은 우리에게 친근한 유골을 남기게 된다.[73]

사람과 원숭이의 중간 쯤 되는 사람 비슷한 동물인 유인원의 유골들이 아프리카와 세계 여러 곳에서 발견되는데 인도네시아에서 발견된 화석으로 추정되는 난장이 인류인 호모 플로에시엔시스(Homo Floesiensis)도 인류의 한 변종으로 받아들여지는 분위기이고, 알타이산맥의 데니소바(Denisova)에서는 정체가 불분명한 새로운 인류의 뼈가 발견되어 "데니소바인"[74]이라고 불리고 있다.[75]

2009년 최고의 과학 학술지 『사이언스(Science)』에 '아르디'라는 이름을

---

72 이홍규 『한국인의 기원』 우리역사재단, 2010, p 26~27. 아프리카에서 고인류의 유골을 찾아 나선 인간의 사촌뻘인 영장류를 찾아 인류의 기원에 대한 연구에서 출발하여 화석을 찾아 나선 루이스 리키(Louis Leakey, 1903~1972)와 쌍벽을 이루는 미국인으로 도널드 조헨슨(Donald Johnson)이라는 학자로 그는 1974년 에디오피아의 홍해에 접한 지역으로 세계적으로 뜨거운 사막 가운데 하나인 아프리카의 아파르(Afar)지역에서 사람 뼈와 비슷한 것을 찾아냈다. 그는 뒤에 『루시, 인류의 시작』란 책을 써서 오랜 고생 끝에 찾아낸 과정과 기쁨을 소개하고 있는 처음 뼈를 발견했을 때 너무 기쁘고 흥분되어 잠을 이룰 수 없었다. 그와 탐사대원들은 영국의 그룹 비틀즈(The Beatls)의 히트곡인(다이몬드를 두르고 하늘에 떠 있는 루시(Lucy in the sky with Diamond)란 노래를 밤새 틀었다. 인류의 현생인류의 선조가 되는 이 오스트랄로피테쿠스 아파렌시스(Australopithecus Afarensis)의 유골은 비틀즈의 노래에서 "루시"란 이름을 얻었다.

73 홍순만 『우리 고대사 이야기』 파워북 2011, p 27

74 우창수 『아사달 인류최초의 문명을 품다(하)』, 아사달, 2012, p 355. 일본 고고학 책을 보면 3만 년 전부터 사람들이 살았다고 되어있는데 현생인류에 해당하는 조몬인들이 일본에 살기 시작한 것은 약 15,000~12,500년 전이니까 조몬인보다 먼저 일본에 사람이 분명히 있었고, 직립인이었을지 모른다고 생각하고 있다. 물론 동남을 통해 이동해온 현생인류의 첫 그룹일 가능성도 있고, 제3의 인류였을 가능성도 있다. 동아시아인에게서 직립인들로부터 온 유전자라고 추정되는 것들이 제법 발견되고 있는 것은 아프리카를 떠나 동아시아로 이동해 온 초기 현생인류가 직립인 또는 데니소반인과 같은 제3의 인류와 혼혈을 일으켰다는 것을 암시하고 있다.

75 우창수 『아사달 인류 최초의 문명을 품다(상)』 아사달, 2012 , p 426. 이홍규의 『한국인의 기원』을 참조하면 알타이산맥의 데니소바동굴에서 지금으로부터 3만~4만년 쯤 사이에 현생인류와 네안데르탈인 사이에 어떤 형태로든 혼혈인류가 탄생한 것은 틀림없다고 한다. 데니소바동굴은 천산산맥에 가까이에 있고, 천산산맥(天山山脈)은 6,995m의 한텡그리 산이 있다. 단군신화(檀君神話)에 등장하는 태백산(太白山)이 바로 이 한텡그리산이다.

붙인 새로운 인류의 조상(학명 아르디피테쿠스 라미두스(Ardipithecus Ramidus))에 대한 논문이 발표되고 연구 전체를 해설하는 논문 예외 11편의 논문이 함께 『사이언스』에 실렸는데 이 발견은 2009년도 최고의 과학 뉴스로 선정되었다.[76]

---

76   이홍규 『한국인의 기원』, 우리역사재단, 2010, p 28

2

인류의 다지역기원설[77]과 아프리카기원설[78]

    다지역기원설에 의하면 아득한 옛날 인류는 100만 년 전까지는 한 뿌리였지만 호모 에렉투스 이전 또는 이후에 여러 갈래로 나눠져 세계 곳곳에서 각자의 특성에 따라 발달했다. 즉 현재의 인류가 지니고 있는 인종적 특성은 각 지역에서 오랜 생활동안 진화해온 결과라는 뜻이다. 이것은 현생인류가 유럽과 동시에 아프리카, 중동아시아에도 존재했다는 것으로 황인종의 조상은 황인종임을 의미한다. 아프리카 기원과 다지역 기원은 첨예한 문제에서부터 격돌하므로 수많은 반전에 반전을 거듭해오면서 1997년 뮌헨대학에서 네안데르탈인 남자의 팔뼈에서 DNA를 추출해서 분석한 결과 오늘날 지구상에서 발견되는 어떤 DNA와도 다

---

77   인류의 이동경로는 현재 두 가지의 가설이 팽팽하게 맞서면서 인류학계는 큰 논쟁에 몰아넣고 있다. 첫째는 근래 유전자분석으로 무장한 '아프리카가설'이고, 둘째는 과거부터 정설로 내려온 '다지역 기원설'이다.

78   현대 인류의 조상을 두개골 화석을 비교하는 방법과 분자유전학적 방법으로 현대 인류가 14만~29만 년 전에 동아프리카의 사바나에서 돌연변이를 일으켜 발생한 후 이 후손들이 세계 각 지역으로 이주하여 모든 인류의 부모가 되었다는 것이다. 이를 '아프리카 가설' 또는 '이브 가설'이라고 부른다.

르다는 것이 발견되었다.[79] 네안데르탈인과 현대 인류가 아무런 유전적인 관계가 없음을 의미할 수 있으므로 전통적인 다지역기원설에 타격을 주었다. 그러나 다지역기원설의 지지자들도 비장의 무기를 꺼내들었다. 고고학적인 증거를 제시했다. 아프리카 가설에 대해 가장 큰 반론을 제기하며 다 지역기원설을 강력히 지지하는 측은 화석 인류학자들이다. 특히 중국과 북한을 포함한 동양에서는 다 지역기원설을 기본으로 삼는다.[80]

북경원인과 북경원인이 발견된 동굴

자료: 사진 이종호 『과학으로 증명된 한국인의 뿌리』 2016, 한국이공학사, P 50) (참고 다음 인터넷)

79   이종호 『과학으로 증명된 한국인의 뿌리』 2016, 한국이공학사, p 48.
80   이종호 『과학으로 증명된 한국인의 뿌리』 2016, 한국이공학사, p 49.

우선 북경원인의 후두골에는 작은 화산형 돌기가 있는데 현재의 황색인종(몽골로이드)의 특징이나, 일본 연구팀에 의한 인도네시아 자바섬에서 과거 발견된 자바원인(原人)의 치아와 턱 화석 100여 개의 특징을 아프리카원인(原人)의 화석과 비교한 결과 자바원인의 화석은 180만 년 전의 아프리카원인에서 나타난 특징을 갖추고 있는 것으로 확인된 것이다.[81] 또한 동부아시아와 북부, 북미의 복합적인 석기제작기술 등을 분석해 볼 때, 수만 또는 수십만 년 동안 복합적인 기술이 고대 베링해 지역에 널리 퍼져 '베링기아(Beringia)인류발생설'도 제시되었다. 즉 가장 오래된 인류공동체가 베링해를 사이에 두고 아메리카와 아시아 대륙을 하나로 묶었다는 문화공동체로 이루었다는 가설이다. 우리나라에도 고고학적으로 이는 한 지역의 석기문화가 지속적으로 발달 전개되었다는 증거가 제시된다. 중기 구석기시대에 석영을 석재로 사용한 자갈 돌석기 전통은 하나의 계통을 가지고 이어지는 것으로 베링해 문화권, 알타이지역, 우리나라의 문화권적 계통성을 통해서 볼 때 다지역기원설이 힘을 받는다.[82]

반면으로 다지역기원설은 어느 지역에 새로운 다른 집단인 호모사피엔스 사피엔스가 이동해 들어왔다고 하더라도 기존에 살던 호모에렉투스의 후손들을 모두 몰아내고 새로운 강자로 군림하는 것이 아니라 기존집단에 포함되어 그 지역 특성에 맞는 인종으로 계속 유지해 왔다는 것이다. 바로 이 점이 첨단 유전자 기법으로 무장한 아프리카 가설에도 불구하고 다 지역기원설이 힘을 받는 이유이다. 고대로 올라갈수록 인구밀도와 조직성이 부족하여 기존세력을 대체하는 것이 불가능하다고

---

81   이종호 『과학으로 증명된 한국인의 뿌리』 2016, 한국이공학사, p 51
82   이종호 『과학으로 증명된 한국인의 뿌리』 2016, 한국이공학사, p 52

여기기 때문이다.[83]

1) 직립원인(곧선사람, 호모 에렉투스(Homo. Erectus)

최초의 인류로 간주되는 호모(사람)과 에렉투스(꼿꼿이 선사람)라고 부르고, 최초로 서서 걷기 시작한 종류의 인간, 즉 첫 인류가 된다. 주요 발상지는 아프리카이며, 호모 하빌리스에서 진화한 것으로 알려져 있다. 첫 인류는 호모 에렉투스는 수십 만 년 동안 아프리카의 열대우림에서만 살았으나, 점차 아시아와 유럽의 일부 지역으로 이동했다. 1891년 자바에서 최초로 호모 에렉투스의 화석이 발견되었고, 중국의 베이징 근처 주구점(周口店)에서도 발견되어 각각 자바인, 북경인이라 부르는데, 아프리카에서 발견된 투르카나 소년, 독일에서 발견된 하이델베르그인 등도 서서 걸었던 고인류(古人類)에 속한다. 그 뒤 아프리카와 유럽에서도 증거가 확인되었다.[84]

2) 네안데르탈인(호모 네안데르탈렌시스, Homo neanderthalensis : 舊人)[85]

홍적세(플라이스토세 : 신생대 제4기의 첫 번째 지질시대로 약200~300만 년 전부터 1만 년 전까지 해당하는 빙하기로 대표되는 시기) 중기 말엽, 세계 각지에서 아직 호모에렉투스와 유사한 특징을 많이 지니고 있지만 몇몇 형질적 특징에서 현대인에 보다 가까이 접근한 집단이 등장한다. 이러한 화석은 바로 우리 현대인 호모사피엔스 사피엔스기에 속한 모

---

83   이종호『과학으로 증명된 한국인의 기원』한국이공학사, 2016, p 53
84   이홍규 『한국인의 기원』, 우리역사재단, 2010, p 30
85   네안데르탈인이 현생인류의 아종(亞種) 즉 '호모사피엔스 네안데르탈레시스'인지, 아니면 호모 속(屬)의 별종(別種) 즉 '호모 네안데르탈렌시스'인지 아직 확실하지 않다.

83   이종호『과학으로 증명된 한국인의 기원』한국이공학사, 2016, p 53

84   이홍규 『한국인의 기원』, 우리역사재단, 2010, p 30

85   네안데르탈인이 현생인류의 아종(亞種) 즉 '호모사피엔스 네안데르탈레시스'인지, 아니면 호모 속(屬)의 별종(別種) 즉 '호모 네안데르탈렌시스'인지 아직 확실하지 않다.

50

종인 호모 사피엔스의 등장을 의미한다. 이 새로운 종은 인도네시아, 중국, 아프리카, 유럽 등 구대륙 각지의 여러 곳에서 비슷한 시기에 등장한다.

최초의 호모사피엔스(네안데르탈인)는 후기 호모 에렉투스와 상당기간 동안 공존했는데 학자들은 최소한 35~60만 년 전, 최소한 20만 년 전에 등장하였다고 추정한다.[86]

호모 에렉투스는 다른 인류에 비해 뇌 용적이 작으며, 얼굴뼈는 무겁고 아랫부분이 튀어나와 있다. 치아는 대체로 호모 사피엔스의 것보다 큰 편이다. 대퇴골의 구조가 현대인의 것과 매우 비슷한 것으로 보아 직립자세를 취했던 것이 분명하다. 호모 에렉투스는 신체적 능력과 도구 면에서 우수했기 때문에 사냥을 비롯하여 식량을 획득하는 기술이 뛰어났을 것이다. 호모 에렉투스는 초기의 호모 사피엔스가 출현하기 이전인 중기 홍적세까지 번성했던 것으로 보인다.

1856년 독일에 있는 네안데르(Neander)계곡(~tal)의 펠트호퍼 광산에서 어른의 두개골 하나가 발견되었다. 뼈는 사람의 뼈가 분명했지만 보통 사람의 것과는 상당히 달라서 지역의 이름을 따서 네안데르탈인이라고 부르게 되었다. 네안데르탈인의 흔적이 알타이지역 동쪽 바이칼(Baikal)호 부근에서 발견된다고 주장했는데 최근 유전자검사를 통해서 공인되었다.[87]

10만~3만 5천년 전쯤인 플라이스토세에 유럽 대부분과 지중해 연안지역에 퍼져 살았다. 중동·북아프리카·아시아에서도 화석이 발견되었다. 1857년 독일 네안데르계곡의 한 동굴에서 화석이 처음 발견되어 '네

86   이종호 『과학으로 증명된 한국인의 기원』 한국이공학사, 2016, p 67
87   이홍규 『한국인의 기원』, 우리역사재단, 2010, p 32

안데르탈인'이라고 불리게 되었다. 이들은 작은 키에 단단한 체격을 갖고 있었다. 두개골 부분은 길고 낮았으며 뒷부분이 넓고 납작했다. 눈두덩이 상당히 발달되어 융기해 있고, 두 다리로 걸었다. 불을 사용했으며, 염소, 작은 사슴 등과 같은 동물을 사냥했다. 사람이 죽으면 땅에 묻었으며, 원시적인 형태의 종교가 있었던 것으로 보인다. 분류학상 호모 사피엔스의 아종(亞種)인 호모 사피엔스 네안데르탈렌시스로 여겨지고 있다. 인류의 진화에서 현생인류로 흡수되거나 유럽에서는 크게 번성했으나, 약3 만 년 전쯤 멸종한다. 멸종의 원인은 신인류와의 식량경쟁과 기후변화에 취약해 효과적인 대처에 약한 것으로 보인다.[88] 그런데 인류의 아프리카기원설이 나오자 인류의 진화에서 네안데르탈인이 차지하는 위치가 흔들리기 시작했다. 유골이나 유적에서 나오는 유물들만 비교해서는 확실한 결론을 내릴 수 없었던 것이다.

3) 크로마뇽인(Cro- Magnon)

전통적인 인류학자들은 호모에렉투스에서 호모사피엔스(네안데르탈인)로 천천히 진행되었고(일부학자들은 네안데르탈인이 호모사피엔스사피엔스(크로마뇽인)의 선조인 호모 하이델베르겐시스에서 갈라졌다고 주장한다), 근래의 연구에서 크로마뇽의 연대를 매우 낮게 5~6만 년 전 또는 3~4만 년 전으로 추산하는 경향도 있지만 이들을 현대인들의 직접 선조인 호모사피엔스사피엔스로 인식한다.[89]

15만 년 전인 현생인류 즉 호모사피언스 사피언스(Homo Sapiens Sapiens : 신인(新人, 크로마뇽인)가 아프리카에서 출현한다. 그들은 10만

---

88   이홍규 『한국인의 기원』, 우리역사재단, 2010, p 34
89   이종호 『과학으로 증명된 한국인의 기원』, 한국이공학사, 2016, p 81

년 전 아프리카로 탈출하여 구대륙 전역으로 퍼져 가면서 네안데르탈인과 공존한 것으로 여겨진다. 그러나 15만 년 전의 그들로부터 오늘날 65억 인류가 파생한 것은 아니다.[90] 후기 구석기시대에 출현했다. 1868년 프랑스의 크로마뇽지역에서 지질학자 루이 라르테가 5개의 고고학적 단층을 발견했는데 가장 위쪽 단층에서 발견된 화석(인골)인 크로마뇽인은 대표적 선사 인류로 간주된다.

골격이 단단하고 억세며, 키는 166~171cm였던 것으로 추정되며 앞이마는 편평하고, 눈썹 뼈는 좁으며, 두개골은 길고 좁지만 얼굴은 짧고 넓다. 뇌 용적은 현대인의 평균 뇌 용적보다 다소 컸던 것으로 여겨진다.

크로마뇽인은 대부분 동굴 속이나 바위가 돌출되어 생긴 얕은 동굴에서 살았으며 시신(尸身)을 매장했다. 최초로 예술 활동을 시작했는데, 동물의 형상을 음각·양각하거나 조상으로 만들었고 임신한 여자의 형상을 새긴 것이 많았다.

현생인류로 인식하는 호모사피엔스사피엔스의 살펴보면 대륙별로 아프리카호모사피엔스사피엔스, 아시아호모사피엔스사피엔스, 오스트레일리아호모사피엔스사피엔스, 아메리카호모사피엔스사피엔스, 유럽호모사피엔스사피엔스로 연구된 사료가 있으나 본서에는 아프리카호모사피엔스사피엔스와 아시아호모사피엔스사피엔스에 한해서 간략하게 언급하도록 한다.[91]

---

90   홍순만 『옆으로 본 우리고대사 이야기』 파워북 p 28.
91   이종호 『과학으로 증명된 한국인의 기원』, 한국이공학사, 2016, p 81~92

① 아프리카 호모사피엔스사피엔스

현생인류로 인식하는 호모사피엔스사피엔스의 뇌용량은 1499cc 정도로 오늘날과 매우 비슷하며 네안데르탈인과 공존했다. 이들의 유적은 약 12만 년 전 남아프리카공화국의 클라지스 강가에서 발견되며 중앙아프리카 자이로의 카탄다 부근에서 9만 년 전의 유물이 나왔다. 이들은 매우 정교하게 만든 뼈 작살을 사용했다. 이들 중 일부가 아프리카에 남아서 니그로이드(흑인종)의 조상이 되었다고 본다.

② 아시아 호모사피엔스사피엔스

아프리카를 떠나 북쪽으로 향했던 인류는 서아시아 갈릴리의 나사렛 부근에 정착했다. 그러나 11만 년 전 강추위가 닥쳐 서아시아 지역이 사막화되자 남쪽 사하라 사막과의 사이에 갇혀 혹독한 시련을 치러야 했다. 그러나 8만 년 전 홍해를 건너 예멘에 도착한 인류는 비교적 비옥한 장소를 발견하여 이곳에서 정비한 후 각지로 퍼져나가기 시작했다. 학자들은 이들이 인도 북부에서 히말라야를 지나 중앙아시의 광활한 초원으로 향했고 또 한 무리는 중국과 그 북쪽 지역으로 올라갔다. 중국으로 가다가 남쪽으로 향한 인류는 7만 4천년 전 말레시아까지 다다랐는데 이들 아시아로 온 인류들은 육류 섭취가 줄어들어 키가 작아졌다. 이 시기에 수마트라의 토바에서 지난 200만 년 중 가장 규모가 컸던 화산 폭발이 일어나 6년간이나 겨울이 지속되어 상당수의 인류들이 사망했다. 한편 아시아로 온 인류중 일부가 4만 년 전에 인도네시아 북부 니아(Niah)동굴 부근까지 진출했다. 한편 아프리카로부터 먼저 출발하여 아시아의 각 지역에 흩어져 살던 자바원인, 북경원인 등 아시아 호모 에렉투스들은 그들이 살던 지역에서 진화를 거듭했다. 그러므로 후대에 도착한 후발 인류는 이들 원주민을 대체하거나 그들과 유전자를 교환하면서 그 지역의 특이한 호모사피엔스사피엔스로 진화했다. 이들 중에서 상당수가 몽골로이드의 직접 조상이 되었다고 추정한다.[92]

92   이종호 『과학으로 증명된 한국인의 기원』, 한국이공학사, 2016, p 86

3

고고학계의 시대적 구분

　고고학이란 인간이 지구상에 첫 발을 디딘 지금으로부터 약 3~4백
만 년 전에서 불과 몇 년 전까지의 인류가 지구에 남긴 일체의 인공 및
자연 유물 그리고 자연환경에 남겨진 일체의 활동 흔적을 자료로 하여
인류의 문화와 사회를 체계적으로 복원·연구하는 학문[93]으로 오늘날의
인류는 7만5천 년 전에 있던 단일 부족의 후손으로 여겨지고 있다.[94]

　인류의 이주경로를 판단하는데 크게 3가지 분석기법이 동원되고 있
다. 모계(母系)을 통해서만 유전되는 미토콘드리아 DNA 변이분석, 부계
(父系)를 통해 유전되는 Y염색체 변이분석, 그리고 상염색체 변이분석
등이 그것이다.[95]

93　임효재 『한국고대문화의 흐름』 집문당,1992, p 9
94　홍순만 『옆으로 본 우리고대사 이야기』 파워북 p 29.
95　홍순만 『옆으로 본 우리고대사 이야기』 파워북 p 31 주)3 참조
　　Y염색체를 이용한 변이추적으로 스펜서웰스의 이론이 『인류의 조상을 찾아서/Deep Ancestry-
　　inside the Gengraphic Project』(채은진 옮김, 말 글빛 펴냄 2007,8월)에서 소개되어 있고, 미토
　　콘드리아 DNA를 통한 분석은 영국 스코틀랜드 그래스고 대학 어콜리 박사팀의 자료가 2005년
　　5월 연합뉴스를 통해 소개되었다. 상염색체에 관한 자료는 2009년 12월 사이언스지에 기고되어

앞에서 자료를 바탕으로 정리하면 토바 화산 대폭발 이후 아프리카에서 살아남은 인류의 조상은 약 7만여 년 전에서 6만5천 년 전 사이에 홍해를 건너 전 세계로 확산된다. 그들은 아라비아반도 동부 연안을 거쳐 호르무즈해협을 건너 아라비아 해변을 타고 인더스강에 도착했고, 강을 따라 북상하여 인도 서북부에 이주했던 것으로 보인다. 5만 년 전쯤 그들은 인도 서북부를 출발점으로 하여 유럽(西進), 중앙시아(北進), 동남아시아(東進) 등 각지로 진출한 것으로 추정하고 있다.[96]

1) 토바 화산 대폭발과 영거 드라이아스기(期)[97]

오늘날의 인류는 7만5천 년 전에 있던 단일 부족의 후손으로 여겨지고 있지만 다시 말하면 구대륙 전역으로 퍼져나간 현생 인류 대부분이 7만5천 년 전에 일어난 범(汎)지구적인 사건으로 멸절하고, 그때 살아남은 수백 명 남짓한 한 부족만이 다시 후손을 퍼트렸다는 의미이다.[98] 이는 인도네시아 수마트라 섬에 있었던 토바 화산 대폭발 때문이었다.[99]

한국생명공학연구원이 동아시아 인류 이동로를 제작하여 언론에 보도되었다. BBC에서는 인류의 확산 이동로와 이동시기를 추정한 인류 20만 년의 여정이란 제목의 다큐멘터리를 제작했는데, 한국에서는 EBS 다큐10에서 2010년 3월17일 방영되었다.

96   홍순만『옆으로 본 우리고대사 이야기』파워북, 2011, p 31

97   브라이언 페이건 남경태 옮김『기후 문명의 지도를 바꾸다』씨마쓰 21, 2021, p 85
     가장 초기의 대폭적인 한랭화는 이른바 영거 드라이아스(younger Dryas)로서 BCE.11,000년에 시작되어 1천년 가량 지속되었다. 충적세는 안정적인 기후가 가장 오랜 지속시기였다. 하지만 북대서양에서는 1,500년마다 소폭의 온난화와 한랭화가 일어났다. 가장 최근의 사례는 1,300년에서 1,860년까지의 소빙기이다. 이 작은 변화와 그것이 인류역사에 미친 영향이 장기적인 단스가드- 외슈거 주기와 어떤 관계가 있는지는 아직 수수께끼이다.

98   1987년 미국 켈리포니아 버클리대학의 알란 윌슨(Allan Wilson, 1934~1991)이 세계 각지 147개의 미토콘트리아 DNA를 조사하여 계통수를 그린 결과 현생인류의 조상은 단 한 명이라고 발표하여 세계를 경악하게 만들었다. 그는 각각 두 개의 두개골화석을 비교하는 방법과 분자유전학적방법으로 아프리카 기원설 즉 '미토콘드리아 이브가설'이라고 부르고, 분자시계기술을 개발하여 인류를 이해하는 완전히 새로운 이론을 만들어낸 것이다.

99   홍순만『옆으로 본 우리 고대사 이야기』파워북, 2011, p 29

약 7만 5천 년 전 적도 바로 위 인도네시아 수마트라 섬의 토바 화산이 대폭발을 일으켰다. 7만5천 년 전에 화산폭발지수 8급의 분출 이후에도 총 4번의 분화가 있었다. 빙하시대가 시작된 이후 가장 강력한 폭발이었다. 토바 화산의 대폭발은 인도네시아 수마트라섬 북부의 칼데라 호수로 제주도 크기의 한 분화구를 형성하면서 400㎦의 재가 분출해 6년간 하늘을 뒤덮었고, 당시 화산 분출 길이 100㎞, 폭 30㎞, 깊이 529m.거대한 호수를 만들어냈다.

시뮬레이션 결과 최악의 유황 배출 시나리오에서도 아프리카 기후에 비교적 약한 영향이 미쳤을 것이라는 결론을 얻었다. 북반구 유황 배출량에 따라 기온이 최소 4℃에서 15℃까지 떨어진 것으로 분석되고 있다.[100]

이 정도의 위력은 화산폭발지수(VEI= Volcanic Explosivity Index) 최고의 단계로 현재 미국 옐로스톤 화산이 한꺼번에 폭발할 경우의 위력으로 추정된다. 옐로스톤 화산폭발은 지구 멸망을 다루는 시나리오에 즐겨 인용되는 소재인 점을 생각해 볼 때 토바 화산 정도면 지구 생태계의 작동이 일거에 붕괴되었을 것이다. 이후 지구는 1천8백 년 동안 빙하기가 지속되었고 건조한 기온으로 말미암아 열대지역에서 장기간에 걸친 숲이 사라졌다고 분석되고 있다. 토바 화산 대폭발로 네안데르탈인과 구(舊)대륙으로 뻗어가던 현생인류 대부분이 멸종하지만 기적적으로 아프리카에서 현생 인류의 한 부족 수백 명 정도만이 간신히 살아남았다. 그들은 번식했고, 7만여 년 전 다시 아프리카를 탈출하여 구대륙으로 뻗어갔다. 그들에 의해 인류는 다시 시작된 것이다.[101]

---

100 100 다음.네트 백과사전.1
101 홍순만『옆으로 본 우리 고대사 이야기』파워북, 2011, p 30.

화산발생에 따른 지구적인 영향분석도

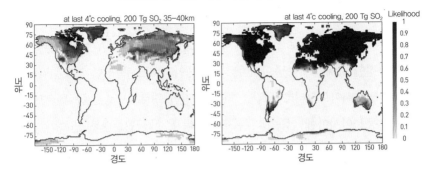

토바 화산에서 배출되는 황이 상대적으로 작거나(왼쪽) 클(오른쪽) 경우의 4℃ 이상 기온 저하 가능성. 네안데르탈인이 살던 북반구는 대부분 기온이 크게 하락했으나 현생인류의 고향인 사하라 사막 이남 아프리카에선 큰 변화가 없었다. (더 컨버세이션에서 인용, 다음 한겨레에서 재인용)

화산폭발지수(VEI)

VEI 0	〈Non Explosive〉		
VEI 1	〈Small Explosive〉	분출량 0.00001~0.001 ㎦	
VEI 2	〈Moderate Expl〉	분출량 0.001~0.01 ㎦	
VEI 3	〈Moderate Expl〉	분출량 0.01~0.1 ㎦	
VEI 4	〈Large Expl〉	분출량 0.1~1 ㎦	세인트헬렌 화산(1980년)
VEI 5	〈Very Large Expl〉	분출량 1~10 ㎦	피나투보 화산(1991년)
VEI 6	〈Very Large Expl〉	분출량 10~100 ㎦	크라카타우(1883년)
VEI 7	〈Super Large Expl〉	분출량 100 ㎦	탐보라 화산(1815년)
VEI 8	일명 Super Volcano〉	분출량 1000 ㎦	토바(7만5천 년 전)
			옐로스톤 칼데라(60만년 전)

※ 화산폭발지수(Volcanic Explosivity Index)는 화산분출규모를 측정하기 위해 1982년 하와이 대학 미 지질연구소 등에서 고안해낸 지수이다. 화산이 분출할 수 있는 최대의 양을 넘는 것에 지수 8을 부여하는데 필요에 따라서는 그 이상의 지수도 부여될 수 있다.

이러한 자료들을 바탕으로 동북아시아의 이주 경로를 종합해 보면 아래와 같다.

첫째 다중이주설로 Y 염색체와 미토콘드리아[102] DNA 변이를 분석하여 추정한 경로인데 동남아시아로부터 해안을 타고 북상한 경로(남방경로)와 중앙아시아로부터 초원길을 타고 동진한 경로(북방경로) 등 두 경로를 타고 동북아시아에 이동했다는 이주설이다. 한국인은 북방민족이 남진하여 형성된 동이족 후예라는, 현재 우리에게 가장 익숙한 이론이다.[103]

다중 이주설

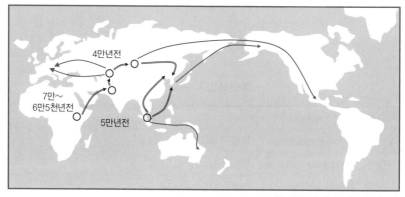

자료: 옆으로 본 우리 고대사 이야기(p 32)

---

102 미토콘드리아는 어머니를 닮는 내림, 모계성(母系性)유전(maternal inheritance)하는 특징이 있다.

103 브라이언 페이건 지음 남경태 옮김 『기후, 문명의 지도를 바꾸다』, 씨마스21, 2021, p 61~64.
북방경로에서 주목받고 있는 곳 중의 시베리아의 심장부, 바이칼호수 그 넘어로 이어지는 툰드라 초원의 광활한 북동부에는 거의 아무도 살지 않았다. 바이칼 일대에는 이미 3만5천 년 전부터 인간이 거주한 흔적이 있으며, 마지막 추위가 덮치기 직전인 2만1천 년 전에는 호수 남단에는 제법 많은 인구가 살았다. 그러나 마지막 빙하기가 끝나가는 BCE.1만 8천년에서 BCE.1만5천년에는 인간은 방대한 극지 부근 사막의 가장자리에만 거주가 가능했다. 그 이유에 관해 호폐커는 마지막 빙하기의 시베리아인들이 오늘날의 에스키모나 이누이트족처럼 적응한 북방 민족보다 사지가 더 길었기 때문이라고 추측한다. 그들은 아프리카 조상, 예컨대 크로마뇽인처럼 따뜻한 기후에 적합한 체형을 가지고 있었다.

둘째는 단일이주설(單一移住說)로 새로 시도된 미토콘드리아 DNA분석과 상염색체분석을 통해 추론된 경로 설명이다. 한국을 비롯한 아시아인 대부분의 조상이 아시아 남부를 통해 유입되었다는 남방경로 단일설이다. 그런데 2009년 12월 사이언스에 기고된 상염색체 분석 내용 중 특히 눈여겨볼 일은 북위 40도 이북의 북방 유목민이 발해만 북쪽 (요서지역)에서 퍼져 갔다는 것이다.[104]

그러나 설혹 초원 유목민의 시발점이 동북아시아 요서지역이라 해서 이를 신석기와 청동기 지식도 요서에서 시작되었다고 보는 것은 무리가 많아 보인다. 인종의 출발지와 문명의 발화시점은 별개의 사안으로 유물을 통해 꼼꼼히 따져서 문명의 전래과정을 추적해 보는 것이 타당한 것 같다.

남방계 단일 이주설

4만년전

7만~
6만5천년전

5만년전

---

104 홍순만 『옆으로 본 우리고대사 이야기』 파워북, 2011, p 32 주) 5
BCE 4천 년 중국 요령성 적봉(赤峰) 인근에서 발달된 홍산(紅山)문화의 토기 전 단계가 발견되지 않고 있다. 또한 2만2천 년 전으로 추정되는 세계 최초의 신석기유물이 전남 신북 유적에서 출토되었고, 충북 소로리 유적에서는 1만5천 년 전으로 보이는 탄화 볍씨가 발견되었는데 이를 토대로 해수면 상승 이전의 황해 대평원에서 인류 초기 문명이 발화되었고 해수면이 상승하자 홍산지역으로 전이된 후, 홍산에서 유라시아 초원길을 통해 서쪽으로 전파되었다고 주장하는 사람도 있다.

2) 영거 드라이아스기(期)[105]

BCE.10700년에서 BCE.9500년 사이, 천여 년 동안 지구는 빙하기 수준의 추위를 겪는다. 영거 드라이아스기(Younger Dryas stadial/지질학용어인 Stadial)은 빙하기(Glacial Age)와는 달리 간빙기(Interglacial age)[106] 도중에 나타난 저온시기를 이르는 말이다. 지구가 BCE.만천 여 년경 들어 돌연 10년 사이에 온도가 빙하기 수준으로 떨어져 1천년 동안 추위가 지속된 시기이다. 고고학자들은 대체로 영거 드라이아스기(期) 이전을 구석기(舊石器)시대. 그 이후를 신석기(新石器)시대로 분류한다.[107]

① 영거드라이아스기(BCE.11000년 전후)

1만 년 전경까지 계속된 뗀석기를 사용하면서 수렵·채집 경제에 기반으로 한 구석기문화에서 홍적세 이후 새로운 환경에 적응하면서 농경(목축)의 신석기문화의 전개는 영거 드라이아이스 期[108]를 지나면서 빙하가 녹아 해수면이 최대 150m 높아져 오늘날과 같은 해안선을 이루게 되는데 우리가 알고 있는 빗살무늬토기, 패총 등과 같은 신석기 유

---

105 브라이언 페이건, 남경태 옮김 『기후 문명의 지도를 바꾸다』,씨마스21, 2021, p 85
가장 초기의 한랭화는 이른바 영거드라이아스기로서 BCE. 11,000년에 시작되어 1천년가량 지속되었다. 충적세는 안정적인 기후가 가장 오래 지속된 시기였다. 하지만 북대서양에서는 1,500년마다 소폭의 온난화와 한랭화가 일어났다. 가장 최근의 사례는 1,300년에서 1,860년까지의 소빙하기이다.

106 빙하기와 빙하기 사이에 기후가 온난했던 시기 160만 년 전부터 시작된 기온 하강현상은 홍적세까지 지속되었다. 홍적세(洪積世)는 빙하기로 알려졌으나 수세기에 걸쳐 거대한 대륙 빙하의 이동이 나타난다. 중요한 대륙빙하의 분포지로는 유럽의 스칸디나비아 반도와 알프스지역, 북아메리카 지역 등 여러 곳에 있다.

107 홍순만 『옆으로 본 우리 고대사 이야기』 파워북 2011, p 35

108 브라이언 페이건, 남경태 옮김 『기후 문명의 지도를 바꾸다』,씨마스 21, 2021, p 142
기후학자들은 이 짧은 1천 년의 기간을 '영거 드라이아이스기'라고 부른다. 당시 북극에 피었던 작은 꽃에서 딴 이름인데, 침전물에 그 꽃가루가 많이 남아 있다. 수차례나 정밀하게 방사성탄소 연대측정을 한 결과 그 사건은 BCE. 11,5000~10,600년의 일임이 밝혀졌다.

물, 고인돌과 같은 청동기 유적 모두 해수면 상승 이후에 생겨난 것들이다.[109]

BCE.13000여 년에 시작된 온난기에 동물을 따라 북쪽으로 이동한 수렵인중 일부가 베링해변에 도달하였다. BCE.11000년 영거 드라이아스기가 시작되고 해수면이 낮아져 아메리카 대륙으로 육로가 생기자 그들은 베링해협을 통과해 아메리카 대륙으로 들어간다. 그리고 1000여 년의 기간에 걸쳐 그들은 남아메리카 남단까지 진출했다. 오늘날 아메리카 인디언의 조상이다.

② 영거 드라이아스기(期)이후

영거 드라이아스기(期) 이후 지구는 급속히 온난화되면서 해수면이 높아져 오늘날과 비슷한 해안선을 이루게 된다. 해저 지형도로 판단할 때, 해수면 이전에도 한반도, 지나 대륙, 일본열도가 모두 육지로 연결되어 있었고, 동해는 거대한 호수였으며, 요하가 서해 중앙을 가로지르며 주변의 압록강, 황하, 양자강의 물을 받아 남진하다가 큐슈남쪽에서 태평양으로 흘러들어갔을 것이라 추정한다.

한편 중앙아시아 고지대로부터 이동하기 시작한 사람들은 북위 45도 초원길[110]을 타고 동서로 퍼져나갔을 것이다. 서쪽으로는 흑해 북단

---

109 영거 드라이아스기 이전에 초문명이 존재했다는 가설이 그레이엄 핸콕의 역저(신의 지문, 창세기의 수호신, 신의 거울)를 통해 제기되어 인구에 회자된 적이 있다. 사실 플라톤이 '대화'란 책에서 전설적인 아틀란티스 대륙의 존재를 적은 이후 고대 그리스문명 이전에 존재하였을지도 모를 초문명에 대한 호기심은 끊임없이 있어 왔다. 공교롭게도 초문명은 모두 수면 아래로 잠겼다는 것에 공통점이 있다

110 長澤和俊 저, 민병훈 역『신 실크로드론 동서문화의 교류』1991, 민족문화사, p 15.
실크로드의 세 간선 : 첫째: 북방 유라시아의 스텝지대를 횡단하는 것으로 스텝로, 둘째 중앙아시아 사막지대의 오아시스를 이용하여 나아가는 길, 오아시스로, 셋째, 화남으로부터 동남아시아 실론, 인도를 거쳐 페르시아만이나 홍해에 이르는 남해로, 등으로 이들 코스가 동서무역의 주류를 독점하게 되며, 世界史上 매우 중요한 루트이다.

실크로드의 세 간선

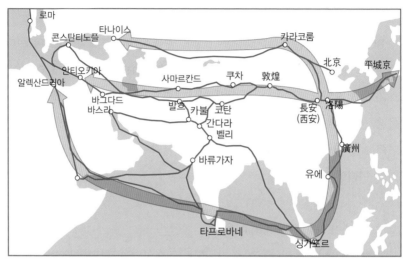

자료: 『신실크로드론 동서문화의 교류』, 長澤和俊, 민병훈역 민족문화사.(p 15)

을 지나 다뉴브 강을 타고 유럽 내륙으로, 동쪽으로는 발하슈호(湖)에서 산맥 기슭을 따라 발달한 오아시스를 거쳐 바이칼호(湖)로 재진입했을 것이다. 태양과 불은 그들에게 삶의 기본이었고, 노천에 널려 있는 신기한 돌을 녹여 금속을 만드는 야금술이 그들의 이동과정에서 자연히 발전해 나갔을 것이다. 추위를 녹일 불, 식량을 해결해 주는 짐승, 사냥에 쓰이는 새를 소중히 여겼으리라 짐작되는 그들을 여기서 북방계 유목민으로 부르기도 한다.

영거 드라이아스기[111]가 끝난 이후 한반도는 밀림지대가 되어 초원과 해변 생활에 익숙해진 인류가 살기에 적합하지 못한 지역으로 변해버

---

111 브라이언 페이건, 남경태옮김 『기후 문명의 지도를 바꾸다』, 씨마스21, 2021, p 156
영거 드라이아스기가 끝나자 지중해 동부는 날씨가 따뜻해지고 강우량이 늘었다. 추운시절의 한
랭하고 건조한 북동풍이 대서양과 지중해에서 부는 습한 서풍으로 바뀌었다.

『한국 선사·삼국시대의 편년표』[112]

實年代	東北韓	西北韓	西南韓	東南韓	土器	時代
平南 祥原 平南 德川 平壤 大峴洞 雄基 屈浦里 同鮒浦里	同鮒浦里 雄基 屈浦里	平壤 大峴洞 平南 德川 平南 祥原	淸州 於音里 淸原 盧順里 堤原 浦田里 公州 石壯里 連川 全谷里	溟州 深谷里 丹陽 艾谷里 丹陽 島源洞窟		舊石器時代
8000			두점루말봉	上老大島(?)		中石器時代
5000 4000 3000 2000 1000	羅津 屈浦 I 三峰 屈浦 I	智塔里 弓山里	東三洞 II 新岩里 渼沙里 岩寺洞 岩南洞	東三洞 민무늬 農所里 東三洞 II	돋을무늬 아가리무늬 빗살무늬土器 雷文土器	新石器時代 早期 前期 中期 後期
300	草島 五洞 茂山虎谷	支石墓 新岩里 I 美松里 II	公貴里 可樂洞 欣岩里 矢島 II	팽이토기	彩陶붉은토기 민무늬土器 新岩里토기 可樂式土器	青銅器時代
BC 100	永興	和順大谷里 槐亭洞 沈村	水石里 新昌里 支石墓 漁隱洞 入室里 九政里	欣岩里	검정토기	初期鐵銅器時代

자료: 한국고대문화의 흐름, 임효재, p 45) 복사

렸다. 그래서인지 한반도에는 영거 드라이아스기 이후부터 BCE.5000년 까지 한반도에 사람이 산 흔적이 아직 발견되지 않고 있다.[113]

3) 후기 구석기·신석기, 조기 청동기시대

지구의 역사는 원생대, 고생대, 중생대, 신생대로 나누는데 마지막 신생대는 다시 제3기와 제4기로 갈라진다. 제4기는 홍적세와 충적세로 구성되는데 우리가 살고 있는 충적세는 약 1만 년 전에 불과하다. 홍적세가 사람의 문화역사로 구석기시대이고, 구석기시대 전기는(Lower Palaeolithic)는 홍적세 전기와 중기를 합친 것보다 긴 것이며, 구석기시대 중기는 홍적세 후기의 전반(약 10만~4만년전) 후기시대는 그 후반 (약4만~1만년 전)으로 된다.[114]

전기 구석기시대에 살던 인류는 人科(Hominidae)중 오스트랄로피테쿠스(Australopithecus, 南猿의 뜻)屬(Genus)의 몇 개 種과 호모(Homo)속의 erectus(直立猿人)種이었다. 자바原人과 北京原人은 후자에 속하지만 오스트랄로피테쿠스의 출현은 200만 년 이전의 것으로 믿어지고, 한편 현생인류인 호모사피엔스도 전기구석기대 말기에는 출현하였고, 중기구석기시대에는 사피엔스의 또 하나의 亞種인 네안데르탈人 즉 호모屬 사피엔스種 네안데르탈亞種이 널리 퍼졌으며, 중기구석기시대 문화 하면 네안데르탈문화를 가리키게 된다. 그러나 후기 구석기시대에는 네안데르탈인은 자취를 감추고 우리와 똑같은 현생 인류인 사피엔스亞種이 전 세계를 차지하였다. 홍적세가 끝나는 BCE.8000년쯤부터는 기후는

---

112   임효재『한국 고대문화의 흐름』집문당, 1992. P45
113   KBS 다큐프라임『한반도의 인류』2009년 6월22일 /23일/24일 방영.
        홍순만『옆으로 본 우리 고대사 이야기』파워북 2011, p 38
114   김원룡『한국고고학개론』일지사 1992, p 7.

다시 따뜻해지고 빙하는 녹아서 북쪽으로 후퇴하게 되었다.[115]

약 1만 년 전쯤이 되면 사람들은 곡식을 경작하고 동물들을 사육하여 먹거리를 해결하기 시작한다. 자연상태에서 돌만 사용한 것이 아니라 흙을 구워 토기를 만들었다. 이외에도 열거하기 힘들 만큼 기술혁신을 이루어 식량생산이 증가하고 인구가 크게 늘어났는데 이 시기가 이른바 신석기시대이다. 처음 흙을 구워 토기를 만든 것은 우리나라, 아무르강 유역, 일본에 이르는 환동해(環東海)지역 사람들이다. 지금부터 1만2천년 전의 일이다.[116]

이 시기의 사람들은 후기구석기문화를 처음 만든 것이 신인류였고, 네안데르탈인의 무스테리안(Mousterian) 문화보다 월등하였다. 이 문화의 형성과정에 네안데르탈인의 영향이 있었고, 이 문화는 중앙아시아에서 시작되어 유럽과 시베리아로 퍼져나갔으며, 최소 3그룹 이상의 신인류 문화가 동시다발적으로 나타났다. 알타이산맥 서쪽 러시아에 있는 유명한 고고학유적지로 우즈벡키스탄과 멀지 않은데, 전기구석기-중기구석기-후기구석기-신석기로 이어지는 유물들이 연속성을 가지고 발굴되었다. 근처에는 데니소바 동굴(Denisova Cave)[117] 등 여러 유적지에서는 이렇게 문화가 연속성을 나타내며 발전해 가는 증거를 분명히 볼 수 있

---

115 김원룡『한국고고학개론』일지사 1992, p 9.
116 이홍규『한국인의 기원』우리역사재단, 2010, p 56.
117 이홍규『한국인의 기원』우리역사재단, 2010, p 151, 주) 참조
남 시베리아의 대표적인 구석기 유적지로 알타이 공화국 바르나울시 남쪽으로 약 150㎞ 떨어진 초르니 아누이(Chorny Anui)마을 근처에 오브(Ob)강 지류인 아누이(Anuy)강 오른쪽 둑 위에 있다. 지금까지 22개 지층이 발굴되어 28만 년 전까지로 편년되기도 하나, 대체적으로 약 4만 년 전 중기구석기시대를 대표하는 것으로 보고 있다. 출토된 무스테리안 유물 등으로 보아 네안데르탈인과 현생인류가 같이 주거했던 것으로 보이며, 출토된 어린아이의 손가락뼈를 막스 플랑크 연구소의 스반테 파보 팀과 공동 조사한 결과 네안데르탈인 및 현생인류와 DNA가 비슷하지만 다르다는 사실이 밝혀져 제3인류인 '데니소바인'으로 불린다.

기 때문에 데레비안코 등 구 소련 고고학자들은 현생인류의 다지역기원설을 지지하고 있다.

한편으로는 한반도 저수면지대와 연안에는 일찍부터 남방민이 진출해 살면서 한반도 선주민을 형성했을 것이다. 해수면이 상승하자 그들은 강변을 따라 점점 더 내륙으로 이동하였고, 그들이 BCE.4000년 이전에 해변가와 강변에 만들었던 유적/유물은 모두 바닷물에 잠겨 갯벌에 묻혔거나 유실되었을 것이다.[118, 119]

그들이 이주해 왔던 대륙 연안과 한반도 연안은 점점 멀어졌겠지만 기억을 더듬어 뱃길로 서로 교류했을 것이고, 이주의 흐름은 계속되었다. 남방계 사람들은 현재 중국 남부지역에 주로 거주하는 소수 민족 苗族과 같은 갈래의 사람으로서 대만과 그 맞은편 절강성과 복건성 일대로 북상하여 정착한 후 쿠로시오 해류을 타고 바다를 건너 한반도 서남해안과 큐슈까지 진입한 것으로 여겨진다. 그들의 출발지였던 동남아시아는 뱅골만을 사이에 두고 인도와 교류했고,[120] 남지나해를 사이에 두고 지나 대륙 중부와 교류한 문명의 매개 지역이었다. 그들 남방계 신석기인들이 동북으로 이주한 루트를 따라, 후에 지나대륙의 동안(東岸)과 한반도 그리고 큐슈로 고인돌과 벼농사기술이 전래된다.

---

118   홍순만 『옆으로 본 우리고대사 이야기』 파워북, 2011, p 36
119   우실하 『동북공정을 넘어 요하문명론』 소나무,2007, p 309~310
       〈왜 한반도 서해안 일대에는 요하지역과 같이 오래된 신석기문화가 없는가〉에서 전라북도 김제
       지역의 침수 및 침강현상을 연구한 박용한의 자료와 이를 정리한 이찬의 분석 "우리나라 서해안
       의 해면은 약 8,000년 전에 7.3m, 4,000년 전에 1.7m 정도 현재보다 낮았다는 계산이 된다"를 정
       리하면서, 한반도 서해안의 일대의 앞선 신석기 유적들은 지금 발굴을 기다리며 바다 속에 잠들
       어 있을 지도 모른다고 했다.
120   홍순만 『옆으로 본 우리고대사 이야기』 파워북, 2011, p 39

해양문화권역의 연결도

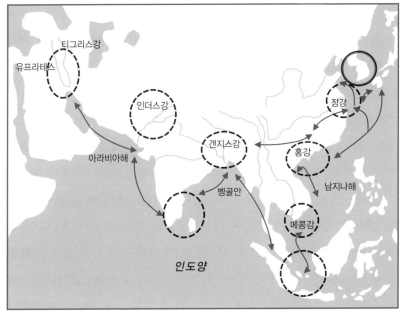

자료: 옆으로 본 우리 고대사이야기 (p 39, 1/2)

4) 청동기시대, 철기시대(산동반도에서 요동반도, 한반도로)

청동기시대는 청동제품이 순동제품보다 많아지고 청동제 무기가 실
용품으로서 석기와 교체하게 되는 때부터를 말하지만 청동기시대라고
해서 석기가 완전히 없어진 것은 아니다. 이 단계는 실질적인 신석기시
대라고 말할 수 있다. 현재 가장 오랜 청동제품은 BCE.3700년쯤의 이
집트의 피라밋에서 나온 것이다. 이러한 중동지방 청동 기술이 지중해
쪽으로 퍼져 유고슬라비아와 같은 유럽에서는 BCE.3500년쯤부터 現

地産의 구리로 청동제품이 만들어지지만 유럽이 청동기시대로 들어가는 것은 BCE.2000년을 지나서이다.[121] 그리고 청동 주조술이 우랄산맥의 동쪽으로 넘어오는 것은 BCE.1500년쯤이고, 시베리아일대에 퍼지는 것은 BCE.1500~700년쯤이다. 한편 동아시아에서는 인더스문화가 BCE.2500년쯤 해서 청동기시대로 들어가지만, 華北에서는 龍山문화 말기(소위 하대)의 BCE.2000년경에 구리와 청동이 거의 동시에 나타나고 있다. 최근 타이 북경(北境)의 반쳉(Banching)문화가 BCE.3600~2000년까지 올라가는 청동기·채색토기문화로서 주목받고 있다.[122] 황해(黃海)로 유입되는 큰 강으로 황하(黃河), 요하(遼河) 그리고 한강(韓江)을 들 수 있다. 오랜 세월 동안 이 강들은 내륙으로부터 하구로 토사를 운반했다. 특히 황토고원을 통과하면서 막대한 양의 진흙을 머금은 황하는 태행산맥(太行山脈)을 벗어나 평야지대로 진입하면서 유속이 느려지자, 강바닥에 다량의 진흙을 퇴적시켜 하상을 높게 만들었다. 이는 주기적으로 범람을 일으켜 황하의 하류가 지금까지 크게 4번 물줄기를 바꾸게 되는 요인이 되었다.

요하 역시 AD.645년 당태종이 안시성(安市城)공격에 패배해 철군할 당시 요택(遼澤)(요하의 갯벌)이 형성되어 있어 당군의 퇴각을 힘들게 만들 정도였다. 모두 상류로부터 운반된 흙이 하구에 쌓여 해안선을 변화시킨 예이다.

---

121   김원룡『한국고고학 개론』일지사 , 1992, p 61
122   김원룡『한국 고고학 개론』. 일지사 , 1992, p 61

황하의 강줄기의 변화 도면

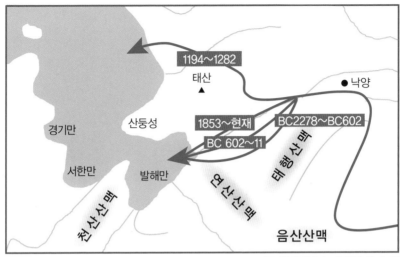

경기만
산둥성
태산 ▲
1194~1282
● 낙양
1853~현재
BC2278~BC602
BC 602~11
서한만
발해만
태행산맥
연산산맥
음산산맥

자료: 옆으로 본 우리 고대사이야기 (p 41, 1/2)

4~5천 년 전 고대인들이 이동하였을 당시의 해안선은 지금보다 내륙으로 들어가 형성되었을 것이다. 추정컨대 발해만은 지금의 산둥성 주도(州都) 제남(濟南)에서 하북평원 전반을 통과하여 연산산맥 언저리의 당산(唐山)으로 이어지는 해안선을 형성하고 있었을 것이다. 그리고 요동만은 고조선 수도 왕검성이 있던 지금의 해성을 지나 안시성이 있던 지금의 안산까지 바닷물이 진입하여 해안선을 형성하고 있었을 것이다.[123]

---

123   홍순만 『옆으로 본 우리고대사』 파워북, 2011, p 41.

고대 발해만의 해안선과 해양민 이동루트

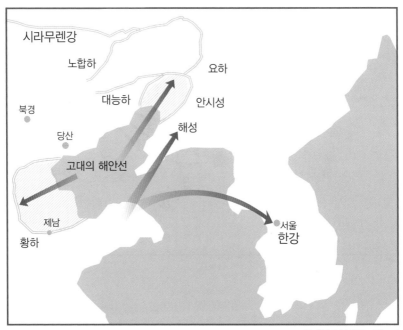

시라무렌강

노합하

요하

대능하

안시성

북경

해성

당산

고대의 해안선

서울
한강

제남

황하

자료: 옆으로 본 우리고대사 p 41

지금보다 훨씬 내륙으로 들어간 해안선은 남방계 해양민의 북상경로를 결정했다. BCE.2~3천 년 경, 산동반도와 요동반도로 둘러싸인 발해만 전체의 해안선 길이는 한반도 신의주에서 진도로 이어지는 한반도 서해안의 길이와 맞먹을 정도로 길었다. 당연히 북상하던 남방계 해양민들은 갯벌로 이루어진 해변을 따라가기보다, 산동반도에서 빗길을 이용해 해안을 타고 북상하다가 지름길을 발견하고 요동반도와 황해도로 건너와 만주와 한반도로 진출했으리라 생각된다. 실제로 남방민이 갖고 왔다고 믿어지는 고인돌문화는 산동반도에서 요동반도를 거쳐 만주와 한반도로 유입되는 경로를 타고 분포되어 있다.[124]

124   홍순만 『옆으로 본 우리고대사』 파워북, 2011, p 42

빗살무늬토기, 패총

자료: 김원룡 한국고고학개론 p 36

청동기 유적, 고인돌

북방식 고인돌(春城郡 泉田里)

북방식 고인돌(江華島)

남방식 고인돌(昌寧郡幽里)

南式 支石墓 地下構造(全南 羅州郡 馬山里)

자료: 김원룡 한국고고학개론 p 94

5) DNA와 고고학

인류가 남긴 유물이나 유적지는 거대한 예술품, 건축물, 기념물일 수도 있으며 혹은 누가 보아도 보잘 것 없어 보이는 깨진 토기 파편이나 석기 조각일지라도 고고학자들은 무질서하게 흩어진 자료로 해서 고고학적 방법을 응용해 인류의 기나긴 역사를 체계적으로 구성하려고 노력하는 사람들이다. 인간의 역사는 문자를 발명한 BCE.3500년경을 경계로 그 이전을 선사시대로 그 이후를 역사시대로 나눌 수 있다. 이렇게 볼 때 역사시대는 주로 문헌 기록에 의하여 연구되어지나 문헌의 기록이 없는 기나긴 인간의 역사는 그들이 남긴 유물의 연구를 통해서만 가능하게 되므로 선사시대의 문화와 역사 규명에 있어서 고고학은 상당한 비중을 갖게 된다. 유적·유물을 발견되면 이를 발굴하고 이들을 연구·분류하고 해석함으로써 이들 자료들이 가치 있게 생명이 부여되어 인류의 과거사를 복원 할 수 있는 자료가 되는데 이러한 연구 방법을 요약하면 고고학 연구 방법에는 세 가지의 중요한 단계는 첫째 자료를 어떻게 발견·채집하는 것이고, 둘째 이들을 발견했으면 연구실로 가지고 와서 어떻게 분류하는가하는 것이고, 셋째 분류된 것을 복원·해석하는 방법이다.[125]

인류의 이주경로를 판단하는데 크게 3가지 DNA 분석 기법이 동원되고 있다. 모계(母系)를 통해서만 유전되는 미토콘드리아 DNA 변이분석, 부계(父系)를 통해 유전되는 Y염색체 변이분석, 그리고 상염색체 변이분석 등이 그것이다. 이 이론의 바탕을 토대로 정리해 보면 토바 화산 대폭발 이후 아프리카에서 살아남은 인류의 조상은 약 7만 년 전에서 6만5천여 년 전 사이에 홍해를 건너 전 세계로 확산된다. 그들은 아라비아반도 동부 연안을 거쳐 호르무즈해협을 건너 아라비아 해변을 타고 인더스강에 도착했고, 강을 따라 북상하여 인도 서북부에 이주했

---

125   임효재 『한국 고대문화의 흐름』 집문당, 1992, p 10~11.

던 것으로 보인다. 5만 년 전쯤 그들은 서북부를 출발점으로 하여 유럽 (西進), 중앙아시아(北進), 동남아시아(동진)등으로 각지로 진출한 것으로 추정하고 있다.[126]

테드 괴벨이 그린 후기 구석기 초기 유적들의 세계적 분포[127]

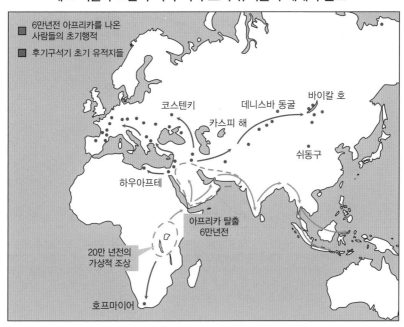

유럽에서 중앙시아를 지나 바이칼 지역과 레나 강 하류까지 분포하며, 중국북부 황하부근의 쉬동구에도 나타난다. 이 지역은 후기구석기 문화가 생기기 시작한 빙하기동안 이른바 메머드 스텝 지역이었고, 네안데르탈인이 살던 지역이었다. 최근 데니소바 동굴에서 직립인의 것으로 추정되는 손가락 뼈가 발굴되었다. 쉬동구 유적에 대해서는 아직 불분명한 점이 있다고 한다. 후기구석기 문화를 만든 사람이 현생인류였으나 해안으로 이동한 해안선 이동 인류들이 가졌던 전기구석기 문화와는 큰 차이를 보인다.

자료: 이홍규 한국인의 기원 p 149

인도 동남아시아에 신인류가 이미 도착해 살고 있었는데도 후기 구석기유적이 없다는 것은 아프리카를 빠져나온 신인류의 문화가 전기구석기 문화와 비슷했을 것이라는 추정을 하게 한다. 오스트레일리아 선

126   홍순만 『옆으로 본 우리고대사 이야기』 파워북, 2011, p 31
127   이홍규 『한국인의 기원』 우리역사재단 , 2010, p 149

후기구석기 문화를 만든 Y염색체 유전형을 추정한 것

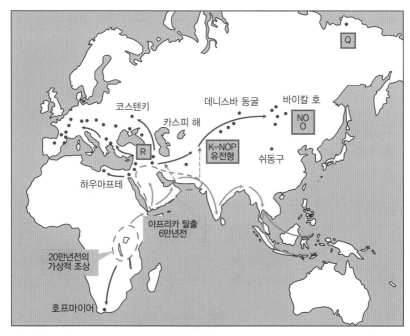

유전형들의 분포로 보아 이란과 인도에 이르는 지역에서 중앙아시아로 들어간 것으로 추정된다 (점선화살표)유전형 K-NOP계열로 추정되며 그 후손NO형이 바이칼호 지역으로 이동하고 그중 일부O형 사람들이 빙하기가 끝날 때 남으로 이동해 내려온다. NOP의 후손 R계열 사람들을 유럽으로 들어가고, Q형은 바이칼호에서 북극해로 들어가는 레나 강을 따라가 훗날 빙하기가 끝날 때 북극 해안을 따라 북미 대륙으로 이동하여 아메리카 선주민의 선조가 된다.

자료: 이홍규 『한국인의 기원』 우리역사재단, 2010, p 150

주민들이나 파푸뉴기니에 사는 선주민은 20세기에 유럽 사람들이 처음 발견했을 때도 아직 석기시대나 마찬가지였다. 양자강 부근에 살던 중국인도 초기에는 아프리카인과유사한 흑인이었다는 이야기가 있고, 동남아시아에 살고 있는 네그리토(Negrito)[128]를 보면 아직 흑인의 흔적이

---

128 이홍규 『한국인의 기원』, 우리역사재단 , 2010, p 48,49, 주2) 참고)

인도양, 동남아시아, 오세니아에 분포하는 원주민으로 주로 인도양의 안다만 제도, 말레이 반도, 필리핀 멜라네시아, 호주, 등에 거주하며 종족으로는 안다만(Andamanese: Onge, Sentinelese, Jarawa, Andamans 등의 12개 종족) 태국의 마니족(Manis: Kanang, Kintak, Lanoh, Keneseu, Yahai, Mendrik, Batek 등) 필리핀의 여러 종족(Aeta, Agta, Dumagat, Ayta, Ita, Ati,

필리핀 아티족 여자(왼쪽), 말레이시아 세망족 남자(오른쪽)

현지어로 오랑 아일리라고 부르는데, 네그리토라고 총칭한다. 아프리카를 떠난 후 초기에 아시아로 이동해 온 사람의 후손으로 믿어지고 있다. (그림은 한국인의 기원에서 재인용. 자료: 이홍규 『한국인의 기원』, 우리역사재단, 2010, p 111 사진)

상당히 남아 있다.

　1만 5천년 이전까지 일본에 살던 사람들도 구석기를 사용하고 있었다. 러시아의 코스텐키(Kostenki)[129] 유적지에서 발굴된 후기 구석기 유골

Mamanua, Tiapukai, Baluga, 족) 등과 말레이 반도의 세망(Semang) 족 등이 있다. 신체적 특징으로는 작은 키, 곱슬머리, 검은 피부, 등으로 아프리카 피그미족과 유사하다. 초창기 연구에서는 아시아계에 가까운 것으로 알려지다가 1973년 이후 안다만 피그미족(Andamanese Pygmoid)이 아시아계보다는 아프리카계에 가까운 것으로 알려졌고, 최근 2005년 라고아 산타(Lagoa Santa)족에 대한 월터네베스(Walter Neves)의 연구에서는 안다만족이 사하라 이남 아프리카계보다 이집트나 유럽계에 더 가까운 것으로 나타나는 등 이들의 기원은 여전히 의문 속에 남아 있다. 하지만 mtDNA 유전자 분석에 따르면, 거의 모든 안다만족이 동아프리카, 동남아시아 지역에서 나타나고 있는 mtDNA 하플로 그룹M을 갖고 있는 것으로 나타나고 있는 것으로 나타나고 있어서 네그리토는 6만 년 전 동아프리카를 떠난 현생인류가 해안선을 따라 이동하여 초기에 정착한 이주 집단의 후손으로 추정된다. 따라서 몽골로이드가 동남아시아에 진출하기 이전 순다대륙(Sundaland)과 뉴기니에 거주하던 원주민으로 추정되며, 인류학자 제리드 다이아몬드 같은 이들은 네그리토가 호주, 파푸아뉴기니 원주민의 조상일 가능성을 제기하고 있다.

129　이홍규 『한국인의 기원』, 우리역사재단, 2010, p 49, 주3)참고
　　　러시아 남부 보로네즈의 돈 강 유역에 위치해 있으며 4만~1만 년 전의 구석기 유물이 집중적으로 매장되어 있는 유적지로 1954년 발굴되었다. 커다란 타원형 주거지에서 매장인골, 석기, 메머드 이빨로 만든 비너스상 등이 발견되었다

을 보면 아직도 아프리카인과 비슷한 모습을 하고 있다. 아프리카에서
나온 초기 신인류는 피부색이 검었을 것이다.

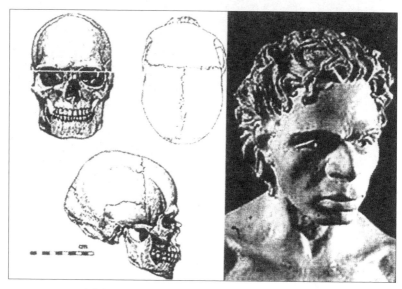

러시아 남부카스피 해로 들어가는 돈강 유역의 코스텐키 지역

'마르키나고라'에서 1954년 발굴된 유골과 그것을 복원한 모습. 아프리카인의 특성을 많이지니고
있다. 20~25세의 남자로 키가 160cm로 추정되고 치아의 상태로 보아 발육상태가 좋다고 한다.

자료: 이홍규 한국인의 기원 p 54

① 현대적 모습을 가진 신인류와 현대적 행동양식을 가진 신인류

유럽 각지에서는 약 4만 년 전의 유물들이 많이 출토되는데, 이것들은 이전보다 훨씬 더 다양하고 발달된 후기구석기 유물들이다. 석기를 만들 때 쓴 기술들을 보면 원석에서 돌날을 떼어내는 기술도 발전되어 돌감(재료)을 경제적으로 최대한 활용하고 있다. 석기들을 보면 미리 사용목적에 맞는 디자인을 계획하고 만든 것이다. 이런 석기들을 만든 신인류의 지능이 그 전 인류에 비해 훨씬 발달했다는 것을 알 수 있게 하는 대목이다.

학자들은 그래서 신인류를 해부학적으로 현대적 모습(anantomically modern)을 가진 신인류와 현대적 행동양식(behaviorally modern)을 가진 신인류로 구분해 설명하곤 한다. 그러나 아프리카에서 처음 나타난 신인류는 현대적 모습을 갖고 있었지만 아직 현대적 행동양식을 가지지 않은 것으로 이해되며. 후기 구석기 때부터 현대적 양식을 지닌 신인류가 처음으로 동물 뼈나 뿔을 이용해 생활 도구인 골각기를 만들었다. 목걸이, 팔찌 등 장식품과 예술작품이라고 해야 할 것도 흔히 나오는데 네안데르탈인도 예술품을 만들었다고 하지만 비교가 되지 않는다.

가장 유명한 것은 3만 5천 년 전의 오스트리아 빌렌도르프(Willendorf)에서 발굴된 비너스 상(像)[130]인데 빈(Wien) 자연사박물관에 전시되어 있는 이런 작품을 보면 재주가 없는 사람이라면 만들 수 없는 물건이라는 것을 한눈에 알 수 있다.

---

130 장택화준 민병훈역 『新 실크로드론 東西文化의 교류』 민족문화사, 1991, p 68
비너스상의 기원과 전파에 대해서는 江上氏는 비너스상을 그 형체의 정면으로부터 보아 A) 肥大型 B) 中肥型 C) 瘦身型(예 말타)의 3형식으로 그 측면으로부터 보아 D) 突出型 E) 隆起型 F) 背面垂直型의 3형식으로 분류하였다. 그리고 유럽에서는 B·A+D(正面觀은 B (中肥型)과 A (肥大型)으로 側面觀은 D(突出型)이 많다는 뜻), 東유럽에서는 A·B·C·E型이 많으며, 東시베리아에서는 B·C+E·F型이 우세하고 그 발원지는 東유럽으로, 그곳으로부터 正面觀의 기본형식 B 와 각종의 변형이 東西로 전파되었다고 고찰하고 있다.

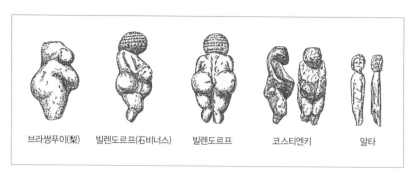

비너스상의 주요 출토지와 실례
자료: 신 실크로드론 동서문화의 교류 p. 68

브라쌍푸이(梨)　빌렌도르프(石비너스)　빌렌도르프　코스티엔키　말타

스페인에서 발견된 알타미라(Altamira) 동굴의 그림은 2만 5천~3만 5천 년 전의 것으로 인류최초의 미술작품으로 평가된 것이다.[131]

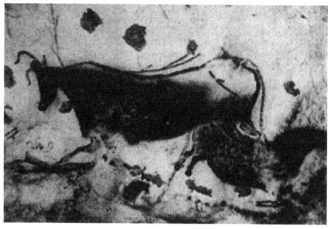

프랑스 라스코 동굴에 그려진 황소와 말 벽화
자료: 이홍규 한국인의 기원 p 53

131　이홍규 『한국인의 기원』, 우리역사연구재단, 2010, p 51

② 신인류가 만든 후기 구석기 문화의 다양성

유럽의 후기 구석기 문화는 시기에 따라 초기(샤텔페로니안 문화), 중기 (오리냐시안 문화), 후기(그라베티안 문화)로 나눈다. 초기 문화에는 네안데르탈인의 흔적 이를 테면 르발루아식 석기 등이 있어서 그로 미루어 네안데르탈인과 같이 살았거나 그 문화를 배웠던 것으로 생각되고 있다. 후기로 가면 석기를 만드는 기술이 훨씬 더 발달되고, 비너스 등 예술작품들이 많이 나와서 중기 문화(오리냐시안)와 구별된다. 점진적인 인류문화의 진화로 인해 사람들이 달라져가고 있었으며 문화가 바뀌는 것이 유전자가 바뀌는 것과 같은 것이다. 사실 유전자가 바뀌는 것과 문화가 바뀜은 서로 상호작용을 하며 함께 일어나기 때문에 어느 것이 먼저인지 구분하여 말하기는 어렵다. 그래서 흔히 "유전자와 문화의 공동진화"라고 부른다.[132]

③ 한국인의 기원

요하문명은 알타이어의 고향이고, 우리말이 알타이어에서 나온 언어라며, 우리민족의 기원문제는 결국 5만5천 년 전 아프리카를 떠나 동으로 이동하여 8000년 전 요하문명을 만든 사람들이 누구인가로 귀결된다. 물론 이 문명이 나타나기 전 요하부근, 만주 한반도, 중국대륙에 이미 사람들이 살고 있었다. 하지만 이제 우리는 탐색해 온 고고학적, 유전학적, 언어학적, 관찰을 바탕으로 하여 아래와 같은 추정을 할 수 있게 되었다.[133]

• 이 지역에 가장 먼저 살았던 인류는 당연히 북경인 계열의 직립인

132 이홍규 『한국인의 기원』 우리역사연구재단, 2010, p 53
133 이홍규 『한국인의 기원』 우리역사연구재단, 2010, p 255

이었다.

- 이후 아프리카를 떠나 동남아를 통해 이동해온 신인류가 이 지역으로 이동해 들어왔다. 이들은 이미 네안데르탈인과 혼혈을 통해 아프리카에 남아 있는 선조와는 다른 체질을 갖고 있었다. Y염색체 D형을 가진 사람들은 최소 1만5천년 이전, C형을 가진 사람들은 1만2천년 이전에 도착하였다. 이 신인류는 직립인을 대체했으며, 일부는 아마 직립인과 혼혈을 일으켜 덴-다 익어를 사용하고 있었을 것이다.

- 약 3만5000년~4만 년 전 중앙시아와 시베리아에 이르는 지역에서 '현대적 모습의 현생 인류'는 그 기원을 알 수 없는 제3의 인류(데니소바인)와 혼혈을 일으키고, '현대적 행동양식의 현생인류'가 되어 후기구석기 문화를 만든다. 마이크로세팔린-D 유전형은 이때 얻어진 것으로 추정된다.

- 시베리아에 고립돼 있던 '현대적 행동양식의 현생 인류'로부터 현대적 두개골을 가진 현생 인류가 진화했다. 중앙아시아에서 형성된 Y염색체K*-NOP 형을 가진 사람들의 후손이다.[134]

- 약 1만 년 전 빙하기가 끝나면서 바이칼 호 부근에 있던 원-몽골리안들은 남하하여 앞서 도착해 살고 있던 남방계 사람들과 섞인다. 이 사람들은 O형의 Y염색체 유전형을 가지고 있었고, A, N9, X 등의 미토콘드리아 DNA 유전형을 가진 여성들을 동반하였다. 요하부근으로 남하한 원-몽골리안들은 이 지역에 들어와 살고 있던 남방계 사람들과 섞이면서 새로운 문명을 발달시켰다. 요하

---

134   이홍규『한국인의 기원』우리역사연구재단, 2010, p 256

문명이 나타나고, 알타이어가 형성된다.

- 원- 몽골리안들의 남하는 계속되어 덴-코카시안어를 쓰던 남방계 사람들과 섞이면서 중국어와 앙소(仰韶)문화 등 황하(黃河)문명을 이루는 중심적 역할을 한다.

- 동남아시아와 남방계 중국인은 Y염색체 유전형 O3를 가장 많이 갖고 있는데, 바이칼 호 부근에서 형성된 O* 형 사람들의 일부가 더 남쪽으로 내려가 현지인들과 혼혈을 일으켜 호로세 동안 크게 늘어난 결과로 해석된다.

- Y 염색체 유전형 O2b형을 가진 남자들이 한국(韓國), 만주(滿洲), 일본(日本)에 많이 살고 있으며, 요하문명의 형성에 주도적 역할을 할 것으로 추정된다. 즉 몽골리안은 바이칼 지역에서 그 원형이 잉태되고, 다양한 루트로 한반도, 중국 북부, 유라시아, 북아메리카로 이동해 간 사람들로서, 요하 부근에서 남방계사람들과 섞이면서 동아시아 최초의 요하문명(遼河文明)을 만들었다. 한반도를 지나 바다를 건너간 사람들은 일본문화를 만들었고, 남쪽으로 내려간 사람들은 남방계 사람들과 함께 중국 문명을 만드는 주류세력이 되었으며, 이들은 시노-티베트어를 사용하면서 몽골리안의 문화적 정체성(正體性)을 이어가지 못했다. 더 남쪽으로 내려간 사람들은 따뜻한 현지 기후와 현지인들에게 동화되면서 원-몽골리안의 유전자를 후손에게 많이 남기지 못했다.

우리의 선조가 아프리카를 떠나 바이칼호 부근에서 원-몽골리안으로 새롭게 태어나고 빙하기가 끝날 즈음 남쪽으로 내려와 남방계 사람들과 섞이면서 요하문명을 만든 과정을 설명하였다. 요하문명(遼河文明)의 흔적은 고조선(古朝鮮)의 흔적, 고구려(高句麗)의 흔적, 그리고 동북아시아의 여러 선사(先史)시대, 역사시대의 흔적들과 어떤 형태로든 연결될 것이기 때문이다. 더 올라가서 시베리아 바이칼 호 주변에서 고고학 연구가 진행되고 있고, 시베리아 이곳저곳에서 고고학 발굴과 고인골(古人骨)을 찾으려는 노력도 이루어지고 있다. 몇 년이 지나면 새로운 문명의 흔적을 발견했다는 놀라운 소식이 뉴스를 탈지도 모르겠다.[135]

---

135   이홍규 『한국인의 기원』 우리역사연구재단, 2010, p 259

II

인류사회의
변천과정

국가가 출현하기 이전에 인류의 초기 사회를 지칭하는 원시시대라는 용어를 사용하여 한민족이 국가를 세우기 이전에 어떠한 사회변화를 겪었는지를 살펴 보면 원시시대란 국가라는 사회가 출현하기 이전의 사회단계를 말한다. 원시시대란 무리사회·부락사회·부락연맹체사회의 3단계로 나누어진다. 일반적으로 역사책에서는 원시시대를 구석기시대·중석기시대·신석기시대로 등으로 흔히 나누어 서술한다.

원시시대는 세 가지 점에서 중요한 의미를 갖고 있다. 첫째는 원시시대는 국가가 출현한 이후의 시대보다 훨씬 길다는 점이다. 국가가 출현한 것은 불과 4000여 년 전인데 인류가 한민족의 활동지역인 한반도와 만주지역에 거주한 것은 수십만 년 전 이전으로 올라간다. 둘째로 이기간 동안에 인류사회의 기본적인 변화가 일어났다는 점이다. 인류사회는 부락연맹체사회 단계에 들어섬과 함께 사유재산제가 출현하여 빈부의 차이와 사회계층의 분화가 일어나 이전의 평등사회로부터 불평등사회로 변하게 되었다. 이러한 역사의 전기간(全期間)을 통하여 매우 중요한 의미를 갖는 것이며, 그것은 미래사회의 좌표를 설정하는데도 주요한 교훈이 되는 것이다. 셋째 원시시대는 한민족이 형성되기 이전에 한반도와 만주지역 거주민들이 겪었던 역사적 체험이다. 그것은 초기 인류사회 발전과정의 보편적 모형 가운데 하나이며, 한민족과 그 사회 및 문화의 뿌리[136]이기도 하다.

---

136 안경전 역 『환단고기』 상생 2013, p 175~296

한민족(韓民族)의 역사는 환국(桓國)·배달국(倍達國)·고조선(古朝鮮)는 신교(神敎)의 삼신(三神)문화가 현실역사로 전개된 과정을 밝혀주고, 삼신의 삼성(三聖)시대는 BCE.7,179~BCE.238)까지 6,960년으로 면면히 이어져온 1만년의 역사를 기록하고 있다.

무리사회

1) 무리사회의 성격

인류사회의 최초의 사람들의 생활은 정착 생활에 들어가지 못하고 이동 생활을 하던 시기를 말하는 것으로 무리사회의 이동 집단은 혈연의 집단으로서 대체로 수십 명(약 20~100명 사이) 정도였다. 오늘날의 개념으로는 대가족 또는 서로 관계가 있는 몇 개인의 가족이 모인 집단이었던 것이다. 무리사회는 사회구조면에서 볼 때 완전한 평등사회로서 구성원들 사이에 정치적인 사회 신분의 계층이나 경제적인 빈부의 차이가 존재하지 않았다.

그들은 사냥·고기잡이·채집의 경제생활을 하였으며 돌·나무·뼈 등을 조잡하게 가공한 공구를 사용하였다. 공구 가운데 돌을 가공한 석기가 주류를 이루었는데, 이 시기의 석기는 돌을 깨뜨려 만든 타제석기(打製石器)였다.

이와 같은 석기의 제작 기술이 조잡했던 것에 근거하여 고고학자들은 이 시대를 구석기시대(舊石器時代)와 중석기시대(中石器時代)라고 부른다.

무리사회 전 기간 동안 이동 생활이라는 사회 성격과 사냥, 고기잡이·채집이라는 경제 성격, 타제석기 사용이라는 문화 성격은 기본적으로 변화지 않았다. 그러나 이 기간 동안에 사람의 진화라는 중요한 현상이 일어났으며 문화도 점진적으로 발전하였다.

사람의 진화와 문화의 진전은 병행해서 일어났는데, 고고학자들은 석기 제작 기술의 발달을 기준삼아 전기구석기시대·중기구석기시대·후기구석기시대·중석기시대 등으로 구분한다.

그러나 사람의 진화단계를 기준으로 보면 곧선사람 (Homo erectus) 직립인(直立人) 또는 원인(猿人)이라고도 부른다), 슬기사람(Homo sapiens ; 智人 또는 古人이라고도 부른다), 슬기슬기사람(Homo sapiens sapiens : 進步智人 또는 新智人, 新人이라고도 부른다)[137]

2) 무리사회의 제 환경

① 자연환경

무리사회는 지금부터 1만 년 전까지 계속되었다 지질학적으로는 홍적세(洪積世)에 속하며 그 기간에 지구에는 5번의 빙하기가 있었다. 유럽에서는 그것을 도나우(Donau)·귄쯔(Gunz)·민델(Mindel)·리쓰(Riss)·뷔름(Wurm)이라고 부르는데 동아시아에서는 중국의 용천·대고·여산·대리 빙하기 그것들과 대비가 된다.[138]

이 빙하기들은 3백만 년 전에 시작되어 1만 년 전에 끝나는데 빙하기와 빙하기 사이에는 기온이 상승하여 따뜻한 간빙기가 있었고, 빙하기에도 기온이 따뜻한 빙간기가 있었다. 사람들은 기후가 따뜻한 간빙

---

137   윤내현 『윤내현교수의 한국고대사』, 삼광출판, 1990, p 16
138   윤내현 『중국의 원시시대』 단대출판부 p 23. 128.

기에 활동하였다.

　지금부터 7만 년 전에 시작된 마지막 빙하기인 뷔름 또는 대리 빙하기는 5만 년 전에 기온이 최하로 내려갔다가 4만 년 전에 다시 상승하여 따뜻한 기후가 3만 년 전까지 계속되었으나 다시 하강하여 약 2만 년 전을 전후해서 추위가 정점에 이르게 되고 그 후 1만 년 전에 이르면 따뜻한 기후로 완전히 회복되었다.

　BCE.1만 년 동안 있었던 지구의 평균기온 변화를 보여주는 그래프에 길가메시[139]시대를 표시한 것이다. 약 1만 년 전부터 빙하시대가 끝나고 기온이 가파르게 오르기 시작했다. 지구의 연평균기온이 섭씨 15도를 넘는 온난기에 돌입하기 시작한 것이 약 BCE.8000년 전이며, 두 번째 온난기는 BCE.5000년 전쯤인 BCE.3000년 무렵부터 약 1000년간 지속되었다. 후기 홀로세기후 최적기라고 불리던 이 시기가 시작되면서 전 세계적으로 식생이 왕성해져 짙은 숲이 많이 형성되었다. 5000년 전 세계 인구에 대한 추정은 연구자들마다 차이가 크지만 가장 많이 잡아야 1800만명 정도.[140] 이 인구가 원시기술을 이용해 삼림을 파괴하는 효과는 거의 무시해도 될 정도이니, 지구의 저·중위도 산지에는 대체로

---

[139]　이진아 『지구위에서 본 우리역사』. 2017, 루아크 p 98~100
　　길가메시는 요즘 사람들에게는 게임 캐릭터로 친숙한 이름이다. 길가메시는 지금의 이라크에 해당하는 수메르지역에 있던 '우루크(Uruk)'왕국의 왕이었다고 전해지는데, 그가 실존인물(實存人物)이라면 BCE.2,500년 무렵에 살았을 것으로 추정된다. 길가메시라는 이름이 유명해진 것은 그의 행적을 그린 서사시 『(길가메시 에픽(Gilgamesh Epic)』에 비교적 소상히 전해지기 때문이다. 인류최초의 문자인 메소포타미아 쐐기문자로 쓰인 이 서사시는 인류역사에서 가장 오래된 문학작품으로 꼽힌다. 이 서사시에서 그는 엄청난 영웅으로 그려진다. 하지만 환경담론공간에서 그는 인류최초의 환경파괴범으로 유명하다. 이야기의 결론을 이야기하면 엔릴의 저주는 실현됐다. 길가메시는 삼림을 침범한 이후에도 한동안 기고만장하게 살다죽었지만, 그로부터 수백 년 뒤 이 일대는 작물이 나진 않아 불모의 사막이 되어버렸다. 사람들의 환경의식이 높아진 20세기 말부터 길가메시는 영웅이라는 명성보다 그 비옥했던 메소포타미아를 불모의 땅으로 만든 환경파괴범이라는 오명을 뒤집어쓰면서 더 유명해졌다.
[140]　이진아 『지구위에서 본 우리역사』. 2017, 루아크 p 101

푸른 녹음이 형성되어 있으며, 길가메시가 등장하는 것은 후기 홀로세 기후 최적기가 시작된 지 약500~600년 정도 지난 시점이다.

나날이 더워지는 날씨 속에서 식생의 번성이 정점에 달했던 시기다. 길가메시 무리가 힘껏 삼나무를 잘라냈다 해도 삼림 생태계는 금방 회복했을 것이다. 기후변화 그래프를 보면 답이 나온다. 길가메시시대 이후 기온이 급속히 하강한 것을 확인할 수 있다. 이 상황에서는 식생의 생장속도가 눈에 띄게 떨어지면서 숲의 큰 나무들이 먼저 사라진다. 인간이 개발한 지극히 작은 땅만이 아니라 지구 전체에서 그런 변화가 일어난 것이다. 따라서 메소포타미아가 불모의 땅으로 변하게 된 것은 길가메시가 나무를 잘라내서가 아니라 기후변화라는 자연의 거대한 수레바퀴 때문이다.[141]

과거 1만 년간 지구 평균기온 변화

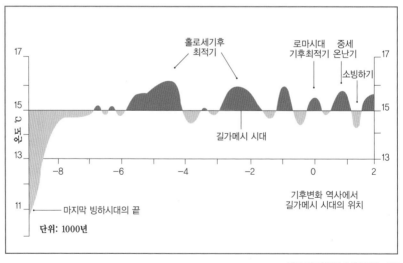

자료: 지구위에서 본 우리역사 p 102

---

141   이진아 『지구위에서 본 우리역사』. 2017, 루아크 p 103

과거 1만 년간 지구 평균기온 변화

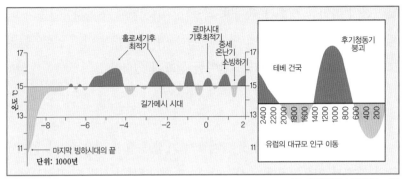

자료: 지구위에서 본 우리역사 p. 106

날씨가 추운 빙하기에는 이전의 툰드라지역은 얼음으로 덮이게 되고, 남방계의 나무들이 자라던 지역은 툰드라로 변화되었으며, 털코끼리(매머드)와 같은 몸집이 큰 북방계의 동물들이 이동해와 살게 되었다.

한편 기후가 따뜻한 간빙기에는 이와 반대의 현상이 나타났다. 한국의 구석기유적에서 북방계 동물인 털코끼리와 남방계 동물인 물소의 뼈가 출토되는 것은 이러한 사실을 뒷받침한다.

빙하기에는 기온이 내려감에 따라 북극과 남극 주변에 얼음이 많이 얼어 바닷물이 줄어들었다. 그 결과 바다의 수변이 매우 낮아져 지금보다 106m이상 내려감에 따라 대부분의 빙하기에 황해는 육지가 되어 한국과 중국은 완전히 육지로만 연접되어 있었으며 동해도 수심이 깊은 대한해협 일부를 제외하고는 육지가 되었다.[142]

---

142   윤내현 『윤내현교수의 한국고대사』 삼광, 1990, p 18

끝으로 홍적세[143] 빙하기[144]의 기온이 내려갔던 시기에 바다의 수면이 낮아짐에 따라 베링해가 육지가 되었고, 이 시기에 동아시아인들이 베링 육로를 거쳐 알라스카에 이르고, 이들이 남하하여 미주 인디언들의 조상이 되었다는 점을 참고로 알아둘 필요가 있다.

② 무리사회의 문화

무리사회는 인류사회의 첫 단계로서 가장 중요한 것은 이 시기에 사람의 진화가 이루어졌다는 사실이다. 그 첫 단계의 사람인 곧선사람은 원숭이와 비슷한 얼굴 모양을 하고 있으며 상대적으로 머리가 작고 얼굴이 크며 이마는 좁고 뒤로 누워있으며 눈두덩은 양미간에 붙어 있고 볼록 튀어나와 있었다. 이 시기의 가장 이른 수렵 채집사회의 자취의 연대는 BCE.13500~BCE.11000년이고, 유물이라고 해야 정교한 돌칼과 돌을 얇게 벗겨낸 창촉이 고작이었지만 인간의 이동 등장했다는 증거로는 충분하다.

그리고 뇌의 용적은 1000cc 정도였다. 지금까지 연구에 의하면 원숭이 가운데서 사람과 가장 가까운 두 발걸음원숭이(南方猿, Australopithecus)

---

143 洪積世(diluvial epoch) 약 2백만 년 전부터 1만 년 전까지 계속된 大洪水가 있었던 지질시대임. 이 기간이 조기, 전기, 중기 후기로 나누어짐, 猿人, 原人, 舊人으로 인류가 이 시기에 진화됨. 沖積世(alluval epoch) : 지질시대 중·신생대4기 최후의 시대임. 홍적세의 대빙하가 녹은 다음의 후빙하기시대를 말하며, 약 1만 년 전부터 현대까지가 이에 해당하며 고고학적으로 신석기시대를 말함.
144 브라이언 페이건, 남경태 옮김 『기후, 문명의 지도를 바꾸다』 씨마스21, 2021, p 53 보스토크 얼음 샘플은 우리를 약 42만 년 전으로 데려다 준다. 그 동안 빙하기에서 온난한 시기로의 이행은 네 차례였다. 이 변동은 약 10만 년 간격으로 일어났다. 첫 번째는 지금으로부터 33만5천 년 전이었고, 24만 5천 년 전, 13만 5천 년 전, 1만8천 년 전의 간격을 보였다. 주기성은 두 차례로 드러났는데, 첫 번째는 약10만년이고 더 작은 둘째 주기는 약 4만1천년이었다. 그 결과 기존의 이론이 확증되었다. 즉 지구궤도 변수들-이심률, 기울기, 축의 세차운동의 변화가 태양열 복사의 강도와 분포의 변화를 초래한 것이다.

의 뇌 용적은 500cc 정도이고 현대 사람의 뇌 용적은 1500cc 내외이므로 뇌의 용적에 있어서도 곧선사람은 원숭이와 현대인 사이에 위치해 있음을 알 수 있다.

곧선사람의 신장은 현대인보다 약간 작아 남자가 155㎝, 여자는 남자보다 10㎝정도 작았을 것으로 상정된다.

슬기사람은 곧선사람보다 진화되어 이마가 곧게 선편이나 현대인 보다는 누운 편이고, 눈두덩도 여전히 볼록 튀어나와 현대인과는 달랐고, 슬기사람의 뇌의 용적은 곧선사람보다 진화되어 보통 1300cc가 넘는다.[145]

무리사회의 기초는 혈연집단 가족이었고, 아직 정치권력도 출현할 수 없는 사회수준이었다. 무리사회의 지도자는 대체로 경험이 많은 연장자가 맡았지만 구성원 사이 빈부의 차이나 사회계층의 차이가 없는 완전한 평등사회 공동체였다.

그래서 근래에 원숭이류를 통한 생태학적 연구결과에 의하면 근친상간을 피하고 일부일처와 자녀 또는 일부다처와 자녀로 구성된 소수집단을 형성하고 원시적인 분업이 행해졌다고 한다.[146]

3만5천 년 전에 서부 아시와 중부 유럽의 슬기슬기사람들은 그 지역 동굴이나 암벽 등의 은신처가 없었기 때문에 거대한 털코끼리의 뼈와 가죽을 기둥과 지붕으로 이용하고, 땅을 일부 파서 만든 이동이 가능한 집으로 마련했었다. 석장리와 창내의 집자리는 이러한 집과 대비되는 것이다. 이들이 사용하던 석기는 주먹도끼·찍개·찌르개·긁개·밀개·새기개 등이었는데 이러한 사례를 보여 주는 지역은 만주지역, 중국 북부 변경지역, 황하 중류유역의 서후도(西候度)·남전(藍田)·정촌(丁村)

---

145   윤내현『윤내현 교수의 한국 고대사』, 삼광, 1990, p 26
146   윤내현『中國의 原始時代』단국대 1982 p 44~49, 63~65·102

등과 국내에는 석장리·두루봉·창내·언양군 천전리 등이다.[147]

단군신화에서 환인(桓因)시대에 대해서는 아무런 설명이 없다. 단지 그를 천제(天帝)로만 묘사하고 있다. 따라서 그 사회성격을 알 수 없다. 그러나 인류사회의 발전과정에서 부락사회 이전 단계는 무리사회한 단계 밖에 없다. 그러므로 환인(桓因)시대는 무리사회에 해당될 수밖에 없다.[148] 이상과 같은 고찰에서 알 수 있듯이 단군신화는 무리사회단계, 환웅시대는 부락사회단계, 환웅과 곰녀의 결혼시대는 부락연맹체사회단계, 단군시대는 국가사회(고조선)단계로서 한민족의 역사적 체험 즉 인류사회의 발전과정을 그대로 담고 있는 것이다.[149] 고고학적 자료와 연결시켜 보면 환인시대는 1만 년 전 이전의 구석기시대와 중석기시대, 환웅시대는 1만 년 전 전후부터 6천여 년 전까지의 전기 신석기시대, 환웅과 곰녀의 결혼시대는 6천여 년 전부터 4천3백여 년 전(BCE.2,300여년)까지의 후기 신석기시대, 단군의 고조선시대는 BCE.2천3백년 여년 전부터 BCE.2세기 말까지가 된다. 단군신화는 실로 한민족의 종교·사상·의약·역사적 체험을 총합적으로 담고 있는 민족사화(民族史話)인 것이다.[150]

147   윤내현 『윤내현 교수의 한국 고대사』. 삼광, 1990, p 27, 28
148   윤내현 『윤내현 교수의 한국 고대사』. 삼광, 1990, p 62
149   윤내현 『한국 상고사 체계의 복원』 동양학 17집. 단국대 동양연구소 1987, p 199~207
150   윤내현 『윤내현 교수의 한국 고대사』. 삼광, 1990, p 62

부락사회

1) 부락사회의 성격

부락사회(tribes, 부족사회라고도 한다)란 사람들이 정착 생활에 들어가 부락을 이룬 단계를 말한다. 부락을 이룬 집단은 하나의 씨족 또는 통혼관계 등으로 결합된 몇 개의 씨족으로 구성된 부족이었다.

이전의 무리사회보다 질서가 유지되고 질서 있는 평등사회라 하겠다. 부락사회는 농업과 목축의 경제생활을 하였고, 돌을 연마하여 만든 마제석기와 돌을 쪼아서 만든 마제석기(琢製石器) 및 질그릇 등을 생활용구로 사용하였다. 석기에 차이에 근거하여 고고학에서는 이 시대를 신석기시대라고 부른다.

그런데 신석기시대는 사회성격면에서는 부락사회와 그 다음 단계인 부락연맹사회로 나누어진다. 부락사회는 전기 석기시대 라 하고 부락연맹사회는 후기 신석기시대로 구분한다. 부락사회 단계에서는 부락 상호 간에 전쟁이 없는 평화를 유지했고, 전문기능인도 출현하지 않았으며, 필요에 따라 장거리교역이 있기는 하지만 조직적인 것은 아니었다. 그리

고 이러한 사회단계는 대체로 모계사회(母系社會)였다.[151]

2) 자연환경의 변화와 농경의 시작

지금부터 1만 년 전 홍적세가 끝나고 현세통에 접어들면서 기온이 상승하기 시작하였다. 기온의 상승은 계속되어 8천 년 전에는 지금과 비슷한 기온에 도달했고, 5천 5백여 년 전에 이르면 지금보다 섭씨 2.5도쯤 높은 기온에 도달하였다. 그 후 기온은 다시 내려가기 시작하여 3천 년 전에 이르러 지금과 같은 기온이 되었고, 지금과 같은 해안선이 형성되었던 것이다.

1만 년 전[152]에 기온이 상승하면서 한반도와 만주지역에는 큰 자연환경의 변화가 일어났다.

첫째로 초원이 사라지고 숲이 우거지게 되었다. 추운 기후에서 나무가 자라지 않아 초원을 형성하고 있던 지역이 기후가 따뜻해짐에 따라 온·난대 식물이 자라게 되어 숲이 우거지게 되었다. 둘째로 동물의 변화이다. 빙하기에는 몸집이 큰 동물들은 추운 기후를 따라 북방으로 이동해 가거나 멸종되고, 그 대신 노루·멧돼지·토끼 등 몸집이 작은 동물들이 등장하였다.

한편 기후가 따뜻해지면서 인구도 크게 변화를 가져 왔다, 출산율이 높아져 인구가 급격히 증가 했다. 식료원의 원천은 크게 타격을 받으니

---

151   윤내현 『윤내현 교수의 한국 고대사』. 삼광, 1990, p 31

152   브라이언 페이건: 남경태 옮김 『기후 문명의 지도를 바꾸다』 씨마스21, 2021, P, 144
BCE.10,000년경부터는 처음에 사람들은 작은 풀씨나 비상용 식량으로 건조한 상황에 합당한 조치를 취하기 시작했다. 식물을 수확하기로 결정하고 촌락에서 최초로 재배된 종자들 −호밀, 외알 밀(이삭에 열매가 하나만 달린 밀), 렌즈 콩−이 있었으나 모두가 먹고 살기에는 충분하지 않았고, 오랜 기간 평안하게 살았던 결과로 촌락인구는 300~400명으로 불어나고, 인구밀도는 떠돌이 생활을 하던 시절에 비해 훨씬 높았고, 아부후레이라 같은 영구 거주지는 더 이상 소용이 없었다.

경제 위기를 맞게 되었다. 그 대책으로 출현한 것이 농경이었다.

농경은 초기에는 불안한 모험이었고 경제생활에 중요한 위치를 차지하지 못하였지만 농경과 목축을 기초로 해서 정착생활에 들어가 부락사회가 형성되었다. 그 뿐만 아니라 인류는 농경을 발전시켜 생산을 증대시키고 식료를 저장해 두기까지에 이르게 되며, 이에 따라 시간적인 여유를 가지게 되어 농경은 문화발전의 원동력이 되었고. 이러한 점에서 농경의 개시는 인류의 역사에서 중요하게 평가되고 그것을 「신석기혁명」, 또는 「농업혁명」이라 부르는 것이 이 때문이다.[153]

지금까지 연구된 결과를 보면 한반도와 만주의 신석기문화는 공통성을 지니고 있으며, 북경지역을 경계로 하여 황하(黃河)유역의 문화권과 구분된다. 두 문화권의 경계에 위치한 북경과 그 주변지역은 한반도-만주지역의 문화와 황하유역의 문화가 혼돈된 지역이다. 부락사회가 남긴 전기 신석기유적에서 출토된 유물 가운데 가장 중요한 것은 마제석기(磨製石器)와 질그릇인데 그 시대의 문화 성격을 설명하거나 연대를 구분할 때 일반적으로 질그릇을 기준으로 한다.

한반도와 만주의 신석기시대의 질그릇은 빗살무늬질그릇으로 특징지어진다. 빗살무늬질그릇을 새김무늬 질그릇이라고 부른다.[154] 빗살무늬를 새김무늬로도 부른 이유는 빗살무늬질그릇이란 원래 독일어의 Kammkeramik(comb pottery)을 번역한 것으로 한국의 빗살무늬질그릇이 유럽에서 전파되어 왔을 것으로 보았기 때문에 생긴 명칭이었다. 부락

153　윤내현 『윤내현 교수의 한국 고대사』. 삼광, 1990, p 34

154　빗살무늬질그릇이란 원래 독일어의 Kammkeramik(comb pottery)을 번역한 것으로 한국의 빗살무늬질그릇이 유럽에서 전파되어 왔을 것으로 보았기 때문에 생긴 명칭이었는데 이러한 명칭의 유래로 인하여 한국의 빗살무늬질그릇은 당연히 유럽이나 시베리아에서 기원했을 것으로 보는 선입관을 갖는 경향이 있기 때문이다. 이는 앞으로 문명의 흐름이 새로이 조정되어야할 부분이다.

사회가 남긴 신석기유적에 출토된 유물 가운데 가장 중요한 것은 마제석기와 질그릇인데, 토기와 세석기는 요하(遼河)일대 신석기문화에서 대부분 보이는 것이지만 황하(黃河)일대에서는 보이지 않는 북방문화계(北方文化系)이다. 빗살무늬토기는 시베리아 남단(南端)→만주지역→한반도→일본으로 이어지는 북방문화 계통이라는 점이[155]이지만, 동북지역에서 가장 이른 시기의 빗살무늬토기가 발견되었다. 이를 중국 학자들은 황하지역과 전혀 다른 요서(遼西)지방[156] 토기의 가장 큰 특징이 빗살무늬의 '평저통형(平底筒形)토기'와 '지자문(之字紋)토기'라고 밝히고 있다.

빗살무늬 통형관筒形罐(통모양의 항아리)

빗살무늬 도발陶鉢(그릇)

155   우실하 『동북공정 넘어 요하 문명론』 소나무 2010, p 123
156   이찬구 『홍산문화의 인류학적 조명』 개벽사, 2018, p 221
       담기양(譚其驤)의 지도를 보면 夏商周시기까지 요서지역은 중국과 아무런 관련이 없었음을 알 수 있다. 춘추전국시기까지도 요서지역은 오로지 동호(東胡), 산융(山戎), 도하(屠何)밖에 없었고, 진(秦)시기에야 비로소 요서군과 요동군이 설치될 뿐이다. 곽말약(郭沫若)의 서주(西周) 춘추시기 지도에도 요서지역은 남쪽의 승덕(承德)일대에 산융만 표기하고 그 이북 지역은 아예 지도상에 존재하지도 않는다.
       ※ 참고 곽말약(郭沫若)主編 『中國史稿地圖集』 中國地圖出版社(北京) 1995. 14쪽

빗살무늬 통형관

흥륭와 문화에서 발견된 동북지역에서 가장 이른 시기의 빗살무늬토기

자료: 우실하: 동북공정 넘어 요하문명론(p 124)

　요하문명은 기본적으로 세석기문화의 후속으로 발달된 옥기(玉器)문화를 바탕으로 한 문명으로 황하문명과는 이질적인 전형적인 북방문화 계통이다.[157] 홍산[158]문명의 중심적인 유적이 발견되는 홍산문화 만기(BCE.3500~BCE.3000)유적은 흥륭와문화와 사해문화 등으로 이어지는 그 지역의 선주민인 빗살무늬토기와 돼지 토템으로 대표되는 고(古)아시아족의 문화를 바탕으로 바이칼 지역에서 새롭게 이주해 온 곰 토템의 통구스족과 황하 중류지역에서 이동해 온 채도로 대표되는 앙소(仰韶)

157　우실하 『고조선문명의 기원과 요하문명』 지식산업, 2018, p55
158　우실하 『동북공정 넘어 요하 문명론』 소나무 2010, p 156
　　　홍산(紅山)은 '붉은 산'이라는 뜻의 홍산은 내몽고 자치지구 적봉시의 동북방에 있는 산의 이름이다. 그곳 몽골인들은 '우란합달(烏蘭哈達)'이라 부르는데 이 역시 '붉은 산'이라는 의미입니다.

문화인[159] 이 서로 만나면서 새롭게 형성되는 것이다.[160]

3) 부락사회의 문화

부락사회의 문화를 보면 만주지역의 부락사회와 한반도의 부락사회 시민들은 한민족의 뿌리가 된다. 부락사회 기간에 세 차례에 걸쳐 외부의 종족이 이동해 들어왔다고 보는 견해로 한국에서 가장 오래된 부락사회 사람은 새김무늬 질그릇 이전 단계 시기의 사람들로서 이들은 시베리아에서 들어온 고아시아족 일파이고, 다음에 새김질그릇 문화의 사람들도 역시 시베리아에서 들어온 고아시아족의 다른 일파이며 마지막으로 변형 빗살무늬질그릇을 만든 사람들은 만주지역에서 이주해 왔다고 보고 있다.[161]

부락사회 사람들은 강한 공동체의식을 가지고 있다. 이 시기의 집들은 대체로 네모거나 둥근 형태의 반지하식 움집으로 중앙에 화덕이 있었는데 지상식(地上式) 집을 짓는 것은 습기 등의 자연조건 때문이었을 것이다.

159   다음 백과와 김선자 『만들어진 민족주의 황제신화』 책세상 2007 , p 433
       1921년에 허난 성 몐츠(승지현(澠池縣) 현 양사오(양소)에서 발견되었다. 산시성(협서성(陝西省) 웨이허(위하(渭河)강 유역, 산시성 서남부와 허난성 서부의 협장지대에 주로 분포한다. 동서로 약 1,000㎞에 달하며, 남북으로도 거의 1,000㎞에 이른다. 탄소동위원소법 측정에 의한 연대는 대략 BCE 5,000~3,000년으로 밝혀졌다. 농업이 비교적 발달하여 조와 기장을 재배했고, 주로 돼지를 사육했으며 수렵·어로·채집에 종사했다. 촌락의 사방에는 도랑이 둘러쳐 있어 당시의 비교적 엄밀했던 씨족공동체제도를 반영하고 있다. 양사오 문화 초기에는 집단 합장과 동성 합장이 성행했고 몇 백 명이 함께 매장되었으며, 머리는 서쪽을 향하게 해서 질서 있게 안치했다. 각 묘지의 규모와 수장품은 차이가 별로 없었으나, 여자의 수장품이 남자보다 약간 많았다. 이는 당시가 모계사회(母系社會)에서 부계사회(父系社會)로 옮겨가던 이 시기가 황하유역의 앙소문화 후기라고 주장한다. 문제는 앙소(仰韶)문화에서는 신농(神農)의 땅이 되려면 보습(사(耜))과 쟁기(뇌(耒)가 나와야 하는데 이것들은 전혀 나오지 않고, 돌로 만든 낫(석산(石鏟)과 뼈로 만든 낫(골산(骨鏟)만 나왔다.
160   우실하 『동북공정 넘어 요하 문명론』 소나무 2010, p 319
161   윤내현 『윤내현의 한국고대사』, 삼광출판, 1990, p 38

부락사회에서는 실을 뽑고 방직이 보급되어 천으로 옷을 만들어 입었을 것이고, 여러 유적에서 가락바퀴가 발견되고 실이 꿰여 있는 바늘이 출토된 것이 이 사실을 알게 한다. 이 사람들은 영혼 관념을 가지고 있었다. 그래서 사람이 죽은 후에 영혼의 세계가 있다고 생각해 그들이 생전에 사용하였던 물건을 묘에 부장하였다. 그들은 하늘·산·강 등의 자연물이나 천둥·번개 등의 자연현상에도 영혼이 있다고 믿었다. 이러한 관념은 조상숭배·자연숭배(animism) 사상을 출현시켰다. 어떤 부락은 자신들의 기원을 곰·호랑이 등의 동물이나 특정한 식물과 연결시키는 토테미즘(totemism)을 가지고 있었다.[162] 서포항유적에서 출토된 호신부(護身符)와 동물의 이나 뼈·뿔을 조각하여 만든 사람·동물 등은 당시의 주술적 신앙을 알게 하는 것이고, 아직 원시적이기는 하지만 여러 유적에서 발견된 동물의 이·뼈·조가비 등을 가공하여 구멍을 뚫은 장신구, 궁산과 범의 구석 유적에서 출토된 목거리용 뼈대롱구슬, 동삼동유적에서 나온 조각품과 돌팔찌·조가비팔찌 등은 당시 사람들의 미의식이 생활에 반영되어 있었다.[163]

162   윤내현 『윤내현교수의 한국고대사』, 삼광출판, 1990, p 44
163   황용혼 『신석기시대 예술과 신앙』 1983, 『한국사론』 12 p 674~706

3

부락연맹체사회

1) 부락연맹체의 성격

부락연맹체사회는 酋邦(Chiefdoms)이라 부르는 사회단체이다. 이 단계는 사회 발전과정에서 부락사회와 국가사회 사이에 위치하였다. Chiefdoms을 추장(酋長)사회 또는 군장(君長)사회[164]라고도 번역한다. 군장(君長)이라는 말은 국가 단계의 사회에서도 정치적 우두머리를 뜻하는 말로 사용되었으므로, 국가가 출현하기 이전의 사회만을 뜻하는 Chiefdoms이라는 말과는 그 뜻이 일치하지 않는다. Chiefdoms은 인류학자들에 의하여 새로 만들어진 말이므로 번역어도 새로 만들어질 수밖에 없는데 그것을 직역하면 chief는 酋, dom은 邦으로서 추방(酋邦)이 된다. 그러나 추방이라는 말은 생소하여 그 개념이 쉽게 들어

---

164 이형구『춘천 중도 유적의 학술적 가치와 성격 규명을 위한 학술회의』2020. 학연사 p74
삼한시대의 인구는 2,500~3,500명이면 한 나라의 구성원과 같다. 중도 유적은 삼한시대보다 천년 가량 앞선 시기이다. 이렇게 대형도시가 건설되었다는 것은 군장(君長)사회를 넘어 '초기 국가 단계의 사회'에 도달하지 않았을까 추측해보는데, 그것은 바로 고조선시기의 정치집단의 실체일 수도 있을 것으로 추정된다.

오지 않는다. 따라서 추방은 학술적 전문용어로 사용하기로 하고 일반용어로서 부락연맹체(部落聯盟體)사회라는 말을 사용하기로 하였다. Chiefdoms의 특징 가운데 하나가 부락(또는 부족)이 연맹을 맺는 사회 단계이기 때문이다.[165]

2) 부락연맹체사회의 역사적 의의

부락사회에서 부락연맹체사회로의 변화는 인류 역사상 매우 중요한 의미를 갖는다. 첫째 평등사회가 불평등사회로 변화되었다는 점이고, 현대사회의 중요한 사회문제 가운데 하나로 제기되는 계층 간의 갈등, 그리고 부락연맹체사회에서 전쟁이 시작된다는 사실이다. 부락연맹체사회 이전 단계인 부락사회와 다른 가장 중요한 점은 구성원 사이에 빈부의 차이와 사회계층의 분화가 일어났다는 사실이다. 이전의 평등(平等)사회에서 계층(階層)사회로 변화되었다는 것이다. 이러한 변화는 재산사유제가 출현한 결과였다. 따라서 경제적인 면에서는 재산공유제에서 재산사유제로의 변화를 뜻하기도 한다.[166]

한편으로는 부락연맹체사회에서는 샤먼(shaman)이나 제사장, 점복인 등과 같은 일반 구성원보다는 신과 가까운 지위에 있는 종교적 지도자가 출현하였던 것이다. 부락연맹체사회 단계에서는 이전의 평화롭던 부락사회와는 달리 전쟁이 일어났다. 그리고 대체로 전문기능인이 출현하고 조직적인 장거리 교역이 행해지는 경향이 있었다. 이러한 사회성격의 변화와 더불어 외형적으로는 여러 부락이 연맹체를 형성하게 되었다.

---

165   윤내현 『윤내현의 한국고대사』,삼광출판, 1990, p 45

166   윤내현 『윤내현의 한국고대사』,삼광출판, 1990, p 47.

따라서 부락사회 단계보다는 공동체의 규모가 구성원이나 영역 면에서 매우 팽창·확대 되었던 것이다. 그리고 이 단계의 사회는 부권(父權)사회였다.[167]

인류사회의 발전과정에서 무리사회 다음 단계로 단군신화에서 환인(桓因) 시대는 무리사회단계, 환웅(桓雄)시대는 부락사회단계, 환웅과 곰녀의 결혼시대는 부락연맹체사회단계, 단군시대는 국가사회(고조선)단계로서 한민족의 역사적 체험, 즉 인류사회의 발전과정을 그대로 담고 있는 것이다.

단군신화의 내용을 보면 고조선은 단군에 의하여 건국되었으므로 환인·환웅·환웅과 곰녀의 결혼 등에 관한 내용은 고조선이 건국되기 이전의 사회상을 말해 주는 것이다. 고조선은 초기농경사회 즉 고고학적으로는 신석기시대에 해당된다고 보는 견해가 그 예이다.[168]

부락사회로부터 부락연맹체사회로의 변화는 과거의 국가가 출현하기 이전 사회 전 기간을 재산이 공유되고 사회적 계층분화가 일어나지 않은 원시공동체사회였던 것으로 믿었으며 그러한 원시공동체사회가 재산사유제의 발생으로 인하여 붕괴되고 빈부의 차이, 사회계층의 분화가 일어나면서 바로 국가사회에 진입했던 것이다. 그러나 국가사회 단계로 진입하지 않은 사회단계가 상당히 오랫동안 존재했음을 알 수 있다.

부락사회로부터 부락연맹체사회로의 변화는 한국과 중국의 경우, 지역에 따라 다르기는 하지만 BCE.4천년부터 BCE.2천5백 년 사이에 일어났다. 부락연맹체사회로 진입했는지의 여부는 유적·유물에 의해서 확인할 수 있다. 부락연맹체사회의 가장 중요한 특징은 재산사유제의 출현에 의한 빈부의 차이이므로 그것을 유적이나 유물에서 확인해야

---

167   윤내현『윤내현의 한국고대사』,삼광출판, 1990, p 46
168   윤내현『윤내현의 한국고대사』,삼광출판, 1990, P 63

하는 것이다. 즉 부락터에서 일반 거주용 집들 가운데 그 규모나 구조 등이 다른 집들보다 부유한 집이 확인된다든지 공동묘지에서 일반 묘들보다 규모가 크거나 부장품이 많은 묘가 발견되는 것 등으로 알 수 있게 되는 것이다.[169]

인류 역사에서 민족이나 국가, 지역 간의 분쟁은 끊임없이 계속되어 왔고, 오늘날도 전쟁은 인류가 해결해야 할 중요한 과제 가운데 하나로 남아 있다. 그러한 전쟁의 기원도 부락연맹체사회의 개시까지 소급되는 것이다.

인류사회에 가장 큰 고민을 안겨준 문제들이 바로 부락연맹체사회의 시작과 함께 출현 했다는 사실은 확실히 중요한 의미를 갖는 것이다. 이러한 의미를 갖는 사회성격의 변화를 가져오게 한 요인은 그것이 자연환경의 차이에 따라 각각 달랐겠지만 동아시아에 한국과 중국의 경우를 보면 두 가지의 요인을 지적할 수 있는 것이다.

첫째는 기후의 변화이고, 둘째는 인구의 증가이다. 부락사회 단계를 서술하면서 BCE.8천년(지금으로부터 1만 년 전)부터 기온이 상승하였다가 BCE.3천 5백년을 기점으로 하여 기온 다시 하강하여 BCE.1천 년경에 이르면 지금과 같은 기온에 도달하였다. 이와 같이 수천 년간에 걸친 기온의 상승은 자연환경을 변화시켰고, 인구증가를 가져왔을 것임에는 틀림없다.

이러한 자연환경의 변화와 인구증가는 사회성격을 변화시키는 요인으로 작용했을 것이다. 이러한 부락연맹체사회의 개시 년대가 한국과 중국에서 BCE.3천 5백년 전후[170]로 기온이 가장 높았던 시기에 한국과

---

169 윤내현 『윤내현의 한국고대사』 삼광출판, 1990, P 47
170 `브라이언 페이건 지음, 남경태 옮김『기후 문명의 지도를 바꾸다』 씨마스21, 2012, P257

중국이 여기에 해당된다는 사실은 우연의 일치만은 아닐 것이다.

3) 동아시아의 부락연맹체사회 형성

한반도와 만주지역의 신석기문화는 새김무늬 질그릇으로 특징지어지는 공통성을 지니고 있었다. 한반도(韓半島)—만주(滿洲)문화권과 황하(黃河)문화권을 구분 지어주는 다른 요소가 있다. 그것은 묘제(墓制)[171]이다. 지금의 북경 근처에는 난하(灤河)를 경계로 하여 그 이동지역과 이서지역의 묘제는 완전히 다르다. 난하(灤河)의 이동지역인 한반도와 만주에는 돌무지무덤·고인돌무덤·돌상자무덤 등의 돌을 재료로 사용한 무덤들이 분포되어 있다. 이러한 무덤은 난하 이서지역에는 거의 없으며 움무덤이 주류를 이룬다. 요서와 요동을 포함한 만주지역은 중원과는 전혀 다른 문명권(文明圈)이었다, 신석기시대 4대 문화권 지도에서 보듯이 요서, 요동을 포함한 만주일대→한반도→일본으로 이어지는 문화권은 신석기 4대 문화권을 대표하는 거석문화권·채도문화권·빗살무늬(즐문)토기문화권·세석기문화권 모두 수용되고 융합되는 세계적으로 유

BCE.3,100~2,160까지 1천년동안 이집트인들은 갈수록 포악해지는 왕들의 지배를 받았다. 이때가 바로 신성한 파라오의 피라미드를 건설한 시기였다. 그 정점은 BCE. 2,278년에는 여섯 살로 즉위해 94년이나 재위했던 페피 2세의 치세였다. 그런데 이 보고서에는 나일강 유역과 메소포타미아 지역에 대한 기후조건이 대체로 어필되어 있지만, 동양지역의 중국과 극동지역의 기후조건이 대한 정보가 부족한 실정이다. 다시 말하면 그 당시 고고학이나 기후학자들의 관심에서 소외되었다고 할 수 있겠다.

171 우실하『고조선문명의 기원과 요하문명』지식산업, 2018, p56
동북아시아에서 최초로 계단식 적석총이 나타남, 다양한 형태의 적석총을 주된 묘제로 하고 있다. 동북아의 최초의 적석총인 토광석묘와 석관적석묘는 흥륭와문화 백음장한 2기(요하지역의 소하서문화(BCE.7,000~BCE.6,500년)유지에서 발굴, 취락, 토기, 골기, 민물조개껍데기로 만든 방기(蚌器) 등을 통해 그 특징을 가지고 있다. 상세한 내용은 상기 책자 참조) 유적지에서부터 이미 나온다. 계단식 적석총을 비롯한 각종 돌무덤은 홍산문화 시기에 보이며, 홍산문화 시기에 보편적인 묘제가 된다. 적석총문화는 홍산문화 시기에 보편화해, 후에 요동, 요서를 포함한 만주일대의 청동기시대와 철기시대의 묘제로 이어지고 후에는 고구려, 백제, 가야, 신라, 일본의 묘제로 연결되는 것이다.

신석기시대 4대 문화권

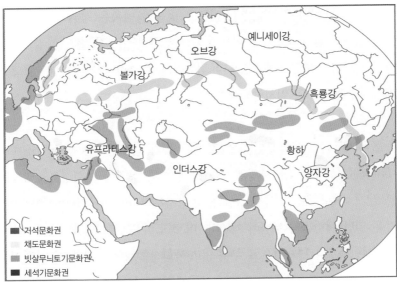

자료: 우실하 「동북공정 넘어 요하 문명론」 소나무 2010, p 296

동북아시아 지형도

자료: 동북공정넘어 요하문명론 p 296

일한 지역이다.[172] 이것은 채도문화권을 수용한 중원지역과는 처음부터 이질적(異質的)인 문명권이었다. 이는 북방족인 맥족은 몽골과 중국 러시아 접경의 알타이고원과 '바이칼호' 서부의 '사이안산 줄기'에 걸쳐 살았다. 그들은 BCE.20세기경부터 점진적으로 남하하기 시작한 것으로 맥족의 이동경로와 일치하고 있다.[173]

　　돌무지무덤·고인돌무덤·돌상자무덤 등의 분포상황은 한반도와 만주지역이 동일(同一)한 문화권임을 알게 함과 동시에 사회성격의 변화를 알게 하는 지표가 되기도 한다. 돌무지무덤·고인돌무덤·돌상자무덤 등은 일반 서민들의 무덤이 아니다. 이 정도의 무덤을 만들기 위해서는 일반서민들보다 경제적으로 부유하고 사회적으로 신분이 높아야 한다. 이 시기에 이러한 사회의 구성원 사이에 빈부의 차이와 신분의 계층분화가 일어나 있었음을 알게 하는 것이다.

　　돌무지무덤·고인돌무덤·돌상자무덤 가운데 가장 일찍 출현한 것은 돌무지무덤이었다. 따라서 돌무지무덤의 출현 시기를 부락연맹체사회의 개시연대로 잡을 수 있다. 한반도와 만주지역에서 지금까지 발견된 돌무지무덤 유적 가운데 가장 연대가 올라가는 것은 우하량(牛河梁) 유적이다. 우하량 유적은 요령성(遼寧省) 서부의 凌源縣(능원현)과 건평현(建平縣) 경계에 위치하는 대능하(大凌河) 상류유역이다. 우하량유적은 그

172　우실하 『동북공정 넘어 요하 문명론』 소나무 2010, p 295
　　요서(遼西)와 요동(遼東)을 포함한 만주(滿洲)지역은 중원(中原)과는 전혀 다른 문명이었고, '신석기시대 4대 문화권' 지도에서 보듯이 요서, 요동을 포함한 만주일대에서 한반도를 거쳐서 일본으로 이어지는 문화권은 거석문화권, 채도문화권, 빗살무늬토기문화권, 세석기문화권, 모두 신석기 4대 문화권을 대표하는 세계적으로 유일한 지역이다. 이것은 채도문화권(彩陶文化圈)만을 수용한 중원 지역과는 처음부터 이질적인 문명권(文明圈)이었다.
173　승천석 『고대 동북아시아의 여명』 백림, 2003, P 71~73
　　이대구 『고대 일본은 한국의 분국』 한가람연구소, 2021, P 297

지역에 있었던 홍산문화 말기에 속하는 것으로 돌무지무덤과 함께 여신묘(女神廟)가 확인되었는데 그 연대가 BCE.3천6백 년경이다.[174]

우하량(牛河梁)·동산취(東山嘴)·호두구(胡頭溝) 등의 유적에서 돌무지무덤과 동상무덤이 발견되고, 옥기 등 풍부한 유물이 출토된 것은 이 시기(홍산문화 말기)에 일반 서민들과는 사회 신분이 다르고 경제적으로 부유한 계층이 존재해 있었음을 알게 하는 것이다. 그리고 여신묘(女神廟)[175]와 제단(祭壇)[176]은 제사장(祭司長)의 존재를 알게 하는 것이다. 이러한 사실은 그 사회가 빈부의 차이와 계층분화가 일어나고 종교적인 권위자가 출현한 부락연맹체사회에 이미 진입해 있었음을 알게 한다.

4) 부락연맹체사회의 문화

부락연맹체사회는 여러 부락이 연맹을 맺어 통합된 공동체임으로 부락사회보다 그 구성원의 수나 영역이 크게 확대되었다. 그러나 이러한

---

174 윤내현 『윤내현의 한국고대사』, 삼광출판, 1990, p 50
175 정경희 『백두산문명과 한민족의 형성』, 만권당 2020. p26
     홍산문화의 특징을 가장 잘 보여주는 표지(標識)유적으로는 단(壇: 제단)·묘(廟 : 사당)·여신묘(女神廟)·총(塚 : 무덤)유적 및 총에서 출토된 옥기(玉器)유물을 들 수 있다. 홍산문화는 동아시아 상고문화의 원형이자 세계 최고 수준의 동석병용(銅石竝用)문화로서 면모를 보여주었기에 중국학계에서는 이례적으로 홍산문화에 대해 초급문명사회 또는 고국(古國) 단계라는 평가를 내린 후 홍산고국(紅山古國)의 출현을 선포했으며, 여기에 멈추지 않고 홍산문화를 중국문명의 원형이자 기원으로 삼아 새롭게 중국사를 재편해 가게 되었다.
176 우실하 『동북공정 넘어 요하 문명론』 소나무 2010, p 77
     1,995년 6월 통화시(通化市) 통화현(通化縣)에서 BCE 2,000년까지 소급되는 40여기의 고대 제단(祭壇)과 마을 유적, 그리고 수백 기의 적석묘(積石墓) 유적지가 발견되었다고 한다. 길림성 통화현은 고구려의 중심지였던 집안시(集安市)에서 북쪽으로 약 2시간 거리에 있고, 첫 도읍으로 알려진 오녀산성(五女山城)이 있는 요령성 환인현(桓仁縣)에서 동북쪽으로 2시간 거리에 있다. 이 세 지역은 가운데 혼강(渾江)을 중심으로 삼각형을 이루고 있는 고구려의 중심지라 할 수 있다. 이 통화시 통화현과 환인현 그리고 집안시를 이으면 삼각형이 되며, 그 삼각형의 내부를 백두산에서 발원하여 압록강으로 합류되는 혼강(渾江)이 흐르고 있다.

양적인 팽창보다 빈부의 차이가 사회계층의 분화, 그에 따른 정치권력의 출현이라는 점이 매우 중요한 의미를 갖는다.

부락연맹체사회에서는 계층분화가 일어났으므로 그 문화유적이나 유물도 상부계층의 것과 하부계층의 것으로 나누어진다. 먼저 상부계층이 남긴 것부터 살펴보자. 요령성(遼寧省)의 우하량(牛河梁)에서는 6곳의 돌무지무덤 집단과 여신묘(女神廟)가 발견되었다. 돌무지무덤 가운데 가장 대표적인 제1호 무덤을 보면 그 크기는 동서로 26.8m, 남북으로 19.5m인 네모꼴이었는데 그 안에 수십 자리의 돌널이 설치되어 있었다. 그리고 돌무지무덤에서는 용 모양 등 여러 종류의 옥(玉)으로 만든 장신구와 옥환(玉環), 옥벽(玉璧) 등이 출토되었고, 여신묘[177, 178]에서는 흙으로 만든 여신의 머리가 출토되었는데 매우 사실적이며, 실제 사람의 머리와 같은 크기였다. 동산취 유적의 제단은 네모꼴로 된 대형의 석조물이

---

177 정경희 『백두산문명과 한민족의 형성』, 만권당 2020. p51
홍산문화기에 이르러 대능하(大凌河) 일대 동산취나 우하량 유적에서는 단(壇)·총(塚)과 여신신앙의 결합이 더욱 분명해졌다. 이처럼 단·총에서 행해진 선도제천(仙道祭天)의 신격이 여신이고 이러한 여신묘(女神廟)에 모셔졌기에 단·총과 묘는 같은 계통의 유적 곧 제천유적으로 보게 된다. 단·총에서 행해진 선도제천의 신격인 여신을 형상화한 여신상(女神像)이 모셔진 여신묘(女神廟)가 가장 중요해 지는 것이다. 그러나 여신상이나 여신묘 계통의 유적·유물은 흥륭와문화기에 등장한 이래 홍산문화 중·후기에 정점을 찍은 후 청동기 문화가 개시되는 하가점(夏家店)하층문화기가 되면서 쇠퇴하는 모습을 보였다. 반면 단·총은 흥륭와문화기 (BCE.6,200년~BCE.5,200년) 무렵에 시작되어 요동·한반도·일본열도 지역에서는 무려 6~7세기 무렵까지 지속되었다. 요서지역의 여신상은 흥륭와(興隆洼)문화기 신 인형 자세의 여신상이 등장하기 시작하여 홍산문화기에 이르러 반가부좌(半跏趺坐)에 양손이 배를 감싼 전형적인 선행 수행형 자세의 여신상으로 발전되었다.

178 정형진 『천년왕국 수시아나에서 온 환웅』 일빛 2013, P 538
우하량이나 객좌동산취의 제단에서 보듯이 홍산문화 지역의 제단은 원형제단이 주를 이루는데, 이는 공공족의 족휘에 보이는 아자형(亞字型)제단, 즉 밝은 백단(白檀)과 차이가 있다. 홍산문화의 원형(元型)제단은 하가점하층문화기에 오면 방단(方壇)으로 바뀐다. 우하량 여신묘에 모셔진 신이 여신인 점으로 보아 아직 그곳은 모계사회의 성격을 강하게 지니고 있다. 그런데 환웅이 주도한 사회는 부계(父系)사회의 성격을 강하게 가졌다. 후기 홍산문화는 아직 모계사회(母系社會)적 성격이 강한 사회로 웅족을 비롯해서 동물을 토템으로 하는 여사제(女司祭)들이 지배했던 것으로 파악된다.

었으며 그곳에서 임신한 여인상, 양쪽 끝이 용머리로 된 옥황(玉璜), 송록석으로 만든 부엉이 모양의 장신구 등이 출토되었다.

우하량과 동산취 유적은 그 규모나 성격으로 보아 상부계층이 남긴 것으로서 당시에 이미 상당히 강한 정치조직이 있었음을 그리고 옥기가 많이 출토된 것은 상부계층이 매우 풍요로운 생활을 했음을 알게 한다. 이러한 유적 외에 점뼈의 출토에서도 확인된다. 요령성과 접경지역인 내몽고 소오달맹(昭烏達盟) 부하구문촌(富河溝門村)에서는 37자리의 집터가 있는 BCE.3천4백여 년경의 부락유적이 발견되었는데 그곳에서는 다른 유물들과 함께 점뼈(卜骨)가 출토되었다.[179]

내몽고(內蒙古) 적봉(赤峯) 동팔가촌(東八村家)에서는 BCE 3천 년경의 돌을 쌓아서 만든 성터가 발견되었는데 성의 크기는 남북이 106m, 동서가 140m였다. 그리고 중앙에는 사방 40m에 이르는 집터가 57자리 있었다. 부락을 둘러친 성곽은 외적의 침입을 막기 위한 것으로 당시에 전쟁이 있었음을 알게 한다. 추장의 출현은 불가피한 것이다. 서랍목륜하(西拉木倫河) 남부유역인 내몽고 옹우특기(翁牛特旗)[180] 석책산(石柵山) 유적에서는 70여 자리의 묘가 발견되었는데 묘에 따라 부장품의 차이가 현저하였으며, 생산공구는 대부분 남성묘에 부장되어 있다. 이것은 당시에 구성원 사이에 빈부의 차이가 있었고 남녀의 분업이 행하여져 남자가 주로 옥외의 생산활동에 종사했음을 알게 한다. 요동반도 지역의

---

179 우실하『고조선문명의 기원과 요하문명』, 2018, 지식산업, p 303
180 이찬구『홍산문화의 인류학적 조명』개벽사 2018, p 42
    옹우특기는 홍산문화의 대표적 유적으로 홍산문화의 사람들에게 새숭배 습속은 중요한 의미가
    있다. 이는 새를 始祖 또는 祖上으로 여기는 조조(鳥祖)숭배에서 연유한 것이다. 홍산문화 시기
    에 그린 것으로 보이는 홍산 암각화에는 인간과 새가 완벽하게 결합된 人面鳥紋圖가 옹우특기
    (翁牛特旗)에서 발견되었다. 이를 통해 당시 홍산 先民들이 새에 대한 숭배심과 생활상을 짐작할
    수 있다. 사람 얼굴을 한 인면조(人面鳥)의 양눈 사이에는 사람 인(人)자가 거꾸로 있는 느낌을
    갖게 한다. 이 인면조는 고구려 무용총 벽화까지 이어진다.

대표적인 소주산(小珠山)유적 상층은 부락연맹체사회 단계에 속하는데 질그릇이 대부분 빠른 속도의 물레를 사용하여 만든 것이었다.[181]

부락연맹체사회에서의 하부계층의 생활은 기본적으로는 부락사회 사람들과 크게 차이가 없었으나 부분적으로 진보된 면을 보이고 있다. 집의 면적은 대체로 15㎡ 내외로 부락사회 단계의 집과 비슷하였으나 20~30㎡의 큰 집이 많이 나타나고 있다. 집 모양은 부락사회 단계의 것에 비하여 집 움이 얕아지고 지붕도 원추형에서 원추형과 사각형의 중간 형태로 변하여 맞배지붕도 보급되었다. 이것은 생활이 점차 향상되어갔음을 보여주는 것이다.

부락연맹체사회에서는 농경이 경제생활에서 이전시대보다 훨씬 중요한 의미를 갖으며 농경과 관계된 생활도구들이 다양해지고 이 시기에 괭이농경에서 보습농경으로 변화를 보였다. 그런데 이 시기에 출현한 농경공구 가운데 호미 용도로 사용되었을 곰배괭이와 동물의 이나 돌로 만든 낫, 돌반달칼은 매우 특징적인 것이었다. 돌낫, 돌반달칼과 같은 특징적인 추수용 농구의 출현은 농경이 그만큼 발달했음을 알게 해주는 것이다. 부락연맹체사회에서 다른 지역과 문화교류가 크게 확대되었음을 알게 하는 것이다. 이 시기의 신앙과 관계된 미술품으로는 서포항에서 출토된 호신부(護身符)와 사람 얼굴의 조각품, 농포리에서 출토된 흙으로 만든 인형과 개대가리·돌로 만든 새모양의 조각품, 울주 반구대의 암각화 등이 있다.[182]

윤내현교수의 원시시대의 국가라는 사회가 출현하기 이전의 사회단계를 무리사회 → 부락사회 → 부락연맹체사회(국가사회)로 형성해 가는 과정의 학설에 홍산문화의 우하량 신시(神市)로부터 고조선의 건국에

---

181   윤내현 『윤내현의 한국고대사』, 삼광출판, 1990, p53
182   윤내현 『윤내현의 한국고대사』, 삼광출판, 1990, p55

이르기까지의 과정은 이른바 『단군고기』의 실체적 증명이며, 고조선 건국연대인 BCE.2333년은 역사적 사실, 그 이상의 의의를 지닌다. 환인, 환웅, 단군시대와 요하문명의 문화 단계를 결합하고 이것을 윤내현의 시대 구분 도표에 넣어 상고사의 대략을 정리하면 아래와 같다.

윤내현 학설에 필자(이찬구)가 재정리한 시대구분(시안)[183]

사회발전단계	단군사회의 시대	요하문명
무리사회(先신시고국=환국)	환인시대 전기	(태양족 출현)
마을사회(신시고국 초기)	환인시대 후기	소하서, 흥륭와 조보구 (조이족 출현)
고을 나라(신시고국)	환웅시대 전기	홍산문화, 나사대
고을나라(신시고국, 단나라)	환웅시대 후기	우하량, 소하연 (조이족+곰족 결합)
국가사회(고조선=단군조선)	단군왕검 고조선시대	소하연 하가점하층문화

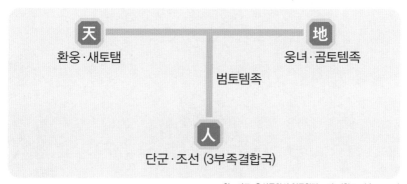

참고자료: 홍산문화의 인류학적 조명 이찬구 저 (표 p 336)

183　이찬구 『홍산문화의 인류학적 조명』 개벽사, 2018. P 328

東夷의
개념과 영역

1

중국 문헌상에 나타난
동이(東夷)의 제 명칭[184]

동방족(東方族)을 맨 처음 동이라고 쓴 자는 南宋(424~478)의 범엽(范曄)이었다. 범엽은 그의 저서 후한서(後漢書) 동이전(東夷傳)에서 동이(東夷)에 관한 서(序)을 쓰고, 제국(諸國)의 략사(略史)를 서술(敍述)하였는데, 후세(後世)의 한인(漢人)들이 잇달아 동이전(東夷傳)을 쓰게 되었으니 중국 고서(古書) 각지(各志)에서 나타난 동이(東夷)에 관한 기록은 다음과 같다.

제왕세기를 중심으로 하여 엮어 내놓은 서전과 사기 오제본기 등 중국의 상고사에 접할때에 상고 중국의 역사는 화기가 애애한 중국인 사회의 단일왕조로써 출발한 것인양 착각하게 된다. 그러나, 그것은, 민족국가 사회 구성면에서 볼때 황제 요순대 약 500년간의 역사는 심히 참작, 살벌. 대각적이며, 국가성장 또한 유치~타민족과의 병립적인 것이였고, 사기 흉노전에 몽고족에는 동호에 속하는 부족과 돌궐에 속하는 부족이 있다 하였다.

---

184   문정창 『고조선사 연구』, 한뿌리, 1993, p 39~40

중국 사서에 나타나는 동이의 제 명칭

서적명	작자	문헌상의 동이의 제 명칭	비고
1. 史記	司馬遷	–	
2. 漢書	班固	–	
3. 後漢書	范曄	동이열전(東夷列傳) 부여국(夫餘國) · 읍루(挹婁) · 고구려(高句麗) · 동옥저(東沃沮) · 북옥저(北沃沮) · 예(濊) · 한(韓) · 왜(倭).	
4. 三國志	陳壽	부여(夫餘) · 고구려(高句麗) · 동옥저(東沃沮) · 예(濊) · 한(韓) · 진한(辰韓) · 변한(弁韓) · 변진(弁辰) · 왜인(倭人)	
5. 晉書	房玄齡	사이(四夷): 마한(馬韓) · 진한(辰韓) · 숙신씨(肅愼氏) · 왜인(倭人) · 비리국(卑離國) 등 10국.	
6. 宋書	沈約	만(夷蠻): 고구려국(高句麗國) · 백제국(百濟國) · 왜국(倭國)	
7. 南齊書	蕭子顯	동남이(東南夷) : 고구려국(高句麗國) · 백제국(百濟國) · 가라국(伽羅國) · 왜국(倭國)	
8. 梁書	姚思廉	제이(諸夷):고구려(高句麗) · 백제(百濟) · 신라(新羅) · 왜(倭)	
9. 陳書	姚察, 姚思廉	夫餘國, 東夷(馬韓,辰韓,弁韓), 倭國	
10. 魏書	魏收	열전(列傳) : 고구려국(高句麗國) · 백제국(百濟國) · 물길국(勿吉國) · 거란국(契丹國)	
11. 北齊書	李百藥		
12. 周書	令孤德棻	이역전(異域傳) : 고려(高麗) · 백제(百濟)	
13. 隋書	魏徵	동이(東夷) : 고려(高麗) · 백제(百濟) · 신라(新羅) · 말갈(靺鞨) · 왜국(倭國).북적(北狄) : 거란	
14. 南史	李延壽	동이(東夷) : 고구려(高句麗) · 백제(百濟) · 신라(新羅) · 왜국(倭國).	
15. 北史	李延壽	열전(列傳) : 고구려(高句麗) · 백제(百濟) · 신라(新羅) · 물길국(勿吉國) · 왜국(倭國)	
16. 舊唐書	劉昫	동이(東夷): 고려(高麗) · 백제국(百濟國) · 신라국(新羅國) · 왜국(倭國) · 일본국(日本國)	
17. 新唐書	歐陽修, 宋祁	북적(北狄) : 거란(契丹) · 말갈(靺鞨) · 발해말갈(渤海靺鞨)	
18. 唐書	劉昫	동이열전(東夷列傳) : 고려(高麗) · 백제(百濟) · 신라(新羅) · 일본(日本) · 담라(儋羅)	
19. 通典	杜佑	동이(東夷) : 조선(朝鮮) · 예(濊) · 마한(馬韓) · 진한(辰韓) · 변진(弁辰) · 백제(百濟) · 신라(新羅) · 왜(倭) · 부여(夫餘)	
20. 唐書.		북적열전(北狄列傳) : 거란(契丹) · 흑수말갈(黑水靺鞨) · 발해(渤海)	
21. 通典		북적(北狄) : 거란(契丹) 거란본동호족(契丹本東胡族). 기선(其先) 爲匈奴所破, 保鮮卑山. 新唐書, 北狄列傳.	

중국의 18사(史)가 쓴 이 모든 동이열전(東夷列傳)중 동이(東夷), 즉 숙신(肅慎)에 관한 가장 원형적인 것은 後漢書 東夷傳의 序와 通典의 東夷略序의 大同小異한 다음의 一節이다.

왕제(王制)에 가로되 東方을 夷라 한다. 夷는 뿌리다. 말이 어질고 生을 좋아한다. 萬物이 땅에 뿌리에서 나오니 그러므로 天性이 柔順하고 易로써 道에 나아간다. 君子의 나라와 不死의 나라가 있나니라.

夷에는 九種이 있으니 畎·方·于·黃·白·赤·玄·風·陽의 諸夷이니 그러므로 孔子는 九夷에서 살고 싶어 하였다. 옛날 堯임금이 희중(羲仲)에게 命하여 우이(嵎夷)에 宅하게 하여 그곳을 양곡(暘谷)이라 하였다. 夏나라 太康이 失政을 하니 夷人이 비로소 叛하였다. 小康以後는 대대로 王化에 服從하여 드디어 王門을 빈(賓)하여 그 樂과 舞를 헌(獻)하였다. 걸(桀)이 暴虐하여 諸夷가 內侵하였으며 商이 革命하자 그것을 討伐하였다. 仲丁에 이르러 남이(藍夷)[185]가 구(寇)를 作하였으매 이때부터 或은 服從하고 或은 叛하여 300余 年間 계속되었다. 武乙(殷五代王)이 쇠폐(衰弊)하매 東夷가 점차 盛하여 드디어 淮·岱에 분천(分遷)하여 점차 中土에 居하게 되었다. 武王이 주(紂)을 討滅하니 숙신(肅慎)이와 석노(石弩)와 호시(楛矢)를 헌납(獻納)하였다. 관숙(慣熟)과 채숙(蔡叔)이 叛하매 周가 夷와 狄을 불러 들였다. 周公이 이것을 征伐하여 드디어 東夷를 平定하였다. 康王때에 肅慎이 다시 오다(以上 後漢書).

秦나라가 天下를 統一하매 淮·泗의 夷를 모두 흩어 民戶로 만들었다. 그 朝鮮이 1,000餘年을 지났으매 漢高祖때에 이르러 討滅되었다. 武帝元狩中(무제원수중)에 그 땅을 열어 樂浪 등의 郡을 두었다.(通典 東夷)

185　藍夷는 檀君朝鮮의 한 갈래이다. 중국학자 임혜상(林惠祥)은 남이(藍夷)를 더하여 10이(夷)라 하였다.

위의 모든 동이열전은 년대를 거듭함에 따라 동방족의 정치판도와 그 민족구성의 변천~분기 등의 다양성이 일목요연하게 看取되며, 그러한 민족들을 또한 위(魏)·진(秦)代 이후의 중국인들은 맥(貊)·맥(貉)·東胡·鮮卑라 하였다. 특히 朝鮮族의 直系視되는 東胡에 관하여 史記 索隱 복건운(服虔云)은 「東胡 烏丸之先 後鮮卑. 在匈奴東 故曰東胡」라 하였으니 즉 東胡는 烏丸의 先祖로써 그 후 鮮卑라 칭하게 되었으며 그러한 東胡가 匈奴의 동쪽에 있었으므로 인하여 東胡라는 이름이 생겨난 것이라 하였다. 그러한바 임혜상(林惠祥) 등은 東胡의 이름이 오늘날의 山海關의 北方·錦州의 西方에 위치한 도하 (屠何)·도하(徒何)지방에 살았으므로 이름이 생겨난 것이라 하였다.(참고 : 林惠祥 中國民族史 上 150面)[186]

'동이(東夷)'란 특정한 종족을 지칭하기 보다는 중국의 한문화(漢文化)와 상대적인 문화개념으로 호칭된 것이다. 그러나 중국의 한족과는 종족·언어상으로 구분이 된다. 이들은 태호(太皞)·소호(小皞)·유제(有濟)·서방(徐方)·제부(諸部)·풍족(風族)이 있었다.

중국인은 주변의 종족을 방위별로 나누어 동이(東夷)·서융(西戎)·남만(南蠻)·북적(北狄)으로 구분했다. 중국의 고대 역사서에는 동이의 여러 종족의 풍토·지리·역사를 기술하였다.

동이족은 하(夏)·은(殷)·주(周)시대를 전후해서 이(夷)·융(戎)·적(狄)·이라고 했고, 춘추(春秋)시대와 전국(戰國)시대에는 동호(東胡)라 했고, 진(秦),한(漢)대에는 濊貊이라 했으며, 漢代 이후부터는 동이(東夷)를 선비(鮮卑) 또는 오환(烏丸)이라 일컫었고, 당대(唐代)에는 말갈(靺鞨), 당말(唐末)

---

186   문정창 『고조선사 연구』, 한뿌리, 1993, p 41~42

에는 거란(契丹) 이라 했고, 그리고 송대(宋代) 이후부터 명대(明代)에 이르기까지는 여진(女眞)이라 칭하였다.[187]

1) 동이(東夷)에 대한 연구 실상

동이란 '동쪽 오랑캐'란 의미로 고대 중국인들이 스스로가 세계의 중심에 위치해 있다는 이른바 중화사상에 기초한 화이관(華夷觀)에 따라 동방에 있는 비화하계(非華夏系)의 사람들을 가리켜 사용한 멸칭(蔑稱)이다. 동이는 한민족(韓民族)과도 관계가 깊다. 한민족은 스스로 동이라 부르지는 않았지만 한대이후 중국인들에 의해서 동이(東夷)라고 불리워졌기 때문이다.

따라서 동이에 대한 연구는 중국인의 대이족관(對異族觀)은 물론 고대사에서 민족문제를 정리하는 데에도 중요한 부분이다. 이러한 동이에 대한 연구는 현재까지 중국과 한국 양국 학계에서 모두 진행되었다.

중국에서의 동이에 관한 연구는 동이와 그 문화가 중원에 비해 '야만적'이며 '낙후적'이라는 존하비이(尊下卑夷)의 관념 때문에 오랫동안 연구가 진행되지 못하였다. 동이와 그 선사문화에 관해 중국 사학계에서 특별히 주의를 기울이기 시작한 것은 대략 1930년대 초부터였다.

몽문통(蒙文通)은 『고사견미(古史甄微)』에서 동이를 해대민족(海岱民族)으로 칭하면서 고대 중국의 3대족 가운데 하나로 보았으며[188] 그 후 부사년(傅斯年)은 『이하동서설(夷夏東西說)』에서 동이에 대한 광범위하고도 치밀한 자료 제시를 통해 동이의 역사가 하(夏)역사 같은 수준이었다고

---

187   정연규 『한겨레의 역사와 문화의 뿌리를 찾아서』 2008, 한국문화사, p 52
188   기수연 『고대동이연구 - 그 개념과 실체의 변천을 중심으로』, 단국대, 1994. p2

밝혔다.[189]

특히 그는 고문헌의 분석을 통한 태호복희씨(太皡伏羲氏)[190], 소호금
천씨(少昊金天氏)를 조신(祖神)으로 삼았던 세력들이 바로 대표적인 동이
계(東夷系)였음을 밝히고, 중국 문명사 초기에 동이가 크게 기여했으며,
중국의 상고사는 서방 하(夏)·은(殷)의 대결로 전개된 것이라 보았다.
이 주장은 안델송의 채도(彩陶) 서방기원설이 무너짐에 따라 동요를 받
은 것 같았으나 대문구문화(大汶口文化)[191]의 발견에 따라 그의 중국 역
사상의 동서대결이라는 관점은 다시 각광받게 되었다. 서욱생(徐旭生)은
『中國古史的傳說時代』에서 동이의 선조 제 부락의 명칭, 지역 발전 계
보 및 화하, 묘만 제 부락집단과의 관계를 상세히 고증했다. 그러나 당
시의 연구들은 고고학 성과보다는 문헌자료에만 의존할 수밖에 없는
한계를 지니고 있었다.

중화인민공화국 건국 후 중국 고고학계는 놀라운 발전을 하였는데
새롭게 발견된 고고자료들은 산동지역 선사문화에 대한 연구를 가능

---

189 부사연 『이하동서설』, 우리역사연구재단, 2011, 249~329
190 안경전 역주 『환단고기』, 「신시본기」, 상생출판, 2013,p
　　　　自桓雄天皇 五傳而有太虞儀桓雄 敎人必使黙念淸心, 調息保精 是乃長生久視之術也. 有子
　　　　十二人 長曰多儀發桓雄, 季曰 太皡復號伏義. 日夢三神 降靈于身 萬里洞徹. 仍往三神山 祭天
　　　　得卦圖於天河. 其劃 三絶三連, 換位推理 妙合三極 變化無窮.(환웅천황으로부터 5세를 전하
　　　　여 태우의 환웅이 계셨다. 사람들을 가르치실 때, 반드시 생각을 고요히 가라 앉혀 마음을 깨끗
　　　　히 하게하고, 호흡을 고르게 하여 정기를 잘 기르게 하셨으니 이것이 바로 장생의 법방이다. 태우
　　　　의 환웅의 아들은 열둘이었는데 맏이는 다의발 환웅이시오. 막내는 태호이시니 복희 라고도 한
　　　　다. 태호 복희는 어느 날 삼신께서 성령을 내려 주시는 꿈을 꾸고 천지만물의 근본이치를 환희 꿰
　　　　뚫어보시게 되었다. 이에 삼신산에 가시어 하늘에 제사지내고 천하에서 괘도를 얻으셨다. 그 획은
　　　　세 개는 끊어지고 세 개는 이어지는 음양원리로 이루어졌다. 그 위치를 바꾸어 추리함은 오묘하
　　　　게 三極과 부합하여 변화가 무궁하였다.)
191 약 6,000년 전의 대문구문화 유적지가 발굴됨에 따라, 소호 금천씨의 도읍지가 대문구진의 남
　　　　쪽, 곡부(曲阜)였다는 사실이 중국사학자 당란(唐蘭)에 의해서 밝혀졌고, 발굴 작업이 계속됨에
　　　　따라 대문구문명의 분포지가 산동성, 제남시의 약 100㎞ 남방으로부터 강소성 북부에 이르기까
　　　　지 7만㎢의 광역이었다고 했다. 대문구문명은 복희와 소호금천씨의 유산으로 알려지면서 중국
　　　　의 문명이 서방의 이집트, 수메르문명의 영향을 받았다는 기존의 학설도 부정했다고 할 수 있다.

케 하였고, 이에 따라 동이문화가 중원에 비해 결코 낙후하지 않았다는 것이 밝혀졌다. 특히 산동 태안현에서 발견된 대문구문화는 동이문화연구를 새로운 단계로 진입하게 했으며, 1986년에 성립된 山東古國史研究會는 4차례의 학술토론회를 거쳐 동이문화에 대한 조직적인 연구를 가능케 하였다. 특히 1989년대 이후에는 왕헌당(王獻唐), 요진호(遙振鎬), 이백봉(李白鳳) 등의 연구자들은 비로소 동이에 대한 전문적인 연구들을 생산해 내었으며, 최근에는 동이의 원시의학, 원시종교, 원시예술, 원시음악에 이르기까지 다방면에 걸친 연구 성과들이 나오고 있다. 그러나 이러한 연구 성과들은 대문구문화만을 가지고 동이문화 전체를 일반화시키는 면이 있으며 발굴된 유물을 지나치게 확대 해석하는 경향도 농후하다.

한국에서 동이(東夷)에 관한 관심은 더욱 연원(淵源)이 깊다. 그것이 모욕적인 의미를 지닌 멸칭임에도 불구하고 조선시대의 유학자들이 모화사상(慕華思想)으로 인해 우리나라를 동이의 대표나라 혹은 동이의 범주에 넣기를 주저하지 않았기 때문이다. 해방 이후 동이에 대한 최초의 연구는 김상기(金庠基)의 논문이다. 그의 동이 관련사 사료들을 꼼꼼하게 정리하여 선진(先秦)시기 山東에 있던 구이(九夷)와 중국 민족과의 관계를 논증하고 있으나, 역시 고고학적인 성과를 수용하지 못했다는 점과 갑골문·금문 등의 자료를 적극적으로 검토하지 못했다는 한계를 안고 있다. 그 후 동이에 대한 전문적인 연구 논문은 오랫동안 없었으며, 동이 그 자체에 관한 진지한 연구는 최근에 발표된 이성규의 논문이 있을 뿐이다. 그는 고고학 자료를 섭렵하여 동이문제에 대해 진지한 접근을 하고 있다. 근래 한국학계에서의 동이에 관한 연구는 다음

3 가지 방향으로 대별할 수 있다.[192]

첫째 충분한 근거도 없이 동이를 막연하게 우리 민족의 원류로 파악하는 한국의 고대사학자들이다. 그들은 동이 집단의 구성, 위치 등에 대한 구체적인 실증작업 없이 산동의 동이와 그 후 동북지방으로 그 개념과 위치가 변화된 동이를 같은 집단으로 파악하고 있다. 또한 예맥(濊貊)과 동이를 혼동하기도 하고 산동의 구이(九夷)를 맥족(貊族)에 포함시키기도 하는 등 동이에 대한 일관되고 구체적인 연구는 부족한 상태이다. 중국 근현대 역사학계의 태두(泰斗)인 여사면(呂思勉 : 1884~1957)은 『중국민족사』에서 맥족에 대해 다음과 같이 설명했다. "맥족[193, 194]은 동양역사상에서 한족을 제외하고는 이 민족의 정도가 가장 높았다. 옛 동방의 '군자의 나라'라고 지칭했던 것은 바로 이 맥족을 가르켜 말한 것이다. 고대의 맥족들은 요령성(遼寧省)·열하성(熱河省 : 청나라 때 설치한 성, 현재의 요령성과 하북성 사이)·하북성의 사이에 거주하였다. 그러다가 연나라가 5군(상곡(上谷)·어양(漁陽)·우북평(右北平)·요서(遼西)·요동(遼東)을 개척한 이후로부터 동북지방에 도달하였다. 이 민족에서 갈려나간 분지(分支)가 건국한 나라로 지금 길림성 서쪽지역에 부여(夫餘)가 있었다. 조선반도 쪽으로 남하한 이민족은 고구려와 백제로 나뉘어졌다. 부여는 3세기 초에 멸망했는데 고구려·백제는 날로 창대하여 끝내 반도의 주인이

---

192 기수연, 『고대동이연구 – 그 개념과 실체의 변천을 중심으로』, 단국대, 1994. P 4

193 이찬구 『홍산문화의 인류학적 조명』 개벽사 2018, p 317
리지린은 예와 맥은 북방계통의 종족으로, 반면 한반도와 발해연안의 토착민을 조이족 계통으로 각각 갈라보는 한계가 있다. 이는 시각의 선후로 보지 않고 지역적 범위로 나눈 것에서 온 한계인 것이다.
다만 시경에 추(追) 맥(貊)이 동시에 등장하는데 여기 추가 누구냐는 것에 논란이 많다. 필자는 보기에 추(追)는 추(隹)와 근사하다고 본다.

194 리지린, 이덕일 해역 『리지린의 고조선 연구』 말, 2018, p86~120
동호가 맥족을 가르키며, 그리고 사마천은 맥족과 고조선을 구별하여 각이한 종족으로 기록한 것에 리지린은 동호가 맥족이 조선족인 이유를 9가지 이유를 들어 설명하고 있다.

되었다. 이 민족의 문화가 은나라와 아주 유사한데 그것은 기자(箕子)의 영향을 받은 것이다. 고대의 조선은 결코 한반도에 있을 수 없었다. 대체로 연(燕)나라의 개척에 의해서 동쪽으로 발전해 나간 것이다.[195]

여사면(呂思勉)은 동양 역사상에서 한족을 제외하고는 "맥족이 가장 수준이 높은 민족이었다."라고 말했는데 그가 한족에 대해 설명한 것을 보면 이런 내용이 나온다. 한족이 중국의 광대한 영역을 소유한 것은 진(秦)·한(漢)이 남월(南越)을 평정하고 서남이(西南夷)를 개척한 시기에 결정되었다. 이것은 동양역사상에서 한족이 중국의 지배세력으로 등장한 것은 진(秦)나라·한(漢)나라 이후부터라는 의미가 된다. 그렇다면 진(秦)·한(漢) 이전 동양 역사상에서 가장 수준이 높았던 위대한 민족은 맥족이었다는 논리가 되는 것이다.[196]

이것은 동이에 관한 문제가 단순히 우리 민족의 기원에만 관계된 것이 아니라 중국 문명사회와도 밀접한 관계를 가진 광범위한 문제임에도 불구하고 동이를 무조건 한민족의 상고사[197]와 연관시키기에 급급한 결과라고 생각된다.

둘째 산동(山東)의 동이를 한민족의 원류로 파악하여 우리나라 고대 강역의 광역성을 과시하고 민족사의 흥기를 도모하고자 하는 일부 학자들이다. 그들은 산동의 동이와 동북의 동이를 같은 계보로 연결시켜 한민족의 웅대함과 선진성을 과시하려고 하며, 중국 고대의 성인들인

---

195 여사면 『중국민족사』 「총론」, 1987. 중국대백과전서출판사. p 3
196 심백강 『교과에서 배우지 못한 우리역사』, 2014, 바른역사, p36
197 정형진 『바람타고 흐른 고대문화의 비밀』, 소나무 2011, P12
　　　상고시대의 역사문화는 교류와 흐름이라는 관점을 가지고 이해해야 하고, 특정지역의 역사문화를 이해하기 위해서는 그 역사문화 공동체의 주변지역에 대한 공간적인 이해와 당시의 인구에 대한 이해가 필요하며, 상고시대의 역사문화는 비교적 긴 시간 동안 형성된 내용을 다루기 때문에 기후의 변화로 인한 환경변화를 이해 할 필요가 있다. 마지막으로 최근에 주목받고 있는 유전학적인 연구 결과를 참고 이해 할 필요가 있다.

요(堯) 순(舜), 치우(蚩尤)[198] 공자(孔子) 등과 같은 인물을 산동 출신이라는 이유만으로 조상으로 끌어들여 민족의 긍지를 높이고자 한다. 그러나 이들의 연구는 사료의 오독 혹은 지나친 확대 해석하여 문제를 더욱 혼란스럽게 하고 있을 뿐이다.

셋째 조선시대 유학자들과 중국 부사년(傅斯年)의 영향을 받은 천관우(千寬宇), 이형구(李亨求), 등의 연구이다. 이들은 은말(殷末) 조선으로 이주한 기자집단(箕子集團)을 산동에서 동북으로 이동한 동이집단(東夷集團)으로 파악하고 있으며, '箕子集團'의 이동을 고고학적으로 입증하기 위해 다양한 견해를 제시하고 있다. 특히 요령 객좌현 등에서 출토되고 있는 약간의 은말(殷末), 주초(周初) 청동기를 확대해석하여 일반화하는 경향이 있는데, 시간적 차이를 무시하는 등 동북문화의 선진성을 입증하는 일에만 관심이 크며 기자집단의 이동을 설명하기 위해 은족(殷族 : 東夷族)의 동북기원설을 명확한 근거없이 주장하고 있다.[199]

지금까지의 동이 관련 연구들을 중국학계와 한국학계로 나누어서 간단하게 살펴보았다. 동이에 관한 한·중학계 모두 중요한 문제이지만 기본적인 입장에는 차이가 있는 듯하다.[200] 중국의 경우 동북(東北)

---

198 김희영 편역 『중국 고대 신화』, 육문사, 1993. p 68
치우(蚩尤)는 본래 염제(炎帝)의 후예로, 염제와 황제가 탁록 벌판에서 전쟁을 벌일 때 참가했었다. 불행히도 염제는 그 전쟁에서 패하여 남방으로 쫓겨났고, 전쟁에 참가했던 치우은 포로가 되어 황제의 신하로 전락하고 말았다. 염제의 후예인 치우는 본디 남방 거인 부족의 수령으로 그의 형제는 모두 81명이나 되었다. 형제들은 생김새가 괴이할 뿐 아니라 그들이 먹는 음식도 참으로 괴상하기 짝이 없다. 그들이 먹는 음식은 모래와 쇳덩이·바위 등이었다. 또 그들은 각종 무기를 제조하는 능력이 탁월하였다. 모(矛), 극(戟), 부(斧), 순(盾),....이외에도 초인적인 신통력을 지녔다

199 기수연, 『고대동이연구 - 그 개념과 실체의 변천을 중심으로』, 단국대, 1994. P 5

200 이종호 『과학으로 증명된 한국인의 뿌리』 2016 한국이공학사,p 38
루카 카발리 스포르차 교수는 1988년 언어의 차이와 유전자 풀의 차이를 통하여 전 세계인을 분류했다. 한국인과 일본인, 티베트인, 몽골인들은 에스키모, 아메리카 인디언들과 유전적으로나 언어학적으로 한 묶음이 되고, 중국 남부인들은 캄보디아인, 태국인, 인도네시아인, 필리핀들과 함께 묶여있다. 즉 북부중국인과 한국인은 남부 중국인과는 다른 갈래에서 왔다는 설명이다.

의 동이(東夷)가 중국 민족을 형성한 한 집단인 산동(山東)의 동이(東夷)
와 동일한 계통임을 강조함으로써 중국민족사의 범위를 확대시키고 변
경지대에 대한 영유권의 전통을 강조하고자 하며, 한국의 경우는 산동
의 동이를 한만족(韓滿族)의 계보에 연결시킴으로서 초기 민족사의 광역
성과 높은 문화수준을 과시하는데 관심이 있기 때문이다. 따라서 산동
과 동북에 있던 동이 제집단의 상호 관련성을 밝히는 일은 동이에 관
한 여러 문제를 해결하기 위하여 선행되어야 할 중요성을 지니고 있다
고 하겠다.

　　중국 건국 후 대량으로 발굴된 고고 유적들을 중국 문헌과 연결하
는 구체적인 실증작업을 통해 선사시대부터 진한(秦漢)시대에 이르는 중
국 역사 속에서 동이의 개념이 어떻게 변하는지 그리고 중국의 팽창이
라는 문제와 어떠한 연관성을 갖는지 구명하여 보고, 동이 문제에 있어
서 가장 중요한 문제로 대두되는 산동(山東)동이와 동북(東北)동이의 종
족적 문화적 성격에 관한 문제 고고학적 유물을 바탕으로 한 문화권의
비교 고찰해 보도록 한다.

2) 동이의 개념과 고문헌속의 동이
① 夷는 仁[201]

동이(東夷)의 "이(夷)자"를 "오랑캐" 라 하는데 그것은 아주 잘못된 말
이다. 중국의 옛 책들인 『산해경(山海經)』, 『예기(禮記)』, 허신(許愼)의 『설
문해자(說文解字)』, 『후한서(後漢書)』, 『강희자전(康熙字典)』, 우리나라의 『한
한대사전(漢韓大辭典)』 등을 참고해 보면 이 "이(夷)자"의 그 맨 처음 본
글자는 "尸(이)"자, 다음이 "夷"(이)자요, 다음 세 번 째가 "夷".다. 그런데

201　안호상 『배달동이는 동이문화의 발상지』, 한뿌리, 2006, p 24

저"尸"자는 본래 어질이(仁)자다. 그리고 중국의 여러 옛 책들에선 우리 배달·동이사람들(檀·東夷人, 朝鮮·東夷人)은 본래 어질어서 만물을 살리기를 좋아함으로 "이는 어질다"(夷者仁也)라, 또 이 나라는 "어진 사람인 군자(君子)의 죽지 않는 나라다."라 하였다.[202] 배달·동이 사람이 활(弓)을 맨 처음 만들고 잘 쏘고 또 큰 활(大弓)을 가졌다 하여서 "夷"를 大(큰 대)자와 弓(활궁) 자에 따라 "과(夸)"로 고쳐 적다가, 다시 "夷"로 적었다. 그러므로 "夷"는 어질이(尸-夸- 夷)자요, 뿌리(夷者抵也)이자로서, 동이(東夷)는 "동녘 어진 이"란 말이고, 또 배달겨레를 동이겨레 라 하였다.[203]

② 고문헌(古文獻)속의 夷

이는 고대에 있어 한족이 그들의 주변에 사는 異族을 가리키는 通稱이었던듯 하다.

『孟子』「漆文公篇」의 오문용하변이자(吾聞用夏變夷者), 미개변이자야 (未開變於夷者也)라 한 것은 한족과 이족을 개칭(槪稱)적으로 구별하여 夏(漢族) 夷 (夷族)를 들었으며, 『尚書』「大禹謨」의 四夷來王, 『尚書』「旅獒(여오)」의 明王慎德, 四夷咸賓. 『尚書』「畢命」의 四夷左衽, 『孟子』,「梁惠王篇」, 리중국이무사이야(莅中國而撫四夷也)와 좌소공이십삼년전(左昭公二十三年傳)의 古者天子 守在四夷 한 것을 비롯하여 시경(詩經)·소아(小雅)·하초불황편서(何草不黃篇序)의 四夷交侵 中國背叛과 회남자(淮南子(卷一)·원도훈(原道訓)의 해외비복, 사이납직(海外賓服 四夷納職) 등에 보이는 四夷는 左文公十六年傳 공소(孔疏)의 夷爲四方總號라는 기사를 보드라

---

202   백익(伯益)의 저서로 알려진 『산해경』「海外東經」「君子國.....衣冠帶劍.....其人好讓不淨」
203   안호상 『나라역사 육천년』, 한뿌리 북캠프 2006, 33

도 모두 사방 이족을 가르키는 것은 췌언(贅言 :구차스런 설명)을 필요하지 아니한다. 그리고 사이는 다시 사예(四裔)와 통하는 것으로 생각되고, 좌공문 18년전에 보이는 혼돈(渾敦)·도올(檮杌)·도철(饕餮) 投諸四裔라고 한 사예는 사방의 변경을 의미하는 것으로서 裔 는 遠[204], 邊[205], 말(末)[206]의 의미를 가진 것이다.[207]

사실 이러한 裔의 義는 다시 보면 邊遠의 地(땅)에 주거하는 異族을 가르키는 것이다. 左氏 定公十年傳의 裔不謀夏. 夷不亂華라 한 것은 그의 과정을 말하는 것이고, 方言(卷十二)의 裔夷狄之總名(邊地 爲裔亦曰夷通以爲號也)라 한 것은 『宋書』의 「樂志」 萬方畢來賀 華裔充王庭 이라 한 것에 이르러서는 裔를 夷의 義로 쓴 것이다.[208]

그런데 『禮記』에 의하면 四方의 異族을 方位에 따라 지칭을 구별하여 東方의 것을 夷, 南方의 것을 만(蠻), 西方의 것을 戎, 북방의 것을 적(狄)이라 하였다.[209]

이리하여 소위 東夷·西戎·南蠻·北狄 등의 명칭이 계열적으로 나타났거니와 원래 방위에 따라 異族의 칭호에 구별을 둔 것은 비교적 후대의 일에 속하는 것이다.[210]

그리다가 한족의 생활권이 차츰 확대되어 주위의 여러 이족과 접촉의 면이 넓어지고 그들에 대한 지식이 향상됨에 따라 여러 이족들의 종

---

204 廣雅·釋詁에 「裔 遠也」라 하였으며 또 左傳·文公十八年條「投諸四裔云云」 註 參照
205 廣雅 釋言에 「樊裔 邊也」라 하였음
206 同上·釋詁에 「裔 末也」라 하였으며 尙書·筱子之命 의 「德垂後裔」와 楚辭·離騷經의 「帝高陽之苗裔兮」의 예도 末의 의미로 解釋 됨
207 金庠基 『東夷와 淮夷·西戎에 대하여』 동방사 논총 1974, p 3
208 金庠基 『東夷와 淮夷·西戎에 대하여』 동방사 논총 1974, p 4
209 西戎, 北狄, 南蠻, 東夷 등의 명칭은 尙書 孟子 등에도 個別的으로 攷見되어 있으니 이것이 禮記의 曲禮 王制 明堂位 諸篇에는 系列的으로 나열되어 있음.
210 金庠基 『동이와 회이·서융에 대하여』, 동방사 논총, 1974, p4

족적인 차이와 자연적 조건에 생활양식의 차이 등을 인지하게 됨에 이족들에 대한 지칭도 또한 여러 가지로 나뉘어 이(夷) 이외에 만(蠻), 융(戎), 적(狄) 등의 칭호가 생겼으며 이에 따라 방위별로 다시 夷, 蠻, 戎, 狄을 가르게 되어 소위 東夷 西戎 南蠻 北狄의 호칭이 생긴 것이 아닌가 한다. 『說文解字』에 보면 夷는 从大从弓。東方之人也, 蠻은 南蠻, 蛇種。从虫䜌聲, 戎은 兵也, 从戈甲, 古文甲字, 狄은 赤狄, 本犬種。狄之爲言 음벽야(淫辟也)。从犬, 亦省聲 이라 한 해설은 狄을 가리켜 犬種이라하고 蠻을 가리켜 蛇種이라 하는 따위의 誤謬와 杜撰된 곳이 적지 않고, 夷蠻戎狄 等字가 四方異族의 생활상 또는 자연조건에 의하여 만들어진 것임을 보여는 것이다.

③ 夷의 名稱의 變遷

夷의 名稱의 변천(變遷)을 보면 상고에 한족과 비교적 일찍이 또는 밀접히 접촉한 것이 이(후대의 동이)족속이었던 듯하다. 이 견해에 의하면 원래 한족 속은 중국 북변에서 발해방면으로 이동하여 한 갈래는 만주와 한반도로 진로를 취하고, 다른 한 갈래는 산동반도 방면으로 향했던 하다. 그리하여 산동방면으로 내려 온 족속이 일찍부터 한족과 접촉하였으며, 이 족속이 설문의 해설처럼 大弓을 쓰던 것으로서 한족으로부터 이의 칭호를 얻게 된 것이 아닌가 한다. 원래 夷와 弓矢는 밀접한 관계가 있는 것이니, 고시(楛矢), 석노(石砮), 맥궁(貊弓), 단궁(檀弓)은 上古로부터 東夷系列의 대표적인 산물로서 또는 무기(武器)로서 한족에게 잘 알려졌으며, 『呂氏春秋』·「勿躬篇」의 '이예작궁(夷羿作弓)'이라한 것으로도 짐작할 수 있다. 한족과 이와의 접촉은 옛날부터 행하였

던 듯하다. 『竹書紀年』에 보이는 夷에 관한 기사는[211] 별문제라고 하드
라도, 尙書 帝典의 分明羲仲 宅嵎夷 日暘谷 寅賓出日 平秩東作 이라
한 것과 상고 한족의 地理書라 할 尙書·禹貢·淸州條에 보이는 嵎夷旣
略..........萊夷作牧의 嵎夷 萊夷는 산동지방에 據住한 종족으로 유구
한 옛날부터 漢族과 교섭을 갖었던 듯하다.[212]

④ 夷와 東夷

『說文』[213] 『禮記』[214] 『後漢書』[215] 등의 중국 문헌에서 '東夷'는 중국 동
방에 거주하는 사람을 일컫는 말로서 특정한 민족을 가리킨다기 보다
는 華夏族이 아닌 非華夏系 집단 전체를 일컫는 총칭으로 보인다.

또한 동이는 중국 역대 문헌 속에서 '夷', '東北夷', '九夷', '九黎', '四夷'
등으로 다양하게 표현된다. 그러나 先秦 문헌에는 대부분 이 라고만 칭
하고 있는데 이것은 동, 서, 남, 북과 같은 방위개념을 아직 이민족의
명칭에 결합시켜 사용하지 않았기 때문이다. 실제로 선진시기에는 夷와
夏의 구분만 있었을 뿐 동, 서, 남, 북과 같은 구분은 없었다. '東夷' 보
다 '夷'가 먼저 일반화되어 사용된 것은 이것이 어떤 특정한 민족을 가
리킨 고유명사라기보다는 華夏族이 자신과는 다른 이질 집단을 통틀어

---

211 『後漢書』(卷一百十五)「東夷傳」章懷太子 주 所引「后洩二十一年 命畎夷白夷赤夷玄夷風夷陽
     夷 后相卽位二年 征淮夷 七年于夷來賓 後少卽位 方夷來賓也」

212 金庠基 『동이와 회이·서융에 대하여』 동방학지, p 28 주.

213 『說文解字』.중국 최초의 문자학 서적. 후한(後漢) 때 허신(許愼:58경~147경)이 편찬했다. 본문
     은 14권이고 서목 1권이 추가되어 있다. 9,353개의 글자가 수록되었고, 중문이 1,163자이며 해설
     한 글자는 13만 3,441자이다. 여기에 "夷 東方之人也"

214 『禮記』「王制」. "東方曰夷."

215 『後漢書』「東夷列傳」南朝 宋 范曄이 지음. 今本은 130편, 130권으로 구성. 紀傳體로 된 東漢
     의 역사로 原書에는 紀와 傳만 있다. 北宋시대에 晉 司馬彪의 續漢書에서 志의 항목 8종을 뽑
     아 합하여 今本이 되었다. "東方曰夷 夷有九種."

서 부른 명칭이었기 때문인 것으로 보인다.

선진문헌에서 夷는 中原의 화(華)[216]에 대응하는 개념으로 사용되었던 것을 다음의 기록에서 볼 수 있다. 즉『좌전』에는 裔不謨夏 夷不亂華라고 하여 夷와 華를 대응하는 개념으로 서술하고 있는 것이다. 여기서 華는 華夏族을 가리키는 것으로 후에 漢族을 이루는 근간이 되었다. 선진시기에 서주에서 봉한 제후들을 諸夏 혹은 諸華 라고 칭했는데 夷는 狄과 병칭되어 중국의 諸夏집단에 대응하는 개념으로 사용되기도 하였다.

夷狄之有君 不如諸夏之亡也[217]기 그러한 예이다. 夷狄과 華夏의 개념에 대해 문화가 높은 지역, 즉 주례지역을 夏, 문화가 낮고 주례를 받들지 않은 사람이 족을 가리켜 蠻, 夷, 戎, 狄이 라고 칭했다.[218]는 주장이 있다. 그러나 이것은 중국인들의 중화사상에서 나온 자의적인 견해이며, 夷와 夏의 구분이 문화수준의 높고 낮음에만 있었던 것은 아니라고 생각된다.

이와 같이 이는 중국 사방의 오랑캐로 알려진 狄, 蠻 등과 함께 병칭되어 사용되었는데 중국의 북쪽 오랑캐를 지칭하는 용어인 狄과 병칭되어 夷狄이라고 표현하는 경우는 『詩經』과 『書經』에는 보이지 않지만, 漢代의 사서인 『史記』에서는 15회 『漢書』에서는 45회 『後漢書』에서는 10회 정도 사용되었다.

남쪽 오랑캐를 가리키는 蠻과 함께 병칭되어 사용된 경우는 선진

---

216 여기서 華는 華夏族을 가르키는 것이다. 華夏族은 漢族을 이룬 근간으로 특히 夏商周 三代를 경과하여 춘추시기에 발전한 개념으로 『左傳』에서 제일 먼저 사용되었다. (鄭君盟 『中國古代民族關係史硏究』「華夏族起源考論 」, 福建人民出版社, 1989 p 97)
217 陰法魯 許樹安 主編 『중국고대문화사』1 북경대학출판사, 1989, p20
218 范文瀾 『中國通史簡編』(修正本)第1冊. 人民出版社 , 1965 p 180

문헌인『詩經』에서는 단 한 차례 보일 뿐이나『사기』에는 17회,『한서』에서는 77회,『후한서』에서는 14회로 夷狄과 마찬가지로 빈번하게 나타난다.[219]

따라서 중국인들이 화하족의 상대개념으로 夷狄 혹은 蠻이라는 용어를 많이 사용한 것은 주로 한대 이후임을 알 수 있다. 그러나 서쪽 오랑캐를 지칭하는 戎과 함께 쓰인 예는 거의 없는데, 그것은 동쪽과 서쪽이 서로 반대 방향이기 때문에 병칭해서 사용하지 않았던 것으로 추측된다. 동이 남만 북적, 서융 이라는 식으로 방위에 따른 구분이 확실하게 정립된 것은 한대에 편찬된『禮記』「王制篇」에서 이다.

『禮記』에서 "東方曰夷, 南方曰蠻, 北方曰狄, 西方曰戎, 東方曰夷 被發文身 有不火食者矣"라고 기록한 것은 한대에 중국인의 이민족에 대한 기본적인 인식을 단적으로 드러내 주는 표현이다. 漢代에 오면 東夷의 개념은 분명하고도 명확해지는데 이것은『後漢書』에서 東夷를 하나의 장으로 묶어 기록하고 있는 것에서 알 수 있다. 그러나『後漢書』이후 史書들의「東夷列傳」에서도 중국 동북부에 위치한 많은 민족 심지어 바다건너 있던 倭까지도 東夷의 범주에 포함시키고 있는 것을 볼때, 東夷라는 개념은 중국이 통일된 秦제국이 등장한 이후에도 어떤 특정한 민족만을 지칭한 말이 아니었던 것으로 보인다.

이상에서 東夷의 사용 용례를 중심으로 東夷의 개념에 대해 살펴보았다.

이를 종합해 보면 동·서 남·북이라는 방위개념은 後代에 추가된 것이며, 先秦시기에는 흔히 夷라고만 칭했음을 알 수 있다. 이 경우는 이

---

219   奇修延『古代東夷研究』「그 개념과 실체의 변천을 중심으로」,단국대 1994, p 8

는 중국 동부 연안에 거주한 많은 종족과 씨를 가리킨 용어이지 어떤 특정한 종족이나 민족을 의미한 것은 아니었음을 알 수 있다.

秦에 의해서 郡縣制가 실시되기 이전 중국의 국가형태는 많은 諸侯國을 거느린 封建制 국가였기 때문에 작은 나라들이 산재해 있었다. 일반적으로 華夏族 주변에 사는 용어가 성립된 것은 중국이 통일제국을 수립한 秦代이후의 일이었다. 따라서 東夷 명칭의 지역적 변천은 중국의 영토적 팽창에 따른 중국인들의 주변세계에 대한 인식의 확대와 밀접한 관련이 있음을 알 수 있다.

IV

중국
역사속의
夷

1

九夷와 四夷

우리 한 (환한) 겨레요 배(밝)달 겨레인 9한 겨레(九桓族)를 또 9여 겨레
(九黎)라 하였다. 이 9여의 黎자는 밝을 녘 려(天欲曙)자요, 동틀(開東, 黎
明) 려(黎)字로서 '날이 새다', '날이 밝아오다' 라는 글자다.

그러므로 9여(밝)겨레는 곧 9한(밝) 겨레의 글자 다른 표현이다. 한밝
산을 중심터로 삼은 9한 겨레인 9여 겨레의 뿌리가 날이 새고 밝아오는
새녘(동녘)인 동녘이 있으므로 그들을 동녘사람(東方人)인 동이(東夷 :夷從
大, 從宮, 大人也)라 하고, 또 이 동이를 9갈래로 나뉘어서 9이 겨레(九夷
族)라 동이 9겨레(東夷九族) 또는 단순 9이(九夷)라고도 하였다.[220, 221]

그러나 동이에 대한 여러 가지의 제설을 살펴 보면 첫째 동이의 이

---

220 안호상『나라역사 육천년』한뿌리 2006,p 27

221 元董仲『三聖紀全』「下篇」
　　　　(人類之祖, 曰 那般 初與阿曼相遇之處 曰阿耳斯庀, 夢得天神之敎 而自成婚禮 則九桓之族 皆
　　　　其後也, 昔有桓國 衆富且 庶焉 初 桓仁 居于天山 得道長生擧身無病 代天宣化 使人無兵, 人皆
　　　　作力 自無飢寒.)

(夷)자는 큰 뱀(구렁이)을 형상화한 것이다. 『설문해자(說文解字)』에서 이를 "大와 弓이 결합된 형태로 동방의 인을 의미 한다"라고 해석한 이래 소수맥의 특산 맥궁, 그리고 명궁이었다는 고구려 시조의 이름 주몽이 "활을 잘 쏜다"는 의미였다는 것 등과 연결하여 '이'는 활 잘 쏘는 동방민의 특성을 표현한 것으로 흔히 해석하는 것은 잘못된 견해라고 말하나, 또한 상고 동이의 君長으로서 활을 잘 쏘는 것으로 유명한 예와 결부시켜 예의 동이와 고구려와 동이를 동계로 주장하는 사람도 있지만 이 또한 잘못된 것이라 지적하고 있다.

그 이유로는 갑골문과 금문의 '이(夷)'는 모두 사람이 허리를 앞으로 굽히고 쪼그리고 앉아있는 형태 즉 '시(尸)'또는 '인(人)'과 비슷하며, 갑골문의 석독은 모두 '시(尸)'로 표기 하는 점을 들고 있다.[222] 이성규는 '이'가 동이를 지칭하는 문자로 사용되기 시작한 정확한 연대는 알 수 없지만 빨라도 전국 중기 이후의 일이라고 분석했다. 따라서 선진 문헌에서 동이를 의미하는 '시(尸)'는 전국 중기 이후 모두 이(夷)로 고쳐졌을 것이다.

그러므로 '이'가 동이의 '활을 잘 쏜다'는 특성을 표현한 문자라는 전제 아래 상고 동이 문제를 논하는 것은 금물이다. 이성규의 주장에 따르면 동이의 '이(夷)'자는 큰 (大)+활(弓)과는 아무 상관이 없다. 그렇다면 '이'자가 가리키고자 한 본래의 뜻은 무엇일까? 그것은 전국시대 이전 '이'자에 해당하는 '시(尸)' 자에서 그 실마리를 풀어야 한다. '시'자에는 시동(尸童)의 의미가 있다. 즉 제사지낼 때 신위 대신에 신주를 모시는 의자에 앉히는 어린아이를 가리키기도 했다. 이는 '시'자에 죽은 영혼을 상징하는 의미가 있음을 말한다.

---

222 정형진 『바람 타고 흐르는 고대 문화의 비밀』 소나무, 2011, p 127

'죽은 자의 영혼'을 상징하는 '시'가 중원의 동쪽에 살던 사람들의 문화코드였다. 그들은 바로 '시'라는 조상의 영혼 혹은 만물의 영혼을 숭배하던 집단이었던 것이다. 이렇게 이해하고 '이(夷)'자를 새로운 눈으로 풀이하면 답이 나온다. '夷'를 파자하면 大+弓이 된다. 여기서 大는 크다는 의미이며, 弓은 뱀(구렁이)을 가리킨다. 따라서 '夷'는 '큰 뱀(구렁이)'을 상형한 것이다. 고깔 변(弁)자를 설명할 때 모작무가 설명한 '변'자에서 弓자가 뱀을 가리킨다고 한 것을 참작하기 바란다. 이(夷) 즉 큰 뱀은 복희를 임신시킨 뇌신의 신체이기도 하고 치우의 족휘에 보이는 큰 뱀이기도 하다. 즉 동이는 뱀을 대표 토템으로 하는 집단을 가르키는 말이다.[223]

시베리아 샤머니즘에서 뱀은 사람의 영혼을 상징한다. 이는 복희에서 출발항 동이족에도 그대로적용된다. 뱀을 생명의 영혼을 상징하는 동물로 생각했음은 다른 동이족 족휘에도 표현되었다.

치우라는 이름에도 그가 어떤 종족인가를 알 수 있는 정보가 들어있다한다. 치우의 '치(蚩)'자는 '아(亞)'자 속에 있는 치우족휘를 모사한 글자다.

---

223 정형진 『바람 타고 흐르는 고대 문화의 비밀』 소나무, 2011, p 128

2

박(亳²²⁴)·상(商)·은(殷)

중국 최초의 나라를 세운 하족(夏族)의 기원에 관한 문제는 학자에 따라 다양한 견해가 제출되었다. 부사년(傅斯年)의 『이하동서설(夷夏東西 說)』 이후 하(夏)가 서쪽에서 일어났다는 설(說)이 압도적이었으나 최근에는 하족(夏族) 역시 동쪽에서 기원했다는 주장도 제기되었지만, 20세기 말인 1900년대에 들어와서 세계에서 가장 오래된 문명 고국(古國)이 되기 위해서 중화문명 5000년이라는 근대시기에 '만들어진 전통'에 최대한 가깝게 가야한다.

그래서 그들이 거점지역으로 삼은 곳이 바로 중원(中原) 즉 산서성 남부와 하남성 중서부지역이다. 민족의 시조인 황제가 태어난 곳이며, 요

---

224 박(亳)은 제곡(帝嚳)과 상탕(商湯)의 도읍지다. 탕왕(湯王)부터 10대 仲丁까지 상나라 6대 11왕이 150년간 박(亳)을 도읍으로 삼았다. 중정이 亳에서 효(嚻)땅으로 천도했는데 효(嚻)는 오(隞)라고도 기록되어 있다. 이것이 상(商)나라의 1차 천도이다. 박의 위치는 6가지가 있는데 그중 서박설과 정박설이 가장 유력한데, 서박설은 지금의 하남성 낙양시 언사가 도읍지인 박이라는 주장이고, 정박설은 하남성 정주시에 있는 삼성유지라는 주장이다. 은나라는 삼박이 있었는데 곡숙(穀熟)은 남박인데, 즉 탕의 도읍지다. 몽현(夢縣)은 북박인데 즉 경박(景亳)으로 탕왕이 천명을 받은 곳이다. 언사(偃師)는 서박이 되는데 즉 반경이 천도한 곳이다. 은나라의 탕왕이 도읍한 곳으로 지금의 하남성 귀덕부 상구현이다.

(堯)가 잠든 무덤과 복희(伏羲)의 무덤이 있는 곳이다. 정확히 말하면 산 서성(山西省) 임분, 하남성(河南省) 중서부 등봉시와 신밀시, 그리고 신정 시다.[225]

상나라는 모든 수도의 명칭을 박(亳)으로 표기했는데 상나라의 박 (亳)과 밝조선의 밝은 표기만 다를 뿐 동일한 상고시대 동북방 동이 밝 달민족의 호칭이었다. 상나라는 동북방의 밝달족이 중원으로 내려가서 설립한 동이족 국가이고, 장이와 밝족은 상나라 이전 요순시대에 동북 방에 거주했던 민족이기 때문에 상(商)나라의 발상과 상민족(商民族)의 시조(始祖)를 찬미한 「상송 장발편」에 나오는 장발을 이러한 장이와 발 족이라는 관점에서 접근을 시도하는 것은 논리적으로 전혀 문제가 되 지 않으며 오히려 역사적 사실과 부합되는 것이다.[226]

우리 민족은 밝은 태양을 숭배하는 민족이다. 불, 발, 박은 광명을 상징하는 우리 말 밝의 다른 표현이다. 우리말 불, 발, 박, 밝을 한자로 표현하면 발(發), 백(白), 백(百), 박(亳), 이 되고 이를 오늘의 중국 북경어 로 발음하면 바이가 된다. 바이칼의 바이는 곧 광명을 나타내는 우리 밝달민족의 밝힌 것이고, 따라서 바이칼은 밝바다, 밝달바다의 의미가 되는 것이다. 청나라 때 바이칼의 명칭인 바이하이얼호(白哈爾湖)의 백 (白)과 백(柏)은 중국어로 바이로 발음하지만 우리말로 밝달민족의 밝이 다. 바이칼의 '풍요로운 호수' '천연의 바다', '대량의 물'로 해석해서는 바 이의 의미가 설명되지 않는다. 바이는 밝으로 해석해야만 왜 이 호수의 이름이 바이칼인지 그 의미가 명확히 설명되는 것이다.[227]

---

225   김선자 『만들어진 민족주의 황제신화』, 책세상, 2006, p 323

226   심백강 『한국 상고사 환국』. 2022, 바른역사, p 106

227   심백강 『한국 상고사 환국』. 2022, 바른역사, p 134

이곳에는 또한 베리강과 앙소 유적지 등 신석기 유적지가 즐비하다. 신화적인 신인 황제와 신석기 유적지들을 관련지을 수 있는 '그 무엇'만 찾아낸다면 중국의 역사는 1,000년 이상 위로 올라갈 수 있다.[228]

이렇게 중국은 세계에서 가장 오래된 문명 고국을 갖기 위하여 중국은 21세기 '대중화주의 건설'을 위해 하상주(夏商周) 단대공정(單大工程)[229]이라는 명목으로 대대적인 유적발굴과 연구를 추진했다. 이 결과 나온 것이 고대 왕조인 하(夏)·상(商)·주(周)의 존재 연대이다. 이들은 하나라의 연대를 BCE.2070년에서 BCE.1600년으로 확정짓고 상(商)나라는 BCE.1600년에서 BCE.1046년(19대 반경왕(盤庚王)이 BCE.1300년 도읍을 은(殷)으로 옮겼으므로 이후 은(殷)이라고 함), 주(周)나라를 기원전 1046년에서 771년으로 다시 설정했다. 하상주단대공정이 진행되는 동안 고대 유적지 17곳에 대한 새로운 발굴조사가 이루어졌고 C14연대측정이 새롭게 이루어졌다. 그러나 하상주단대공정에 대해서 외국학자들 사이에서도 지나치게 의도적이고 그 의도에 반하는 결과들을 제외시켰다는 비판을 받고 있다. 중국은 이어서 2000년부터 중화문명탐원공정(中華文明探原工程)[230]이라는 새로운 역사작업을 진행하고 있다. 이것은 '

---

228 김선자 『만들어진 민족주의 황제신화』, 책세상, 2006, p 323

229 1996년 봄 이후 시작된 중국의 夏商周 單代工程 領導小組를 구성했고 역사학과 고고학, 천문학, 과학적 연대 측정기술 등 네 분과로 나누어 총책임자 李學勤이었고, 북경대 고고학과 李伯兼, 중국 과학원 자연과학사 연구소천문학자 席澤宗, 고고학연구소 仇思華 등이 부책임자가 되었고 국무위원들이 앞장서서 추진하여, 2,000년에 발표된 공정결과는 '夏나라(BCE.2,070년경 건국), BCE.1,600년 商나라로 교체되었고, BCE.1,300년경 盤庚이 殷墟로 천도, BCE.1,046년 商나라를 대신하여 周나라가 건국' 이라는 전대미문의 국가적 프로젝트가 가동되어 夏商周 단대공정의 결론을 보게 되었다.

230 探原工程은 중국에서 진행되는 문명기원 찾기인 프로젝트는 고문헌자료와 발굴자료를 절묘하게 배합해 중국문명의 기원을 올리는데 중화문명을 5,000년 문명을 이루기에는 1,000년이 부족하고, 이런 연유로 탐원공정을 다시 진행하여 이미 10차 5개년 계획기간에 제1단계 연구를 완성했고, BCE. 2,500년부터 1,500년 사이의 요·순·우, 하 왕조시기 중원지역의 문명형태를 중점적으로 탐색은 국가가 지지하는 하나의 프로젝트는 중국의 역사 고대문화에 대하여 다학과종합연구(多學科綜合研究)를 하는 중대과연항목(重大科硏項目)이다.

중화문명의 근원을 탐구한다'는 의미를 갖고 있다. 중화문명탐원공정은 신화와 전설의 시대로 알려진 3황5제의 시대까지를 중국의 역사에 편입하여 중국의 역사를 1만 년 전으로 끌어올리고, 이를 통해서 중화문명이 이집트나 수메르문명보다도 오래된 '세계 최고(最古)의 문명'임을 밝힌다는 것이다. 이것이 요하일대를 기존의 세계 4대문명보다 앞서는 1만 년 역사의 새로운 문명권으로 부각시키는 요하문명론(遼河文明論)이다. 이것은 1980년대 이후 요하일대에서 소하서문화(小河西文化:BCE.6500년 이후), 흥륭와문화(興隆洼文化:BCE.6200~BCE.5500년) 등 세계적으로도 이른 시기의 신석기 유적이 발견되었기 때문이다.[231] 그래서 유적과 발굴을 시작으로부터 10년 계획기간((2004~ 2015년)인 탐원공정을 끝내면서 도사(陶寺)유적지를 집중적으로 조명하였다. 도사유지가 바로 전설시대로만 알던 요임금의 도성인 평양이며, 이곳이 최초의 중국(最早中國) 혹은 화화민족의 첫 도성(華夏第一都)이라고 공표하였다.

여기서 우리나라의 각종 사서에는 단군조선의 건국과 관련하여 요임금과 같은 시기 혹은 요임금 즉위 후 50년 등으로 언급되어 있다. 중국에서도 요순시대가 실재하는 역사임을 공표하였다. 그렇다면 요임금과 같은 시기인 단군조선이 단순히 신화가 아닌 실존했을 가능성이 더 높아졌다고 본다. 몽골에서 발견된 소하서문화(小河西文化)는 동북아시아 최초의 신석기문화 유적으로 알려져 있으며, 붉은색 산으로 유명한 적봉시 오한치 보국토향 인근의 흥륭와문화는 BCE.6200년 까지 올라가는 신석기문화 유적으로 현재 중국 국경 내에서 가장 규모가 크고 오래된 신석기 집단 주거지이다. 이곳에서 방어 용도의 성과 대형 주거지 등

---

231   이종호 『과학으로 증명된 한국인의 뿌리』 2016, 한국이공학사,P 290

이 발견된 흥륭와만회취거촌락유지(興隆洼晚會聚居村落遺址)에서 세계 최초의 옥(玉) 귀걸이가 발견되었으며 중국은 이곳을 중화원고제일촌(中華遠古第一村) 또는 화하제일촌(華夏第一村)이라고 부른다.

그런데 중국이 자랑하던 황하문명(黃河文明)보다 빠른 요하문명(遼河文明)을 주장하면 그동안 중국인이 아니라고 강조하던 동이(東夷)를 인정해야 하는 모순점이 생긴다.[232] 즉 그동안 중국의 화하족(華夏族)에게 뒤떨어지는 야만족(野蠻族)이라고 비하(卑下)하던 동이(東夷)가 전통적인 중화민족보다 앞선 문명을 지닌 집단인 것이다. 즉 황하문명이 요하문명의 지류나 방계문명으로 전락하는 것이다. 이러한 모순점을 해결하기 위해서 중국은 과거의 역사관을 포기하고 다민족 역사관을 내세웠다. 이는 중국이 세계의 중심이라는 중화사상에서 유래한 이전 중국문명의 이미지에 변화를 갖고 왔다는 것을 뜻한다. 이 변화야 말로 현재 한국과 마찰을 빚고 있는 소위 동북공정(東北工程)은 물론 '서북·서남공정'의 실체로 간단하게 말하여 현재 중국의 영토 내에서 일어난 역사는 모두 중국의 역사라는 것이다. 그러므로 중국은 그동안 중국인이 아니라고 강조하던 동이(東夷), 서융(西戎), 남만(南蠻), 북적(北狄) 등 모두 중화민족에 넣을 수 있는 예상치 못했던 논리를 개발했다. 즉 5제시대의 3대 집단을 앙소문화(仰韶文化)를 바탕으로 조(粟)농사가 중심인 중원의 염제신농(炎帝神農)씨 화(華)족 집단, 벼농사를 주로 하는 동남 연해안 이(夷또는虞)등 하(夏)족 집단, 그리고 동북 연산 남북의 홍산문화(수렵 어로생활)로 대표되는 황제족(黃帝族) 집단으로 설정한 것이다.[233]

이 설명에 의하면 황제족이 요하일대를 지배했으며 북방의 모든 소

232 이종호『과학으로 증명된 한국인의 뿌리』2016, 한국이공학사, P 291
233 이종호『과학으로 증명된 한국인의 뿌리』2016, 한국이공학사, P 292

수민족은 그 손자인 고양씨 전욱(顓頊)과 고신씨 제곡(帝嚳)의 후예라는 것이다. 이것은 중국이 기존에 설명하던 황제는 북경부근, 고양씨 전욱은 황하중류의 위쪽, 고신씨 제곡은 황하중류의 아래쪽이 세력권이라고 보았던 것에서 동이족이 중국의 상(商: 殷)집단에 소속된다는 것으로 간단하게 말하여 화하에 동이족이 포함된다는 것이다. 이를 바탕으로 만주지역 요하문명권의 핵심인 홍산문화는 고양씨 전욱 계통의 문명이며, 고주몽의 고씨의 성도 고양씨의 후예이기 때문에 붙었다는 설명이 있을 정도이다. 과거에는 중국은 적어도 북방민족들은 중국인이 아니라 면서 이들을 중국의 적대 세력으로 간주했고 따라서 이들의 역사를 자신들의 역사로 인정하지 않았다. 이는 『삼국지』 「오주전」에 오나라의 손권은 고구려 동천왕을 흉노의 왕인 선우(單于)로 임명하였으며 『신당서』 「동이전」 (고려)에 당태종은 천하가 정복되었으나 고구려가 장악하고 있는 요동만 정복하지 않았으므로 고구려 정벌을 꾀했다고 하였고 당고조가 영류왕 5년에 고구려에 보낸 조서에 금이국통화(今二國通和)[234]라고 하여 고구려를 당과 대등한 나라로 지칭했다는 점으로도 알수 있다. 이에 따라 중국의 진시황제는[235] 흉노의 침입을 방지하기 위하여 甘肅省 남부 양관(陽關)과 옥문관(玉門關)으로부터 북으로, 황하의 대굴곡부(大屈曲部)의 북쪽을 따라 동으로 뻗어나가, 발해만의 산해관(山

234　『삼국사기』권 20, 「고구려본기 제8」 (영류왕 5년기(623년), 五年 遣使如唐朝貢 唐高祖 感隋末戰士多陷於此 賜王詔書曰 - 중략 - 今二國通和 義無阻異 在此所有高句麗人等 已令追括 尋即遣送 彼處所有此國人者 王可放還 務盡綏育之方 共弘仁恕之道 於是 悉搜括華人以送之 數至萬餘 高祖大喜

235　심백강 『한국 상고사 환국』 2022, 바른역사, P 95
　　　진시황(秦始皇)은 통일천하를 이룩한 뒤에 치우천왕(蚩尤玄王)을 병신(兵神)으로 받들었고, 한왕조(漢王朝)을 창건한 유방(劉邦)은 출전을 앞두고 치우천왕에게 승리를 기원하는 제사를 지냈다고 한다. 이러한 기록들은 치우천왕(蚩尤玄王)이 지난 중국 역사상에서 승리의 화신(化神)으로서 추앙되었음을 반증한 것이다.

海關)까지 장성을 쌓았다. 그러므로 중국인 스스로 장성의 이남만 중국으로 인식했음을 알 수 있다.[236]

그런데 과거에 북방기마민족들이 주로 할거했던 내몽골지역이 중국의 영토로 포함되자 자동적으로 중국과 혈투를 벌이던 흉노(匈奴)의 역사도 자기들 역사에 포함시키기 시작했다. 여기에서 흉노란 중국 북방에서 처음 유목민 국가를 건설한 제국(전성기에는 중국의 3배나 되는 영토를 확보)의 명칭이지, 결코 단일한 민족이나 부족의 명칭은 아니라 점을 염두에 두어야 한다. 그런데 중국에서 흉노라는 이름이 나타나기 전까지는 주로 동호(동이)가 살던 곳으로 과거부터 한민족의 원류가 정착한 지역으로 소개되었던 곳이다. 동이(동호)를 근거로 했던 홍산문화권은 15만 년 전의 구석기시대인(객좌현 수천향 대능하 구좌동)이 발견됐을 정도로 오래전부터 사람이 살던 지역이다. 북쪽으로는 내몽골의 적봉시, 동쪽으로는 요령성의 요하, 남쪽으로는 발해만에 이르는 비옥한 지역을 포함하고 있다. 홍산문화의 유물들이 대량으로 발견된 조양(朝陽 : 옛 이름은 營州)시는 요령의 서쪽에 위치하고 있다. 하북, 몽골, 요령성이 만나는 지점으로 총 20000㎢의 면적을 갖고 있다. 조양은 특히 1996년 새의 공룡진화설을 뒷받침하는 장모공룡화룡조(長毛恐龍中華龍鳥)가 발견되어 세계최초의 새(始祖鳥)가 날아오른 지역이라는 명칭을 갖고 있다. 이후 계속하여 시조새 화석들이 발견되어 세계고생물화석보고로도 알려져 있다. 하여튼 동이(동호)가 거주하던 우하량 홍산문명 때문에 중국이 중화민족의 문명사를 1000~1500년 앞당긴 것이다. 중국은 오늘날 이들 지역에 중화문명의 사전성지(史前聖地)라는 칭호를 부여 하고

236   이종호 『과학으로 증명된 한국인의 뿌리』 2016, 한국이공학사, P 293

있다.[237]

한편으로는 현재까지 하(夏)문화에 관한 내용은 모두 후대의 기록에서 확인해야 할 도리 뿐 하(夏)시대의 문자나 기록은 발견되지 않았다. 그러나 그 간의 고고학 발굴에 따른 연구 성과를 종합해 볼 때 개시 연대가 BCE 약 2천 년 경으로 추정되는 중국에서 가장 이른 청동기문화인 이리두(二里頭)문화가 하왕조(夏王朝)의 중기에 해당하는 것으로 밝혀졌다.

二里頭문화유적지는 1,959년 당시 중국과학원고고연구소의 서욱생(徐旭生)이 전설 속 하 왕조 유적지에 대한 조사에 착수 하남성의 언사이리두 유적지가 발굴되었다. 이후 여러 차례에 걸친 발굴을 통하여 이곳이 하 왕조의 도성인지 아닌지에 대한 치열한 논쟁이 벌어졌다. 그러나 역사적 진실로 인정받지 못했다. 발견된 이후 하나라의 분포범위는 이하 낙하 황하, 제수지간[238] 이곳이 하 왕조의 도읍지라는 설이 무성했으나, 역사적 진실로 인정받지 못했다.

원래 중국 고대에 단일 민족 개념 같은 것은 없었다. 전국시대 이후 통일의 필요성이 대두되면서 단일한 민족적 기원이 강조되기 시작했을 뿐이다. 따라서 고힐강(顧頡剛)[239]은 삼황오제로부터 시작하는 중국의 정치 신화 혹은 왕권 신화의 해체를 주제로 삼았다. 그리고 고대로부터

---

237 이종호『과학으로 증명된 한국인의 뿌리』2016, 한국이공학사,P 294
238 『國語』「周語上」, 昔伊洛竭而夏亡 ,
     『逸周書』「都邑解」・『史記』「周本紀」, 自洛河延于伊河居陽無固, 其有夏之居
239 고힐강(顧頡剛)은 북경대학 역사학과교수로 고사변학파로 유명하며, 1961년 북한학자 이지린(李
     址麟)의 박사논문『고조선연구』를 심사했다. 그는 기자조선을 부정하는 이지린의 관점에 문제를
     제기하면서 '기(箕)'라는 글자가 '왕(王)'이라는 뜻이라거나 위만(衛滿)이 '연(燕)'에 동화된 고조
     선인'이라는 이지린의 주장에 관련해 그 같은 기록이 도대체 어디에 있느냐고 묻고, 단군신화에
     대해서도 그것이 '태곳적부터 전해져 오는 역사는 아니라'고 하면서 "최선을 다한 증거를 존중하
     며 말을 해야지 학술연구와 민족주의를 한데 뒤섞어서는 안된다"는 충고했다.

전해오는 문헌들의 신빙성을 부정했다.[240]

상고(上古) 산동지방의 동이계의 족속으로서 먼저 九夷중 우이(嵎夷)와 래이(萊夷)에 관하여 살펴보면 앞에서『상서』帝典의 嵎夷에 관한 기사는 다만 희중(羲仲)을 명하여 우이의 땅 즉 동변의지에서 측후(測候)의 일을 보살피게 하였다는 傳說을 윤색한데 지나지 않는 것으로 해석되는 바이다. 전거『尙書, 禹貢의 海岱惟靑州。嵎夷旣略, 濰、淄其道。厥土白墳, 海濱廣斥[241]이라 한 것도 上古의 漢族의 治水傳說에서 나온 것이어서 특히「嵎夷旣略」의 략에 대한 해석에 있어 마융(馬融)은「用功少曰略」[242]이라 하여 치수가 소략(疏略)하다는 뜻으로 이해하였으나 이에 대하여 王引之 父子는 卷三 嵎夷旣略條라 했다.

중국인들은 언제부터 자신들 즉 華夏族과 다른 종족을 구분하는 명칭을 사용했는지는 확실치 않다. 그러나『竹書紀年』에 보이는 夏代부터 이라는 명칭을 사용되었으며, 夏와 夷가 서로 영향관계에 있었음을 시사하고 있다.

后相 元年, 征淮夷、畎夷。二年, 征風夷及黃夷. 七年, 于夷來賓。

少康即位, 方夷來賓。

后芬即位, 三年, 九夷來禦。「曰畎夷、于夷、方夷、黃夷、白夷、赤夷、玄夷、風

---

240 김선자『만들어진 민족주의 황제신화』, 책세상, 2006, p 243
고힐강은 의고를 대표하는 누층적으로 조성된 역사관이라는 용어에 집중 반영되어 소위 요·순·우를 비롯하여 삼황오제시대의 역사라고 믿어온 것들이 사실은 신빙성이 하나도 없는 가짜라는 것이다. 요와 순과 우와 황제를 예로 들어 볼 때 오제의 순서는 황제 전욱 제곡 - 요 - 순으로 이어지고 그 다음에 우가 오지만 오제가 문헌에 기록된 순서는 이 반대이다. 우에 대한 기록이 가장 먼저 등장하고 요순에 대한 기록 다음으로 나오며 황제에 대한 기록이 가장 나중에 나타난다는 것이다. 그저 옛 문헌에 기록되어 있다고 해서 모두 진실한 역사로 믿어서는 안 되는 것이다.

241 『史記』「夏本紀」嵎夷旣略條

242 『신주 사마천사기』「하본기」2020, 한가람역사문화연구소. p 55
「사기집해」에 馬融은 "嵎夷는 지명이다. 功은 조금 사용하는 것을 약 略"이라 한다고 했다.

夷、陽夷」,

后洩二十一年, 命畎夷、白夷、赤夷、玄夷、風夷、陽夷。

后發即位, 元年, 諸夷賓于王門再保庸會于上池, 諸夷入舞。

위의 기록을 보면 夏期는 전 기간에 걸쳐 夷와 관계를 맺고 있었으며 흔히 九夷[243]라고 칭하는 다양한 이 집단이 하에게 정벌당하거나, 혹은 내빈의 형태로 하대부터 존재했음을 알 수 있다. 또한 중국인들의 대이관을 체계적으로 정리하여 동이에 대해 계통적인 서술을 한 『後漢書』「東夷列傳 卷85」에는

「夏后氏. 太康失德, 夷人始畔。自少康已後, 世服王化, 遂賓於王門, 獻其樂舞。桀為暴虐, 諸夷內侵」,

라고 하여 夏와 夷의 영향관계를 보다 확실히 나타내고 있다.

특히 夏의 세 번째 군주로 姓은 사, 이름은 太康으로서 啓의 장자이다. 『태평어람』은 『제왕세기』를 인용해서 29년간 재위에 있었다고 기록했지만, 실제로는 불과 2년 동안 재위에 있었고 政事를 태만히 하고 사냥에만 탐닉한 결과 東夷族 有窮氏의 羿에게 나라를 빼앗기고 쫓겨난 太康의 실정과 그 이후 의 小康의 中興이 이와 무관하지 않음을 보여주고 있다.

이러한 내용은 『左傳』「襄公4년」과 羿가 夏나라의 정권을 잡았으나, 사냥에 전념하여 실정으로 정권을 잃고 「哀公원년」에 결국 小康에 의해 다시 정권을 되찾는 과정이 자세하게 기록되어 있다.

---

243 『禮記』「王制篇」에 따르면 東夷의 9겨레 또는 九夷族은 畎夷, 嵎夷, 方夷, 黃夷, 白夷, 赤夷, 玄夷, 風夷, 陽夷 밖에 『三國志』에 말한 바와 같이, 夫餘, 高句麗, 東沃沮, 挹婁, 濊, 馬韓, 辰韓, 弁韓, 倭人이 있다.

하나라 실제 강역과 중국에서 확대시킨 우공구주 강역

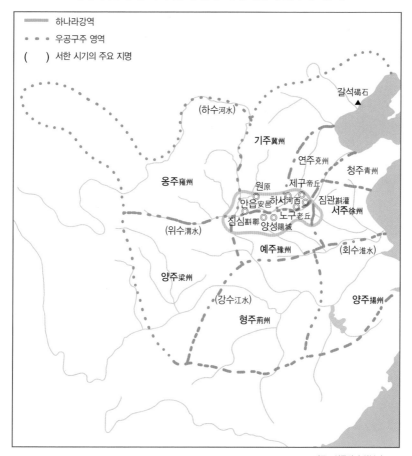

자료: 신주사기 하본기 p 54

하나라 왕계 계승도(1대우에서 17대 걸까지)

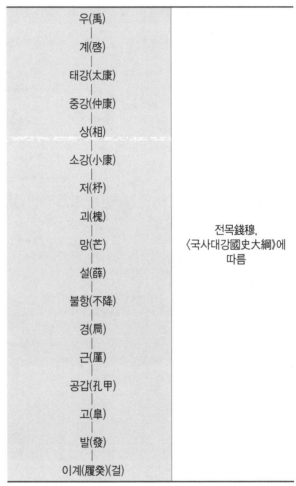

우(禹)
|
계(啓)
|
태강(太康)
|
중강(仲康)
|
상(相)
|
소강(小康)
|
저(杼)
|
괴(槐)
|
망(芒)
|
설(薛)
|
불항(不降)
|
경(扃)
|
근(厪)
|
공갑(孔甲)
|
고(皐)
|
발(發)
|
이계(履癸)(걸)

전목錢穆,
〈국사대강國史大綱〉에
따름

자료: 신주사기 하본기 P 17

『左傳』에 등장하는 예(羿)는 활을 잘 쏘는 것으로 유명한대 羿의 활동에 대해서는 『淮南子』·『韓非子』 등에 잘 나타나 있다.[244] 그러나 『후한서』에 보이는 夏나라와 羿의 대결을 夏와 夷族 집단간의 최초의 대결로 기록하고 있는 것은 어쩌면 역사의 사실과는 무관한 범엽(范曄)의 독단적인 생각이 투영되었을 가능성을 배제할 수 없다.

羿를 夏와 대결하였던 夷 집단으로 추정하는 것은 무리가 없다. 이상의 문헌 기록을 통해 夷는 夏代부터 中原의 華夏族과 대립하거나 혹은 복종 관계를 맺고 있었음을 알 수 있다. 실제로 夷집단의 문화는 선사시기에 이미 형성되었으며, 중국 민족과 夷와의 관계는 夏이전에도 찾을 수 있다. 『사기』의 「오제본기」에는 전설적인 동이의 군장으로 알려진 태호(太皥)·소호(少皥)에 관한 기록들이 보인다.

---

244 『淮南子』 猶不能與網罟爭得也. 射者扞烏號之弓, 彎棋衛之箭, 重之羿、逢蒙子之巧, 『韓非子』 夫新砥礪殺矢, 彀弩而射, 雖冥而妄發, 其端未嘗不中秋毫也, 然而莫能複其處, 不可謂善射, 無常儀的也 ; 設五寸之的, 引十步之遠, 非羿

3

삼황오제(三皇五帝)

사마천은 중국 전설 시대의 오제로 황제(黃帝), 전욱(顓頊), 제곡(帝嚳), 요(堯), 순(舜)을 들고 있다. 이들 오제는 여러 부족들이 중원의 패권을 놓고 벌인 투쟁에서 승리한 자들이다. 따라서 염제, 치우, 태호(太昊), 소호(少昊) 등은 빠져있다. 크게 보면 황제, 염제, 전욱, 치우, 태호, 소호, 요, 순은 모두 황하유역에서 활동한 부족들의 영수(領袖)였다. 여러 세기 동안 부단히 서로 투쟁하는 과정에서 염제, 치우, 태호, 소호 등은 패했으며 이들의 후손들은 대부분 다른 곳으로 옮겨갔다. 그래서 황제, 전욱, 제곡, 요, 순이 하화족(夏華族) 정통 부족의 영수가 되었다.[245] 중국인들은 일반적으로 하화족이 이러한 뿌리를 가지고 출발했다고 생각한다.

그러나 그들은 전설시대를 논할 때 대체로 열거한 종족의 영수들을 거론한다. 이들이 다른 여러 이족들과의 투쟁에서 빠진 강력한 세력이 있었으나 하화족의 성립과정을 설명할 때 제외되었다. 그 세력이 단군

---

245   정형진 『천년왕국 수시아나에서 온 환웅』 일빛, 2006, p 29

조선의 주도세력으로 보고, 한민족의 뿌리에 해당하는 것으로 고대 역사라고 할지라도 이웃한 집단과 관계 속에 놓여 있게 마련이다. 현재까지 전해지고 있는 중국 전설시대 이야기에 이들의 존재는 각인되어 있다. 즉 그들은 황제 이전에 천하의 주인이었으며, 중원지역의 농경문화를 주도했다. 그들이 중원에서 밀리기 시작한 때는 요임금 때다. 단군신화에 보이는 요임금 50년의 비밀은 이러한 역사적 상황을 이해함으로써 풀 수 있고, 그들의 새로운 세계로 이주했고, 거기에서 자신들이 이상세계를 건설하였다.[246]

삼황오제에 대한 중국 역사서의 기록들[247]

	史記 · 世本 · 大戴禮記	上書書 · 帝王世紀 · 孫氏	白虎通	비고
삼황 (三皇)	서술 안함	伏羲 · 神農 · 黃帝	伏羲 · 神農 · 祝融	史記는 三皇 서술 안함
오제 (五帝)	黃帝 · 顓頊 · 譽 · 堯 · 舜	少皥 · 顓頊 · 譽 · 堯 · 舜	少皥 · 顓頊 · 譽 · 堯 · 舜	五帝의 시작이 黃帝와 少皥로 다름

246 정형진 『천년왕국 수시아나에서 온 환웅』 일빛, 2006, p 30
247 한가람역사문화연구소 『신주 사마천사기』 「오제본기」, 2020, p116.
　　　위의 표에서 주목해야 할 두 저서는 공안국의 『상서 序』와 『白虎通』이다. 공안국은 사마천과 동시대 사람이자 공자의 10대손이다. 공자의 옛 집을 수리하던 중 벽속에서 『古文尙書』 『禮記』 등의 옛 서적이 쏟아져 나왔는데, 모두 옛 글자인 과두(蝌蚪)文字로 쓰여 있었다. 이를 참조해 지은 『상서 序』도 삼황부터 서술했다. 사마천은 儒家임에도 공자 집안에서 나온 옛 책의 제왕 계보를 받아들이지 않았다. 『白虎通』은 東漢(後漢) 章帝 建初4년(서기79) 太常, 將, 大夫, 博士, 議郎, 郎官 같은 고위 벼슬아치들과 저명한 유학자들이 낙양 북궁인 백호관에 모여 오경의 각 판본에 대해 강의를 듣고 토론한 결과를 수록한 책이다. 특히 漢章帝가 그 결과 보고서를 직접 재가해서 작성한 책이다.(『후한서』(숙종 효장제 본기) 건초 4년11월 조), 사마천과 동시대 학자인 孔安國의 『상서 序』나 후한 장제를 필두로 당대의 儒臣들이 편찬한 『白虎通』도 五帝앞서 三皇을 먼저 서술했다. 그러나 사마천은 삼황을 삭제했다. 그리고 『상서 序』에서 삼황의 세 번째로 서술한 황제를 오제의 첫 번째 제왕으로 서술했다. 사마천의 이런 역사인식에 대한 문제제기는 옛날부터 많았다. 색은을 편찬한 당나라 사마정은 "(『제왕대기』와 『세본』에는) 오제 앞에 복희·신농·황제를 삼황으로 삼았다."고 삼황을 삭제한 것을 비판했다. 사마정는 사마천의 『사기』 「오제본기」 앞에 「삼황본기」를 추가해 복희(伏羲)·여와(女媧)·신농(神農)을 삼황으로 삼고, 황제는 五帝의 첫 번째로 서술하는 사마정의 『사기』를 편찬하기도 했을 정도였다.

위의 표에서 중국의 시작을 삼황으로 보느냐, 오제로 보느냐 하는 문제는 중요하다. 왜냐하면 삼황으로 시작하느냐, 오제로 시작하느냐에 따라 시조와 계통이 달라지기 때문이다. 사마천은 제왕들의 사적을 본기(本紀)로 설정하면서 오제를 『사기』의 시작으로 삼은 것이다. 그러나 사마천과 동시대는 물론 그 후대에도 중국사의 시작을 삼황으로 설정한 학자들이 적지 않았다.

『세본』의 오제 계보[248] – (만들어진 민족주의 황제신화 p 56)

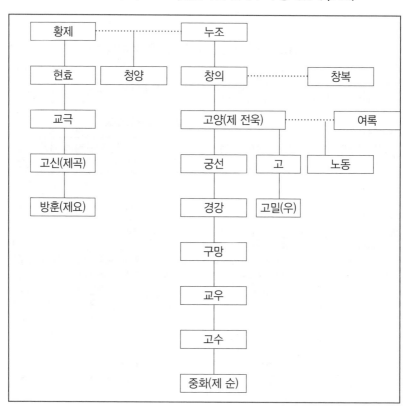

248   김선자 『만들어진 민족주의 황제신화』, 책세상, 2007, p 56.

1) 하나라의 유물과 문화 유적

하(夏)나라 왕조의 실체 여부를 밝힐 수는 없었고, 1959년 하남성의 언사 이리두(二里頭) 유적지가 발견된 이후 이곳을 하왕조(夏王朝)의 도읍지라는 설은 많았으나 인정받지 못했다. 하상주단대공정과 중화 문명 탐원공정의 기초가 되는 섬서성의 반파·앙소문화를 비롯해서 산서성의 도사문화, 하남성의 용산·이리두 문화 등이다.[249]

① 이리두(二里頭) 문화[250, 251, 252]

이리두를 국가형태를 지닌 문명이라고 한 이유로는 그 복잡한 정도에 있어서 상 초기와 매우 흡사한 듯하며, 그 물질문화가 상 초기와 차이가 있으므로 서로 같은 문화가 아니다. 소위 언사 상성이라는 것은 이리두가 폐허가 된 뒤에 나타난 것이고, 그래서 商人이 이 지역에서 권력을 행사하던 문화(정치적 실체)를 대신한 것이라 볼 수 있고, 이런 전통이 있기 때문에 商보다 빠른 주요 정치실체는 바로 夏라고 불렀고, 우리는 夏를 이리두문화의 잠정적 호칭(Provisional name)으로 삼았다. 또 유리의 주장에 따르면 이리두에 존재하던 국가인 夏를 멸망시킨 것이 언사 상성의 주인이었던 商 왕조 사람들이다.[253]

---

249 김선자 『만들어진 민족주의 황제신화』, 책세상, 2007, p 57

250 이리두문화는 양사오(仰韶)문화를 계승하여 대문구문화의 요소도 받아들인 초기 청동기문화단계로 인식된다. 이 점은 산동지역 용산문화와 요녕지역 하가점 하층문화도 마찬가지이다.

251 이리두문화(: 얼리터우문화)는 하가점하층문화에는 황하 중류에서 온 기물과 칠기도 있다.

252 정형진 『고깔모자를 쓴 단군』 백산자료원, 2003, p34
중국에서 본격적인 청동기시대로 진입한 것은 이리두문화(BCE, 2080~1580년) 때이며, 요서와 내몽고일대의 하가점하층문화도 거의 동시기에 청동기시대로 진입했다고 보고, 우리나라 청동기문화는 요령지방 청동기를 통해서 오르도스(Ordos)·미누신스크(Minussinsk·스키트(Scyth) 청동기문화의 요소를 받아들이고 있다.
우실하 『전통문화의 구성 원리』 소나무. 2007, p 174.
이대구 『고대일본은 한국의 분국』 한가람역사문화연구소, 2021, p 43, 293 주)

253 김선자 『만들어진 민족주의 황제신화』, 책세상, 2007, p 293, 294.

그런데 이런 유리(劉莉)의 주장에 대해서 이스라엘 고고학자 슐라흐 (Gideon Shelach)는 "언사 상성으로 夏 王朝의 존재를 증명하는 것은 고고학 증거가 아니라 그저 하나의 이야기일 뿐이다"라고 비판한다. "바꾸어 말하자면 역사 문헌이 없다면 이리두는 국가라 부를 수 없다."[254]

그러나 허굉은 이리두유지에서 도로망이 건설되어 있고 이 도로에는 바퀴가 2개인 마차가 다닌 흔적(雙輪車車轍)도 발견되었으며 수많은 의례용 청동기와 이것들은 만든 수공업 공방도 발견되며, 궁전 건물군, 많은 부장품이 있는 거대 묘장의 규모, 유적지의 규모 등을 토대로 이리두유지가 전형적인 최초의 중국임은 의문의 여지가 없다고 본다.[255]

도사유지를 최초의 중국이라고 주장하는 것이 하노(何駑)의 시각이다. 그리고 이리두와 주변의 관계는 納貢의 관계[256]였다고 하면서 이리두가 국가권력을 가진 강한 조직사회였다고 주장한다.

2015년 12월 최종 발굴보고서를 내면서 요임금의 도성을 평양으로 보고 있는 도사유지의 발굴 대장인 하노(何駑)는 최초의 중국 도사유지라는 발표를 통해 도사유지가 방국(邦國)[257] 단계임을 인정하지만 이것이 최초의 중국이라는 점을 주장한다.

---

254 김선자 『만들어진 민족주의 황제신화』, 책세상, 2007, p 295

255 우실하 『고조선문명의 기원과 요하문명』 지식산업사, 2018, p 596

256 김선자 『만들어진 민족주의 황제의 신화』 책세상 2007. P 509. 주)118
이리두 정치 실체와 비이리두 정치실체 사이의 납공관계를 표로 그려 보여주면서 이리두와 비이리두 지역의 관계가 납공관계였다. 중국 최초의 국가는 핵심지역의 방대한 도시가 중요한 자원을 풍부하게 가진 주변지역을 지배하는 구조였다. 그리고 국가 영토의 거대한 규모는 이리두와 이리강 시기에 권력이 집중되었던 지역 국가가 존재했음을 보여준다. 이리두 시절부터 이미 중심과 주변의 지배관계가 있었다는 주장이다.

257 이형구 『춘천 중도유적의 학술적 가치와 성격 규명을 위한 학술회의』 2020. 학연사 P 85
중국학자들은 분묘들을 BCE.3,000년경으로 추정하고 있으며, 이 적석총사회를 국가단계의 사회라고 규정하고, 이를 방국(邦國)이라 하였다.

② 도사(陶寺)문화

중국에서 중화문명의 근원을 탐구한다는 중화탐원공정을 끝내면서 도사유지를 집중적으로 조망하였다. 도사유지가 바로 전설시대로만 알려진 요(堯)임금의 도성(都城)인 평양이며, 이곳이 최초의 중국 혹은 화하(華夏)민족의 첫 도성이라고 공표하였다

산서성 임분시의 행정중심지 요도구(堯都區)와 도사(陶寺)유지 위치

1. 임분시의 위치도

자료 : 고조선의 문명의 기원과 요하문명 p 617

2. 임분시에서 요구도의 위치도와 도사유지의 위치

- 가운데 붉은 색부분이 중심지인 요도구(堯都區)다.
- 도사유지(★)는 요도구 바로 아래 양분현이다.
- 요도구에서 도사유지까지 차로 약30~40분 거리이다.

자료: 고조선의 문명의 기원과 요하문명 p 619

도사유지는 산서성 임부시 양분현 도사진 도사향, 도사촌에서 발견되었다. 임분시는 총면적 2만275㎢으로 인구 2013년 기준 429만명 1개의 직할구, 2개의 현급 시, 14개의 현으로 구성되어 있다. 임분시의 행정중심지가 요도구 요(堯)임금의 왕성구역이라는 의미이다.

구석기시대부터 사람이 거주했으며 1,964년 임분시 양분현 남쪽 정촌(丁村)에서 10만 년 전의 12~13세의 아동의 치아(齒牙)화석이 발견되고, 1,976년에는 같은 곳에서 2세가량의 유아 두개골 1기가 발견되었고, 이 구석기인 화석이 유명한 정촌인(丁村人)이다.

신석기시대의 많은 유적지가 발견되었으며, 임분시 지역이 요임금의 도성인 평양이라고 하는 것은 많은 기록들을 바탕으로 하는 것이다.

제요(帝堯)[258](약 BCE.2377~2259)라고 높여지는 요임금은 전욱(顓頊)의 아들 혹은 顓頊의 아들 제곡(帝嚳 : 高辛氏)의 아들로[259] 姓은 이기(伊祁) 이름은 放勛이며, 옛 唐國(:현재 임분시 요도구)사람으로, 13세에 처음으로 陶에 봉해지는데, 현재의 산서성 임분시 부양현 陶氏村으로 알려져 있으며, 15세에는 큰 형인 제지(帝摯)(BCE.2450~2326)를 보좌하고 다시 唐에 봉해져 제후가 되었으며, 현재의 산서성 太原市 지역이며, 20세에 帝摯를 이어 평양에 도읍하고 천자에 오르고 재위 70년에 순을 만나고, 20년 후에 순(舜)에게 선양(宣讓)을 하여 天子의 지위를 물려주며, 선양 후 28년 만에 사망하여 곡림(谷林)(: 산동성 하택시 견성현 경내)에 묻혔다. 後代에는 唐堯, 陶唐氏, 帝堯 등으로 불린다.[260]

황제족으로 보는 문명의 시각과 등장은 소병기의 1994년 홍산문화의 주도세력을 황제족으로 끌고 가는데 결정적인 영향력을 행사한 서요하의 고문화를 요하[261]는 소병기(蘇秉琦)의 제자 곽대순(郭大順)에 의해 요하문명[262]이라 명명되었지만, 소병기의 논리를 정리하면 중국문명 발전사

258 박성봉, 고경식 역 『해역 삼국유사 제1권』, 「기이편」 1991, P 46
      『魏書』에 지금부터 이천년전에 단군왕검이 계셨는데 아사달 (經에는 白岳)에 도읍하고 새로 나라를 세워 국호를 朝鮮이라 불렀는데 이때는 중국의 堯임금과 같은 시기였다.
259 『孔子家語』, 「五帝德」, "宰我曰請問帝堯, 孔子曰 高辛氏之子曰 陶唐, 其仁如天, 其智如神, 就之如日, 望之如雲,"
260 1)『帝王世紀』宰堯陶唐氏, 祁姓也, 母慶都, 孕十四月而生堯於丹陵, 名曰放勛, 鳥庭河胜, 惑從母姓伊氏, 年十五而佐帝摯, 受封於唐, 爲諸侯, 身長十尺, 嘗夢天而上之, 故二十而登帝位, 都平陽.
261 정형진 『우리의 잃어버린 고대사를 찾아서 한반도는 진인의 땅이었다』 RHK 코리아, 2014, P27
      요하문명의 중국의 핵심은 이 지역의 중화문명의 시발점이고, 이 지역은 요하문명을 주도한 세력은 신화적인 인물인 황제집단이고, 특히 요하문명의 꽃이라고 할 홍산문화는 황제의 손자라는 전욱고양씨 계통의 문화이고, 이후 모든 동북방 소수민족은 전욱고양씨(顓頊高陽氏)와 제곡고신씨(帝嚳高辛氏)의 후예라라는 것이다.
262 홍산문화를 포함한 요서지역의 요하문명이 발견되면서부터 중국당국과 학자들은 이전 그들의 선배들이 해온 말을 180도 바꾸고 있다. 20세기 중반까지 중국 지식인 어느 누구도 요서지역이 황제의 고향이라고 말한 적이 없다. 그들은 북경 이북지역에 있는 연산산맥의 북쪽지역을 북적·동이 등 야만인들의 땅이라고 말하면서 멸시했다. 그러던 그들이 최근에 문제가 되었던 '동북공정(東北工程)'을 통해 요하문명을 중화문명 발상지(發祥地)의 하나로 재정립하고 있다.

를 교향곡에 비유한다면 요서지역의 고문명(古文明)은 서곡에 해당되는 것으로 중원지역보다 1000년이 앞서며 이후에 문명의 중심은 황하주변으로 내려 왔는데 이것이 홍수시대인 요(堯)—순(舜)—우(禹)시대이고, 각종 문헌에 기록된 화하족의 조상인 황제의 시대와 활동지역은 홍산문화의 시대와 지역(연산 남북지대로 내몽고 동부, 요녕성 서부, 북경과 천진, 하남성 북부, 진북 등을 포괄)과 상응하며, 산서성 도사유지로 대표되는 진(晉)문화의 뿌리이다. 신화에 등장하는 오제의 전기 활동중심이 바로 홍산문화 지역인 연산 남·북지역으로 고대 기록에 보이는 기주(冀州)이고, 홍산문화시기에 고국단계가 시작되고 하가점 하층문화시기에는 방국단계가 시작되었으며, 4000년 전인 적봉시 영금하 북쪽의 하가점하층문화의 석성은 장성의 원시형태로 대국이 출현하였다는 표지이며, 이것이 바로 우공편(禹貢篇)에 나오는 구주의 중심지이다.. 홍산문화 지역은 6000~5000년 전에 서아시아와 동아시아문화가 교차하는 용광로 같은 곳이었으며, 홍산문화는 하나라 상나라 시기의 하가점하층문화와 연문화로 이어지는 뿌리라는 것이다.[263]

하상주(夏商周) 단대공정을 통해서 하(夏)의 존속연대는 BCE.2070~1600년, 상의 존속연대는 BCE.1600~1046년이고, 19대 반경왕(盤庚王)이 도읍을 은(殷)으로 옮긴 후로 흔히 상(商)과 구별하여 은이라고 한다. 옮긴 것은 1300년, 주(周)의 존속연대는 BCE.1046~771년으로 공식 발표되었다.[264] 이제 모든 역사 관련 책이나 논문에서 공식적으로 사용된다.

요임금의 왕성인 평양으로 밝혀진 도사유지를 중심으로 통합되어 최

---

263   우실하『고조선문명의 기원과 요하문명』지식산업 2018, p 72.
264   우실하『고조선문명의 기원과 요하문명』지식산업 2018, p 81.

초의 중국을 이루었다. 중화문명 다원일체론을 정립하고 이러한 초기 문명지역으로 신화와 전설의 시대로 알려진 3황5제의 시대와 연결하는 것으로 중국 고고학 회장의 왕외(王巍)가 총책임을 맡아 진행된 거대한 프로젝트이다. 중화문명의 탐원공정(探原工程)은 하·상·주 이전의 역사를 연구하여 중화문명의 기원을 밝히고자 하는 것이다.

황하 장강 서요하 유역의 지역성 문명은 각기 다른 특성이 있지만 이들 문명 사이에 상호 충돌 경쟁 유합하면서 서로 연결된 초보적인 중화문명권이 형성된다. 장강 유역의 양저(良渚)문화, 황하유역의 도사(陶寺)유지 등에서 4500여 년 전에 거대 도읍, 대형 묘장 등이 나오는데, 이 시기에 조기(早期)국가가 출현했으며 고국(古國)문명단계에 진입한다. 그러나 왕외와는 달리 요하문명을 연구하는 학자들은 이보다 이른 5000년 전에 서요하 유역의 홍산문화[265]에서는 고국(古國)단계에 진입한 것으로 본다.[266]

4000여 년 전 하대는 '왕국문명(王國文明)단계'에 진입한다. 이러한 각 지역의 '지역성 문명'이 서로 강하게 영향을 미치면서 황하유역 夏代 (BCE 2070—1600년) 후기의 이리두 유지에서는 궁성내부 중심선의 상하 좌우에 전각을 배치하는 궁실제도, 청동예기, 대형옥기 등의 禮器制度, 왕권이 직접 통제하는 청동예기 대형옥기 등을 만드는 독립된 제작 공방이 출현한다. 중화문명은 BCE. 2000년 이전에는 다양한 곳에

---

265 이찬구 『홍산문화의 인류적 조명』 개벽사 2018, P24
최근의 도사유적뿐만 아니라 198년대에 본격적으로 출현한 동북의 홍산문화를 보면서 고조선이전 역사를 생각하지 않을 수 없게 되었다. 홍산문화 출현 이전에는 고조선의 이전 역사를 생각하는 것은 학문적으로 무모한 일처럼 여겨졌다. 그러나 지금은 상황이 전변하고 고조선 이전의 역사를 연구하지 않을 수 없는 절박한 상황을, 밖으로는 중국의 동북공정이 만들어주고 있으며 안으로는 일제총독부를 추종하는 식민사학자들이 만들어주고 있다.
266 우실하 『고조선문명의 기원과 요하문명』 지식산업 2018, p 86

서 꽃을 피우지만 하대(夏代)로 진입하면서 중원지역으로 집중된다는 것이다.

용산문화 후기인 BCE. 2000년을 전후하여 산서성 양분(襄汾) 도사유지, 하남성 등봉(登封) 왕성강(王城岡)유지, 하남성 신밀 신채(新砦)유지에서는 2개 이상의 거푸집이 필요한 복잡한 주조법을 사용한 용기(用器)와 악기(樂器)의 동질잔편이 발견된다. 石範(돌 거푸집)과 陶範(흙 거푸집)이 모두 보이는데 이는 중국 청동기시대의 서광이라고 할 수 있다.[267]

이들은 진정한 국가단계를 이야기하려면 夏나라 시기부터 보아야한다는 보수적인 입장을 견지하고 있다. 이들은 하나라부터 많은 邦國 혹은 方國을 지니고 있는 王國 단계로 보고 있다.

문명진입 단계진입 시기에 대한 학자들의 견해 정리

문명시대 진입	주요지역	대표자	주요학자
BCE.3000년 전후	요서 : 홍산문화 후기 절강 : 양저문화 조기 중원 : 묘저문화 시기	蘇秉琦	郭大順˙韓健業 余西雲 張弛
BCE.2500년 전후	산동 : 용산문화 유적지 중원 (1) 도사유지면적 280만㎡ 　　　제요도성 　　　(2) 석묘유지면적425만㎡ 　　　황제도성	嚴文明	何駑, 趙輝, 趙春靑, 錢耀鵬
BCE.2000 전후 夏(BCE 2070~1600)	중원 : 이리두 유적 하나라 도성	夏鼐	許宏, 柳莉, 晉星燦

267   우실하 『고조선문명의 기원과 요하문명』 지식산업 2018, p 484

인류 사회의 발전과정에서 마지막 단계로 국가사회단계인 초기문명
단계 즉 국가 단계의 진입 시기에 대해 3가지 견해의 입장으로 나뉜다.

초기 국가 단계의 진입 시기에 대한 중국학계의 견해가 팽팽하게 맞
서고 문명단계나 국가단계를 어떤 기준으로 보아야 하는가 하는 점이
핵심적인 논쟁거리로 서구학계의 기준대로 문자, 청동기, 도시, 절대왕
권의 확립 등의 모든 조건을 갖춘 것은 상(商)이지만, 현재 중국 학계에
서 상나라에서 비로소 문명(文明)단계나 국가(國家)단계에 진입했다고 보
는 학자들은 거의 없다. 문자나 청동기가 없는 문명도 세계적으로 많기
때문이다.[268]

첫째 BCE. 3,000년을 전후한 시기에 이미 초기문명단계, 초기국가단
계에 진입한다고 보아야 한다고 주장한다. 그 대표적인 중국 고고학의
대원로인 소병기(蘇秉琦), 곽대순(郭大順), 한건업(韓建業), 여서운(余西雲),
장이(張弛)등이 활발하게 논의를 전개하고 있다.[269]

그리고 설지강(薛志强), 전광림(田廣林), 우건설(于建設) 등등 요하문명
과 홍산문화[270]를 연구하는 학자들은 대부분 이런 견해를 따르고 있다.

이들은 요하문명지역에서는 홍산문화 후기(BCE.3,500~BCE.3,000) 황
하문명 지역에서는 묘저구문화 2기(廟底溝文化2期: BCE 2,900~BCE 2,800)

---

268 우실하『고조선문명의 기원과 요하문명』 지식산업 2018, p 591
269 우실하『고조선문명의 기원과 요하문명』 지식산업 2018, p 589
270 정형진『바람 타고 흐른 고대문화의 비밀』2011, 소나무, P 29~31
홍산문화를 포함한 요서지역의 요하문명이 발견되면서부터 중국당국과 학자들은 이전 그들의
선배들이 해온 말을 180도 바꾸고 있다. 20세기 중반까지 중국의 지식인 어느 누구도 요서지역
이 황제의 고향이라고 말한 적이 없다. 그들은 북경 이북지역에 있는 연산산맥의 북쪽지역을 북
적 동이 등 야만인들의 땅이라고 하면서 멸시했다. 그러던 그들은 사실은 후기 홍산문화의 주도
세력인 곰 토템 부족은 역사기록에 보이는 '맥(貊)' 부족을 가르킨다. 기존 역사학계에서 한민족
의 주류라고 보는 '예(濊)·맥족(貊族)'의 맥족의 근간(勤幹)인 것이다. 『후한서』에 "맥이(貊夷)는
웅이(熊夷)이다" 라고 명백하게 기록되어 있다. 이들 곰 부족은 BCE.3,500년 이후 기온이 다시 하
강하면서 바이칼 쪽에서 이주해 온 사람들로 보인다. BCE.3,500년을 정점으로 홍산문화 지역의
기온이 하강하기 시작한다. 홍산문화 지역이 가장 따뜻할 때 지금보다 무려 3~5도 정도 높았다.

에, 절강성 지역에서는 양저문화(良渚文化 : BCE.3300~BCE.2200)시기에 해당하는 BCE.3000년을 전후한 시기에 각 지역이 문명단계에 진입한다고 보고 있다.

3곳 가운데 요하문명 지역이 가장 이르다. 이 시기의 국가단계를 이들은 '초기 국가단계'로 보고 '군장(君長)국가= Chiefdom'를 의미하는 '추방(酋邦)'이라고 부르거나 혹은 '고국(古國)' 등으로 부른다.

둘째 약 4500년 전에 문명단계, 국가단계에 진입했다 보는 입장에 있다. 그 대표자는 또 다른 고고학계의 원로인 엄문명(嚴文明)이고, 하노(何駑)(도사유지 발굴 책임자), 조휘(趙輝), 조춘청(趙春靑), 전요붕(錢耀鵬) 등이 활발하게 논의를 전개하고 있다.

이들은 산동지역[271]의 용산문화 시기, 황하문명 지역에서 최근 발굴된 요임금의 도성인 평양으로 추정되는 도사(陶寺)유지, 황제의 도성으로 추정되는 석묘(石峁)유지 등의 수백만 ㎡에 달하는 내성과 외성의 이중성 구조를 갖춘 도성이 건설되는 약 4500년 전을 전후한 시기에 문명단계, 국가단계에 진입한다고 본다. 이 시기의 국가단계를 이들은 방국(邦國) 혹은 방국(方國) 등으로 부른다.

셋째 학계의 기존 논리대로 하나라(夏 BCE.2070~1600)도성인 이리두유지 시기인 BCE.2000년을 전후한 시기에 진정한 문명 단계, 국가 단계에 진입한다는 입장이 있다. 그 대표자는 고고학계의 원로 가운데 한분인 하내(夏鼐), 허굉(許宏 : 이리두유지 발굴 책임자), 유리(柳莉), 진성찬(陣星燦) 등이 활발하게 논의를 전개하고 있다.

이들은 진정한 국가단계를 이야기하려면 하(夏)나라 시기부터 보아

---

271 이 지역에서 가장 앞서는 문화유적은 북신문화인데 北辛문화는 7천 년 전까지 소급되어지고 황하의 자산, 배리 강 문화와 뚜렷한 차이를 보이고 있으며, 또한 BCE. 4500년경의 이 지역 대문구문화와도 직접적인 연원관계에 있다

야 한다는 보수적인 입장을 견지하고 있다. 이들은 하(夏)나라부터는 많은 방국(邦國) 혹은 방국(方國)을 지니고 있는 왕국(王國) 단계로 보고 있다.[272]

BCE.2500년을 전후한 시기로 보는 학자들은 이 시기에 이미 순동제품이 발견되고 특히 거대한 성곽으로 둘러싸인 내성과 외성을 갖춘 도성에 해당하는 유적이 나온다는 점을 강조한다. 요임금의 도성인 평양으로 보고 있는 도사유지는 내성과 외성의 2중 구조를 갖춘 도성유적으로, 외성으로 둘러싸인 면적만 280만㎡나 되며 황제의 도성으로 보고 있는 석묘유지도 내성과 외성의 2중 구조의 도성유적으로 둘러싸인 면적만 425만㎡나 된다. BCE.2000년을 전후한 하(夏 :BCE. 2070~1600)나라 시기로 보는 학자들은 기존의 상대적으로 보수적인 견해를 그대로 견지하는 학자들이다. 흔히 말하는 하(夏)—상(商)—주(周) 3대부터 진정한 국가 단계에 진입한 것이다.[273]

앞에서 부락연맹체사회에서 보았듯이 국내 윤내현 교수가 말한 것으로 인류사회의 발전과정에서 무리사회 다음 단계로 단군신화[274]는 환인시대는 무리사회단계, 환웅시대는 부락사회단계, 환웅과 곰녀의 결혼시대는 부락연맹체사회단계, 단군시대는 국가사회(고조선)단계로서 한민족의 역사적 체험, 즉 인류사회의 발전과정을 그대로 담고 있는 것이다.[275]

272 우실하 『고조선문명의 기원과 요하문명』 지식산업 2018, p 589~590
273 우실하 『고조선문명의 기원과 요하문명』 지식산업 2018, p 591
274 정형진 『바람 타고 흐른 고대문화의 비밀』 2011, 소나무, P 23~29
     단군신화에 등장하는 환웅세력인 공공족이 있으며, 그 공공족과 연합하여 단군시대를 연 후기 홍산문화의 주인공은 맥족이다. 단군신화가 전하는 내용에서 우리는 단군시대의 초기 구성원에 대한 정보는 첫째 외부에서 단군신화의 무대가 된 지역으로 이주해온 환웅이라는 세력이 있었다는 것. 둘째는 현지의 세력으로 환웅세력과 잘 융화된 곰 부족이 있었다는 것. 셋째는 곰 부족과 이웃하고 살던 호랑이 부족은 환웅세력과 융합되지 못하고 주변세력으로 밀려났다는 것을 알 수 있다.
275 윤내현 『윤내현 교수의 한국고대사』 삼광, 1990, p 62

단군신화[276]의 내용에 의하면 고조선은 단군에 의하여 건국되었으므로 환인·환웅·환웅과 곰녀의 결혼 등에 관한 내용은 고조선이 건국되기 이전의 사회상을 말해주는 것이다. 단군신화의 대부분은 고조선 이전의 시대에 대해서 말하고 있다. 고조선은 초기 농경사회 즉 고고학적으로 신석기시대에 해당된다고 보는 견해이다.

앞에서 인류가 사회 형성 과정에 대해서 언급하였듯이 국가 단계의 진입 시기는 각 입장들마다 국가라고 부르는 단계의 수준이 다르고 명칭도 단계별로 고국(古國), 추방(酋邦), 방국(邦國), 왕국(王國), 제국(帝國) 등이 다양한 수준에서 사용되고 있다.

소병기(蘇秉琦)는 홍산문화 시기의 단묘총(壇廟塚) 삼위일체의 유적들은 5,000년 전 고국(古國)의 상징이며, 하북성 장가구 지역의 상간하(桑干河) 상류 울현(蔚縣) 삼관(三官)유지에서는 앙소문화 채도분(彩陶盆)과 홍산문화 채도관(彩陶罐)인 동시에 발견되는데 이것은 이 지역에서 앙소문화와 홍산문화가 서로 만난 증거이며, 서요하지역 하가점 하층문화[277]에서는 치(雉)를 갖춘 석성[278]과 채회도(彩繪陶)로 대표되는 하(夏)나라와 상(商)나라 사이의 방국(夏商之間的 方國)단계의 국가가 있었다고 보며, 산서성 임분시 도사유지에서 발견된 채회반용문흑도분을 소개하면

---

276 이찬구 『홍산문화의 인류학적 조명』 개벽사 2018, P 321
우하량유적은 단군사화가 밝혀주는 것과 같이 환웅의 조이족과 웅녀의 곰부족이 결합해 이룩한 신시(神市)공동체의 일부이다. 우하량을 신시 도읍지의 하나로 추정할 수 있으며, 특별히 '우하량 신시고국(牛河梁神市古國)'이라 칭한다. 이 우하량신시고국의 후계 나라가 고조선(古朝鮮)이다. 우하량의 역사는 BCE.3,500년경에 시작하여 500년 정도 지속되다가 기후환경에 따라 변동이 생겼을 것이다. 규원사화에도 우수하(牛首河)가 등장한다.

277 정형진 『천년왕국 수시아나에서 온 환웅천황』2006, 일빛 P 40
한민족의 뿌리를 추적하는 답사에서 꼭 들러보아야 할 곳으로 고고학적으로 매우 의미 있는 장소로 현재까지만 자료만 놓고 볼 때 하가점하층문화(夏家店下層文化)중심지로 추정된다. 발굴된 유물은 동남부의 중심도시인 적봉에 있는 적봉박물관에 소장 전시되어 있다. 적봉은 웅녀의 고향이라고 상정하는 홍산문화인 동시에 그 문화를 계승 발전시킨 하가점하층문화 지역이기도 하기 때문이다.

278 우실하 『고조선문명의 기원과 요하문명』 지식산업 2018, p 568

서 도사유지는 중원지역에 있는 하나의 고국인 중국(中原 -古國中國)이라고 소개하고 있으며, 발해만 지역에 있는 진나라의 궁전을 제국의 상징으로 소개하고 있다.[279, 280]

2) 요하문명과 Y형 이론
① 요하 유역의 신석기문화

동아시아 고대사를 송두리째 중국의 역사로 편입하려는 중국의 고대문명탐원공정의 결과물로 제시되고 있는 요하문명론은 진정으로 그것을 뒷받침할 만한 고고학적 물증이 있는 것일까?. 도대체 중국은 무엇을 근거로 세계사를 다시 써야하는 엄청난 주장을 하고 있는 것일까. 우리가 주목해야할 것은 요하일대가 세계에서 가장 오래된 요하문명으로 세우려는 중국의 입장을 뒷받침할 만한 고고학적 유물들이 많이 발견되었고, 지금도 계속해서 발견되고 있다는 것입니다. 여기에는 요하문명이 세계에서 가장 오래된 신석기문명이라는 고고학적 유물들이 최근에도 지속적으로 발굴되면서 문제는 이 요하문명의 주도세력이 신화적인 인물로 중화족의 시조라는 황제족으로 보는 중국의 시각입니다. 그러면 요하지역에서 발원한 모든 고대 민족들을 황제의 후손으로 자리매김하고, 이들 모두를 고대로부터 중화민족의 일원이었다고 보는 것이 최근에 등장하는 새로운 역사 해석의 시각입니다.

이런 시각이면 지역에서 등장하고 살았던 우리 단군·주몽 등은 당연히 황제의 후예가 되고 우리 민족은 처음부터 중화민족인 황제의 후

---

279   우실하 『고조선문명의 기원과 요하문명』 지식산업 2018, p 592
280   소병기(蘇秉琦)는 고국-방국-제국의 3단계론에 의하면 요하문명지역의 홍산문화 우하량유지와
         황하 문명지역의 도사유지는 고국(古國)단계이고, 요하문명 지역의 하가점하층문화 시기와 황
         하문명지역의 하-상-주 시대는 방국(方國)단계이며, 천하를 통일한 진(秦)나라이후는 제국(帝國)
         단계로 나눈다.

손이 되는 것입니다.

② 요하유역의 신석기문화의 개괄

요하일대의 모든 신석기문화를 홍산문화라고 통칭하기도 한다. 요하
문명[281]은 일반적으로 BCE.4500년에서 BCE.3000년 까지를 홍산문화라
고 한다. 중국의 주요 신석기문화 지역과 요하지역의 주요 유적 발견지
를 소개하면 아래와 같다.

중국의 주요 신석기문화 지역

자료: 동북공정넘어 요하문명론, 지도 P 101

---

281 정형진 『바람 타고 흐른 고대문화의 비밀』 2011, 소나무, P34
중국학자들은 요하문명·홍산문화를 '중화민족의 시조인 황제의 땅', '중화문명의 기원지'로 정리
하면 고구려·발해사를 왜곡하는 정도의 '동북공정(東北工程)'을 넘어 한민족의 근본 뿌리째 없
어진다.   고조선의 배경인 홍산문화를 신화적 인물, 황제의 문화로 만들면 단군(檀君)·웅녀(熊
女)와 여기서 나온 고조선·고구려 이하 한국사는 자동적으로 중국사에 편입된다. 예맥족(濊貊
族), 부여족(扶餘族), 주몽(朱蒙), 해모수(解慕漱) 등 이곳에서 활동한 고대 한민족의 선조들은
황제의 후예가 된다. 그 결과 한국의 역사·문화 전체가 중국의 방계 역사·문화로 전락하게 된다.

요하일대 신석기 유적지

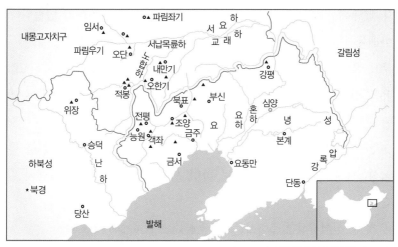

자료: 동북공정넘어 요하문명론, 지도 P 102

홍산문화 유적지

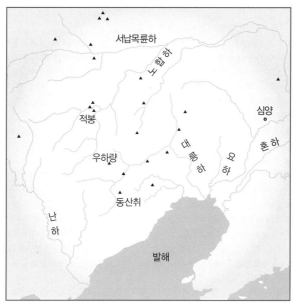

자료 : 동북공정넘어 요하문명론, p 102

요하지역의 신석기문화 유적들이 많이 있습니다. 각 문화의 시작연대에 대해서 조금씩 이견이 있어서 논문마다 약간의 차이가 있습니다. 아래에서는 중국사회과학원 고고학연구소에 있으면서 흥륭와문화 등 주요 유적을 직접 발굴한 유국상(劉國祥)[282]이 2006년에 발표한 "서요하유역 신석기시대[283]에서 초기 청동기시대까지의 고고학 문화개론"이라는 논문에서 정리한 연대를 사용하기로 하겠습니다.

논의 전개상 필요한 요하지역의 주요 신석기문화, 청동기문화를 유국상(劉國祥)의 편년을 기준으로 하여 시대순으로 소개하면 아래와 같습니다.

첫째 신석기시대 소하서문화(小河西文化 : BCE.7000~BCE.6500)

둘째 신석기시대 흥륭와문화(興隆洼文化 : BCE.6200~BCE.5200)

셋째 신석기시대 사해문화(査海文化 : BCE.5600~)[284]

---

282 이찬구『홍산문화의 인류학 조명』개벽사 2018. p 234
유국상은 흥륭와문화를 3기로 나누고 그 중에 2기를 흥륭와 2기 취락, 흥륭구취락, 사해취락, 남태자취락 유존을 대표적으로 꼽는다. 그리고 2기의 주체문식(主體文飾)을 단사선 교차문(短斜線 交叉紋)이라 하고, 지자문(之字紋)과 망격문(網格紋) 등이 새로 출현했다고 밝혔다. 단사선 교차문은 이미 1기에 출현한 주체문식이라고 말하고, 그는 2기를 8,000~7,600년 전으로 보았다.

283 브라이언 페이건 남경태 옮김『기후 문명의 지도를 바꾸다』2021, 씨마스21, p 154~173
신석기시대는(김원룡의 안) (BCE.5,000~BCE.1,000년)으로 시기별로 조기, 전기, 중기, 후기로 나누고 있다. 이 시대의 기후를 보면 소빙하기(한랭건조)에 속하며, 영거드라이아스기가 끝나고 날씨가 따뜻해지고 강우가 늘어났으며, 동물의 사육이 시작되고, 농경이 시작되자 촌락공동체는 농토에 자리잡고, 이를 배경으로 조상들이 동물과 인간생활의 풍요함에 대한 새로운 관심이 싹텄고, 새로운 종교적 신앙이 생겨났고, 사람들은 자신이 사는 집의 지하에 조상을 매장했다. 그리고 죽은 사람의 머리를 떼어내 구덩이에 부장품과 함께 묻는 풍습이 발달했다. 죽은 조상을 공식적으로 추념하는 관습이 생겨나고 조상숭배는 여러 가지 형태를 취하였다. 이 기간 내에 인류에게 닥친 최대의 재앙가운데 하나가 BCE.5,600년에 일어났다. 지중해가 상승하더니 마르마라 해보다 150m나 낮은 에욱시네 호수유역을 삼켜버려 흑해로 만들었다. 수위가 내려가면서 강유역과 삼각주들이 형성되었지만, 세계최대의 민물호수는 하루 평균 15cm씩 수위가 상승하여 강유역과 삼각주는 이내 가라앉았고, 2년이 지나자 한때 에욱시네 호수였던 곳은 지중해 같은 수위가 되어 지금과 같은 흑해를 이루었다.

284 홍산문화 이전의 요서문화인 사해문화시기까지만 해도 요서지역에서 곰 숭배의 흔적을 찾을 수 없다고 하며, 현재까지의 자료만 고려할 때 홍산문화 지역에서 곰 숭배 흔적이 나타나기 이전에는 뱀(구렁이)과 멧돼지를 주로 숭배했다. 즉 사해문화(査海文化) 지역에서는 뱀이 숭배되고 있었다고 한다.

한국학자들과는 달리 유국상을 비롯한 중국학자들은 사해문화를 흥륭와문화의 한 유형으로 보기 때문에, 별도로 구분하지 않고 사해문화가 발견된 부신시 문화국 자료에 의하면 사해문화의 방사성탄소 연대측정 결과는 BCE 5600±95년 이라고 합니다.[285]

넷째, 신석기시대 부하문화(富河文化 : BCE.5200~ BCE.4400)

다섯째, 신석기시대 조보구문화(趙寶溝文化 : BCE.5000~ BCE.4400)

여섯째, 동석병용(銅石竝用)시대 홍산문화(紅山文化 : BCE.4500~ BCE.3000)

일반적으로 신석기시대로 알려져 있지만 최근에는 청동기가 아닌 순동을 주조한 흔적들도 발견되고 있어서 이런 점들을 고려하여 동석병용시대로 보고 있습니다. 유국상이 쓴 최근의 논문에서는 이런 점들을 고려하여 동석병용시대로 분류하고 있는 것입니다. 또한 유국상은 이 논문에서 홍산문화의 주요한 유적지인 우하량 유적이 발견되는 홍산문화만기(紅山文化晚期 : BC.3500~BCE.3000)에는 이미 초급문명사회(初級文明社會) 단계에 진입한다고 보고 있습니다. 학자에 따라서는 이 시기에 이미 문명사회 단계에 진입하였다고 보기도 하지만 반론도 있기는 합니다.

일곱째, 동석병용시대 소하연문화(小河沿文化 : BCE.3000~BCE.2000)

소연하문화를 고리로 시대로 이어지는 것입니다.

여덟째, 초기청동기시대 하가점하층문화(夏家店下層文化 : BCE.2000 ~BCE.1500)

유국상은 청동기시대로 진입하는 하가점 하층문화시기에는 고급문명사회(高級文明社會)에 진입한다고 보고 있습니다.

---

285   우실하 『동북공정 넘어 요하 문명론』 소나무 2010, p 103

적봉시 경계안의 주요 문화 유적지

자료: 동북공정 넘어 요하문명론 (P 105)

　요서지역 신석기문화는 내몽고 적봉시(赤峰市) 경내에 많이 있습니다. 홍산문화의 경우는 최초 발견지는 적봉시에 있지만 우하량(牛河梁) 등 주요 유적들은 적봉시 아래쪽 요녕성(遼寧省) 지역에 있습니다. 적봉시 경계 안에 있는 요서지역 신석기문화유적은 다음의 지도를 통해서 확인할 수 있습니다.

홍산문화의 시대별 분류

시대	명칭	대표 유적과 유물
신석기	소하서문화(小河西文化 : BCE 7000~BCE 6500)	• 가장 빠른 신석기 유적, 반지혈식 주거지, 각종 토기, 석기, 흙으로 만든 얼굴상 • 황하 · 장강문화(앙소 · 하모도)보다 2000년 앞서는 신석기문화
	흥륭와문화(興隆洼文化 : BCE 6200~BCE 5200)	• 대규모 집단주거지(화하제일촌). 최초의 용형상 저수룡 세계최고의 옥결과 옥기, 빗살무늬, 평저통 토기 등 • 여신상 실물크기, 중국옥문화의 1기원
	사해문화(査海文化 : BCE 5600~)	• 돌로 쌓은 용형상의 석소룡, 부조용 문양, 중화제일용[286] • 용문화의 기원지, 방소룡.
	부하문화(富河文化 :BCE 5200~ BCE 4400)	• 가장 오래된 복골, 석기, 골기, 갑골점(甲骨占) • 북방문화의 전통이 가야, 삼한 시대까지 발견
	조보구문화(趙寶溝文化 : BCE 5000~ BCE 4400)	• 최초의 봉 형상토기 (중화제일봉), 최초의 채도 • 영물도상 토기, 세석기, 앙소문화와 교류(앙소서래설) • Y형 문화 벨트,
신석기 청동기병용	홍산문화(紅山文化 : BCE 4500~BCE 3000)	• 국가의 존재를 나타낸 단묘총(저석총, 여신묘, 천제단) • 대형 피라미드, 여신상, 옥웅룡, 채색토기 무문토기
	소하연문화(小河沿文化 : BC 3000~BC 2000)	• 다양한 문양의 토기 부호문자토기, 석기, 세석기 골기 • 세련된 그림이 그려진 토기인 존형기(尊形器). 도부문자
청동기	하가점하층문화(夏家店下層文化 : BC 2000~BC 1500)	• 비파형동검, 서관묘, 치자가 있는 석성, 대형건물터, 삼족토기 • 일상용 토기와 의례용 토기. 옥기, 복골,

---

286 김선자 『만들어진 민족주의 황제 신화』, 책세상, 2007, P 447
중국의 사회과학원 엽서헌(葉舒憲)은 중국의 용의 토템이 홍산문화의 곰 토템에서 시작되었다고 한   다. C형의 옥룡도 사실은 홍산문화의 묘장에서 나온 것이 아니라 1970년대 내몽골 적봉시 옹우터(翁牛特)기 삼성타라(三星他位)촌 촌민의 집에서 나온 것이다.

③ 소병기[287]와 Y형 문화 벨트

조보구문화의 채도는 BCE.5000년에 나오고 문양도 황하 유역 앙소문화(BCE.4512~BCE 2460)의 채도보다 빠르다. BCE.5000년을 전후한 시기에 황하 중류의 와이형 문화 벨트(Y- Belt)를 통해 조보구문화와 앙소문화가 교류했을 가능성이 많아졌을 것으로 생각이 듭니다.

요서지방과 중원의 앙소문화를 이어주는 연결 통로가 소위 영어(Y)자 형상으로 이어진 와이형 문화벨트로 불리는 고대의 문화 전파경로입니다. 이 와이형 문화 벨트를 황하 중류 앙소문화지역에서 북쪽으로 타고 가면 왼쪽으로 몽골 초원지대의 대청산(大靑山)아래로 해서 천산[288]과 알타이산 지역으로 이어지고, 오른쪽으로는 대흥안령 남단을 통해서 요서지역으로 연결되는 문화와 민족의 이동루트였습니다.

그런데 앙소문화(仰韶文化)(BCE.4512~BCE.2460)에 비해 대체적으로 조보구문화(趙寶溝文化)(BCE.5000~BCE.4400)가 이른 시기에 해당됩니다. 그렇다면 채도가 앙소문화에서 요서지방으로 전파되었다는 일반적인 상식과는 달리 역으로 요서지역의 채도가 앙소문화를 거치지 않고 중동·서아시아에서 몽골 초원을 통해 전파되었을 가능성을 배제할 수는 없으나, 일반적으로 서구학자들은 앙소문화에서 보이는 채도가 중동지

---

287 소병기(蘇秉琦)는 1994년 중국 고고학의 대원로인 소병기는 「서요하 지역의 고문화를 논하다」라는 글에서 요서지역의 고(古)문명, 요서지역의 고(古)문화라는 용어를 사용했다. 신석기시대에 황하문명과 요하문명의 교류관계를 설명하기 위해서 Y자형문화대(Y字形文化帶)이론을 제시하였다. 요하문명의 홍산문화 시기에 보이는 채도는 그 강력한 증거 가운데 하나라고 강조한다. 이런 견해는 대부분 홍산문화를 연구하는 학자들은 인정하는 것이다. 중국학계에서는 1995년 제자 곽대순에 의해서 요하문명으로 명명(名命)된 이후부터 통용되기 시작했다.

288 이중재『상고사의 재발견』1993, 동신, p 115
지금 중국지도를 보면 天山밑에 구자(龜玆)란 곳이 있다. 옛날은 구자국(龜玆國)이다. 구자(龜玆)의 이름은 춘추(春秋)시대부터 있었다. 그런데 요즘 지도에는 고차(庫車)라고 기록되어 있다. 중국말로 구자(龜玆)는 쿠차이다.

황하중류 앙소문화와 요서지역을 잇는 Y형 벨트

자료: 동북동정 넘어 요하문명론, p 147

방, 서아시아 등지에서 천산과 알타이산 사이를 지나 중원으로 전파된 것으로 보는 앙소채도 서래설(西來說)을 지지합니다. 왜냐하면 서아시아 지역의 채도가 가장 빠른 것은 BCE.7,000년경에는 여러 지역에서 많이 출토되기 때문입니다.

물론 중국학자들은 대부분 앙소, 채도 자생설(自生說)을 주장한다.

일반적으로 중국 학자들은 요서지역의 채도는 앙소문화의 영향을 받은 것으로 봅니다. 그러나 조보구(趙寶溝)문화에서 보이는 존형기(尊形器)라는 채도는 앙소문화에서는 보이지 않는 형태입니다.[289] 조보구문화 보다 대체적으로 이른 시기라면 다른 가정을 해 볼 수도 있습니다. 조

---

289 우실하 『동북공정 넘어 요하 문명론』 소나무 2010, p 148

보구문화의 채도가 '서아시아, 중동지역→ 천산과 알타이산 사이→ 몽골초원→ 대흥안령 남단→ 요서지역'이라는 길을 따라 독자적으로 전래되었을 가능성도 있다는 것이다. 서아시아 일대의 채도가 앙소문화 지역으로 전래되는 길과 다른 길이 가능한 것이다.

또 한편으로는 20세기 초 이래 한민족(韓民族)의 고토인 요서(요하의 서쪽)지역에서 BCE. 7000년까지 거슬러 올라가는 신석기문화와 청동기문화가 앞의 표와 같이 발굴되었다. 요서 일대의 고대 문명은 내몽골자치구 적봉시의 붉은 산인 홍산에서 이름을 따서 넓은 의미의 홍산문화로 불린다. 좁은 의미의 홍산문화는 요령성의 건평현(建平縣)과 능원현(凌源縣) 경계지역에서 집중적으로 발굴되는 신석기말기 문명을 가리킨다.

BCE.3500년을 기점으로 만리장성 밖의 홍산문화와 북방 초원문화가 황하 중류 만곡부인 오르도스 지역과 태항산 사이의 노선을 따라 이 문화 전수경로를 중국 학자 소병기(蘇秉琦)가 'Y벨트'라는 이름을 붙였다. Y벨트를 따라 동방 신교[290]의 제천문화[291]와 삼족오[292], 용봉, 칠성과 같은 천자문화의 상징이 중원에 흘러 들어 갔으며, 이것은 중국을

---

[290] 신교(神敎)는 상고시대 즉 파미르고원, 천산산맥, 태백산, 알타이산맥을 중심으로 번영했던 상고시대, 즉 환국(桓國)시대 이래로 우리 조상들이 받들어온 겨레의 생활문화이다. 동,서양 인류문화의 사조가 태고의 순수한 신교(Shamanism)문화로 돌아가고 있다. 우리 겨레의 유형의 물질문명과 무형의 정신문화가 합일(合一)되고, 인간과 천지가 하나 되어 살아가는 새로운 신교시대가 열린 것이다. 이 신교는 한민족 혼의 고향인 동시에 인류문화의 모태이다.

[291] 韓民族은 아득한 옛날부터 天神을 믿고 숭배하여 오던 敬天의 고유한 신앙을 바탕으로 祭天문화를 형성하고, 檀君의 弘益思想을 믿고 실천하여 왔으며, 나아가 風流道라는 民族信仰을 확립하여 儒·佛·仙 三敎를 포용하는 東方文化의 原流가 되었다.

[292] 박제상 저 윤치원 편저『부도지』, 대원, 2009, P 282
알타이족의 신화에서 까마귀는 태양의 상징 또는 태양의 전령으로 간주된다. 그들은 금까마귀(金烏) 또는 세발달린 까마귀(三足烏)가 태양에 살고 있다고 생각했다. 후에 중국신화에서는 이를 흐려서 까마귀 대신 검은 새(玄鳥), 때로는 제비(燕)으로 각색되었다. 이것은 북방 알타이 계통의 잔재를 중국사에서 지우려는 의도로 반영된 것이다. 은나라 시조 설(契)은 그의 어머니 현조가 하늘에서 가져온 알을 삼킨 후 태어났다고 한다. 이것은 은나라 시조가 북방계통에 연유했음 말해 준다고 하겠다.

대표하는 신석기문화인 앙소문화의 발전에 크나큰 영향을 끼쳤다. 한마디로 홍산문화는 황하문명의 원류인 것이다.

3) 요하문명과 고조선문명의 관계설정 과제

우리 민족의 고토인 만주 일대에는 2개의 문명을 이야기하고 있다. 바로 요하문명과 고조선 문명이다. 중국의 황하 중류 지역의 신석기-청동기를 포함한 고대 문명을 광의의 의미로 통칭할 때 일반적으로 황하문명이라고 부른다.

이 황하문명 지역에서 구체적이고 완벽한 청동기시대 국가 단계에 진입한 상(商)나라 문명을 상문명(商文明) 이라고 부른다. 예를 들어 상나라 역사의 세계적인 권위자인 장광직(張光直)은 『상문명(Shang Civilization)』이라는 책을 낸 바 있다.[293]

이 책은 세계 각국에서 중국의 고고학, 상고사, 고대사를 배우는 사람들에게 교과서나 다름없는 책이다. 이런 전례는 요하문명과 고조선 문명의 관계는 황하문명과 상문명의 관계와 같이 정리할 수 있다고 본다.

즉 요서, 요동을 포함한 요하 일대의 고대문명을 넓은 의미로 통칭할 때는 요하문명이라 부르고, 요하문명 지역에서 구체적이고 완벽한 청동기시대 국가단계에 진입한 고조선 시기를 고조선문명이라고 부르고자 한다. 이에 대해서 좀 더 구체적으로 논의를 통해서 용어의 통일을 이룰 필요가 있다고 본다.[294]

293 장광직 지음, 윤내현 옮김 『상문명(Shang Civilization)』, 믿음사, 1989. p 304
294 우실하 『고조선문명의 기원과 요하문명』 지식산업, 2018. p 19

요하문명과 고조선문명의 관계설정

광의 협의 /지역	중원(中原)지역	만주(滿洲)지역
넓은 의미로 사용할 때 (신석기문화를 포함)	황하문명(黃河文明)	요하문명(遼河文明)
좁은 의미로 사용할 때 (완벽한 청동기 국가단계)	상문명(商文明)	고조선문명(古朝鮮文明)

여기에 국내 학자들 간에도 요하문명이라는 개념 대신에 이형구는 '발해연안 문명'을 제시하여 사용하고 있으며, 중국의 만주 일대와 중국의 동해안 지역, 그리고 한반도 지역을 포함한 지역을 하나의 문명으로 보는 것이다.

하지만 요하문명을 이루는 흥륭와 문화, 부하문화, 조보구문화, 홍산문화, 소하연문화, 하가점하층문화, 하가점 상층문화 등이 대부분 요서 지역의 요하 유역에 밀집되어 있고, 1995년 소병기[295]의 제자 곽대순(郭大順)에 의해서 '요하문명'으로 명명되어 통용되는 용어이기에 이 글에서는 요하문명이라는 개념을 사용하고 있다.

요하문명과 발해연안의 고대 문화권 전체를 하나로 연결하는 '발해연안 문명권[296]'의 설정은 가능하다고 보며, 우실하 교수는 'A자형 문화

---

295 소병기의 진실은 1987년 소병기는 앙소문화와 홍산문화, 그리고 산서성 도사지역을 연결해 소위 중화 문화 전체 뿌리 중 진짜뿌리(中華文化總根系中的眞根系)라는 개념을 만들고, 산서성의 분수와 산서 북부, 섬서 북부의 오르도스지역, 다시 동북쪽으로 올라가 하북의 산건하에서 요서에 이르는, 그리고 다시 산서 남부 도사로 돌아가는 지역을 포함하는 Y형의 문화대역을 상정해 이것이 바로 중국 문화 뿌리 중의 진짜 뿌리라고 했다.

296 이형구 『발해연안문명』 상생출판사 2015, p 78~144
발해연안문명은 지금으로부터 8,000년 전 경에 빗살무늬토기가 제작되었다. 발해연안에서 이른 시기의 빗살무늬토기가 출토되는 유적으로는 발해연안 서부의 황하 하류의 자산(磁山)·배리강(裵李崗)문화, 북부의 대릉하(大陵河)상류의 사해(査海)·흥륭와(興隆窪)문화 그리고 요하 하류의 신락(新樂)문화, 요동반도 광록도 소주산(小珠山)하층문화, 압록강 하류 단동 후와(後窪)문화가 있다. 한반도에는 압록강하류 의주 미송리 유적, 대동강 유역의 궁산·남경유적 , 재령강유역

180

소병기의 Y자형 문화대

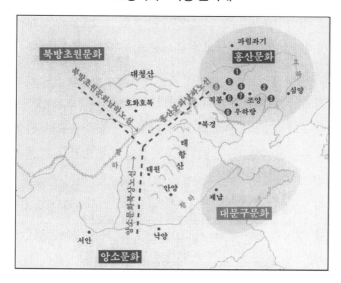

A자형 문화대

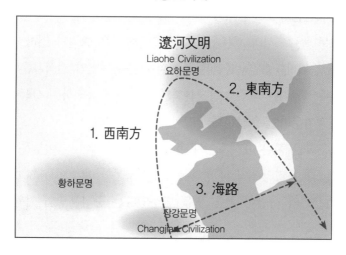

자료: 우실하 고조선문명의 기원과 요하문명, P 681

의 지탑리 유적 한강유역의 암사동 미사리 유적, 한반도 동북부의 서포항유적, 그리고 동해안의
양양 산리·고성 암리유적, 남해안의 부산 동삼동 유적 등이 많다. 이들 토기의 편년은 대체로
BCE.6,000~4,000년경이다.

대' 개념과 같은 것을 제시하는 것이다. 이는 옛날 백제의 전성기였던 백제의 영역이 산동반도와 요서 지역을 포함한 한반도 서남부 일대를 차지한 형태가 마치 말 발굽형과 유사한 영역을 보여주고 있다.

신용하(愼鏞廈)는 요하문명의 일부와 한반도의 한강문화 그리고 북한의 대동강문화를 포함하는 고조선문명(古朝鮮文明)이라는 개념을 제시하고 있다. 그는 한반도 지역의 태양숭배와 새를 토템으로 한강문화와 대동강문화를 건설한 한족, 요서, 요하문명 지역으로 올라간 곰을 토템으로 한 '맥족(貊族)', 요동 지역과 그 북쪽으로 이동한 호랑이를 토템으로 한 '예족(濊族)' 등이 다시 한반도 북부 지역에서 결합하여 고조선 문명을 형성했다는 '한(韓) – 맥(貊) – 예(濊) 3부족(部族) 결합설'을 제시하였다.[297]

4) 중국문명과 고조선문명

요하문명은 요서와 요동을 포함한 만주지역은 중원과 전혀 다른 문명권이었습니다. 중원문명권은 중국황하 중류지역의 신석기문화로 화북지방에서 일어난 최초의 농경문화입니다. 이후 동진하여 산동반도 일대의 신석기문화인 용산문화의 모체가 되었습니다.

앙소문화는 붉은 채색토기인 홍도(紅陶)가 특색이며, 이들은 오랫동안 세계 4대 문명의 중국의 황하유역의 앙소문화 (BCE.5000~BCE.3000년)를 중화문명의 서광이 처음 빛을 발하였다는 중화문명의 기원지(起原

---

297 심백강 『교과서에서 배우지 못한 우리역사』. 2014, 바른역사, p 16.
　　본래 같은 밝달민족이 왜 예족·맥족·한족의 각기 다른 이름으로 불려지게 되었으며 그것들이 의미하는 것은 무엇인가. '예(濊)'는 원래 우리말 '새'의 뜻이고 '맥(貊)'은 우리말 '밝'의 뜻이며 '한(韓)'은 우리말 '환(桓)'에서 비롯되었다고 본다. 먼 옛날 우리민족은 아침 해가 선명한 동방에 터전을 이루고 살았으며 태양을 숭배하였다. 새는 새해·새 아침·새 봄 등 새롭다는 우리말의 줄인 말이고 '밝' 과 '한'은 밝고 환한 태양을 상징하는 우리 민족 고유한 언어이다.

地)로 인류 사회발전단계에서 원시촌락사회로 보았습니다.

그리고 황하문명 지역에서 묘저구(廟底溝)문화(BCE.2900~BCE.2800), 절강성 지역에서는 양저(良渚)문화(BCE.3300~BCE.2200) 시기에 해당하는 BCE.3000년을 전후한 시기에 각 지역이 문명단계에 진입했다고 보고 있는데, 3곳 가운데 요하문명 지역이 가장 이르다. 이 시기의 국가단계를 이들은 초기국가 단계로 보고 군장국가 = Chiefdom를 의미하는 추장(酋長)이라고 부르거나 혹은 고국(古國) 이라 부른다.[298]

그렇다면 한민족(韓民族)의 만주지역은 우리의 고토(古土)지역이기도 하다. 우리는 단군신화에서 환인(桓仁)시대, 환웅(桓雄)시대, 에 보이는 환인시대에 대한 인류 발달 단계의 과정에 대해 아무런 설명이 없었다.

중국의 유교 교육의 가장 핵심적이고, 송나라에 이르면서 주희(朱熹)가 삼경(三經)체계를 확립한 가운데 시경(詩經), 서경(書經), 주역(周易)중 시경의 내용을 새로운 해석으로 다시 찾는 밝족의 역사와 새로운 해석이 동아시아 역사에 미치는 영향을 예견해 보면『시경』「상송 장발편」을 주희(朱熹)처럼 해석하면 상나라는 동이족이나 환국 밝족, 치우 천황과는 아무런 관련도 없게 된다. 그러나 이를 나처럼 "장발(長發)"을 "동장북발" 즉 동방의 장이와 북방의 밝족, "현왕환발(玄王桓發)"을 현왕(玄王)은 치우천황, 환발(桓發)은 환국과 밝족으로 풀이하면 상(商)나라의 시조가 치우(蚩尤)가 되고, 치우가 환국의 밝족의 현왕이 되어 동양 상고사의 물꼬가 바뀌고 척추가 달라지게 된다. 사마천의『사기』이후 화하족(華夏族)이 중심이 된 아시아 역사의 틀이 동이족 중심으로 완전히 방향이 전환하게 되는 것이다. 상나라는 화하족을 계승한 황제 헌원(軒轅)의

---

298   우실하『고조선문명의 기원과 요하문명』지식산업, 2018. p 589

후손이 아니라 동족 치우(蚩尤)의 직계 자손이 되게 된다. 그리고 한국의 환인, 환웅으로 상징되는 환국(桓國)이 중국의 고전『시경(詩經)』에서 문헌적 근거를 확보하게 되고, 단군으로 상징되는 밝달민족 밝조선의 역사가 신화가 아니라 실제의 역사라는 사실이『시경』을 통해서 입증하게 된다.[299]

인류사회의 발전과정에서 진화단계의 순서를 보면 단군신화에서 환인(桓因)시대는 무리사회 단계, 환웅(桓雄)시대는 부락사회 단계, 환웅과 곰녀의 결혼시대는 부락연맹체사회 단계, 단군조선(檀君朝鮮)시대는 국가사회(고조선) 단계로서 한민족의 역사적 체험, 즉 인류사회의 발전과정을 그대로 담고 있는 것이다.[300]

단군신화를 한민족의 체험을 담고 있는데 신화는 시간이 압축되어 있기 때문에 시대에 따라 나누어 환인시대, 환웅시대, 환웅과 곰녀의 결혼시대, 단군시대 등 4단계로 나누는데 한민족의 사회 발전과정과 동일하다. 단군은 고조선을 건국했으므로 단군시대는 국가사회단계이고, 환웅과 곰녀의 결혼시대는 부락연맹체사회 단계이다.[301]

중국에서는 모계(母系)사회에서 부계(父系)사회로 옮겨가던 이 시기가 황하 유역의 앙소문화 후기라고 주장한다. 황제시대를 앙소문화 후기, 즉 지금으로부터 5000년 전으로 상정하는 것은 소위 중화문명 5000년이라는 구호에 맞추어 추구하는 바가 바로 탐원공정(探原工程)이다.

---

299   심백강『한국상고사 환국』. 2022, 바른역사, p 105
300   윤내현『윤내현교수의 한국고대사』삼광 1990, P 62
       윤내현『한국 상고사 체계의 복원』「동양학」 17집 단국대학 동양연구소 1987, p 199~207
301   윤내현『윤내현교수의 한국고대사』삼광 1990, P 61

단군신화에 보이는 환인·환웅·단군의 인류사회 발전단계[302]

	기간(년대)	고고학적 문화연대	사회형성단계	가족제도
환국(환인시대)	BCE.10000이전	구석·중석기시대	무리사회단계	모계사회
배달(환웅시대)	BCE.10000~BCE.6000	후기 신석기시대	부락사회단계	모계사회
환웅과결혼시대	BCE.6000~BCE.4300	석기·청동기병용시대	부락연맹사회단계	부계사회
단군시대(고조선)	BCE.4300~BCE.200	청동기시대	초기국가단계	부계사회

※ 논문은 아니지만 여러 책들을 보고 본인이 임의로 조합한 결과이다.

① 요임금의 도성인 도사유지의 진위

중국의 도사(陶寺)유지를 최초의 중국이라고 주장하는 것이 하노(何駑)의 시각으로 2015년 12월 최종 발굴 보고서를 내면서 요임금[303]의 도성(都城)인 평양으로 보고 있는 『최초의 중국 도사유지』라는 발표를 통해 도사유지가 방국(邦國) 단계임을 인정하지만 이것이 최초의 중국이라는 점을 주장한다.

도사유지 지역을 이백겸(李伯謙)이 강조하자 소병기와 그의 제자 곽대순은 요하문명의 존재를 강조하면서, "홍산문화와 앙소문화가 마침내 도사에서 만나 화려한 문명의 꽃을 피웠다."고 주장하였고 사실 일찍이 도사유지를 중시한 것은 소병기(蘇秉琦)였다."[304], 그는 1985년 산서성 후

302 이찬구 『홍산문화의 인류학적 조명』 개벽사, 2018 P 328
     안경전 역 『환단고기』 상생, 2013, P 157
303 박성봉, 고경식역 『역해 삼국유사』 서문, 1991, p46
     위서(魏書)에 이런 말이 있다. 지금으로부터 2천여 년 전에 단군왕검(檀君王儉)이 계셨는데 아사달(阿斯達) 경(經)에는 무엽산(無葉山) 또는 백악(白岳)이라고도 했는데 백주(白州)에 있었다. 혹은 개성 동쪽에 있다고도 하는데 "지금의 백악궁(白岳宮)이 바로 이곳이다." 에 도읍을 정하고 새로 나라를 세워 국호를 조선(朝鮮)이라 불렀는데 이때는 중국 고(高 : 堯)임금과 같은 시기였다고 한다. 고기(古記)에는 이런 말이 있다. 옛날 환인(桓因)-제석(帝釋)을 이름이 있었는데, 그 서자로 환웅(桓雄)이 있었다.
304 김선자 『만들어진 민족주의 황제신화』, 책세상 2007, p 453, 523.주)198.

마에서 열린 '진문화연구회'에서 도사는 중원의 하·상·주(夏·商·周) 고전문화가 출현하기 이전의 역사시기라고 말한 바 있고, 1987년 산동 장도(長島)에서 열린 제1차 환(還)발해 고고좌담회에서는 화산·태산·북방이라 각각의 뿌리가 도사에서 결합했다. 이것이 바로 오제(五帝)시대의 중국이며 첫 번째 중국이다. 이는 산서성 남부, 즉 진남에 있었다.고 언급했다.

그러나 도사(陶寺)유지는 요의 정치중심지이며, 도사향(陶寺鄉)이 속한 곳은 양분현이고, 양분현은 임분시(臨汾市)에서 가까운 곳이다. 임분시에는 현재 천안문 광장보다 더 넓은 지역에 거대한 요 임금 사당 즉 요묘(堯廟)가 조성되어 있으며, 임분시에서 황토고원지대를 굽이굽이 넘어 들어가면 깊숙한 곳에 자리를 잡고 있는 요릉(堯陵), 역시 이곳이 요의 땅이라는 사실을 증명하는 오랜 증거로 제시된다. 중국인들은 이미 요묘와 요릉(堯陵), 도사유적지가 있는 임분시와 양분현을 요(堯)가 세웠던 나라의 도읍지(都邑地), 즉 평양(平陽)으로 믿고 있다.[305] 탐원공정[306]의 예비목표였던 바가 본 연구에서는 약간의 수정이 요구되었다. 다시 한번 말하면 이는 시대적으로 500년 내려가고 공간적으로 장강과 요하유역까지 포함된 것이다. 그 이유는 무엇일까 말할 것도 없이 BCE.3000년의 오제(五帝)시대[307]에 상응하는 유적지를 발견하지 못했기 때문이다. 그러

---

305 김선자 『만들어진 민족주의 황제신화』, 책세상 2007, p 348,
306 탐원공정은 최근의 중국에서 진행되는 문명기원 찾기 프로젝트이다. 소위 신화와 전설의 시대로 알 려진 삼황오제의 시대까지를 중국역사에 편입하여 중국의 역사를 끌어올리고 이를 통해 중화 문명이 이집트나 수메르 문명보다도 오래된 '세계최고의 문명'을 밝히려는 프로젝트이다.
307 정진형 『천년왕국 수시아나에서 온 환웅』 일빛 2013, p 142
     오제시대에 중국을 대표하는 세 집단이 있다. 첫째는 앙소문화를 대표하며 중원의 조농사(粟作)지대를 주요 무대로 하던 신농씨 화족집단이고, 둘째 산동의 대문구문화와 장강 하류의 양저문화를 대표하며, 동남쪽 연해지역의 벼농사(稻作)지대를 주요 활동 근거지로 하던 우하(虞夏)집단이고, 셋째는 황제집단이다.

니까 목표를 일단 500년 낮춰 요순(堯舜)시대로 잡은 것이다. 물론 학자들은 오제시대가 앙소문화 말기라고 말한다. 따라서 황제의 흔적을 찾아 하남 서부, 산서와 근접해 있는 영보에서 탐사작업을 진행하고 있지만, 이들이 발표한 BCE.4500년의 요순시대는 물론 탐원공정이 끝나야 알 일이지만 지금까지 확실히 말할 수 있는 것은 요순시대는 여전히 신화와 전설의 영역에 속하고 있다는 점이다.[308]

② 만들어진 황제기년[309]

양계초(梁啓超)도 중국 역사의 정확한 시작에 대해서 신중하고 이성적인 면모를 보인다.

'우리 역사의 시작을 언제부터로 보는 것이 정확한가? 일반 역사가들은 제요(帝堯)의 갑진(甲辰)에서 시작한다고 하고 더 올라가는 사람은 황제라고 하며 4000~5000년 이상의 사적을 지어낸다. 하지만 그 시일을 대조해보면 순전히 날조에 속하므로 더는 말할 필요가 없다.[310]

그러면서 그는 송나라 때 이미 원본이 사라져버린 『죽서기년』 역시 완전히 믿을 수 없다고 하면서 "신중한 태도를 취한다면 사마천의 『사기』에 기록된 서주 공화 원년(BCE.841)에서 잘라야한다."라고 말한다. 그는 『사기』의 「12 제후년표(12 諸侯年表)」에 실린 연대가 가장 정확한 중국의 시작연대라고 믿었다. 의심없는 중국의 역사는 2671년이라는 것이다. 그의 이러한 견해는 당시 '황제기년'을 주장하며 중국 역사를

---

308 김선자 『만들어진 민족주의 황제신화』, 책세상 2007, p P 348~350
309 김선자 『만들어진 민족주의 황제신화』 책세상, 2007, p 122.
　　　양계초는 기년을 서력기원, 황제기원, 공자기원 중에서 가장 알맞은 것을 孔子紀年으로 보았다.
310 양계초 『부록(1)지리와 연대-알 수 있는 최초의 연대 附錄(1)地理與年代-最初可知之年代』
　　　(國史研究6篇 臺灣中華書局,) 1971, 부록 p11

5000년[311]까지 끌어올리려 했던 자들에 대한 비판이었다.

1911년을 기준으로 한 황제기년[312]

근거	황제기년	비고
강소(江蘇) 1911년	4402년	혁명파는 황제의 기년사용 최초(4394년)
황제혼 1911년	4622년	개량파는 공자의 기년을 주장.
민보(民報) 1911년	4609년	손문은 대총통취임(1912년) 중화민국 원단으로 교체

1911년 말 손문(孫文)은 신해혁명이 성공해 청나라가 멸망하자 다시 노선을 바꾼다. 처음에 그가 배제대상으로 삼았던 소수민족을 모두 포함시키자는 오족[313]공화론을 내세운 것이다. 대총통에 취임하면서 황제기년을 음력과 함께 폐지하고 양력으로 바꾼다고 발표했다. 그러면서 황제기년을 4609년11월 13일을 '1912년 중화민국 원단(元旦)'으로 교체했다. 이때의 황제기년은『민보』를 기준으로 한 것이다. 물론 위에서 인용한 세 가지 이외의 다른 황제의 기년도 있다. 이렇게 다양한 황제기년(黃帝紀年)이 존재한다는 사실 자체가 바로 조작되었다는 가장 확실한 증명이다.[314]

황제의 연대를 4625년 전으로 보는 당시 지식인들의 황당한 주장은 송나라 소옹(邵雍)의『황극경세』를 근거로 하고 있다. 그러나『황극경세

311　김선자『만들어진 민족주의 황제신화』, 책세상 2007, p P 121
　　탐원공정의 필요성을 강조하면서 단대공정의 '상 전기 연대학 연구'과제 팀을 이끌던 안금괴(安金槐)는 이렇게 말한바 있다. 모두 알다시피 중화문명은 5,000년 역사를 가진다. 그러나 이번 공정에서 밀어올린 연대는 겨우 4,070년이다, 아직1,000년의 차이가 있다.
312　김선자『만들어진 민족주의 황제신화』, 책세상 2007, p P 165.
313　오족(五族)이란 한족·만족·몽골족·티베트족·회족을 가르킨다, 만·한·회·몽 모두를 합해 한 나라를 이룬다는 이 오족공화론(五族共和論) 혹은 오족일가론(五族一家論)은 그 당시 손문으로서는 어쩔 수 없는 선택이었을 것이다
314　김선자『만들어진 민족주의 황제 신화』책세상 2007, P 165

(皇極經世)』는 역사서로 볼 수 없을 정도로 온갖 이야기를 다 담고 있는 황보밀(皇甫謐)의 『제왕세기(帝王世紀)』를 베낀 것이다. 물론 『제왕세기』는 일찌감치 사라졌다. 그 이전, 서적의 진위 문제와 관련해 많은 의심을 받았던 한나라 학자 유흠(劉歆)은 『삼통력(三統歷)』을 지어 하(夏)·상(商)·주(周) 삼대(三代)의 연수를 적었다. 양계초(梁啓超)는 "옛날 연대를 함부로 말하는 자들은 대저 유흠(劉歆) 무리를 모범으로 삼았는데, 그 해독에 부채질한 자들이다.[315]라고 비판했다. 즉 연대를 올리려는 시도를 유흠 일파의 독에 중독된 것으로 비유한 것이다. 이미 한(漢) 왕조시대부터 '옛날 연대를 함부로 말하는 자'들은 존재했고, 그들이 미치는 해독은 상당히 컸다는 것인데, 연대 밀어 올리기 작업이 현대에도 여전히 진행되고 있는 것을 보면 그 유혹이 무척이나 강렬한 모양이다.[316]

이렇게 황당한 문헌을 근거로 역사 밀어 올리기 작업을 하는 자들을 못마땅해 하던 양계초의 생각은 『중국사서론』 제6절 「기년」에도 나타난다. 그는 서력기원(西曆紀元), 황제기원(黃帝起原), 공자기원(孔子起原), 중에서 중국에 가장 알맞은 것을 '공자기년(孔子紀年)'으로 보았다. 황제 이후의 역사가 확실하지 않기 때문에 황제기년으로는 연대를 확정지울 수 없다고 생각한 것이다.

"이상의 고증들은 연대에 대해서 한 말이다. 연대학과 사학은 지금 이미 학문 분야가 나누어졌다. 비록 겨우 2600년이지만 그 역사가 있다면 마땅히 4000년까지는 거슬러 올라갈 수 있다."[317]

황제기년을 사용하여 중국 역사를 5000으로 보는 것은 날조지만 이

---

315 양계초 『부록 지리와 연대-알 수 있는 최초의 연대』 부록 P 11~12
316 김선자 『만들어진 민족주의 황제 신화』 책세상 2007, P122
317 양계초 『부록 지리와 연대-알 수 있는 최초의 연대』 부록 P 13
　　　김선자 『만들어진 민족주의 황제 신화』 책세상 2007, P 122.

미 2600년이라는 정확한 연대가 있다면 그 위로 4000년쯤까지 거슬러 올라가는 것은 그래도 가능하지 않을까라는, 역사 연대를 올리고 싶은 그의 소망이 살짝 엿보이는 대목이다. 어쩌면 잠재된 이러한 소망이 그로 하여금 황제에서 시작하는 연대학은 부정하면서도 황제를 예찬하는 시『황제(黃帝)』를 쓰게 했고, 황제의 후손인 '한 핏줄인 한 종족'을 예찬하는 애국가(愛國歌)를 쓰게 한 것은 아닐까? 그는 『중국사서론(中國史書論)』제5절「인종」에서 황제에 대해 이렇게 말한다.

한종(漢種)이라는 것은 우리들 현재 전국 방방곡곡에 있는 소위 문명의 후대로, 황제의 자손이다. 황제는 곤륜의 대산맥에서 나와 파미르 고원에서 동으로 향해 중국에 들어오고, 황하의 연안에 거주하며 사방으로 번성해 수천 년 내에 세계에 빛나는 명성을 넓혀갔다. 이른바 아시아 문명은 모두 우리 종족이 스스로 씨 뿌리고 스스로 수확한 것이다.[318]라고 하였다.

③ 요하문명에 대한 국내학자들의 생각

국내 여러 저서나 블로그 등 인터넷에 잘못 알려진 것들이 많아서 먼저 알아보고자 한다.

첫째 국내에서 홍산문명이라는 용어를 쓰는 사람들이 많다. 이런 개념은 성립될 수 없다. 요하문명을 이루는 여러 신석기 고고학문화 가운데 하나로서 홍산문화가 있는 것이다. 흔히 홍산문화는 요하문명의 "꽃으로 불리며 세계적인 주목을 끌고 있는 요하문명의 여러 신석기 문화의 하나일 뿐이다. 몇몇 사람들이 운운하고 있는 홍산문명은 분명히 잘못된 개념이다.

318　김선자『만들어진 민족주의 황제신화』책세상, 2007, p 123.

둘째 국내의 몇몇 책에서 홍산문화의 비파형동검 사진이 소개되었다. 몇몇 이들은 청동기시대 하가점 상층문화시기에 발견되는 고조선시대의 비파형동검 이전인 홍산문화 시기에 이미 옥으로 만든 비파형옥검이 있었다고 주장하고 있다. 이 비파형옥검 사진을 최초로 국내에 소개한 사람이 우실하 교수이다. 비파형옥검 사진은 우교수가 요하문명을 소개하는 몇몇 초기특강에서 요령대교수시절부터 알고 지낸 심양시에 거주하는 민간소장인 황강태(黃康泰)가 개인적으로 수집하여 소장하고 있던 유물을 참고자료로 소개하면서 잠시 보여주었던 자료이다.

이 옥기를 직접 보고 사진을 찍은 것은 황강태가 2002년 5월~7월까지 심양 9.18역사박물관에서 「홍산문화 옥석기 정품전」을 열 때였다. 이 전시에는 20여 년 동안 그가 모은 수많은 옥기들이 전시되었고, 그 가운데 하나가 이른바 '비파형옥검'으로 현재 알려진 것이다.[319]

이것을 일부 사람들이 확대 해석해서 '홍산문화의 비파형옥검' 운운하고 있다. 저자(우실하)가 쓴 여러 책이나 논문에서 이 비파형옥검은 단 한 번도 인용되거나 언급된 적이 없다. 그럼에도 우교수가 특강에서 참고자료로 잠시 보여준 민간소장품이 이렇게 퍼져 나간 것에 대해서 우교수는 곤혹스럽기까지 하였다.

지금까지 되돌아보면 몇몇 사람에 의해서 '홍산문화 비파형옥검'으로 소개되고 있는 사진 자료는 우교수가 최초로 참고자료로 소개했던 것이며, 이것은 정식으로 발굴된 것이 아니라 알고 지내던 황강태 개인이 수집한 개인 소장품이고, 진위를 확인할 수 없으며, 유사한 비파형옥검은 이제까지 수많은 '비파형옥검'은 고사하고 옥으로 만든 칼 자체도 단 한 점도 정식으로 발견된 적이 없고, 이것이 진품이라고 생각하지도 않

---

319   우실하『고조선문명의 기원과 요하문명』지식산업, 2018. p33

는다는 점도 분명히 밝혀둔다.[320]

셋째 요하문명에 대한 연구가 고고학자나 역사학자만의 전유물이라는 생각은 잘못된 것이다. 요하문명은 거대한 하나의 문명으로, 이에 대한 연구는 고고·역사학자들의 전유물이 아니다.

하나의 거대한 새로운 문명은 거의 모든 학문 분야에서 연구할 수 있다. 고고학은 다른 분야의 연구를 위한 기초자료를 제공하는 기본적인 역할을 할 뿐이다.

예를 들면 이집트문명을 연구하는 사람은 고고학자나 역사학자만 있는 것이 아니다. 이집트 상형문자 연구는 언어학의 몫인 것이다. 이 외에도 신화학, 건축학, 미술사, 정치학, 사회학 등 거의 모든 학문분야에서 연구하고 있다. 요하문명에 대한 연구도 마찬가지이다. 요하문명의 꽃으로 불리는 홍산문화에 대한 국제학술대회도 1992년부터 적봉시[321], 적봉대학, 내몽고 홍산문화학회 등이 주최하여 지속적으로 열리고 있다. 이 학술대회에서 발표되는 논문들 역시 고고·역사분야만이 아니라 신화학, 미술사, 사회학, 건축학, 등등 다양한 분야에서 발표되었다. 2017년 내몽고자치주 성립 70주년을 기념하여 내몽고 홍산문화학회와 적봉학원 홍산문화연구원이 간행한 『적봉홍산문화학술연구 25년 회고와 전망』에서 소개하고 있는 홍산문화 관련 학술대회에서 잘 정리되어있다.[322]

---

320 우실하『고조선문명의 기원과 요하문명』 2018, 지식산업, p 35

321 심백강『한국상고사 환국』 2022, 바른역사, P 93
지금으로부터 5,000년전 내몽골(內蒙骨) 적봉시(赤峰市)를 중심으로 그 부근지역에 건립된 홍산문화는 하늘과 땅에 제사지내는 대형제단(大型祭壇), 여신(女神)을 모시는 신전(神殿), 사자(死者)의 무덤인 적석총(積石塚)으로 상징된다. 홍산(紅山)의 제단(祭壇), 여신묘(女神廟), 적석총(積石塚)은 북경(北京)의 천단(天壇), 태묘(太廟), 13릉(陵)과 동일한 의미를 지닌 구조로 형성된 것으로서 중국(中國)의 고고학계에서는 이를 건국(建國) 전야(前夜)의 유적으로 평가한다.

322 우실하『고조선문명의 기원과 요하문명』 지식산업, 2018. p 35

5) 양사영의 삼첩층(三疊層) 문화

앙소문화(BCE.5000~BCE.3000년)는 황하 중류지구의 신석기 채도문화이다. 앙소문화라는 이름은 1921년 덴마크 고고학자 앤더슨이 하남성 삼문협(三門峽)시 민지(澠池)현 앙소촌(仰韶村)에서 고고유적을 발견한 데서 따온 이름이다. 하남성 앙소촌뿐만 아니라 산서성, 섬서성, 감숙성 일대에 광범위하게 퍼져 있는 문화다. 일찍이 앙소문화의 민족귀속성에 대해서 주목했던 중국 전야(田野) 고고학의 선구자인 양사영(1904~1954)이였는데, 양사영은 삼첩층문화로 불리는 세 문화 사이의 문화계승 관계를 정리했는데 시작은 앙소문화였다.

양사영은 청나라 말기 변법자강(變法自疆) 운동의 중심인물이던 양계초(梁啓超)의 둘째 아들로 청화(青華)대학을 나와 하버드대학교에서 석사학위를 취득하고 귀국한 후 중국 중앙연구원 역사어언연구소(歷史語言研究所)에 근무하면서 이른바 '전야고고학(田野考古學)'을 발전시켰다. 중국이 비로소 중국인의 손으로 첨단 고고학 이론의 바탕 위에서 발굴할 수 있게 된 것이었다.

양사영은 1934년 '삼첩문화' 이론을 제정하는데 핵심은 앙소문화(仰韶文化), 용산문화(龍山文化), 상문화(商文化)가 서로 계승관계에 있다는 것이었다. 고대 중원지구의 핵심문화가 어떤 상호연결성과 민족귀속성을 갖고 있는지 흐름을 설명한 탁월한 이론이다.

BCE.5000~BCE.3000년의 앙소(仰韶)문화는 BCE.2500~BCE.2000년의 용산(龍山)문화로 이어지고, 이것이 다시 BCE.1600년~BCE.1046년의 상(商)문화로 이어지는 것이다.[323]

---

323   이덕일 『사기 2천년의 비밀』 만권당, 2022, P 69
정수일 『고대문명 교류사』 사계절, 2001, p 111

양사영이 제창한 삼첩층문화 이론의 시기와 분포지역[324]

	시기	주요특징	분포지역
앙소(仰韶)문화	BCE.5000~ BCE.3000년	채도문화	하남성, 산서성, 섬서성, 감숙성
용산(龍山)문화	BCE.2500~ BCE.2000년	흑도문화	하남성, 산동성, 산서성, 섬서성, 강소성,
상(商)문화	BCE.1600~ BCE.1046년	백도문화	하남성, 산동성, 산서성, 섬서성, 강소성

龍山문화는 황하 중류지역의 하남성, 산서성, 섬서성, 강소성, 등지에 널리 분포하고 있는데, 검은 토기인 흑도(黑陶)가 주요 특징이다. 용산문화가 앙소문화를 이었다는 것인데, 용산문화는 그동안 중국에서 세계 3대 문명이라는 황하문명의 핵심문화였다.

양사영은 앙소문화를 계승한 용산문화가 다시 상문화에 계승된다고 보았다. 양사영이 말하는 상문화는 하남성 안양현의 후강(后岡)유적 중심이다. 후강유적은 BCE.4000~BCE.1100년경에 존재했던 유적인데, 상나라 곧 은나라 후기 도읍지 유적인 은허(殷墟)의 중심유적 중 하나이다.

원래 중국은 20세기 초까지만 해도 하은주(夏殷周) 3대중 주(周)만을 실존국가로 인정하고, 夏·殷은 전설상의 王朝로만 생각했다. 그러다가 20세기 초에 하남성 북부 안양시에서 수많은 갑골문(甲骨文)이 발견되면서 은나라가 실존했던 왕조라는 사실을 인정하지 않을 수 없게 되었는데 이곳이 바로 은허(殷墟)이다.[325]

---

324 이덕일 『사기 2천년의 비밀』 만권당, 2022, P 71
325 이덕일 『사기 2천년의 비밀』 만권당, 2022, P 71

BCE.4,000~BCE.3,000년경 신석기문화지역의 교류

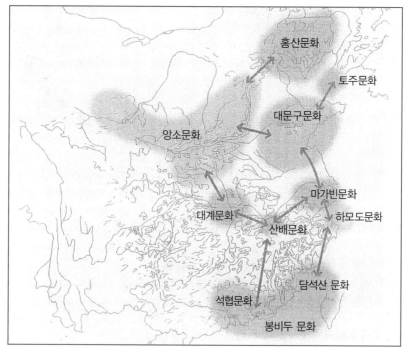

홍산문화

토주문화

대문구문화

앙소문화

마가빈문화

대계문화

산배문화

하모도문화

담석산 문화

석협문화

봉비두 문화

자료: 동북공정, P 114

    은허(殷墟)는 상(商)의 19대 군주이자 중흥군주인 반경과 깊은 관계가 있다. 반경(盤庚)은 지금의 산동성 곡부(曲阜)에 있던 상(商)의 수도 엄(奄)을 재위 15년 북몽(北蒙)으로 천도하는데 北蒙이 곧 하남성 안양(安陽)이다. 반경(盤庚)은 천도(遷都)이후 북몽의 이름을 은(殷)으로 바꾼다. 이것이 이른바 반경이 은으로 천도했다는 반경천은(盤庚遷殷)이자 상나라가 은나라로도 불리게 된 이유이다.

    은(殷)은 반경(盤庚)이후 소신(小辛), 소을(小乙), 무정(武丁), 조경(祖庚), 조갑(祖甲), 름신(廩辛), 경정(庚丁), 무을(武乙), 문정(文丁), 제을(帝乙), 제신

(帝辛)까지 열두 명의 왕 273년 동안이나 도읍이었다.[326]

은허는 하남성 안양시 은도구(殷都區) 소둔촌(小屯村) 주위의 길이 약 6㎞, 면적 약 36㎢에 이르는 유적인데, 수많은 유물들이 쏟아져 나왔다. 그 중 가장 유명한 것이 갑골문(甲骨文)인데 은허에서 출토된 갑골문 중 글씨가 쓰여 있는 것만 무려 15만 편(片)이나 된다.

商이 東夷族 神政國家라는 것은 일찍이 중국학자들도 모두 인정하는 사실이다. 중원의 고대문화가 앙소문화에서 용산문화로 가면서 상문화로 연결된다는 양사영의 삼첩층문화이론이 중원 중심 문화의 민족 귀속성에 어떤 의미를 갖는지 알게 해주는 사실이다. 즉 중원 고대 문화의 중심은 모두 동이(東夷)문화라는 말과 같다.

하상주 3대 강역

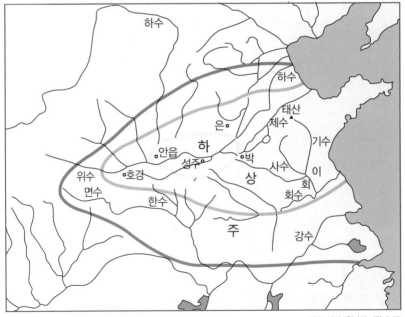

자료: 사기 2천년의 비밀, P 72

326　이덕일 『사기 2천년의 비밀』 만권당, 2022, P.72

현재 중국은 공산당이 직접 주도하는 국가차원의 여러 역사공정을 진행하고 있다. 그 핵심은 현재 중화인민공화국 내에서 발생했던 모든 역사는 화하족(華夏族)의 역사라는 것이다. 이 논리에 따라서 자신의 선조들이 쓴 『사기』『한서』, 『후한서』, 『삼국지』 등의 고대 사사(四史)는 물론 이후의 모든 정사에서 외국열전에 서술된 고조선, 고구려 등의 역사도 중국사라고 우기고 있고, 심지어 만주족이 세운 금(金), 청(淸)까지도 중국사(中國史)라 강변하고 있다. 중국의 역사공정은 실존했던 국가뿐만 아니라 국가가 수립되기 이전에 존재했던 고대문명, 문화까지도 화하족(華夏族)의 문화라고 우기고 있다. 중요한 사례 중 하나가 과거 이(夷)의 문화로 여겼던 동이문화까지 하화(夏華)문화로 끌어들이는 歷史工程이다. 이때 핵심 논리는 동이(東夷)문화가 주(周)나라 때 하화(夏華)문화로 편입되었다는 것이다.[327]

중국 사회과학원에서는 동이문화는 하화(夏華)문화의 중요한 발원지 중 하나라면서 동이(東夷)문화를 하화문화로 편입시키고 있다. 중국이 이렇게 과감한 주장을 할 수 있게 한 배경에는 한국의 대학 사학과와 여러 역사 관련 국가기관을 장악한 이른 바 강단사학자들이 애써 自國史의 시간과 공간을 축소하는 것을 보고 자신감을 얻은 덕분으로 보인다. 한국의 강단사학자들이 동이문화를 한민족(韓民族)의 문화가 아니라고 주장하는 것을 보고 중국문화로 편입시켜도 반발이 없을 것이라는 계산을 했을 것이다.

그 상징적인 표현중 하나가 산동성 남부 임기(臨沂)시에 세운 동이문화박물관(東夷文化博物館)이다. 산동성 남부의 임기(臨沂)시는 산동성 중

---

327   이덕일 『사기 2천년의 비밀』 만권당, 2022, P73

북부의 곡부(曲阜)시와 함께 동이문화의 중심지역이다. 곡부는 은나라
사람들의 후예로 역시 동이족이었던 공자의 고향이기도 하다.[328]

臨沂市 위치도

임기시(臨沂市)는 중화인민공화국 산동성 동남부에 위치한 지급도
시. 면적 17184㎢ 시역은 동경 117도 24분~119도 11분, 북위 34도 22분
~36도 22분에 걸쳐있다. 동서 161㎞, 남북 228㎞으로 시역내 산지 구
릉, 평야가 비교적 고루 분포하여 비율은 비슷하다. 몽산(蒙山)은 산동
성내 태산에 이어 높은 산지이며, 험한 봉우리와 풍부한 산림으로 이루

---

328   이덕일 『사기 2천년의 비밀』 만권당, 2022, P74.
        정연규 『수메르·이스라엘 문화를 탄생시킨 한민족』 한국문화사, 2004, p 69.

어진 경관은 태산에 못지않다. 시내는 동서로 제2의 대하인 기하가 흐른다. 기후는 온후하며 사계절은 분명하고 강수량이 많다. 市名은 기수(沂水)라는 하천에서 유래한다. 중국에서 10위내에 들어가는 인구규모를 가진 행정구역이며, 인구의 99.6%가 한족으로 그 외 30개 이상의 소수민족이 각지에 모여 있다. 산동성에서 면적 인구가 공히 최대의 지급시(地級市)이다.

곡부(曲阜)는 은나라사람들의 후예로 역시 동이족이었던 공자(孔子)의 고향이기도 하다.

동이문화박물관에는 동이영웅(東夷英雄)이라는 제목 아래 네 명의 동이족 출신 군주들을 벽면에 크게 그려 놨다. 태호복희씨(太皡伏羲氏), 소호금천씨(少昊金天氏), 치우[329](蚩尤), 제순(帝舜)(순임금)이다. 중국 스스로가 삼황(三皇)의 첫 머리인 태호복희씨가 동이족(東夷族)이라는 사실을 인정하고 있다.[330]

과연 중국이 국가차원에서 진행하는 역사공정의 끝이 어딜까 자못 궁금하다. 국가권력으로 과거 역사를 바꾸려는 시도는 계속 있어 왔지

---

[329] 왕대유『삼황오제시대』중국사회출판사 , 2000, p 184
중국 미술사학자 왕대유(王大有)는 치우(蚩尤) 두 글자 모두 뱀을 상형화한 것이라 주장한다. 치우의 치(蚩)자는 아(亞)자 속에 있는 치우 족휘를 모사한 글자다. 그리고 그 족휘의 아랫부분은 사람의 대퇴골을 그린 것으로 족휘가 나타내는 것은 '뇌택에 찍힌 신룡(神龍)의 발자국'이다. 또한『황제사경(黃帝四經)』「십대경(十大經)」에는 치우를 '지우(之尤)'로 칭했는데, 이때 '지(之)'는 고문에서 '지(止)'로 쓰며 그 뜻은 용의 흔적 혹은 용의 발자국이라는 의미가 있다. 다음으로 그의 이름자는 '우(尤)자'를 보자 '우'자는 뱀이 신목(神木)을 감싸고 오르는 모습을 상형화한 것이다. 그런데 그 모양이 상징하는 것은 동이인방의 뱀족 집단의 토템이다.

[330] 『삼성기 하편』과『 태백일사 제3편』「신시본기」에 삼황의 첫 삼황인 태호복희는 배달환웅 5세 태우의(太虞儀)환웅의 아들은 열둘이었는데, 맏이는 다의발(多儀發)이고, 막내가 태호 복희라고 했다. 사마천은『사기』를 지으면서 삼황(동이족)을 빼고 오제부터 서술한 것만 보아도. 우리의 역사가 유구함을 보여준다, 이전의 중국 역사는 중국 어디에도 찾을 수 없다. 역사의 시작은 즉 동이족은 모계사회, 중국은 부계사회에서 시작되었다고 보아도 알 수 있다.
임승국 번역·주해『한단고기』정신세계사 1995, p 45, 176

만 이런 역사조작(歷史造作)이 성공했던 경우는 그리 많지 않다.

다만 한국은 지금 일제 식민사관을 추종하는 역사학자들이 강단을 장악하면서 자국민의 시각이 아니라 일본과 중국의 시각으로 자국사(自國史)를 바라보기 때문에 상황이 조금 다르기는 하다 하지만, 궁극적인 역사조작이 성공할 확률은 그리 높지는 않다.

진실은 비록 소수가 주장한다고 해도 그 자체로 힘을 갖고 확대·재생산되기 때문이다. 그러므로 민족귀속성 자체가 다른 동이족(東夷族)을 하화족(夏華族)으로 일부 편입시키는 역사공정이 중국공산당의 의도대로 결실을 맺을 가능성은 그리 높지 않다.

중국에서 하화문화의 일부로 편입시키고 있는 동이문화는 산동성 임치구(臨淄區) 재릉가(齋陵街)의 후리(后李)문화가 필두인데, 지금으로부터 7500~8500년 전의 유적이다. 산동성 등주시 북신지구의 7000년 전의 북신(北辛)文化, 산동성 태안시의 4500~6500년 전의 大汶口文化, 산동성 제남시 용산진에서 명명된 4000~4540년 전의 용산문화(현 장구시 용산가), 산동성 平度市 岳石村에서 명명한 3600~3900년 전의 악석(岳石)문화를 모두 동이족의 문화라고 인정하고 있다.

임기시(臨沂市)의 동이문화박물관은 도설동이(圖說東夷)라는 책을 출간했는데, 인상적인 부분이 고고학적 유적을 삼황오제에 맞추어 설명하고 있는 점이다.

동이족(東夷族) 고고유적(考古遺迹)이 후리(后李)문화(BCE.6500~BCE.5500)에서 비롯되어 북신(北辛)문화(BCE.5500~BCE.4300)를 거쳐 대문구(大汶口)문화(BCE.4300~BCE.2600)를 거쳐 용산(龍山)문화(BCE.2600~BCE.2000)로 이어진다고 설명하고 있다.

양사영의 삼첩층문화이론과 그 이후의 발굴 결과를 보면 동이문화의 흐름이 후리(后李)문화→북신(北辛)문화→용산(龍山)문화→악석(岳石)문화→ 상(商)문화로 이어진다는 사실을 알 수 있다.[331]

중국은 국가차원에서 역사 만들기에 나서며 三皇五帝를 비롯한 여러 상고문화를 중원 상고사의 여러 인물들과 연결시켜 설명하고 있다. 북신문화와 대문구문화[332] 후기까지 태호복희 및 소호금천씨의 유적이고, 대문구문화 후기와 용산문화는 치우(蚩尤)[333, 334]·전욱(顓頊)·제곡(帝嚳)·우순(虞舜)시대까지라는 것이다. 우리나라 고대사 학자들이 애써 국조(國祖)단군과 단군조선의 실재를 부인하는 것과는 아주 상반된 태도라고 볼 수 있다.

중국은 과거 동이문화라는 사실을 애써 감추었지만 이제는 동이문화도 하화문화라는 용광로 속에 집어넣어 용해시킬 수 있다는 자신감을 가지는 것이다.

그러나 이런 자신감은 양날의 검(劍)일 수밖에 없다. 자칫하면 중국

---

331 이덕일 『사기 2천년의 비밀』 만권당, 2022, P75

332 대문구문화는 하남성 서쪽의 양사오 문화와 대비되는 문화로서 동이계 문화로 추정되고 있고, 이후의 용산문화에 연결된다. 황하유역의 이리두문화의 주인공으로 하나라와 은나라를 비정한다. 이리두문화는 양사오문화를 계승하여 대문구문화의 요소도 받아들인 초기 청동기문화단계로 인식된다. 이 점은 산동지역 용산문화와 요녕지역 하가점하층문화도 마찬가지이다.

333 최남선 『불함문화론』, 2016, 우리역사, P 157
이홍규 엮음 『바이칼에서 찾은 우리 민족의 기원』 정신세계 2005. p 29
복희로부터 시작하여 동이족에게 면면히 내려오는 문화코드는 뱀 토템이다. 뱀을 주 토템으로 했던 동이족에게 뱀은 곧 조상과 사람의 영혼이었던 것이다. 그래서 전국시대 중기 이전에 이(夷)를 나타냈던 '시(尸)'가 후대까지 시동(尸童)의 의미를 갖게 된 것이다. '이'자에 사용된 '弓'자에 뱀이자 조상의 영혼을 나타내고 있음은 한자 조(弔)자로도 알 수 있다. 조자(弔字)는 죽은 조상의 영혼이 신목(神木)을 타고 오르는 모습을 상형화한 것이다. 최남선은 "어느 설문을 읽어보아도 이의 진의는 밝혀지지 않은 듯하다"고 하면서 "이(夷)의 자형은 거의 대시(大尸)에서 온 것이다. 大尸는 大人으로 중국 고전에 동방에 大人국이 있다고 한 것도 실은 동이를 가리킨 것이다". 라며 '이'자의 원형이 '시'자(字)에 있음을 인정한다.

334 정재서 역주 『산해경』 민음사 1993, p 300
송산이라는 곳이 있는데 이름을 육사라고 하는 붉은 뱀이 있다. 어떤 나무가 산위에서 자라는데 이름을 풍목이라고 한다. 풍목은 치우가 버린 차꼬와 수갑, 이런 것들이 풍목이 된 것이다.(有宋山者 有赤蛇, 名曰 育蛇. 有木生山上, 名曰楓木. 楓木, 蚩尤所棄其桎梏, 是爲楓木.)

공산당이 강조하고 싶은 뿌리 자체가 흔들릴 수 있기 때문이다. 한국의 역사학계 전체가 일본 제국주의 역사학과 중국의 현재 패권주의 역사학을 추종하지 않는 한 자칫 이는 중국 문화의 뿌리 자체를 상실하게 하는 결과를 낳을 수 있는 것이다.

그 중 가장 폭발력을 지닌 것은 용산문화의 민족귀속성이다. 중국은 용산문화를 중심으로 하는 황하문명을 세계 4대 문명의 하나라고 자랑해 왔는데 이 황하문명이 하화족의 문명이 아니라 동이족(東夷族)의 문명으로 귀결될 경우 그 여파는 적지 않을 것이다.

그 동이족의 민족 귀속성이 현재의 중국인들이 아니라 현재의 한국인들에게 있다는 사실은 현 중국인의 조상들이 쓴 『후한서』 『삼국지』 등의 「동이열전(東夷列傳)」이 말해 주기 때문이다.[335]

『후한서』 「동이열전」은 부여(夫餘), 읍루(挹婁), 고구려(高句麗), 동옥저(東沃沮), 예(濊), 삼한(三韓), 왜(倭)를 이른바 하화족과 다른 동이족 국가라 설정하고 있으며 삼국지도 같은 내용을 기술하고 있다.

현재 중국은 고구려가 중국의 지방봉건정권이라고 주장하고 있지만 이는 현재의 일본인이 중국인이라고 주장하는 것만큼 억척스런 주장에 지나지 않는 것으로 설득력이 전혀 없다.

대문구문화→ 용산문화→ 악석문화의 순서로 동이문화가 계승된다고 하였는데 흑도(黑陶)로 대표되는 용산문화는 산동성뿐만 아니라 산서·하남·섬서성에 널리 분포하는 동이족문화다.

용산문화 중 산동성 日照시 양성진(兩城鎭) 유적에 대해서 영국 옥스퍼드대학의 『세계사 편람』은 BCE.2800 ~BCE.2000년 전의 양성진은 아시아에서 가장 이른 성시(城市)였다. 라고 말하고 있다. 아시아의 가장

335   이덕일 『사기 2천년의 비밀』 2022, 만권당, P 76

이른 도시를 만든 주역이 동이족이라는 것이다.

양사영(梁思永)이 동이문화라고 인정한 앙소문화의 하나가 화서국(華胥國)[336] 유적인데, 이 역시 동이족 유적이다. 화서국 유적이 동이족 유적이라면 화서씨의 아들 복희가 동이족이라는 사실은 굳이 설명할 필요도 없을 것이다. 복희가 동이족이라면 이미 동이족임을 살펴본 신농(神農)과 함께 三皇 중에서 이미 두 인물이 동이족인 것이 밝혀졌다. 또한 복희는 중국이 세운 동이박물관에서 스스로 동이족 영웅이라고 밝히고 있다.[337]

중국뿐만 아니라 고려의 이승휴가 『제왕운기』에서 서술한 삼황오제는 고려인의 인식을 보여준다는 점에서 흥미롭다. 이승휴는 『제왕운기』(권상) 아래 삼황을 묻는 자 누구인가 라는 대목에서 복희(伏羲)·신농(神農)·황제(黃帝)를 삼황으로 서술하고 소호(少皞)·전욱(顓頊)·제곡(帝嚳)·당요(唐堯)·우순(虞舜)을 오제로 서술하고 있다.[338]

삼황의 세 번째에 황제를 넣고 오제의 첫 번째에 소호(小昊)를 넣은 것이다. 이는 황보밀(皇甫謐) 등의 역사인식과 같은데 이승휴(李承休)가 삼황오제의 민족귀속성이 동이족이라는 사실을 알고 썼는지는 분명하지 않지만, 사마천(司馬遷)의 『사기(史記)』 「오제본기(五帝本紀)」와는 다른 역사 인식인 것은 분명하다.

사마천은 황제(黃帝)를 오제(五帝)의 첫 번째로 설정했지만, 이런 설정

---

336 화서국 전설에 나오는 李相國으로 엄주(弇州)의 서쪽 태주의 북쪽에 있다고 하는 나라인데 일찍이 황제가 꿈에 가보았다는 평화스런 나라, 列子 황제에 "황제가 천하가 다스려지지 않음을 걱정하다가 낮잠이 들었는데 꿈에 화서국에 갔다. 그 나라에는 관장이 없어도 다스려지고 백성들은 생사에 대해 기뻐하거나 슬퍼하지도 않고 자연스럽게 살고 있었다."라고 하였다. (다음 옛글닷컴 참조)

337 이덕일 『사기 2천년의 비밀』 2022, 만권당, P 76

338 이승휴의 『제왕운기』 상권에 재위기록에 의하면 삼황(복희, 신농, 황제)의 존속기간이 1786년이고, 오제(소호, 전욱, 제곡, 요, 순)은 251년으로 나타나고 있다. 삼황오제의 존속기간이 1722년이다.

은 중국은 물론 한국의 이승휴(李承休)도 거부한 것이다. 그럼 사마천은 왜 논란을 무릅쓰고 삼황을 지웠고, 황제를 천하사의 첫 군주로 설정했을까.[339]

6) 황제는 어느 족일까

중국은 최근 산동반도를 중심으로 중원(中原)의 고고유적들이 대부분 동이문화임을 인정하는 추세이다. 그러나 동이문화는 후대에 하화문화로 편입되어 사라졌다고 주장한다. 그런데 문제는 하화문화가 언제 시작했는지 즉 하화족이 언제 시작하는지 알 수 없다는 점이다. 이는 중국 역사공정의 가장 큰 딜레마라고 할 수 있다.

동이문화가 언제 어디에서 시작되어 발전했고, 하화문화가 언제 어디서 시작되어 발전했는지를 먼저 규명하여야 한다. 또한 중국에서 현재 동이문화를 인정한다고 해도 절대 인정하지 않는 부분, 아니 인정할 수 없는 부분이 여럿 있다. 그 중의 하나가 황제의 민족귀속성이다.

간단하게 말하면 황제는 하화족이라는 것이다. 앞에서 살펴본 복희(伏羲), 신농(神農)이 동이족임이 드러났는데 황제까지 동이족이라고 하면 하화족이 동이족을 편입한 것이 아니라 하화족 자체가 뿌리내리지 못한 부평초 신세가 되기 때문이다.

사마천이 삼황을 삭제하고 오제부터 시작하는 하화족의 『사기(史記)』를 서술한 이유도 이 때문인 것으로 짐작된다. 사마천의 『사기』「오제본기」는 이렇게 시작한다.[340] 황제는 소전의 아들이다.〔黃帝子 少典之子.〕이에 대해서 배인(裵駰)은 『사기집해』에서 이렇게 설명한다.

---

339 이덕일 『사기 2천년의 비밀』 2022, 만권당, P 77
340 김선자 『만들어진 민족주의 황제신화』 책세상 2007, P 44.

"초주(譙周)는 유웅국(有熊國) 군주인 소전(少典)의 아들이다"라고 말했다. 황보밀은 "유웅국은 지금 하남(河南) 신정(新鄭)이 이곳이다."라고 말했다. 황제는 유웅국 임금 소전의 아들이고 유웅국은 하남성 중부에 있는 신정에 있었다는 것이다.[341]

하남성 신정시는 양사영이 설명한 삼첩층문화 이론의 첫 번째인 앙소문화 유적지가 있는 곳이다. 앙소문화는 BCE.5000~3000여 년의 유적이다. 하남성 중부의 신정시는 정주시(鄭州市) 산하의 현급시로 화북평원 서쪽 가장자리와 정주시의 동남쪽에 있는데 인구가 약 100만 명이나 중국에서는 그리 크지 않는 도시이다.

신정시는 황제의 고향(黃帝故里)이라고 자칭하고 있으나, 신정시에서는 수많은 역사유적이 분포되어 있는데 앙소문화 중·후기에 유웅국이 있었다고 한다. 앙소문화는 동이족유적이라 유웅국 역시 동이족 국가일 수밖에 없다. 즉, 유웅국 임금 소전은 동이족이고 그 아들인 황제 역시 동이족이다. 옥저웅룡이 황제를 유웅씨라고 부른 실증적 증거라는 이러한 주장 역시 고고 발굴과 문헌 자료의 중국식 결합방식을 보여준 것이라 하겠다.[342]

341 이덕일『사기 2천년의 비밀』만권당, 2022, P 81`
계연수 엮음 이민수 옮김『환단고기』「태백일사」(삼한관경본기) 한뿌리, 1986, p 142
임승국 번역·주해『환단고기』「태백일사」(삼한관경본기 제4) 정신세계사, 1995, p 196
342 김선자『만들어진 민족주의 황제신화』책세상 2007, P 458.

사마천이 설정한 오제 및 하은주 시조계보도

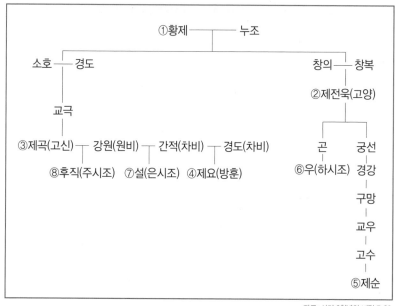

자료: 사기 2천년의 비밀 P 82

또한 하남성 신정시는 산동성 임기시 및 곡부시와 함께 동이문화의
중심지이기도 하다. 신정시에는 용산문화 중기에는 축융씨(祝融氏)의 나
라가 있었다고 한다. 축융씨는 사마천이 오제의 두 번째로 설정한 제전
욱의 증손(현손이라고도 함)으로 불을 다루는 화정(火正)이었다고 한다. 축
융족이 살던 중심지역은 지금의 하남성 신밀(新蜜)시 곡량향(曲梁鄕) 고
성채(古城寨) 일대로 추정된다. 중국에서는 축융국이 존재하던 시기를
지금부터 약 3000~5000년 전 용산문화 후기로 비정하면서 하남성 숭
산(嵩山)과 신정시 일대에 분포했다고 보고 있다.[343]

『春秋左傳』「魯昭公 17年」조에 "정현(현 신정)은 축융의 터전이다." 라
는 기록이 있고, 한서 지리지에는 "지금 하남의 신정은 본래 高辛氏의

343   이덕일 『사기 2천년의 비밀』 만권당, 2022, P 82

火正이었던 祝融의 터전이다." 라는 구절이 있다.[344] 모두 지금의 하남성 신정시가 축융씨가 살던 지역이라는 뜻이다.

또한 新鄭은 夏나라 도읍지였으며, 商나라 때는 임금이 직접 다스리는 경기 지역이었다. 西周때는 회(鄶= 회)나라가 있었고, 동부, 곧 춘추 때는 정나라가 있었다. 전국(戰國)때 한국(韓國)이 신정(新鄭)으로 천도했다. 사마천이 황제를 소전의 아들이라고 단정한 것에 사마정은 『사기색은』에서 아래 원문과 같이 의문을 제기 했다.[345]

중원의 고대 기록들은 연대가 혼동되어 있는 경우가 종종 있다. 워낙 오래된 시기이기도 하고 전해진 기록이나 구전(口傳)들이 서로 다르기 때문이기도 하다. 황제라는 명칭은 오덕종시설(伍德終始說)로 설명하는 경우가 많다.

오덕종시설(伍德終始說)은 전국시대 음양가인 추연(鄒衍)이 제창한 개념으로 오덕이란 오행 중의 목, 화, 토, 금, 수 로 대표되는 다섯 종의 德性을 뜻한다. 이것이 순환한다는 논리인데 황제는 土德은 땅의 색인 황색을 숭상하므로 황제를 칭했다는 것이다. 오덕은 상생과 상극이 있는 상생의 순환은 목(木)→화(火)→ 토(土)→금(金)→수(水)→목(木)의 순서이다.

반면 목이 토를 이기고 토는 수를 이기고 수는 화를 이기고, 화는 금을 이기고, 금은 목을 이기는 것이 상극(相剋)이다. 황제 앞의 염제는 화덕이고, 화덕 다음이 土德인데 土德은 땅의 색인 황색을 숭상하므로 누른 빛 황(黃) 자를 써서 황제라 칭했다는 것이다.

전국시대 이전에는 황색을 숭상하는 습관이 없었다는 것이다. 황제

---

344 『漢書』「地理志」, "鄭國,今河南之新鄭,本高辛氏火正祝融之虛也".
    『春秋左傳』「魯昭公十七年」조, ."鄭.祝融之虛也.皆火房也"
345 『史記索隱』 "少典者 諸侯國號 非人名也 又案 國語云 少典娶有蟜氏女 生黃帝炎帝 然則 炎帝 亦 少典之子 炎帝二帝 雖則相承 如帝王代紀中閒凡隔八帝 五百餘年 若以少典其父名 豈黃帝 經五百餘年而 始代炎帝後爲天子乎 何其年之長也"

의 姓은 『사기』 「오제본기」에서는 姓은 公孫이고, 이름은 헌원(軒轅)이라는 것이니 황제의 姓名은 公孫軒轅인 셈이다. 그런데 공손이라는 성씨가 어디에서 나왔는지도 모른다.

청나라의 양옥승(梁玉繩)은 사기주석에 필적할 만한 저작인 『史記志疑』를 저술한 학자인데 공손은 성이 아니라 했다. 청나라 때 학자 최술(崔述)(1740~1816)도 『崔東壁遺書』 「補上古考信錄之上」의 황제씨(黃帝氏)에서 공손(公孫)은 제후의 후손을 뜻하는 稱號이지 姓이 아니라고 말하고 있다.[346]

화서씨에서 제곡 고신씨까지 계보도

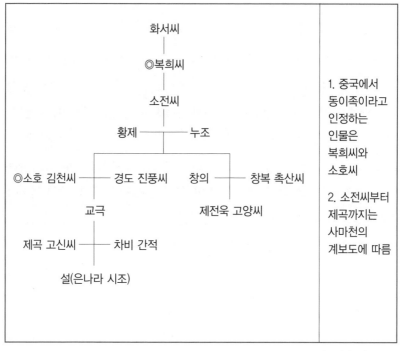

화서씨
│
◎복희씨
│
소전씨
│
황제 ── 누조
│
◎소호 김천씨 ── 경도 진풍씨   창의 ── 창복 촉산씨
│   제전욱 고양씨
교극
│
제곡 고신씨 ── 차비 간적
│
설(은나라 시조)

1. 중국에서 동이족이라고 인정하는 인물은 복희씨와 소호씨

2. 소전씨부터 제곡까지는 사마천의 계보도에 따름

자료: 사기 오제본기 p 118

346   이덕일 『史記 2千年의 祕密』, 만권당, 2022, p 87

양옥승(梁玉繩)은 "그러면 황제의 성은 무엇인가, 희성(姬姓)이라고 했다." 양옥승은 황제의 성에 대해서 사마정은 『사기색은』에서 상고해보니 황보밀(皇甫謐)이 말하길 황제는 수구에서 태어나 희수(姬水)에서 자라서 이를 성(姓)으로 삼았다, 헌원 언덕에서 살아서 이를 이름으로 삼고 또 號로도 사용했다, 이는 본래 성은 공손(公孫)인데 희수(姬水)에서 오래 살아서 성(姓)을 희(姬)로 바꾸었음을 말해 준다. 고 말했다.[347]

황제의 탄생지는 장수절이 살던 당나라때 산동성 연주 곡부현 북쪽 6리에 있었다. 배인은 『사기집해』에서 "황보밀은 수구는 노(魯) 동문 북쪽에 있다."라고 전하고 있다. 두 증언이 모두 곡부 북쪽에 있다는 점이 일치하는데 이 지역을 곡부성 동쪽 4㎞로 지점으로 보고 있다.

이 지역은 宋 眞宗이 경령궁을 지어서 황제에게 제사 지내기도 한 곳이다. 그런데 한가람연구소에서 답사를 갔을 때 사각형의 돌로 만든 피라미드형 구조물이 있었는데 황제의 탄생지인 수구라고 했고, 그 뒤에 황제의 맏아들이라는 소호[348]의 少皞陵이 있었다. 소호는 동이족임이 너무 명확한 군주이기에 답사 일행이 술을 부어 올렸는데 아마도 소호가 동이족이라는 정체성을 가지고 술을 올린 최초의 사례가 아닌가 한다.[349]

347 한가람연구소 『신주 사마천 사기』 「오제본기」 한가람역사문화연구소 2020, P.124
348 정연규 『한겨레의 역사와 문화의 뿌리를 찾아서』 한국문화사, 2008, P 58, 284,302, 442
      중국의 산동성 大汶口鎭에서 발굴한 고고유품을 大汶口문명은 5,785년 전으로 거슬러 올라간다고 중국의 고고학자 당란(唐蘭)씨가 보고한 바 있다.그 문화를 꽃피운 사람은 太皞, 女媧, 少룻로 생각한다. 이들이 메소포타미아에 진출하여 서구 문명의 모태라고 할 수 있는 수메르문명을 건설하였다. BCE. 240경 진나라 재상 呂不韋가 남긴 『呂氏春秋』에 「그 날은 경신일이요, 소호씨는 서방을 덕으로 하여 금천 씨라고 하는 것이다」 고 했다. 대만대학 徐亮之 교수는 「庚申은 금의 날로 , 소호 씨는 금덕으로 천하에 군림하였다. 그러므로 금천 씨라 하는 것이다.」 고 했다. 가야와 신라의 왕들의 머리 위에 금관를 쓰게 하는 것은 이 금이 무엇을 상징하는가를 이해 할 수 있다.
349 이덕일 『史記 2千年의 祕密』, 만권당, 2022, p 88.

V

세계문명사의
시대적
비교분석

많은 사람들은 인류문명의 근간을 그리스, 로마 문명이라 오해하고 있다. 인류의 동서간의 교류는 언제부터 교류가 시작되었는지 일찍부터 학계의 큰 관심사였다. 문명시대의 교류는 유물과 더불어 문자기록이 없는 선사시대의 교류관계는 오로지 고고학적 유물에 의해서만 추적이 가능하다. 그래서 세계문화사는 메소포타미아의 수메르문화가 이집트와 더불어 서구문명의 발상지라고 하고 있다. 그러나 『The New Dictionary』의 저자 더글라스(J. D. Douglas)씨와 영국의 고고학자 크라머(Krammer)의 저서 『역사는 수메르에서 시작되었다(History begins at Sumer)』에 "수메르(Sumer)사람은 고도의 문화를 가진 민족이며, 그들은 아마 바다로 동방에서 왔다."(Probably the came from the East by sea)" 라고 했다. 이와 같이 "수메르인이 높은 문명을 갖고 가서 서구세계에 전파하였고, 그들은 가장 오랜 문자를 가진 민족이다"라고 문화사와 사서(史書)들은 일률적으로 칭찬하고 있다.[350]

더클릭스(J.D.Douglas)는 그들은 메소포타미아에 있는 다양한 문화적 요소를 조화롭게 잡치면서 그들 특유의 천재성을 적용시켜 60진법의 수학체제 즉 시간을 알려주고, 각도를 측정하는것. 한때는 희랍인들에 의해 시작되었다고 생각되었던 수학과 자학의 기초, 법률상의 동등성. 기초원리 예술과 건축문화 등으로 보아서 수메르사람이 서구문명의 창시자임은 분명하다고 했다. 문정창님의 가야사에 따르면 BCE 5000년경에 소호 금천씨의 나라에 배를 만들어지고, 궁시가 제작되고, 누에와 방직이 발달되고 회색의 무문 도기가 만들어지고 음악이 발달하고, 악기가 제작되었다고 했다.

350   정연규『수메르·이스라엘문화를 탄생시킨 한민족』한국문화사,2004, p 9

1

문명과 문화

　오늘날, 보제만(Bozeman: 1975)은 문화와 문명의 개념을 구태여 구분할 필요가 없다고 주장하기도 하나, 문명을 물질적 요소와 결부되고 문화를 한 사회의 가치관 이상: 각적으로 높은 수준의 예술적, 윤리적 특성과 결부되어 있는 것으로 엄격히 구분했다.

1) 문명과 문화

　문명이란 단어가 생긴 시기는 고대 그리스로 소급되지만 일시적으로 사용되기 시작한 것은 18세기 후반 스코틀랜드의 보즈웰(Boswell, 1791)이 미개(barbarity)의 반대개념으로 문명(Civilization)을 상정한 것에서 비롯되었다.[351]

　문명(Civilization)이란 인간의 육체적·정신적 노동을 통하여 창출된 결과물의 총체로서 물질문명과 정신문명으로 대별된다. 문명의 생명은 공

---

[351]　남영우 『 문명의 요람 퍼타일 크레슨트』, 주) 푸른길 2021. p 12

유성(共有性)이다. 인류문명은 자생과 모방에 의해 탄생하고 발달하며 풍부해진다.

자생성(自生性)은 문명의 내재적이고 구심적인 속성으로서 문명의 보편성과 개별성을 규제하고, 모방성(模倣性)은 문명의 외연적이고 원심적인 속성으로서 문명의 전파성과 수용성의 결과라 한다.

따라서 자생성과 모방성은 문명의 2대 속성인 동시에 그 발생·발달에 2대 요소이기도 하며, 서로 상보 상조적 관계에 있다. 그 어느 하나가 결여되거나 미흡해도 기필코 문명의 침체나 기형을 초래하고 만다.

문명의 모방은 그것이 창조적인 모방이건 기계적(답습적)인 모방이건간에 문명간 교류를 통한 전파와 수용과정에서 현실화된다. 따라서 교류는 모방에 의한 문명의 발달을 촉진하는 필수불가결의 매체이다.[352] 그런데 이러한 교류는 일정한 지리적 공간인 통로를 거쳐서만이 가능하다.

그리고 오늘날 문명에 관한 논급은 심히 혼돈되는 것은 문화(Culture)와의 관계이다. 문화는 문명을 구성하는 개별적인 요소이며 그 양상이다. 문명과 문화의 관계는 위계적 관계가 아니라, 총체와 개체, 복합성과 단일성, 내재와 외형 제품과 재료의 포괄적인 관계다.

비유컨대 문명이 총체로서의 피륙이라면 문화는 개체로서의 재료 줄즉 씨줄과 날줄에 해당한다. 여기에 부첨된 문양 따위는 또 다른 재료로서의 문화현상이기도 하나, 그 바탕은 어디까지나 씨줄과 날줄이다.

---

352   정수일 『고대문명교류사』, 사계절, 2010, p 22

2) 문명의 이동

종래의 문명의 기원에 관한 두 가지설이 있었다. 하나는 문명이 한 곳에서 발생한 후 다른 지역으로 확산되었다는 문명단원설(文明單原說 : Theory of simple origin of civilization)이고, 다른 하나는 여러 문명이 제각 기 자생한 후 발달되어 왔다는 문명복원설(文明復原說: 일명 문명다원설, Theory of plural origin of civilization)이다.

문명단원설은 기본적으로 문명의 이동에 바탕을 두고 있다. 19세기 말부터 20세기 초까지 영국에서 대두된 이른바 맨체스터학파(Manchester School)가 대표적인 문명 이동론자들이다. 이 학파에 속하는 스미스(E. Smith)는 저서 『고대 이집트(The Ancient Egyptians』에서, 페리(W. J. Perry)는 저 서 『문명의 성장(The Growth of Civilization)』에서 각각 문명단원론(文明單原 說)에 기초한 문화연속설(文化連續說: The of culture sequence, 일명 文化接觸說 The of culture-contact)을 주장하였다.[353]

그들의 주장에 의하면 문명의 유일한 발상지는 이집트로 거기서부터 문명이 세계로 계속해서 이동·확산되었다는 것이다. 여기에서의 핵심 은 문명의 이동이기 때문에 보통 문명이동론(설)이라고 한다.

문명이동론에 따르면 문명은 3대 간선을 따라 세계 곳곳으로 이동 확산되었다는 것이다. 이때 3대 간선은 다음과 같이 말하고 있다 .

첫째. 문명선 이동 남선 : 이 선은 이집트 ~ 시리아 ~ 홍해 ~ 남아 라비아반도 ~ 인도 ~ 인도네시아 ~ 중남미로 이어지는 길이다. 이 남 선은 지대의 대표적 문화가 태양과 석물(石物)을 숭배하는 양석복합문 화(陽石複合文化, Heliolithic Culture)다.

---

353   정수일 『고대문명교류사』, 사계절, 2010, p 27

둘째. 문명 이동 중간선(中間線) : 이 선은 이집트~메소포타미아 ~이
란북부~ 중앙아시아~알타이 산맥~고비사막~중국으로 연결되는 길
이다. 이 중간선을 위요한 지대의 특징적 문화는 채도문화(彩陶文化)다.

셋째. 문명 이동 북선(北線) : 이 선은 이집트 ~ 중앙시아 (러시아 남부)
~ 시베리아~북미로 뻗는 길이다. 이 북선의 고유문화는 즐문토기(櫛文
土器)[354]문화이며 대표적인 유물은 비너스(Venus)[355]상이다.

위에서 보다시피 3대 간선을 '따라 펼쳐진 지구상의 모든 문명의 기
점(발원지)은 오로지 이집트로서 문명은 서에서 동으로 이동하고 있다.
이 3대 간선은 문명교류의 통로인 실크로드의 3대 간선, 즉 해로(sea
road)와 오아시스(oasis road)와 초원로(steppe road)와 - 대체로 일치한다. 이
문명 이동설은 일찍이 동양문명의 서방기원설(예컨대 한족과 한문의 서래설,
채도 서래설)에 이용되어 그 이론적 근거인 양 오도(誤導)되어 왔다.[356]

---

354 정형진 『천년왕국 수시아나에서 온 환웅』 일빛, 2013, p 166,167.
  즐문토기(櫛文土器 : 빗살무늬토기)문화권은 발틱 해로부터 시베리아 및 북아메리카에 이르는
  추운 산림지대에서 어로와 수렵을 주된 생업으로 하는 사람들이 창조한 문화권이다, 즉 즐문토
  기를 사용하던 고아시아족은 주로 시베리아지역에 살던 사람들을 말한다. 이들은 시베리아지역
  에서 요하의 동부지역을 타고 만주를 지나서 한반도로 들어온다. 이들 고아시아족의 이동로에는
  요서지역이 제외되어 있다. 바이칼 호를 중심으로 한 우랄-알타이 지역에서 만주까지 통구스인
  의 유입 이전에 고아시아족이 곰 문화와 곰 사상을 주류로 하며 살았다. 그 후 이들은 고아시아
  족과 융합하기도 하면서 중국 동부와 동남방 지역까지 이동했었다.
355 비너스(Venus : 여인 나체상)상은 후기 구석기 시대에 속하는 여러 가지의 형태의 여인 나체상 유
  물이 발굴됨에 따라 학자들은 이 여인상을 여성의 원형으로 간주하여 그 이름을 신화로 전승되
  어 온 비너스로 명명했다. 비너스상의 출현과 전파는 문물교류의 효시(嚆矢)로 보고 있다. 비너스
  의 쓰임은 사실적 작품, 호신(護身)의 부적(符籍)이란 상징적 의미, 가족이나 종족의 수호신(守護
  神)이고, 무녀상(巫女像)이라는 주장이 있고, 소재와 유형은 형태만큼이나 다양하다.
356 정수일 『고대문명교류사』, 사계절, 2010, p 28

3대 고대 실크로드 3대간선과 5대지선

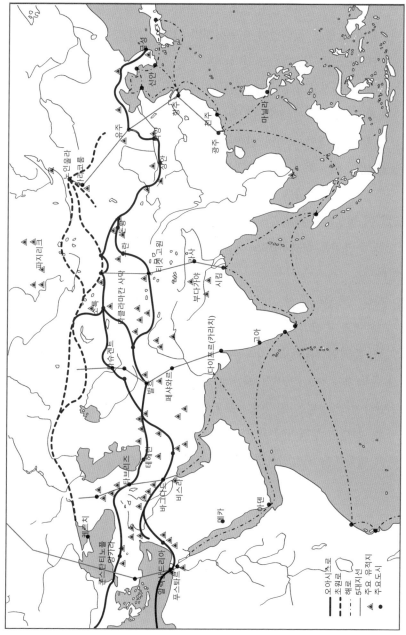

자료 : 고대문명교류사 p 602 참조)

그러나 20세기 초, 특히 2차 세계대전 이후 문명의 복원설이 밝혀지고 문명의 개별성(고유성)이 강조됨에 따라 이 이론은 부정되어 가고 있다. 물론 문명은 끊임없이 이동하지만 그것은 일방적인 하향(下向)이동이 아니라 상호이동(즉 교류)인 것이다.

때로는 후진문명에 대한 선진문명의 이동이 일방적인 이동으로 비추어지지만 그것은 어디까지나 상대적이고 일시적인 이동으로 시간이 흐르면 후진 문명이 오히려 선진문명을 앞질러 반이동(反移動)을 할 수 있음을 많은 역사적 사실이 증명해 주고 있다.

문명사를 통관하면 역사적으로나 지역적으로 여러 개의 각이한 문명권[357]이 형성되어 서로 간에 교류가 진행되어 왔음을 알 수 있다.

한 문명권을 형성하려면 다음과 같은 세 가지 요건(조건)을 갖추어야 한다.

하나. 문명의 구성 요소에서 독특성(相異性)이 있어야 한다. 즉 다른 지역문명과 구별되는 일련의 문명 구성 요소들을 공유해야 한다.

둘. 문명의 시대성과 지역성이 보장되어야 한다. 즉 시대적으로 장기간 존속해야 하고 지역적 (공간적)으로 한정된 국가나 민족의 범위를 벗어나서 비교적 넓은 지역에 유포되어야 한다.

셋. 문명의 생명력이 유지되어야 한다. 즉 장기간에 걸쳐 지역사회 전반에 영향력을 지속적으로 행사해야 한다.[358]

357　문명권이란 문명의 전승이나 전파를 통해 이루어진 공통의 문명 구성 요소들을 공유한 국가나 민족, 지역을 망라하여 형성된 문명의 역사적 및 지역적 범주를 말한다.

358　정수일 『고대문명교류사』, 사계절, 2010, p 29

2

세계의 문명사

19세기 이전까지 세계문명의 4대 발상지를 티그리스·유프라테스강 유역의 메소포타미아 문명, 나일강유역의 이집트 문명, 인더스와 갠지스강 유역의 인도문명, 황하 유역의 중국문명을 꼽고 있다. 처음 세 문명은 유기적 관계하에서 이루어졌고, 그 중 메소포타미아문명, 즉 수메르 문명이 가장 오래된 문명[359]이라 밝혀졌다. BCE.3500년경 설형(楔形)문자의 사용으로 세계 최초의 문명발상지가 되었던 고대 수메르의 제반 문명은 지리적, 기후적, 역사적 차이를 전제하고라도 동양과 여러 가지 면에서 인류 보편적인 문화의 공통성을 노정시키고 있다.[360]

하지만 20세기 말 영국의 고고학자 제임스 처치워드(James Churchward :185~1936)는 50년 동안이나 인도, 미얀마, 티벳, 이집트 등의 나아칼 (Naacal)의 점토판을 발굴 연구 해독하여 그의 저서를 통해 다음 같이

---

[359] 사무엘 노아 크레이머(Samuel Noah Kramer, 1897~1990)는 러시아 태생으로 미국 펜실베니아 대학 졸업 후 모교에서 교수로 재직. 수메르 점토판 컬렉션의 명예큐레이터로 활동. 세계적인 석학으로 대표적인 저서 『역사는 수메르에서 시작되었다』 출간하였다.

[360] 김상일 『인류문명의 기원과 한(韓)』 상생, 2018, p 13

밝히고 있다. 「나는 티벳사원에서 추정의 실마리가 되는 나아칼의 점토판을 발견했다. 그것에 따르면 (잃어버린 무(Mu)제국)에 따르면 약7만 년 전 나아칼(Naacal)이 어머니 나라의 신성한 책, 거룩한 영감의 책, 거룩한 영감의 책의 사본을 위글(Uigur)의 수도로 가져왔다.」고 되어 있다.[361, 362] 또한 같은 책에 「히말라야의 옛 사원의 기록에 따르면 무(Mu)의 종교와 학문의 보급을 위해 나아칼이 무의 수도 힐라니프라에서 나와 미얀마 북방으로 온 것이 약 7만 년 전....」이라 했다. 여기에는 15000년 전의 레무리아 대륙의 침몰의 위치나 파미르고원의 마고성이 어디냐는 많은 의문의 여지가 논쟁의 대상이 되겠지만, 나아칼의 점토판 해독은 인류의 기원, 선사시대의 역사연구에 매우 귀중한 사료를 전하고 있어 인류 시원에 관한 역사를 전해주고 있어서, 새로운 연구의 발판으로 제기되고 있다.[363]

따라서 강단사학자들은 철저하게 위서(僞書)로 몰지만 세계의 이목(耳目)은 우리의 고서인 부도지(符都誌)와 환단고기(桓檀古記)가 인류의 역사를 연구하는데 있어서 문자자의 기록으로 남겨진 것을 중심으로 생각해 볼 때 가장 오랜 시대까지 취급한 기록을 가진 학자는 「삼성기」를 지은 원동중(元董仲)과 박제상(朴堤上)이며, 그리고 무(Mu)제국의 존재를 알린 영국의 학자 제임스 처치워드(James Churchward :185~1936)[364]로, 인류역사의 새로운 연구대상으로 주목되고 있다.

361 정연규『수메르 이스라엘문화를 탄생시킨 한민족』한국문화사 2004, p 24
362 정연규『한겨레의 역사와 문화의 뿌리를 찾아서』한국문화사 2008. p 528
363 정연규·신세용공저『 파미르고원의 마고성』한국문화사2021,p 22, 39,40.
364 제임스 처치워드(James Churchward :185~1936)는 영국의 고고학자로서, Cosmic Forces of Mu(1953), The Children of Mu(1953), The Continent of Mu(1953), The Sacred Symbols of Mu(1953) 3권의 책을 출판하였으며, 약 7만 년 전에 태평양에 레무리아 대륙이 있었으며, 고도의 문명을 지닌 무(Mu)제국이 있었다고 함.

신석기시대의 4대문명 발상지

자료 : 바람 타고 흐른 고대 문화의 비밀 정진형저 (도면 지도 P 15)

1) 메소포타미아(Mesopotamia)[365]

고대 그리스어로 두 강의 사이의 땅을 뜻하는 단어로 이 지명은 이
땅에 문명이 발생되고 훨씬 많은 시간이 흐른 뒤 알렉산더대왕이 동방
원정을 나섰을 때 붙여진 이름이다. 메소포타미아는 그 말 그대로 유프
라테스 강과 티그리스 강 사이에 둘러싸인 충적층으로 이뤄진 땅을 가

---

[365] 메소포타미아는 그리스말로 두 강(江)사이에 있는 땅이라는 뜻이다 즉 Meso는 사이(Between)
·Potamia는 강(river)·ia는 땅(Land)라는 것이다. 티그리(Tigris)·유프라테스(Euphrates) 양 강
사이에 서북에서 동남으로 약 810㎞(2,000리)의 좁고 긴 형태로 전개되어 있는 이 지역은 세계문
화에서 이집트와 더불어 최고의 문화발상지로 되어있다. 지질학자들의 학설에 따르면 양 강 사이
의 땅은 BCE.2,350년경까지 이라크의 바그다드까지가 육지였고, 그 남쪽은 바다였다고 한다. 오
늘의 지도상으로도 유·티 양 강이 바그다드 지방에서 약 30㎞까지 접근하고 있는데, 홍수기 이
전에는 이 지점이 양 강의 하구였던 것이다. 바그다드 이북의 땅에는 유프라테스 강의 지류인 카
브르(Khabur)강이 있고, 티그리스 강의 교류인 상(上) 자브(Zab)와 하(下) 자브·디알라(Diyala)
강 등이 있다.

르킨다.

두 하천 유역에는 오랜 기간에 걸쳐 홍수가 발생하여 영양분이 풍부한 퇴적물을 운반한 그 결과 하구 부근에는 매우 비옥한 토양이 만들어졌다. BCE.2500년경 메소포타미아 남부에 분포하던 농경지의 대량적인 곡물 생산은 오늘날 캐나다의 밀생산량에 필적할 만하다.

공간적인 범위는 원래 남쪽의 수메르 지방에 국한되어 있었지만 이동수단이 발달하면서부터 두 강 사이에 서북에서 동남 약 810㎞(2000리)로 좁고 길게 뻗쳐있고. 두 강은 하류, 중류, 상류 간의 교류로 이어졌다. 수상교통은 범선의 발명과 육상교통은 낙타와 말의 가축화와 바퀴의 발명에 의해 발전해 갔다. 메소포타미아의 북부와 남부 간의 교류는 육로보다 수로에 의존하는 바가 컸으며, 티그리스 강보다 유프라테스 강에서 더 원활이 이루어졌다. 유프라테스 강 상류에 위치한 텔 브라크와 하류의 우루크가 무려 1300㎞나 떨어져 있음에도 예술과 건축 분야에 놀랄 정도의 유사성을 보인다.[366] 이 지역은 오늘의 세계문화 사상 이집트와 더불어 인류사상 가장 오랜 문화발상지로 되어 있다.

여기서 퍼타일 크레슨트 라는 말은 처음에는 고대 오리엔트 역사의 연구에서 자주 사용되는 역사·지리적 개념이었다. 그 범위는 페르시아 만으로부터 유프라테스 강과 티그리스 강을 거슬러 올라가 시리아를 거쳐 팔레스타인과 이집트에 이르는 초승달 형태의 반원형 지역이었다. '퍼타일 크레슨트'란 용어는 1916년 시카고 대학의 이집트 연구가였던 브레스테드의 저서 『고대 : 초기 세계의 역사』에서 처음 사용되었다. 뒤를 이어 미국의 역사학자 클레이(Clay, 1924)가 퍼타일 크레슨트의 용

---

366   남영우 『문명의 요람 퍼타일크레슨트』 푸른길 2021 p 161

어를 재정리했지만 당시만 하더라도 이 용어를 영어 소문자로 표기했었다. 그는 '퍼타일 크레슨트, 사막만의 해안(the shorea of the desert bay)'이란 지명은 자연적·역사적 지식이 부족해 생긴 것으로 부정확할 뿐만 아니라 오해를 일으킬 소지가 있음을 지적했다. 그 후 퍼타일 크레슨트는 여러 학자들에 의해 고대 오리엔트의 중심부를 가르키는 용어로 사용되었다. 퍼타일 크레슨트의 범위는 오늘날의 이라크, 이란, 시리아, 레바논, 이스라엘, 팔레스타인, 이집트, 요르단을 포함한다. 이들 국가 외에도 터키를 위시해 키프로스와 아르메니아, 조지아를 포함시켜 광의적으로 생각하는 학자들도 많아졌다.[367]

퍼타일 크레슨트의 내곽범위와 외곽범위 도면

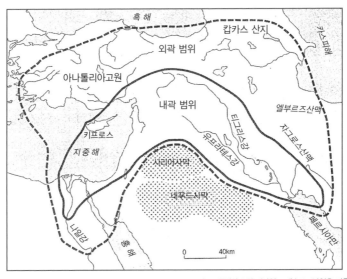

자료 : 문명의 요람 퍼타일 크레슨트. 남영우 지음 p 135

---

367   남영우 『문명의 요람 퍼타일크레슨트』 푸른길 2021 p 132

메소포타미아의 고대도시의 분포

자료: 문명의 요람 퍼타일 크레슨트 남영우 지음. P 163

① 문명의 시초 수메르

ⓐ 수메르의 역사와 한민족의 메소포타미아의 진출

수메르연구 학자 S.N. 크래머(Samuel Noah Kramer : 1897~1990) 교수[368]는 인류 최초의 39가지 사건이 수메르에서 시작되었다고 하여 1981년 『역사는 수메르에서 시작되었다(History Begins at Sumer)』를 출간하였다. 최초의 학교 최초의 법, 최초의 낙원 설화 등 크래머는 수메르문명 그 이상

---

368 S.N. 크래머(Samuel Noah Kramer : 1897~1990) : 러시아태생의 미국인 수메르학자 펜실베니아 대학 졸업 후 모교이 아시리아학 교수로 재직. 26년간 수메르 학 안에서도 수메르문학을 연구해 왔다. 수메르 학은 100년 이상 전에 시작된 쐐기(설형(楔形)문자 연구의 한부분이다. 세계 최고의 아시리아 학자 중 한명으로 수메르 역사와 문학, 언어 분야에서의 전문가였다, 저서로는 『역사는 수메르에서 시작되었다(인류역사상 최초의 39가지)』.

을 추적할 만한 문명이 없다고 하였다.[369] 지금으로부터 무려 5000여 년 전에 티그리스와 유프라테스 양강(兩江) 유역에 산재해 있던 '우르'를 비롯하여 여러 도시에서 현재의 서양문명의 모체가 될 문명이 탄생하였다. 수메르인들은 이미 그때부터 60진법을 사용하였고, '설형문자'라는 초고대 문자를 사용했으며, 2층집을 지을 정도의 건축술을 알고 있었다. 이 불가사의한 수메르 문명은 그 이후 바빌론, 이집트 문명으로 계승되었으며, 인도의 인더스-모헨다조보로 문명도 수메르 문명에서 영향을 받았다고 한다.

수메르[370]는 이라크의 바그다드 이북의 땅을 악카드(Akkad)라 하고 그 이남을 수메르라고 불렀다. 당시의 해안선은 현재보다 15㎞정도 내륙에 있었으나 해수면이 하강하면서 지금의 해안선으로 바뀐 것으로 알려져 있었지만 사실은 예나 지금이나 그대로였던 것으로 밝혀진바 있다. 수메르인이 메소포타미아 남부로 이동해 정착한 시기는 BCE.4000년경에는 이미 그 땅에 정주한 것으로 추정된다. 수메르란 호칭은 원래 후대의 아카드인들이 남부 메소포타미아의 고대 거주민들을 일컫는 이름이었다. 수메르인은 스스로 검은 머리의 사람들이라 뜻의 '웅상-기가 (ũĝ saĝ gig-ga')로 부르고, 자신들의 땅은 신(또는 사람) 땅이란 뜻인 '키 엔 기

369 정연규『수메르 이스라엘 문화를 탄생시킨 한민족』한국문화사, 2004 p 133
수메르는 환인의 나라 12국명의 하나인 수밀이국으로 해독되며, 그리고 같은 시기에 수메르와 동급 수준의 문명이 만주-요동 쪽에도 있었다. 요하문명은 최근 유전자 인류학적으로도 중요시 되고 있으며, 수메르와 같은 시기 지구상에 존재했던 고대문명이다.
김상일『인류문명의기원과 한(韓)』상생, 2018, p 25
370 남영우『문명의 요람 퍼타일크레슨트』푸른길 2021 p 176
수메르는 메소포타미아 남부지방을 일컫는 지명이다. 당시의 해안선은 현재보다 15km 정도 내륙에 있었으나, 해수면이 하강하면서 지금의 해안선으로 바뀐 것으로 알려져 있었지만 사실은 예나 지금이나 그대로였던 것으로 밝혀진바 있다. 메소포타미아의 정착한 시기는 BCE.4,000년경에 이미 그 땅에 정주한 것으로 추정된다.

르ki̯énĝir' 라 칭했다. 수메르어 웅(검은), 상(머리의), 기가(사람들)에서 상 saĝ은 '머리'를 뜻하는 사sa와 소유격 앙이 합쳐서, 즉 sa−aĝ=saĝ(사+ㅇ= 상)이 되었다.[371] (Hallo and Simpson, 1971) 이는 수메르어가 교착어(膠着語)였음을 시사하는 것이다.[372]

교착어란 언어의 유형론적인 분류의 하나인 형태론적 관점에서의 분류에 따른 언어의 한 유형이다. 교착어는 고립어와 굴절어의 중간적 성격을 띠는 것으로 어근과 접사에 의해 단어의 기능이 결정되는 언어의 형태이며, 위에서 본 '머리의'처럼 단어의 중심이 되는 어근에 접두사와 접미사를 비롯한 다른 형태소들이 덧붙여 단어가 구성되는 특징이 있다. 키엔 기르의 경우도 키엔 즉 ki+en= kien은 소유격으로 나타내기 위한 것으로 보인다. 일종의 모음조화 현상인데, 어순이 알타이어와 동일하다. (김정민, 2018). 그러므로 수메르족의 본향은 중아시아 또는 스키타이 일 것으로 비정할 수도 있는 대목이다. '시나르'에 해당하는 단어로 『구약성서』에 등장하는 Shinar, 이집트의 Sngr, 히타이트의 Šanhar(a) 등은 바로 이 수메르의 별칭이다. 이런 사실은 BCE.3500년경 기후 변화로 인해 우바이드 문명이 쇠퇴하면서 유입된 수메르인의 정체를 가늠해 볼 수 있는 내용이다. (van der Toorn and van der Horst. '웅상−기가'와 '키엔 기르'에서 유추하면 기그(gig)와 키(ki)는 수메르어로 사람 혹은 신을 뜻하는

---

371 문정창 『한국 수메르 이스라엘 역사』, 한뿌리 2008, p36
『구약』성서와 엔릴의 영웅시, 『대영백과사전』 등에서는 수메르인과 이스라엘인은 '머리털이 검고 곧다'고 하였으며, 또한 『구약』은 이스라엘은 신체가 잔약하여 체구가 장대한 블레셋 인에 비하면 메뚜기와 같다고 하였다. 『이스라엘의 역사』를 편찬한 존 브라이트(John Bright)는 "수메르인은 키가 땅딸막하고, 후두부가 편평하다"고 했으며, 또한 『대영백과사전』과 여러 문헌들은 수메르인은 교착어를 사용하며, 은(殷)의 그것과 유사한 설형문자(楔形文字,Cuneiform Letter)를 사용하고, 가야인과 신라인의 원조인 소호금천씨(少昊金天氏)가 크게 발전시킨 일년 열두달 춘하추동 사시로 나누는 태음력(太陰曆)을 사용하는 고도의 문화족이라 하였다.
372 문정창 『한국 수메르 이스라엘 역사』, 한뿌리 2008, p166
정연규 『수메르 이스라엘 문화를 탄생시킨 한민족』한국문화사, 2004 p 11,125, 239

단어임을 알 수 있다. 메소포타미아 남부에 살던 주민은 서양학자들이 주장하는 것과 달리 중앙시아를 본향으로 하는 알타이어족이었을 것으로 생각된다.[373] 중앙시아의 언어 중 말을 가르키는 단어 말(Man)은 한국어의 '말'과 중국어의 '마(馬)', 일본어의 '우마'와 같은데 중아시아에서는 말 뿐 아니라 가축의 의미로도 사용된다. 이는 가야문화의 전파에 따른 영향일 것이다. 이는 기마문화의 전파에 따른 영향일 것으로 추론된다. 카자스탄 동부 아마티주와 키르기스스탄에 걸친 이식쿨호(issyk lake) 인근의 이식 쿠르킨(issyk-Qorhan)에서 고대 스키타이 언어를 알 수 있는 유물이 발견되었는데, 그 언어가 알타이어임[374]이 밝혀졌다

---

373 문정창 『한국·수메르·이스라엘역사』한뿌리 2008, p 36~37
수메르인의 언어와 용모에 대한 기록을 보고 한·중·일 3국에서 수메르인이 자민족이라 주장하는 웃지 못 할 해프닝이 벌어지고 있다. 남영우 저자는 이야기하고 있으나 일찍이 문정창 선생은 『대영백과사전』에 지나치게 의존한다 할지 모른다. 그러나 메소포타미아에 관한 기사는 『대영백과사전』이 가장 무난하고 정확하며 이 기사는 모두가 고고학적 뒷받침을 가진 것이다. 하지만 서양학자들이 "수메르인의 교착어가 한국어와 유사하다"고 이토록 명백히 했는데 우리나라 학자들은 이것을 거론한 바 없고, 일본학자들은 "수메르어가 일본어와 유사하다"고 강조하며 한국어를 이 관계에서 빼버리는 일이다. 여기에는 아직까지 식민사관과 중국에 대한 사대 존화사상이 넘쳐나고 있음을 대변하고 있는 실정이고, 현재에도 세계도처에서 단군시대와 연계된 고조선에 대한 유물들이 밝혀지고 있는데, 우리 내부에서는 이를 극히 부정하는 실정이 실로 안타깝다. 인류의 시원문화에 대한 연구와 시원문화는 턱도 없는 이야기로만 생각하는 것이 사학자들의 연구태도인가, 거기에는 우리의 "미래형의 인간상 홍익인간형(최대 다수에 의한 다수의 행복)을 가진 민족이 한민족 말고 어느 나라"라는 말인가, 우리의 홍익형 인간은 본인은 홍익인간형을 유럽축구에서 활동하고 있는 손흥민을 꽃고 싶다.

374 승천석 『고대 동북 아시아와 예맥한의 이동』 책사랑 2011 p 487~495
북방어설을 가장 먼저 주장한 사람들은 근대 언어학이 발달된 유럽학자들이다. 대체적으로 유럽언어학자들은 거의가 일본어계통을 우랄-알타이어계로 보았다. 이들은 한걸음 더 나아가 일본어가 알타이어- 한국어와 같은 계통으로 생각하였다. 동양 언어학자인 독일인 클라프로트(A. J. Klaproth)는 아시아 언어에 관한 소책자 『아시아의 어사(Asia Polyglotta) 1823년』를 펴내고 일본어와 한국어는 우랄-알타이어라고 주장하였는데 일본어를 주저없이 알타이어로계로 본 것은 클라프로트가 처음이다. 일본어 북방어설을 주장한 사람으로서 한걸음 더 나간 사람은 언어학자가 아닌 영국인 외교간 아스톤(W. G. Aston)이었다. 아스톤은 「일본어와 조선어의 비교연구, 1879년)라는 글을 썼는데 두 언어의 비교에 있어 음운체계, 문법기능, 문법적인 여러 어순의 특질 등 세부 사항에 대해 구체적으로 상세히 논하였다. 그리고 일본에서 많은 연구논문이 발표되었고, 우리나라의 이기문 교수의 결론은 한어와 알타이어의 공통특징으로 6개항을 들어 설명하였는데 결론은 '일본어 알타이어론'의 결론이 될 수밖에 없다. 하였다.

(Blažek, 1989)

  19세기에는 인간의 역사와 업적에 대한 지식이 현저하게 확대되었다. 문자의 해독에 몰두해서 기나긴 세월동안 잊혀져 있던 언어를 발견했고, 지금까지 대체로 전설이나 반(半)역사적 이야기 속에 나타났던 문명들에 빛을 드리운 많은 학자들의 헌신적인 업적으로 돌려져야하고, 이 분야에 발견 중에 가장 주목할 만한 것은 이집트 상형문자와 메소포타미아 설형문자을 꼽을 수 있다.[375] 이집트 상형문자(象形文字)와 설형문자(楔形文字)는 개별 문명권에서 다루기로 하여 본 장에서는 생략한다. 그런데 설형문자는 고대 페르시아·바빌로니아·앗시리아·칼데아 등의 오리엔트에서 BCE.약 3500년경부터 BCE.약 1세기까지 광범위하게 사용된 문자. 설형문자는 뼈 또는 금속으로 만든 첨필(尖筆)로 진흙 또는 돌 위에 새겨졌는데 그것이 쐐기모양 (설형(楔形)을 하고 있어 18세기 초 엥겔베르트 캠퍼(Engelbert Ka"mpfer)가 비로소 이 명칭을 사용하였다. 이 문자의 기원은 바빌로니아에서 시작되었던 회화문자로 추정되며 수메르인에 의해 처음 사용되었고, 후에 침입해온 정복민족인 셈족(Sumerian)인 앗시리아인에 의해 사용되었다. 이 문자는 상형문자(hieroglyph)나 한자와 같이 회화문자에서 발달된 것으로 표의문자(ideogram)이지만 표음문자(Phonogram)로도 사용되었다.

  수메르어로 된 가장 오래된 기록은 우르크(Uruk : 현재의 Warka)의 붉은 신전에서 발견된 점토에서 점토판에 쓰여진 것으로 인명과 숫자가 수반된 식별 가능한 물체의 그림에 의해 확인된다. 이 회화문자들은 가장 직접적인 형태로 구체적인 물체의 기본적인 개념만으로 전달

---

375 앨버틴 가우어, 강동일 옮김 『문자의 역사』, 새날, 1995, p217

할 수 있었다. 숫자는 원과 획을 반복 사용하여 전달하였으나 고유한 명사의 표기는 독자의 마음속에 그려진 물체의 기본개념보다는 기저의 소리형태를 환기시키기기 위하여 회화의 형태를 전이하여 사용하였다. 이것이 순수한 회화문자에서 부분적인 음성문자로의 변화를 일으켰다. 예를 들면, 손의 그림이 수메르어 SU(=hand)를 나타내게 되었을 뿐 아니라 어떤 상황 하에서도 음성음절 su˘를 나타내게 되었다.[376] BCE.3000년대에 이 문자는 계속하여 흘림글씨로 되어가 이 회화문자는 선형으로 발전하였다. 재료로서 점토판이 널리 사용되었기 때문에 선형의 획은 쐐기모양을 하게 되었고 곡선은 차츰 사라졌다. 그리고 정상적인 표기의 순서가 상하에서 좌우로 고정되었다. 설형문자는 엘람어, 카시트어, 페르시아어, 미타니어, 후리어 등에 차용되었다. 후리인들은 설형문자(楔形文字)를 히타이트인들에게 전수하였는데 그들은 인도 유럽어(Indo-European)를 사용하였다. BCE.6,7세기 근동에서 혼성국제어로서 아랍어가 유포되고 페니키아어의 사용이 증가하고 또한 페르시아제국의 성장으로 메소포타미아가 정치적으로 독립을 상실함에 따라 설형문자의 사용은 차츰 줄어들었다. 설형문자로 기록된 가장 최근의 점토판은 A.D.75년경의 것으로 추정된다. 최초의 설형문자(楔形文字) 해독자라는 영예를 안은 사람은 독일의 Georg Freidrich Grotefend(1775~1853)로 그는 1802년 페르시아어로 된 비문을 판독하였다. 그 후 Edward Hincks(1792~1866), Henry C. Rawlinson(1819~1895), Jules Oppert(1825~1905) 등의 학자들이 바빌로니아, 앗시리아어 해독에 성공하였다.[377]

376   정연규 『수메르·이스라엘 문화를 탄생시킨 한민족』 2004, 한국문화사, p 89
377   정연규 『수메르·이스라엘 문화를 탄생시킨 한민족』 2004, 한국문화사, p 89 주)

수메르인은 한국인과 같이 머리털이 검고 한국어와 같은 교착어[378]
를 사용하며, 태호(太昊)·소호(少昊) 자손인 은(殷)나라, 상(商)나라의 점토
판 설형(楔形)문자를 사용한 수메르족은 BCE.3000~4000년 경에 남만
주(南滿洲)— 요동반도에서 천산남로(天山南路) 또는 북로(北路)를 통하여
사마리칸트(Samarkand)를 거쳐, 이라크의 북부지방에 들어가 정복활동을
시작했다. 처음 유목민이나 대상(隊商)으로 앗슈르(Ashur)족이 거주하는
바그다드 지방에 옮겨가서 기반을 닦은 초기가 BCE.3500년 경이고, 아
담(Adam)연대에 이르러 비로소 상부 메소포타미아의 구스·하월나 지방
에 에덴[379]동산을 건설하여 약 200년간 유지한 때가 BCE.3100~2900
년경이다. 따라서 선주민 앗슈르족이 아담을 몰아냈으며, 이 사실을 모
세는 구약성경을 쓸 때 "아담과 이브가 에덴동산에서 추방되었다" 라고
기록했다.[380]

---

378 언어유형론(言語類型論: Langurage Typology)에서 언어를 분류할 때 모든 알타이어언어는 교
착언어(Agglutinve Langurage)라고 한다. 교착성은 굴절(inflection)과 어형성(語形成)이 어간
(stem)에 접미사를 첨가시킴으로써 이루어진다. 영어와 같이 교착언어가 아닌 언어들도 어간에
접미사가 첨부되는 경우가 많다. 예를 들면 fathers, soldiers는 어간(father)와 (soldier)에 복수
접미사 (s)가 첨가되었다. 그러나 영어 복수형은 man→men 등이 있고, loved, worked와 같이
접미사사 첨가되어 과거가 되는 경우도 있으나, sing→sang→sung 및 drive→drove→driven
과 같이 모음이 변하여 과거, 과거분사가 형성되는 경우가 있다. 이와 같이 모음교체현상은 알타
이어에는 볼 수 없다.
379 이중재『상고사의 재발견』1993, 동신, p 116
곤륜산(에덴: 천산·천주산·알타이산 금산)에 있는 우전(于寘: 于闐), 옛날은 伊甸樂園)은 于田으
로 표기하고 있다. 이곳은 伊甸園 즉 중국 음으로는 이덴이고, 유럽으로 넘어가면 발음이 변화되
어 에덴낙원 즉 에덴동산으로 표현하였던 것이다. 요즘 지도에는 고차 중국말로 구자(龜玆)는 쿠
차이다.
380 정연규『수메르·이스라엘 문화를 탄생시킨 한민족』2004 한국문화사, p 90

② 수메르의 역사

ⓐ 수메르 제1왕조

BCE.3100년 아담과 이브가 에덴동산을 세운 지 200년 이후 BCE.2900년에 그들이 앗슈르족에서 쫓겨나가게 되고, 다시 엔릴(Enlil)[381]영웅이 앗슈르족을 쫓아내고, 수메르 제1왕조를 건설하게 되었다. 수메르의 제1왕조 즉 엔릴 5개 도시국가의 건설은 BCE.2850년 경 시작하여 BCE.2360년경에 끝나게 되었다. 1914년 영국 아르노포오벨(Amopoebel) 대학박물관에 있는 니퍼(nippur)소장품, 즉 점토판에 새겨진 명판인 「엔릴영웅시」가 발견됨으로써 수메르의 역사가 밝혀졌다. 영국인 사무엘 노아 크라머(Samuel Noar Kramer)의 저서 『역사는 수메르에서 시작된다(History Begins at Sumer)에는, 그 내용이 대부분 홍수에 대한 이야기이며, 단 하나의 서판 내용이 물난리에 앞선 수메르 역사의 변천과정을 설명한 내용으로 주목된다. 엔릴영웅은 앗슈르인의 질서를 파괴하고 인류사상 최초의 5개 도시와 그 도시의 통치자를 다음과 같이 밝히고 있다.

5개 도시와 통치자

5개의 도시명	통치자
에리두(Eridu) 시	누디먼드(Nudimuvd)
바드티비아(Badtibia) 시	원문결
라라크(Larak) 시	엔드빌헐싹(Endurbilhursag)
씨파르(Sippar) 시	영웅 우투(Utu)
서러파크(Shurapak) 시	써드(Sud)

---

381 엔릴(Enlil)영웅은 일찍 아담이 에덴동산에서 앗슈르인에게 추방된 후에, 그 앗슈르인을 쫓고 수메르 제1왕조을 건설한 인물이다.

영웅시의 내용 가운데 수메르인과 한국인의 형질이 비슷하다는 내용은 "엔(An) 이후에 엔릴(Enlil)·엔키(Eki)·닌허씨(Ninhurscy)는 검정머리의 사람들이다."는 기록이 관심을 갖게 한다.[382] 신권정치(神權政治)란 제정일치시대를 말하는 것으로 왕은 곧 제주요, 제주는 곧 신이라는 뜻이다. 「엔릴 영웅시」에 "왕권이 하늘나라에서 내려온 후에 승화된 교권과 왕권이 하늘나라에서 분여된 후에" 하는 이 기록은 하늘에서 내려와 신의 말을 전하고 통치하는 환웅·단군의 제정일치의 사상을 그대로 가지고 메소포타미아에 진출했으며, 수메르인은 한족의 자손이라는 사실을 잘 대변해주고 있다. 그러나 메소포타미아의 대홍수는 후빙기시대 BCE.2,350년경으로 중국의 황하·양자강 유역에도 일어나게 된 천재지변이었다. 「성경창세기」상의 노아의 홍수, 「엔릴의 영웅시」가 말하는 홍수 소동, 「길가메시 서사시」[383]가 읊은 홍수사건, 이 세 가지의 기록은 그들 제각기 장소에서 기록한 실정을 전하고 있다. 이 홍수는 애써 건설한 다섯 도시를 쓸어내리고, 홍수기를 틈타 엔릴왕국을 상부 메소포타미아에서 몰아내고, 악카드(Akkad)왕조를 셈족인 사르곤(Sargon)이 세우게 되었다. 사르곤은 처음 키쉬(Kish)에서 정권을 잡고 점차 확대하여

---

382 정연규 『수메르·이스라엘 문화를 탄생시킨 한민족』 2004, 한국문화사, p 92
신권정치란 제정일치를 말하는 것으로 왕은 곧 제주요 제주는 신이란 뜻으로 "왕권이 하늘나라에서 내려온 후에 승화된 왕권과 교권이 하늘나라에서 부여된 후에"하는 기록은 하늘에서 내려와 신의말을 전하고 통치하는 환웅·환검의 제정일치의 사상을 그대로 가지고 메소포타미아에 진출했으며, 수메르인은 한족의 자손이라는 사실을 잘 대변해주고 있다.

383 길가메쉬(Gilgamaesh)의 서사시(敍事詩) : 영국의 고고학자 Sir Austin Henry Layard)경은 터키의 고고학자 홈무즈릿쌉의 도움을 받아 1851년에 메소포타미아의 니느위(Ninuveh)에서 앗슈르바니팔의 궁전(宮殿)을 발굴했는데, 이곳에 온전하게 보존된 2동(棟)의 서고를 발견했다. 이 서고속에 점토판 설형문자로 새겨져 있는 길가메쉬 서사시를 얻게 되었다. 12매트의 점토판 위에 총 134행의 시(詩)이다. 이 시(詩)는 바빌로니아 제1왕조의 6대왕 함무라비(BCE.1,728~1,686)때에 그보다 700년 전에 일어났던 홍수사건(洪水事件)을 주제로 하여 신화적(神話的)이며, 시적(詩的)으로 승화시켜 놓은 작품이다.

전 메소포타미아를 점령하게 되었다.[384]

악카드 왕조는 니느위(NIneveh)·사카르−바자르(Shagar−bazar)·델 입라크(Tell Ilbrak) 등지에서 그 왕조에 관한 비문이 많이 출토되었다. 악카드 왕국은 지중해연안·소아세아고원지대·아라비아에까지 세력을 뻗쳤다고 「이스라엘의 역사」를 저술한 존 브라이트 씨는 전하고 있다. 그러나 악카드 왕조는 그들 고유의 문자가 없었기 때문에 수메르인의 설형문자를 사용하였다. 함무라비왕이 세운 「함무라비 법판」, 역시 함무라비가 남긴 「길가메시의 서사시」의 명판, 기타 니느위의 왕궁도서관에서 출토된 25,000매의 점토판도 수메르 사람의 설형문자로기록된 것이다. 「성서 창세기」에는 "그들의 언어를 혼잡하게 하여 서로 알아듣지 못하게 하고, 그들을 온 지면에서 흩어지게 하다"라는 이 기록은 수메르어의 사용을 금지하고, 강제이주와 혼혈을 강요한 사실을 말한 것으로 생각된다. 이와 같이 수메르 제1왕조는 새로이 충적된 저지대 니퍼로 내려가서 피난했으나 얼마 후 멸망하였다.[385]

ⓑ 니므롯(Nimrot)의 수메르 제2왕조

태호·소호 부족이 만주·요동반도, 산동성에서 BCE.3500년경부터 유목민 대상으로 초원과 상로를 따라 수 세기간 기반을 닦고, 아담연대(BCE.3100~2900)에 이르러 구스·하월나 지방에 엔덴동산을 세웠으나, 일시 원주민 아슈르족에게 "빼앗기고, 얼마후 엔릴(Enlil)영웅이 다시 일어난 수메르 제1왕조를 세워 500년간 유지하다가 홍수기를 틈탄 앗슈르족에게 다시 멸망되었다. 홍수 후의 노아는 알메니아 고원지대에서 포

---

384 정연규 『수메르·이스라엘 문화를 탄생시킨 한민족』 2004 한국문화사, p 93
385 정연규 『수메르·이스라엘 문화를 탄생시킨 한민족』 2004 한국문화사, p 93

233

도밭을 경영하고 있었으며 엔릴왕국은 망했지만 노아의 자손은 크게 번성하여 메소포타미아 여러 곳에 옮겨갔다

"홍수 후에 그들이 아들들을 낳았으니.... 이들로부터 여러 나라 백성으로 나뉘어져 각 방언과 종족과 나라대로 바닷가의 땅에 머물렀더라" 하고 『구약 창세기』가 전하고 있다. 이때 노아의 제4세손 니므롯 (Nimrot)이 등장한다. 성경의 기록상으로 보면 구스의 아들 니므롯은 무용이 뛰어났으며, 하부 메소포타미아의 바벨지방에서 세력을 형성하여 상부 메소포타미아 아카드왕조의 서울 니느위지방으로 쳐들어가 점령하였다. BCE.2300년경 니므롯은 바빌론에 수도를 정하고 수메르 제2왕조를 건설하고 다시는 헤어지지 말자고 바벨탑을 세우고 성곽을 만들었다.[386]

ⓒ 우르남무(Ur- Nammu) 수메르 제3왕조

BCE.2100년, 즉 제2왕조가 건설된 지 200년이 지나서 오늘날의 이란공화국 땅인 자그로(Zagros)산맥의 후진족인 구티(Guti)족이 니므롯 제2왕조를 붕괴시켰다. 약 100년 간의 구티왕조 동안에는 알메니아 후리 (Hurians)족, 코가사스지방의 아모니티(Amonites)족이 침범하는 등 수메르 제2왕조는 혼란에 빠졌다. 이러한 동안에는 남부 메소포타미아의 수메르 부족은 반독립적 자치제 부족장의 형태를 가지며, 유지해 갔다. 그러던 가운데 세력이 약해진 구티왕국을 에레크(Erech) 지방의 부족장인 우투헤갈(Utuhegal)이 토멸하였다. 그러나 얼마가지 않아 역시 수메르의 부족장 우르 남무(Ur-Nammu)가 일어나 그를 제거했다. 우르(Ur)를 수도로 하여 BCE.2112~2004년까지 존속한 우르 제3왕조는 이 기간 중 문

---

386 정연규 『수메르·이스라엘 문화를 탄생시킨 한민족』 2004 한국문화사, p 94

명이 크게 발달하였다. 그들은 궁궐을 크게 짓고, 많은 건축물을 세웠으며, 그 시대를 반영하는 문학적 활동을 전개하였다. 우르문화에서 특기할 사항은 1954년 이락공화국 고대연구소가 바그다드에 위치한 델아브 하르말(Tell abu Hamal)에서 발굴한 에쉬눈나(Eshnunna)법판[387]이다. 그들은 바빌론지방에 그들의 월신전(月神殿)을 세우고, 달신을 숭배했으며, 우르지방에서 나온 청회색(靑灰色) 도기(陶器), 그들이 행한 순장의 장례의식 등 한족과 같은 문화습속 등을 읽을 수 있다. 불행하게도 부족장들의 종교적, 사상적 대립, 중앙정권의 이탈 등으로, 제3왕조의 말왕 입비-신(Ibbi-sin)의 권위가 떨어지고, 더욱 우르지방에 식량난이 겹쳐, 혼란에 빠졌다. 이러는 동안에 앗시리아 지방의 엘람(Elam)족이 침범하여 우르왕성을 함락되고, 우르수메르 3왕조는 사직이 110년 만에 끝났다. 그러므로 아담의 에덴동산 이래 1500년간의 수메르의 역사가 끝이 났다.[388]

③ 이스라엘의 역사

수메르 제3 우르왕조가 망하고 데라가 우르를 떠나 하란으로 이주한 것이 BCE.1936년이며, 아브라함이 하란을 떠나 초승달 모양으로 생긴 해인지대 가나안으로 들어가게 된 것이 BCE.1880년경이다. 이로써 이스라엘 역사의 뿌리가 내려지게 되었으며, 아브라함·이삭·야곱에 이르는 동안에 종족이 크게 번성하여, 우르 3왕조가 멸망한 후 120년 만에 큰 세력을 형성하게 되었다. BCE.1875년 가나안에 흉년이 들어 아브

---

[387] 에쉬눈나(Eshnunna)법판(法板) : 1954년 이락고대연구소가 바그다드 동쪽에 위치한 Tell abu Harmal에서 발굴한 이 법판(法板)은 수메르족이 건설한 우르 제3왕조의 국조(國祖) Ur-Nammu가 건립한 세계 최고의 법전인 것이다. 함무라비 법판보다 약 150년 전에 건립되었다.

[388] 정연규 『수메르·이스라엘 문화를 탄생시킨 한민족』 2004 한국문화사, p 96

라함이 애급에 들어가서 유랑생활을 하게 되었다. BCE.1870년경 아브라함이 가나안으로 돌아오게 되고, 아브라함이 100세 때 이삭을 낳고, 이삭이 야곱=이스라엘을 낳고, 야곱이 열두 아들을 낳았다. 팔레스타인 지방의 수메르인들의 세력형성은 이스라엘이라는 호칭을 받은 야곱 밑에서 이스라엘 종족·이스라엘 민족·이스라엘 제국이 형성됨으로써 이루어졌다.[389] BCE.1520년경 야곱의 막내아들 요셉이 애급에 팔려가서, 애급의 총리대신이 되었다. 그 후 가나안에 흉년이 들어, 야곱일가가 애급으로 이주하게 되었다. BCE.1360년 모세가 태어나서 나일강변에 버려진 기아가 되었는데, 황제 바로의 공주가 수습하여 궁중에서 자라나게 되었다.[390] BCE.1281년 나일강 중류의 동쪽 아사르 화산이 폭발하고, 아리강에 지열이 일어나 강물이 뜨거워, 고기가 떼죽음을 당하고, 개구리가 올라와 애급의 서울에 충만하는 등 천재지변이 일어났다. 1년 후 70만 이스라엘족이 애급을 탈출하여, 시나이산에 천막국가를 건설하였다. 이때에 이스라엘의 조상신 여호와(태호 복희씨의 부인여와로 생각됨)를 이스라엘 함족의 공식적인 신으로 받들게 되었다. 모세가 애급에서 탈출하여 시나이산에 입주한 후 이스라엘 자손 중 20세 이상의 장졸을 모집하여 군대를 편성하였다. 이스라엘 12지파 중에서 한 사람씩 군대장으로 삼고, 레위[391]의 자손인 모세의 종파는 12지파를 통괄하는 종파로 승격한 것이다. 그리하여 전군 60만 대군의 강력한 군사

---

389 정연규 『수메르·이스라엘문화를 탄생시킨 한민족』 2004, 한국문화사, p 97

390 조병호 『성경과 고대정치』 통독원, 2016, p48~50
모세가 히브리사람으로서 이집트 애굽의 공주 하트셉수트라는 이름의 공주는 투트모세 3세라는 이름으로 바뀐다, 모세가 궁중에 자란 과정을 잘 설명, 정리되어 있다.

391 조병호 『성경과 5대제국』 통독원, 2011, p 155
레위기를 통해 출애굽한 이스라엘이 가나안에 들어가면 반드시 안식일과 안식년과 희년을 지켜 행하라고 말했다. 엿새 동안은 일할 것이요, 일곱째 날은 쉴 안식일이니 성회의 날이라. 너희는 아무 일도 하지 말라. 이는 너희가 거주하는 각처에서 지킬 여호와의 안식일이니라.

력을 갖추게 되었다. 모세는 대군을 이끌고 가나안 땅을 수복하기 위하여 모압땅 비스가산에 천막을 치고, 세력을 확장하여 모압의 평지를 점유하였다. 이스라엘 민족사상 큰 별인 모세는 BCE.1456년 11월1일 이스라엘에 자손이 준수해야 할 율법(律法)을 기록하여 이스라엘 계파(系派)의 70장로와 사제장에게 나누어 주고, 뒷일을 당부한 후 120세 나이로 세상을 떠났다. BCE.1239년 여호수와가 팔레스타인을 점령하고 자손 12지파가 나누어 관할하게 하였다. 그러나 팔레스타인 원주민들과의 200여 년간 치열한 전투가 있었다. BCE.1050년 대제사장(大祭司長) 사무엘이 등장하여 여호와신을 높이 받들어 민족정신·민족혼을 다지고, 종교의 통일로 민족통일의 기반을 닦았다. BCE.1004년 다윗이 이스라엘왕으로 즉위하고, 7년 후 그는 이스라엘 총왕이 되어, 130만 대군으로 사방을 점령하여 이스라엘 제국을 세우고, 시온산성에 도읍했다. BCE 965년 솔로몬이 이스라엘 제국의 왕위에 올랐으나, 15년이 지나 솔로왕의 실정이 시작되었다. 백성에게 중세를 과하고, 이방(異邦)의 신을 숭배하며, 미녀의 색에 빠지는 등 혼란에 빠졌다. BCE.932년 결국 이스라엘 유다·이스라엘 두 소국으로 분리되고, 르호보암이 유다왕이 되고, 여로보암이 이스라엘 왕에 올랐다. 남쪽의 유다, 북쪽의 이스라엘은 동족상잔의 비극을 연출하게 되었다. 그러자 앗슈르왕이 이스라엘 왕국을, 바벨론왕이 유다국을 각각 점령하여 멸망시켰다. BCE.517년 페르샤의 고레스왕이 유태인을 석방하여 돌아온 유태인 여호와전을 재건하였다. BCE.323년 알렉산더대왕이 페르시아제국을 멸망시키고 예루살렘도 그리스 제국에 소속되었다.[392] 애급의 알렉산드리아시에 자리한 포틀레마이요스 왕조는 알렉산더의 한 갈래였지만, 포틀레마이오 2세가

---

[392] 조병호 『성경과 5대제국』 통독원, 2011, p227

모세 5경을 그리스어로 번역하고 문예진흥에 힘써 헬레니즘의 중심지가 되었다. BCE.220년에 파레스티나가 안티코오스 왕조의 지배하에 들어가게 되었다. 안티코오스 4세는 여호와신의 제단을 금지하고, 제우스신의 믿음을 강요했다. 유태인이 일어나서 안티코오스를 몰아내고, 유다국을 재건하였다. 그러나 BCE.63년 로마장수 폼페이우스에게 유다국은 멸망하였다.[393] BCE.6년 9월 동북방의 문창성(文昌星)이 나타나 서쪽으로 옮겨가 베들레헴의 상공에 머물고, 예수 그리스도가 탄생하였다. 그러나 로마황제 네로가 그리스도를 죽이려 하므로 마리아가 애급으로 피하여 양육하였다. AD.30년에 시리아 총독 몬디오 빌라도가 예수 그리스도를 십자가에 못을 박아 살해하였다. AD.64년 로마에 대화재가 일어나고, 황제 바로는 유태인의 소행이라고, 생각하여 유태인을 크게 학살하기 시작하였다. 유태나라 로마 행정관의 탄압과 착취에 견디지 못한 전 유태인이 궐기하여 항쟁하였다. AD. 70년 로마 장수 티투스가 예루살렘 성을 공격하여 함락시키고, 여호와 신전을 불태우고, 그 폐허 위에 로마의 쥬노(juno)신과 비너스 남녀 신전을 세우고, 예루살렘에서 이스라엘 족을 추방하였다.[394]

그 후 예루살렘은 아랍족이 점령하여 여호와전의 옛터에는 아랍족의 모스크(회교도 사원)가 들어서 오늘에 이르고 있다. 또한 살아남은 전 팔레스타인 안의 유태인들은 모조리 잡아 노예로 혹사했다. 이스라엘 제국을 건설한 다윗왕은 예수 그리스도의 26대조이고, 다윗왕은 메소포타미아 우르 제3왕조가 붕괴된 후 가나안 지방으로 이주하여, 이삭·야곱·요셉·모세 등 5대에 걸친 역사 활동으로 이스라엘 민족과 이스라

393   정연규 『수메르·이스라엘 문화를 탄생시킨 한민족』 2004 한국문화사, p100
394   정연규 『수메르·이스라엘 문화를 탄생시킨 한민족』 2004 한국문화사, p100

엘 제국을 형성하는 기반을 닦은 아브라함의 제14세손이며, 아브라함은 BCE.3000년경에 유프라테스·티그리스 두 강 상류 구스·하월라 지방에 에덴동산을 건설한 아담의 20세손이다. 「성서구약」·「엔릴의 영웅시」·「대영백과사전」 등은 "슈메르인과 이스라엘은 머리털이 검고 곧다"고 했다. 또한 「구약」은 "이스라엘인은 신체가 약하여 체구가 장대한 블러셋 사람에 비하여 메뚜기와 같다"고 하였고, 「이스라엘의 역사」를 편찬한 죤 부라이트(john Bright) 씨는 "슈메르인은 키가 땅딸막하고, 후두가 편평하다"했으며, 「대영백과사전」과 여러 문헌들은 슈메르인은 교착어(膠着語)를 사용했고, 은(殷)나라 글자와 비슷한 설형문자(楔形文字)를 사용했으며, 가야인과 신라 사람의 먼 조상인 태호 복희씨(伏羲氏)와 소호(少昊) 금천씨(金天氏)가 발달시킨 태음력(太陰曆)을 사용했다. 그러므로 한민족─수메르(Sumer)족─이스라엘(Israel)족이 같은 종족이라는 대전제 아래 이들이 갖는 형질(形質)·문화(文化)·언어(言語)·신화(神話)·사화(史話) 등 공통점을 갖고 있다 한다. 슈메르 슈'쇠, 금'+메르'뫼, 마루'로 형태소 해독이 되며, 단군(檀君)이 도읍한 아사달(阿斯達), 강소성(江蘇省)에 있는 신비의 산 수메르(Sumeru)와 같은 지명이며, 노아의 방주가 정착한 아랏산(Ararat)산은 '북산' '천산' 등으로 해독되어, 환인이 도읍한 천산(天山)과 같은 종류의 신산(神山)이다.[395, 396]」

④ 한민족·수메르─이스라엘 역사년표

한민족·수메르─이스라엘족의 연원적 관계를 규명하기 위하여 상호의 연표를 대조해 보도록 한다.

---

395 정연규 『수메르·이스라엘 문화를 탄생시킨 한민족』 2004 한국문화사, p 102.
396 정연규·산세용 공저 『파미르고원의 마고성』, 2021 한국문화사, p 38

한국사의 연표

연대(경)	사실	근거
BCE.68000 ~ BCE.3897	파미르고원의 마고성(麻姑城), 황궁(皇穹), 유인의 천산주(天山州)시대, 환인의 적석산 시대, 제임스 처치 워드의 나아칼의 점토판의 해독 「나는 티벳의사원에서 추정의 실마리가 되는 나아칼의 점토판을 발견했다. 그것에 따르면, 약 7만 년 전 나아칼이 어머니 나라의 신성한 영감의 책의 사본을 위글의 수도로 가져 왔다. 지금으로부터 약7만년전 레므리아대륙이 인도양에서 침몰된 후 환인(桓因) 부족을 이끌고 인도반도를 거쳐 유라시아대륙으로 올라와 천산산맥(天山山脈)의 한등격리봉(汗騰格里蜂)에 도읍함	박제상의 부도지(符都誌) 원동중의 「삼성기(三聖紀)」, James Churchward의 「The Lost Continent of Mu」, 레쳐돕의 「지구의 자연과 인간의 기원」, 소련의 해양관측선 비타아즈 호의 인도양 해저탐색에 관한 보고서 W.M브라운교수의 아세아의 대협인(大俠人)에 관한 보고서와 〈桓檀古記〉의 인류의 시조 나반과 아만 그리고 그들에게서 태어난 다섯 빛깔의 종족 하프쿠트 교수의 아세아 고대문명에 대한 보고서, J. 브로노브스키의 고대 그리스문명이 동양문화관에 속한다는 설, 그린버그 교수의 유라시아 공통 조어설,H. Pederson의 노스트라트 공통 조어설, 〈山海經〉에 기록된 막고야산(藐姑射山), 지리산. 경북 영덕, 이북의 여러 곳에 마고산, 마고할미, 마고제단, 지석묘와 마고할미에 관한 전설
BCE.3897	1세 환웅 陝西省 太白山에 도읍, 班固는 甘肅省 燉煌縣에 도읍함, 燉煌窟에는 風伯·雨師·雲師의 그림 및 騎馬狩獵圖 발견 桓雄 大聖尊께서는 神誌 赫德으로 하여금 鹿圖文으로 天符經을 쓰게 함. 鹿圖文은 그림문자임 紫府께서는 하늘에서 내리는 비모양의 雨書를 창제	桓檀古記 安含老 지음의 「三聖紀 上」 元董仲 지음의 「三聖紀 下」
BCE.3803 ~ BCE.3619	2세환웅 거불리(居弗里) 재위(BCE.3,804) 3세환웅 우야고(右耶古) 재위(BCE.3,718) 4세환웅 모사라(慕士羅) 재위(BCE.3,619)	安含老) 지음의 「三聖紀 上」 元董仲 지음의 「三聖紀 下」

BCE.3512	5세환웅 太虞儀 재위, 그의 12자녀 중 막내가 太昊 伏羲氏이며, 女媧氏와 남매지간에 결혼했으며, 人頭蛇身의 神이다. 또한 女媧(=女希)氏는 少昊金天氏의 祖母이며, 이들이 창제·발전시키 太陰曆이 수메르로 전파됨. 모세가 받들어 入教한 여호와 神은 그들의 먼 祖上神 女媧로 생각됨.	安舍老 지음의 「三聖紀 上」 元董仲 지음의 「三聖紀 下」
BCE.3419	6세 桓雄 多儀發 재위 BCE.3500년경 太昊 少昊족이 메소포타미아에 진출 수메르 역사가 시작됨	安舍老 지음의 〈三聖紀 上〉 元董仲 지음의 〈三聖紀 下〉
BCE.3321 ~ BCE.2707	7세 居連~14세 慈烏支(=蚩尤) 환웅 재위 BCE.3200년경 太昊가 易의 부호와 같은 가로쓰기의 龍書창제 蚩尤 때에는 투전목의 일종인 花書 창제. 蚩尤씨는 쇠와 水金을 채취하여 갑옷과 투구를 만들어 강성한 황제로 涿鹿에서 軒轅과 70여 회나 싸워 전승함	安舍老 지음의 〈三聖紀 上〉 元董仲 지음의 〈三聖紀 下〉
BCE.2381	18TP 거불단 환웅과 웅씨족 왕여 사이에 BCE.2370 단군이 태어남. BCE.2357 단군이 神王이 됨	
BCE.2333 ~ BCE.295 (1세단군 ~ 47세 高列加)	BCE.2333 단군왕검이 아사달에 도읍하고 국호를 조선이라 하였는데 堯와 같은 때였다고 〈魏書〉가 전한다. BCE.2240 보위에 오른 2세 단군 扶婁는 우왕의 치수를 도와주었고, 「부루단지」의 민속으로 오늘에 전승되고 있음.	紅杏村叟編의 「단군세기」 休崖居士編의 「北扶餘紀 上,下」 一十堂主人撰의 「太白逸史」 校閱海鶴李沂編著 雲樵 桂延壽 「桓檀古記」
BCE.2333 ~ BCE.295 (1세단군 ~ 47세 高列加)	3세 단군 嘉勒은 BCE.2181에 보위에 오르고 당년에 三郎에게 명하여 正音 38자를 지으니 加臨土라 하였다. 수메르에 전하여진 加臨土楔形文字도 같은 류의 문자로 생각됨. 4세 단군 烏斯丘는 BCE.2137 보위에 오르고, 황제의 동생인 烏斯達을 몽골의 汗으로 봉했다고 한다. 5세 단군 丘乙대에는 六十甲子의 曆法이 제정되었다. 8세 단군 于西翰대에는 20분의 1의 세제가 제정되어 민생복리를 도모하였다. 10세 단군 魯乙대에는 天文臺가 설립되었다. BCE.342 고리국의 解慕漱가 일어나 단군 조선의 대통을 잇고, 北扶餘를 세우게 됨	李相時 「檀君實史에 관한 고증연구 −上古史는 다시 씌어져야한다」. 고려원 김동춘 「天符經과 檀君史話」가나출판사 신하균 역 「규원사화」 대원문화사

ⓑ 수메르-이스라엘사 연표

수메르인들은 도시를 건설할 때 성곽을 둘러치고 하천을 이용해 해
자와 운하를 만들었다는 증거는 니푸르(Nippur)의 점토 지도에서 확인할
수 있다. 점토판에 새겨진 도시 지도는 놀라울 정도로 정확도를 보여
주는데 이 지도는 아카드시대인 BCE.1300년경 수메르의 종교 문화 중
심지였던 니푸르를 구체적으로 묘사한 것이다.

당시만 하더라도 점토판에 도시 지도가 새겨진 것 자체가 전례가 없
는 일이었다. 1899년 미국 펜실베니아 대학 조사단은 니푸르 시가지가
이 지도와 거의 동일한 것을 보고 모두 경탄을 금치 못할 정도로 정확
한 측량의 결과였다. 고대 메소포타미아 인들은 삼각측량 기술을 이미
숙지하고 있었던 것이다. 대개 점토판은 햇볕에 말렸지만, 이 지도는 불
에 구워 내구성을 높여 보관했기 때문에 오래 세월이 흘러도 그 원형을
보존될 수 있었다.[397]

니푸르의 점토판 도시 지도(BCE.1300년경)

---

397   남영우『문명의 요람 퍼타일 크레슨트』푸른길 2021, P 179

1952년 미국 고고학자 크레이머(Kramer, 1959~1988)에 의해 번역되었다. 혹자는 모세가 기록한 히브리 법전을 최초의 것으로 꼽는 경우도 있으나[398] 그것은 실존하지 않을뿐더러 제작시기가 우르남부 법전(法殿)보다 늦으므로 수긍하기 곤란하다.

수메르인은 비옥한 토지로부터 많은 혜택을 받았다. 두 강이 매년 범람하는 탓에 하구 일대의 저습지대에서는 범람에 대비한 제방을 쌓거나 터 돋움을 하고 배수용 운하를 건설해야만 했다. 인공관개를 위한 운하는 지역 전체가 관리 하지 않으면 제 기능을 못하기 때문에 일찍부터 주민들 사이에 사회조직이 생겨났다.[399] 저습지대를 경작지로 바꾸는 일은 전례 없던 시도였다. 각지의 촌락이 습지를 개척하면서 서로 다른 촌락 주민과도 관계를 맺으면서 교류단계에 접어들고 이 같은 배경에서 치수와 방어의 이유로 촌락은 더 큰 공동체인 도시를 만들게 되었다. 수메르만큼 종교가 중시된 사회는 동시대에 다른 곳에서 찾아볼 수 없다. 공포심으로 인해 자연에 대한 두려움과 공포속으로 몰아넣어 공포심으로 인해 자연에 대한 숭배사상이 유행하고 종교를 중시하고 인간의 감정은 신에 의존하는 바가 커졌다. 그러나 메소포타미아 남부는 저습지대와 하천 밖에 평탄하고 단조로운 땅이었으므로 이런 곳에 신들이 머물만한 산이 없고 여름철의 뜨거운 태양과 공포의 대상인 홍수뿐이었다.[400]

---

398 우르문화에서 특기할 사항은 1954년 이라크공화국 고대연구소가 바그다드 동쪽에 위치한 델 아브 하르말(Tell abu Harma)에서 발굴한 에쉬눈나(Eshnunna)법판(法板)은 수메르족이 건설한 우르 제3왕조의 국조(國祖)(Ur-Nammu)가 건립한 세계최고의 법전(法典)인 것이다. 함무라비 법판(法板)보다 약 150년전에 만들어졌다.
399 남영우 『문명의 요람 타일크레슨트』 푸른길 2021, P 179
400 남영우 『문명의 요람 타일크레슨트』 푸른길 2021, P 182

⑤ 수메르의 최초의 기록들

인간의 기록된 역사에서 최초의 것으로 수메르의 학교는 인류문명에 대한 수메르의 가장 중대한 공헌인 쐐기문자체계의 발명과 발전의 직접적인 결과였다. 그것은 BCE.3000년까지 올라가는 시점이고 당시의 몇몇 필경사들은 벌써 가르침과 배움의 의미를 생각하고 있었다. 그러나 BCE.2500년경에 이르면 수메르 전역에 걸친 상당수의 학교에서 문자가 정식으로 교육되고 있었다.[401]

근동에서 발굴된 가장 인간적인 기록은 학생의 일상을 그린 수메르 에세이다. BCE.2000년경에 살았던 익명의 학교선생에 의해 씌어진 이 작품은 단순하고 직설적인 어법으로 수천 년이 지났음에도 인간의 본성은 거의 변화지 않았음을 보여준다. 이 고대의 에세이는 오늘날의 학생들과 마찬가지로 주인공인 수메르 소년은 학교에서 지각하여 선생님에게 벌 받는 것을 두려워하고, 학교에서 잘못을 저지를 때마다 그는 선생님과 조수들에게 회초리로 얻어맞는다. 여기에 교사는 자신의 정해진 수업이 아닌 학부모로부터 오는 약간의 과외수입에 아주 행복해 한다. 교직원들로부터 체벌로 못 견디고 괴로워하는 어린 친구들은 그의 선생님을 집으로 초대해 선물로 기분을 바꾸자고 하는 아버지에게 제안해서 이것은 인류역사에 최초의 '촌지(寸志)'라는 글은 계속된다.[402]

그리고 오늘날 청소년의 비행이 심각한 문제로 대두되고 있는 현실에서 고대에도 상황이 크게 다르지 않았음을 보여주고 있다. 제멋대로이고 감사할 줄 모르고 사사건건마다 반항적이어서 부모들의 골치를 썩였고, 거리의 길모퉁이에서 빈둥대며 배회하면서 패거리를 지어 말썽을

---

401   새뮤얼 노아 크레이머 박성식 옮김 『역사는 수메르에서 시작되었다.』, 가람기획, 2020, P 23
402   새뮤얼 노아 크레이머 박성식 옮김 『역사는 수메르에서 시작되었다.』, 가람기획, 2020 P 33

일으키고 그들은 학교와 교육을 증오하고, 끊임없는 방황과 불만을 토로하여 부모들의 복장을 애끓게 하였다. 이는 수메르 에세이를 통하여 알게 되었고 이 에세이를 전해주는 17점의 점토판과 파편들은 3700년 전에 제작되었으며,[403] 원작이 만들어진 때는 몇 백 년 더 거슬러 올라가는 것으로 보인다. 이와 같이 인류 역사상 최초의 성격을 띠는 것은 이외에도 사회개혁을 위한 최초의 세금감면제도나 법전, 재판, 의학, 농업, 재해 등등 사회전반에 걸친 각종의 제 분야만이 아니라 인류사회의 골격이라 사회제도적 전반이 이루어졌다고 보아야 할 것들이 무려 39개에 달한다고 한다.[404]

수메르의 역사가 인류 최초라고 하는 내용 속에는 용을 죽이는 것은 시대와 민족을 막론하고 모든 신화작가들이 아주 좋아하는 소재다. 신과 영웅들을 다루는 설화들이 셀 수 없이 많으며, 그리스만 보더라도 용을 죽이지 않는 영웅은 거의 찾아보기 힘들다. 아마 헤라클레스와 페르세우스는 가장 유명한 그리스의 용 사냥꾼들일 것이다. 기독교의 등장과 함께 이 영웅적인 위업을 이루는 권리는 성직자들에게로 넘어갔다. 성 조지와 용 이야기, 그리고 어디서나 발견되는 그와 유사한 전설들을 보면 이름과 구체적인 사건 전개는 지역과 이야기에 따라 차이가 있다.[405] 이 이야기의 최초의 출처는 BCE,2000년대의 수메르신화에서 용의 살해는 매우 중요한 주제로 다루어졌다. 현재 우리는 3500년 전 당시의 수메르에서 용의 살해를 주제로 했던 최소한의 세 가지 이야기를 갖고 있다. 이것들 중 둘에서 영웅은 신들이다. 하나는 그리스의

403   새뮤얼 노아 크레이머 지음 박성식 옮김 『역사는 수메르에서 시작되었다.』, 가람기획, 2020 P 37
404   새뮤얼 노아 크레이머 지음 박성식 옮김 『 역사는 수메르에서 시작되었다.』가람기획, 2020. p 23~43
405   새뮤얼 노아 크레이머 지음 박성식 옮김 『 역사는 수메르에서 시작되었다.』가람기획, 2020. p 243

포세이돈에 해당하는 수메르의 물의 신 엔키[406]이고, 다른 하나는 남풍의 신 니누르타다.

그러나 세 번째 이야기는 용을 죽이는 인간영웅을 소개하고 있다. 영웅 길가메시[407]가 바로 장본인이며, 그를 '성 조지'의 원형으로 추정한다. 용의 살해를 주제로 한 두 번 째 이야기는 「신 니누르타의 행위와 업적들」이라고 일컬어지는 600행 이상의 분량을 가진 시의 일부를 형성한다. 그 내용은 여러 점토판과 파편들로부터 복원되었으나 아직도 많은 부분이 발표되지 않고 있다. 용의 살해에 관한 세 번째 이야기는 신이 아닌 인간이 주인공이다. 그는 바로 모든 수메르의 영웅들 중에서도 가장 유명한 길가메시다. 그가 죽이는 괴물은 '생명의 땅' 특히 삼나무의 수호자인 후와와다. 이 이야기는 내가 길가메시와 생명의 땅이라고 이름 붙인 시속에 나온다. 그 시는 14점의 점토판과 파편들을 맞추어 복권되었으며, 1950년 「고대 근동의 텍스트들(Ancient Near Eastern Texts)」에 마지막으로 발표되었다. 그러나 그 시는 아직까지 처음의 174행이 발견되었을 뿐이다.[408] 그럼에도 불구하고 그 시는 수메르의 독자들을 향하여 심원한 감정적·심미적 호소력을 가졌던 문학적 창작품이었을 것으로 평가된다. 길가메시와 엔키두는 그 짐승에 힘을 합쳐 대항하고 마침내 그것을 죽이는데 성공한다. 이리하여 두 영웅은 생애의 절정에 오르고, 우루크에는 그들의 고귀한 성취를 찬양하는 노래가 울려 퍼진다.

시의 내용과 관련한 시의 해독부분은 생략한다. 길가메시(우루크의 초

---

406 엔키(Enki)는 최초의 도시인 에리두의 주신으로 엔키는 땅의 주인이라는 뜻이고, 엔은 사제구주를 나타내는 말이다. 땅의 주인인 엔키는 '아브즈신전'에서 거처하고, 아브즈는 수메르인이 지하에 존재한다고 믿는 거대한 민물바다로 신(물의 신), 엔키의 영역으로 엔키는'지혜와 심연(저승)의 신'으로 불렸다. 엔키가 저승세계를 관장하고 있음은 「길가메시서사시」에 그려져 있다.

407 길가메시는 수메르의 뛰어난 영웅적 인물이 된 우루크 제1왕조의 왕.

408 새무엘 노아 크레이머 지음 박성식 옮김 『역사는 수메르에서 시작되었다.』, 가람, 2020 P 248

대왕)는 모든 수메르의 영웅들 중에서도 가장 유명하며, 고대의 시인들과 음유시인들이 가장 좋아했던 인물이다.[409]

⑥ 바빌로니아의 역사

수메르의 역사는 크게 세단계로 대별된다. 제1단계는 BCE.3500~2900년경에 이르는 우르크시대로 도시국가 간의 항쟁이 시작되는 시대였다. 성곽을 둘러친 도시와 원시적 이륜 전차 등으로부터 당시의 사회상을 엿볼 수 있다. 바빌로니아의 고고학적 발굴조사는 1899년부터 1917년에 이르기까지 거의 20년간 독일의 콜더비(koldewey)교수에 의해 진행되었다. 그는 독일 동방학회사업의 일환으로 바빌론 성곽도시를 발굴했다.(koldewey, 1914), 이시야(Isaiah)의 예언대로 발굴 작업이 시작되기 전의 바빌론은 폐허로 남아 있었다. 예언자 이시야는 구약시대의 손꼽히는 대예언자였다. 그는 아하스 왕과 히스기야 왕시대에 살면서 앗수르 제국에 이어 바벨론 제국과의 관계 속에서 남유다의 나아갈 길을 알려주고, 하나님의 세계경영을 말하며 이제 남유다가 바벨론 제국에게 망하게 될 것을 비참한 미래를 예언하기도 하였다.[410] BCE.740년경 야훼의 부름을 받고 701년경까지 남유다 왕국에서 예루살렘을 중심으로 활동했다.

그는 임금과 같은 권력자들 가까이 있을 수 있는 신분이었다. BCE.8세기 북 이스라엘은 므나헴, 브가히야, 베가, 호세아, 왕들이 차례로 다스리고 있었고, 동시대에 남유다는 아하스, 히스기야가 통치하고 있었다. 이사야 선지자는 전반기에는 아하스 왕 때문에 무척 고생을 하게 되고, 후반기에는 히스기야 왕을 도와 남유다를 앗수르로부터 구하는 일을 합니다.

409 새무엘 노아 크레이머 지음 박성식 옮김 『역사는 수메르에서 시작되었다.』, 가람, 2020 P 245-2
410 조병호 『성경과 오대 제국』 통독원, 2011, P 131

앗수르가 고대 근동 상아시아의 주인자리를 500년 이상 유지하고 있을 때 바벨론은 자국 왕조의 내분으로 인해 앗수르 왕 살만에셀 3세가 침략해오는 것을 막을 힘이 없었다. 남유다의 왕은 르호보암을 시작으로 아비얌, 아사, 여호사밧, 여호람, 아하시야, 아달랴, 요아스, 아마샤, 아사랴(웃시야), 요담, 아하스, 히스기야, 므낫세, 아몬, 요시야, 여호아하스, 여호야김(엘리아김), 여호야긴, 시드기입니다. 그런 와중에 바벨론에 또 다른 쿠테타가 발생하자 아수르의 티글랏 빌라셋 3세(성경에 불이라는 이름으로 나오는 왕)가 바벨론을 침략하여 바벨론의 왕 자리에 오르기까지 하는 일이 발생하였다.[411]

그러나 티글랏 빌레셋 3세는 이듬해 죽음으로 바벨론은 다시 그들의 왕 므로닥 발라단이 다스리게 된다. 므로닥 발라단은 티글랏 빌레셋 2세와 살만에셀 5세의 뒤를 이은 앗수르의 왕 사르곤 2세와 맞서려 했는데 그러나 사르곤 2세는 티글랏 발라셋 3세 처럼 바벨론의 왕위를 차지하여 이렇게 바벨론은 나라의 왕 자리를 앗수르 왕에게까지 내주며 굴욕의 세월을 보냈다. 그러던 중 BCE.705년 사르곤 2세가 죽자 바벨론은 그제야 정신을 차리고 여러 나라들과 함께 연합하여 앗수르에 반기를 들기 시작했다. 므로닥 발라단은 엘람으로 망명해 있다가 귀국해 왕권을 회복하고, 바로 남유다의 히스기야에게 특사를 파견하며 내분을 종료하기로 결심하고, 자국의 왕이 자리에 앗수르 왕을 두 번이나 앉게 했으며, 그때 히스기야는 앗수르의 18만 5천명의 군인들이 엘루살렘 성 밖에서 한꺼번에 죽는 일로 근동에서 유명세를 탔다. 그만큼 외국에서 앗수르의 군대를 물리친 것에 아부와 칭찬으로 히스기야의 약점이 마키아벨리의 말처럼 "약한 나라는 언제나 결단력이 부족하

---

411   조병호 『성경과 오대 제국』 통독원, 2011, P 92

다" 라고 지적했듯이 그대로 나타났다. 당시의 강대국인 앗시리아 제국과 그에 맞서 싸운 이집트, 시리아 등의 다른 국가들 사이에 어려움을 겪고 있었다.[412] 이러한 혼란속에 등장한 것이 후세까지 이름을 떨친 바빌로니아 왕국이다.

원래 이 왕국의 수도인 바빌론은 별로 중요한 곳이 아니었으나 그러나 후에 수메르문명과 아카드 문명을 끌어들여 바빌로니아 왕국을 건설해 메소포타미아 전역을 그 세력하에 두게 되었고, BCE.612년에 재건국되는 신(新)바빌로니아왕국과 구별하기 위해 고(古)바빌로니아 왕국이라 부른다.[413]

바빌로니아 왕국의 이름을 들으면 가장 오래된 고대 법전으로 함무라비 법전은 함무라비 왕을 떠올리게 되고 함무라비 왕은 메소포타미아 전역[414]을 통일한 인물이다. 비록 생애는 짧았지만 중심도시 바벨론은 후에 메소포타미아 남부에 거주하던 바빌로니아 언어로 알려진 셈 족의 언어가 쐐기문자(설형문자(楔形文字)[415]로 씌여진 함무라

---

412   조병호 『성경과 고대정치』, 통독원, 2016, P 169`~170
413   남영우 『문명의 요람 퍼타일 크레슨트』 푸른길 2021 p 191
414   메소포타미아 지역 가운데 바그다드 이북의 땅을 악카드(Akkad)라 하고, 그 이남을 수메르 (Sumer)라고 했다. 또한 이 두 강의 발원지인 생겨난 북부의 고원 지대를 옛날에는 앗시리아 (Assyria)라 했고, 오늘날에는 알메니아(Armenia)고원지대라고 한다.
415   고대 페르시아·바빌로니아·앗시리아·갈데아(Chaldea)등의 오리엔트에서 BCE.3,500년경부터 BCE.1세기까지 광범위하게 사용된 문자, 설형문자는 뼈 또는 금속으로 만든 첨필(尖筆 stylus)로 진흙 또는 돌 위에 새겨졌는데 그것이 쐐기모양(설형(楔形)을 하고 있어 18세기 초 Engelbert Ka"mpfer가 비로소 이 명칭을 사용하였다. 이 문자의 기원은 바빌로니아에서 시작되었던 회화문자(pictograph)로 추정되며, 수메르인에 의해 처음 사용되었고, 후에 침입해 온 정복민족인 셈족(Semite)인 앗시리아`인에 의해서 사용되었다. 이 문자는 상형문자(hieroglyph)나 한자와 같이 회화문자에서 발달한 것으로 표의문자(ideogram)이지만 표음문자(phonogram)로도 사용되었다. 수메르어로 된 가장 오래된 기록은 우르크(Uruk: 현재의 Warka)의 붉은 신전에서 발견된 점토판에 쓰여진 것으로 인명과 숫자가 수반된 식별 가능한 물체의 그림에 의해 확인된다. 최초의 설형문자를 해독자는 독일의 Georg Freidrich Grotefend(1775~1853)로 그는 1802년 페르시아어로 된 비문을 판독하였다.

비 법전[416]은 고(古) 바빌로니아 왕국에는 고도로 발달된 행정조직과 유명한 법전이 있었다. 수메르인과 아카드인들로 구성된 고(古)바빌로니아 왕국은 우르가 함락된 후의 혼돈기에 셈어족인 아모리인의 한 부족이 서로 적대시하던 민족들을 압도하고 발흥한 것이다. 아라비아반도에서 팔레스타인으로 이주한 아모리인은 난폭하기로 유명하기도 하다.

함무라비 왕의 치세는 BCE.1792년에 시작해 BCE.1600년경까지 존속했지만 가장 수명이 짧은 제국이 되었지만, 그 후 히타이트인에 의해 바빌론이 파괴된 것을 계기로 여러 민족에 의해 분할되었다.[417]

⑦ 노아의 방주와 홍수이야기

홍수의 이야기는 앗시리아 학자 스미스(Smith)는 1872년 아슈르바니팔 도서관 유적지에서 출토된 점토판을 정리하면서 홍수이야기가 적힌 문서를 발견했다. 홍수 그 자체는 자연현상이지만 홍수에 관한 설화는 『구약성서』 창세기의 제6장~제9장에 걸쳐 기록되었을 뿐 아니라 그보다 이른 시기인 수메르의 에리두(Eridu) 창세기를 비롯해 바빌론의 『길가메시 서사시』, 구전도기에 있는 카자흐스탄의 설화 등에서 발견할 수 있다. 이들 설화는 지구의 온난기 또는 많은 강수량으로 하전이 범람하기 쉬운 상황에서 홍수피해가 과장되어 생겨난 트라우마에서 비롯된 것으로 생각된다.[418]

416　남영우 『문명의 요람 퍼타일 크레슨트』 푸른길 2021 P 193
　　함무라비법전은 그 내용을 약 2.5m의 현무암에 새겨 누구라도 읽을 수 있도록 신전의 중정(中庭)에 설치했다. 이 법전의 특이성은 총 282개 조항에 달하는 길이와 훌륭한 구성에서 찾을 수 있다. 법전은 임금, 이혼, 의료비 등과 같은 실로 다양한 문제를 망라하고 있다. 법전이 가장 상세히 다루는 것은 가족, 토지, 상업의 세 가지 테마였다. 그 내용을 보면 당시의 사회가 이미 친족 관계와 공동체가 통제 할 수 없는 단계에 이르렀음을 알 수 있다.
417　남영우 『문명의 요람 퍼타일 크레슨트』 푸른길 2021 P 192
418　남영우 『문명의 요람 퍼타일 크레슨트』 푸른길, 2021 P 197

『길가메시 서사시』에 나오는 홍수이야기는 『구약성서』의 노아의 홍수[419]에 나오는 내용과 매우 흡사하다. 홍수에 관한 설화는 인문현상의 하나다.[420] 홍수가 발생했을 때 인류가 어떻게 대처하고 또 어떤 이야기를 남겼는지는 당시 상황을 가늠케 하는 일종의 스토리텔링인 것이다.

기독교인들은 홍수가 일어난 해를 BCE.2348년이라 한다. (『파노라마 성경학습도표』 노현기편) 이 시기에 중국에서도 2대 홍수가 일어났으니 하나는 양자강 유역에서의 묘족이 당한 것과 다른 하나는 황하 유역에서 요제(堯帝)가 겪은 것이다.[421]

ⓐ 노아의 방주

『창세기』에 의하면 에덴동산에서 쫓겨나온 아담과 그 일당은 에덴의 동쪽 땅에서 살았던 것 같다. 즉 『창세기』 제3장 32절은 "그 사람을 쫓아내고 에덴동산 동쪽에 그룹들과 두루 도는 화염검(火焰劍)을 두어 생명나무의 길을 지키게 하시더라"고 하였다. 다음 『창세기』 제4장 17절은 아담과 큰 아들 가인이, 에덴동산 동편에 자리한 '놋' 이라는 땅에서 '에녹성'을 쌓았다 하였다. 그런데 『창세기』는 아담과 그의 착한 아들 셋과 어디서 살았는지를 말하지 않고 셋으로부터 노아에 이르기까지 계보를 자세히 기록했다. 『창세기』는 아담의 자손이 번성하였음을 말하고, 또한 인구 증식(增殖)과 동시에 악이 세간에 가득 찼음을 탓 한다. 아담의 10세손 노아의 때에 홍수가 크게 일어났다.[422]

---

419 노아의 홍수는 아담의 10세 손 노아의 치세 시에 일어난 홍수로 그 홍수가 일어난 해(BCE.2348년)이다. 이 시기의 홍수로는 양자강 유역의 묘족(猫族)이 만난 홍수, 다른 하나는 황하 유역의 요(堯)나라 황제가 겪은 홍수였다.

420 남영우 『문명의 요람 퍼타일 크레슨트』 푸른길 2021 P 197

421 문정창 『한국 수메르 이스라엘 역사』, 한뿌리 2008, p 68

422 문정창 『한국 수메르 이스라엘 역사』, 한뿌리 2008, p 68

후빙기에 있어서 노르웨이의 雪線변화[423]

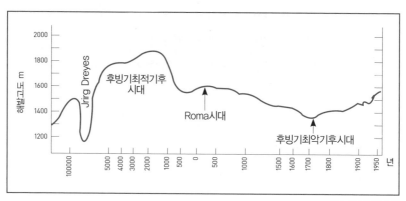

자료: 한국고대사 P 23

ⓑ 니시루산의 노방사건

노아의 방주사건보다 약 1500년 전의 일로 고(古)바빌로니아 왕조 때 쓴 유프라테스 강 유역에서 일어난 다음의 홍수 설화는 지극히 현실적이다.[424,425]

갈대로 만든 오막살이여 벽(壁)이여.

갈대의 오막살이여 들어라 벽이며 살펴보라.

---

423 문정창『한국고대사』인간사 1988, p 23 주

M. Schwarzbach 『Das Klima der Vorzeit Stuttgart』(1961) 이 기후표는 BCE.2,000~200년경까지의 동북아대륙의 민족이동에 관한 역사적인 발자취를 여실히 증명해 준다. 즉 북몽고 사막 중에 고대도시가 매몰되어 있다 하며, 바이칼 호 지방에서 세석기문화가 찬란하게 있었으며 또한 동방족의 시조인 복희씨(伏羲氏)가 거금 약 6,000년 전의 인물이라는 것이 선학들의 공통된 견해이다. 우랄·알타이산 부근에서 농경이 가능하여 세석기문화가 생겨난 것은 이 기후 도표상의 최적기후 시대였고, 알타이어계족이 그 고장을 버리고 흑룡강 하류·한반도·남북만주·중국 본토로 이동하기 시작한 것은 노르웨이의 설선이 해발 고도 1900~1600m로 급강하는 본 도표상의 Roma시대인 것으로 본다. 이리하여 비교적 기온이 온난한 연해주·남만주·중국본토에 정착한 알타이어계 여러 종족은 같은 이유로 서북에서 중국 본토로 침투하는 중국어계 민족과 역사 활동을 벌이는 것이다.

424 고(古)바빌로니아는 BCE.1,800~1,500년에 메소포타미아의 남부에 위치하였던 셈족의 국가

425 문정창『한국고대사』인간사, 1988, p 21

우파루 투투의 아들이여 슈루팍의 사람들이여, 집을 헐어서 배를 만들어라.

모든 것을 다 버리고 너의 목숨만을 구하라. 모든 생물들의 씨를 배에 실어라.

네가 만들어야 할 배는 그 크기를 일정한 치수대로 하여야 한다.

그 넓이와 길이를 모두 똑같이 하여야 하느니라.

그들이 만든 배는 7층이요, 각 층에는 아홉 개씩의 방이 있었으며, 7일 만에 집이 완성되었다. 홍수가 밀어닥치자 그는 전 재산, 즉 금·은·생명이 있는 것·가족·측근자·일하는 사람들을 모두 배에 실었다. 6주야간 바람이 불고 비가 와 홍수가 나더니, 마침내 폭풍이 전국토를 휩쓸기 시작하였다. 제7일이 되니 드디어 폭풍이 지고 말았다. 그것은 군대의 공방전과도 같았다. 바다는 고요해지고 폭풍은 멈추고 홍수는 끝나고 천지는 잠잠하였다. 그리하여 모든 인간은 빛깔이 붉은 진흙으로 변해져 있었다. 모든 것이 평탄해지고 말았다.

창을 여니 햇빛이 나의 얼굴을 쏘았다. 나는 머리를 푹 숙이고 앉아 울었다. 눈물이 줄줄 흘렀다. 나는 한없이 넓은 물바다의 언덕(岸)을 찾았다. 2주야가 지나니 12개의 육지가 나타났다. 배는 니시루산에 정박되어 있었다. 산이 꽉 잡고 있어 배가 움직이지 않았다.

또한 이와 같은 홍수설화는 BCE.3000 년기의 슈멜 신화[426]에 나온다. 슈멜 신화의 이와 같은 홍수설화가 단순한 신화가 아니고 역사적 사실이었음이 유·티 양강의 어구 지방에서 발견된 점토판의 기록에 의하여 인정되었다고 사학(斯學)은 전한다.[427]

---

426 메소포타미아 충적층 평야에 위치하였던 나라
427 三笠宮崇仁(みかさのみや たかひと:1915~2016)『大世界史』一巻 (文藝春秋史 刊)

ⓒ 묘족의 홍수설화[428]

뇌신이 성내어 홍수가 크게 일어났다. 모든 집 사람들이 다 물에 빠져죽었는데 오직 한 쌍의 남매가 남게 되었다. 드디어 그 남매가 결혼하여 부부가 되었다. 이들이 오늘날 인류 공동조상이 되었느니라. 〔雷神怒 發洪水. 想淹死他全家, 不料除一對兄妹. 全人類都合淹死. 於是 兄妹結成夫婦. 遂爲今日 人類的共同祖先.(徐亮之『中國史前史話』P 132〕

지난 8,000년간 세계의 우량변화[429]

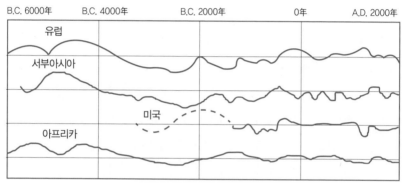

자료: 문정창 한국고대사, P 24 도표

---

428 문정창『한국·수메르·이스라엘 역사』한뿌리, 2008, p 68

429 문정창『한국고대사』인간사, 1988, p 24, 주)
C.E.P. Brooks(:1888~1957,)『Climate through the age London』(1949). Brooks가 제시한 이 우량표는 발해만의 500리 평지가 바다로 들어간 것, 요동반도와 산동반도 앞바다의 많은 섬들이 자취를 감추게 된 것, 백제국의 서남 발해 중에 있었던 15개의 큰 섬들이 없어진 등의 연유를 명확히 말해준다. 뿐만 아니라 현대 중국의 모든 지도들은 遼河 河口로부터 100里까지의 海深을 20公尺(6m), 그 다음 300里 거리까지의 水深 40 公尺이라 하고 있다. (인천 앞바다간만의 차 30m). 몽고는 해발고도 1,000척의 고원이요, 요령평원은 해발고도 50척이하의 沖積層이며, 발해에 유몰 된 500리의 평지와 그 모든 섬들은 보다 저지대였으리라. 위의 서부아시아 우량변화표에 의하면 그 후 기후가 변하여 BCE.1,700~700년경까지 雨量過少期로 들어갔다. 이 약1,000년 동안 물을 찾기 시작한 알타이산 주변 사람들이 강을 따라 저지대로 이동하기 시작하였으며, 그 한 갈래가 遼河 河口의 500리 평지와 황해상의 여러 얕은 島嶼 중에 정착하게 된 것으로 본다. 약 1,000년에 걸친 雨量過少期가 지나고 BCE.100 년 기부터 기후는 다시 변동하여 雨量過多期로 들어가는 것이다. 이 우량 과다기에는 노아의 방주사건과 같은 큰 홍수는 없었으나, 수 세 기간 증가하는 海水가 서서히 문제의 500리 평지와 얕은 여러 섬에 심어들어 마침내 海面으로 만들고만 것으로 보려 한다.

ⓓ 황하의 홍수타령

이 연대는 중국에 있어서도 황하유역의 홍수가 범람하여 크게 곤란한 요제(堯帝)는 「슬프다 사악(四岳 : 사방 제후의 우두머리)아. 넓고 큰 호수가 바야흐로 성하며 물결이 힘차 산을 해하며 무너뜨리며, 구릉에 올라 호호막막 하늘에 창일하니 백성들이 심히 불쌍하도다」 하였다.[430]

(帝曰 咨 四岳　蕩蕩洪水方割, 蕩蕩懷山襄陵, 浩浩滔天. 下民其咨有能俾乂(『書傳』「堯典」)

ⓔ 송화강 유역의 홍수

이때 또한 송화강 유역에서도 그와 같은 대홍수가 닥쳤는데 『규원사화』는 「 단군조선이 건국된 지 30년 만에 대홍수가 일어나다」 하였다.

(檀君 .....御國三十餘年 正値洪水 浩波滔天....『揆園史話』 申學均 譯本 p 87)

ⓕ 설형(楔形)문자로 기록된 길가메시 서사시

영국의 고고학자 레이야드(Sir Austin Henry Layard)경은 터키의 고고학자 홈무즈 릿쌈의 도움을 받아 1851년 메소포타미아의 니네베(Nineveh)에서 아슈르바니팔(Ashurbanipal)궁전을 발굴했는데, 이 궁전 내에 온전히 보전된 2동의 서고를 발견했다. 이 서고 안에서 잘 보존되어 있는 길가메시 서사시를 얻게 되었다. 길가메시 서사시는 12매의 점토판에 새겨져 있으며 총 134행이다.

길가메시 서사시는 바빌로니아 제1왕조의 제6대왕 함무라비(BCE 1728~1686)이전 700년 전에 일어났던 홍수사건을 주제로 하여 길가메시

430　문정창 『한국고대사』 인간사. 1988, p 22

의 영웅적인 이야기를 시적으로 승화시켜 놓은 작품인데 BCE.2000년 경부터 벌어진 단편적인 이야기를 기록되어 있는 것이다.[431]

이라크의 니네베 도서관에 보관되어 있는 점토명판 제7에 기록되어 있는 설형문자[432]는 길가메시 서사시의 유래를 전하고 있다. 그 내용은 앞에서 본 니시루산[433]의 노방사건과 유사한 내용을 담고 있어 생략한다.

유프라테스 강 상류에서 당시의 재 분배경제를 시사하는 중요한 유물이 발견되었다. 즉 이 강의 상류에 위치한 텔 브라크를 비롯한 니네베, 하류의 우루크, 에리두, 우르 등지에서 빗각테두리의 토기가 발견되는 것이다.[434] 빗각테두리 토기는는 곡물을 담아 분량을 측정하는 오늘날 됫박에 해당하는 그릇으로 재분배 경제를 상징하는 계량 도구다.

메소포타미아의 최초의 문명은 수메르로 수메르는 남부지방을 일컫는 지명이다. 당시의 해안선은 현재보다 15㎞정도 내륙에 있었으나 해수면이 하강하면서 지금의 해안선으로 바뀐 것으로 알려져 있었지만 사실은 예나 지금이나 그대로였던 것으로 밝혀졌다. 수메르인이 메소포타미아 남부로 이동해 정착한 시기는 불분명하지만 BCE.4000년경에는

---

431 문정창 『한국·수메르·이스라엘역사』 한뿌리, 2008, p 75

432 설형문자(楔形文字 : Cineiform)는 옛 페르시아, 수메르, 바빌로니아, 앗시리아, 갈데어 등 동양에서 BCE 3,500눈 경부터 광범위하게 사용된 문자이며, 쓰는 재료로서 진흙판이 널리 사용되기 때문에 선형의 획이 쐐기모양을 하고 있다고 해서 설형문자라 한다. 『대영백과사전』과 여러 문헌들은 수메르인은 은나라의 문자와 비슷한 설형문자을 사용했다고 했다. 은나라는 태호·소호족의 자손들이 세운 나라라는 것은 중국의 학자 서량지(徐亮之)외에 많은 학자들이 인정하는 것이다.

433 고(古)바빌로니아의 기록물에는 니시루산의 위치가 자세히 기록되어 있다. 즉 니시루산은 티그리스강 상류의 지류인 자부(Zab)천과 티그리스 본류가 합하는 지점 부근의 평원 높이 솟아있는 급하고 험한 산이다. 니시루산은 크르디스탄(Kurdistan) 산맥의 한 봉우리였다고 한다.(Werner Keller 지음, 山本七平 譯 『歷史としての 聖書』 p54)

434 남영우 『문명의 요람 퍼타일 크레슨트』, 2021, 푸른길. P 164,176

이미 그 땅에 정주한 것으로 추정된다.[435]

⑧ 홍수기에 관한 연구

메소포타미아·양자강 유역·황하유역 등지에서 동시적으로 발생한 홍수는 후빙기(後氷期)의 최적 기온시대(BCE.5000~1500)에 범세계적인 기온상승으로 고산에서의 빙하와 만년설이 녹아 흘러내려 하천이 범람하고 건조지역에서의 이상 집중호우로 생긴 대재앙이었다.(『서경』「요전」, 『사기』「하본기」) 메소포타미아에서는 창세기 기록만으로도 근 1년간 계속되었다. 메소포타미아의 홍수에 관한 기록은 세 가지 있다

- 성경 「창세기」 상의 노아의 홍수
- 엔릴[436] 영웅시가 말하는 홍수 소동
- 길가메시 서사시가 읊은 홍수 사건 등이다.

이 세 가지의 기록은 모두 동일한 홍수를 각 지방의 정권 또는 집단이 격은 실정을 그대로 기록한 것이다. 이 세 가지의 홍수기록이 갖는 내용을 표시하면 다음과 같다.

---

435 브라이언 페이건 남경태 옮김 『기후 문명의 지도를 바꾸다』 2021, 씨마스 21, P 242
BCE.4,000년부터 사하라가 건조해지고, 메소포타미아에서 여름 몬순이 남쪽으로 이동하면서 가뭄이 시작되었다. BCE.3,800년부터는 강이 범람해도 하류로 그다지 많은 물은 내려오지 않았다. 마침 그때 지역 농촌인구는 급증했다, 관개는 메소포타미아의 지역적 발명이었고, 인구가 도시로 유입하는 극적인 결과를 낳아 인구가 크게 늘고, 강변을 따라 이웃과의 교역이 활성화되고 작은 왕국들의 출현이 수세기 동안 출현하여 앞다투어 무역에 박차를 가하였다.

436 BCE.3,100년 아담과 이브가 에덴동산을 세운지 200년 이후 BCE.2,900에 그들이 앗슈르족에게 쫓겨나게 되고, 다시 엔릴(Enlil)이 앗슈르족을 쫓아내고 수메르 제1왕조를 건설하게 되었다. 수메르의 제1왕조 즉 엔릴의 5개 도시국가의 건설은 BCE.2,850경에 시작하여 BCE.2,360년경에 끝나게 된다. 수메르의 역사는 1914년 영국 아르노포오벨(Amopoebel) 대학박물관에 있는 니퍼(nippur)소장품, 즉 점토판에 새겨진 명판인 〈엔릴영웅시〉가 발견됨으로써 수메르의 역사가 밝혀졌다. 엔릴 영웅은 앗슈르인의 질서를 파괴하고, 인류사상 최초의 다섯 도시와 그 도시의 통치자를 밝히고 있다 영웅시의 내용 가운데 수메르인과 한국인의 형질이 비슷하다는 내용은 "엔(An) 이후에, 엔릴(Enlil), 엔키(Enki) 닌허씨(Ninhurscy)는 검정머리의 사람들이다"는 기록이 관심을 갖게 한다.

메소포타미아의 3가지 홍수에 관한기록

구분	주체	소재지	표류하다 정착한 곳
노아홍수	아담의 10세손 노아	아르메니아 지방	아라라트산 중턱
엔릴 영웅시의 홍수	엔릴의 후예 지우수드라	상부 메소포타미아 지방	죽음의 저지대
길가메시가 읊은 홍수사건	아시리아족 우트나피시팀	아시리아 지방	니시루산

역사가 시작된 이래 전무후무한 대홍수가 메소포타미아의 지표에 미친 영향에 관하여 독일 학자 베르네는 다음과 같이 말했다.[437]

"우르(Ur)[438]지방에 자리한 편평한 모양의 탑 아래에 두께 10피트의 점토 침전층이 페르시아만에서 서북쪽으로 약 400리가량 이어져 있고, 또 유프라테스강 동안으로부터 티그리스강 서안까지 사이에 너비 100리 정도로 뻗쳐 있다."

베르네 켈러는 이 점토층을 발견한 영국의 고고학자 울리가 '대홍수

---

437 문정창 『한국·수메르·이스라엘 역사』 한뿌리, 2008, p 78
438 수메르 문명이 일어난 지역은 북부 평야지대와 남부의 페르시아만 주변이다. 고대 셈어와 수메르어를 쓰는 집단이 주류인데 이외에 '에리두','우르''키시' 와 같은 이들이 정착하였는데, 제2왕조가 건설된지 200년이 지나서 구티족이 니므롯 제2왕조가 붕괴되었고, 그로 인해 혼란한 사이에 약해진 구티왕국은. 남부 메소포타미아의 수메르 부족으로 반독립적 자치제 부족장의 형태를 가지며 유지해 갔으나, 세력이 약해진 구티왕국을 에레크(Erech) 지방의 부족장인 우투헤갈(Utuhegal)이 토멸하였고. 그러나 얼마 못가 우르를 수도(首都)로 하여 수메르의 부족장 우르 남무(UrNammu)가 일어나 그를 제거하고 우르 제3왕조(BCE.72,112~2,004)까지 존속한 왕조이다 이 기간 중 문명이 크게 발달하였다. 궁궐과 많은 건축물과 시대를 반영한 문학적 활동을 전개하였고 우르문화의 특기사항은 에쉬눈나(Eshnunna)법판이고, 그들은 월신전(月神殿)을 세우고, 달신을 숭배하고, 우르지방에서 나온 청회색 도기, 그들이 행한 순장(殉葬)의 장례식 등 한족(韓族)과 같은 문화 습속 등을 읽을 수 있다. 수메르 제3 우르왕조를 타도하고 바빌론 제1왕조를 건설한 앗슈르족 함무라비(BCE.1,728~1,686)왕이 만든 함무라비 법판은 그들의 문자를 가지지 못하였기 때문에 수메르 설형문자를 빌려 쓰게 되었다. 이 3법판이 건립된 것은 은의 옥정왕(沃丁王 , BCE.1,728~1,686)연대였다.

로 말미암아 입은 지상의 피해는 페르시아만~우르지방 사이의 400리라는 결론을 내렸다.'며 여러 가지 시험한 결과 홍수의 경계가 드러났다, 재해를 입은 지역은 페르시아 만으로부터 북서쪽 400리, 폭 100리 정도이다. 오늘날에는 한 지역에서 이러한 지역피해라고 할 수 있지만 당시 강변에 살던 주민들에게는 전 지구적인 사건으로 생각되었을 것이다.

「창세기」는 "노아의 방주가 아라라트(ararat)[439]산의 800m지점에 올라갔다"고 말하고 길가메시 서사시는 "우트나피시팀이 만든 배가 니시루 산 산꼭대기에 정박했다"고 한다. 범 메소포타미아~아르메니아 지역의 세계에는 7일 7주간 호우가 내리고 태풍이 불고 세기적인 대해일이 일어나 바닷물이 육지를 뒤엎어서 800m 고지까지 홍수가 범람했다.

『역사로서의 성서』의 저자 베르네 캘러도 노아의 방주사건이 일어난 대홍수는 BCE.4000년경이라 강조하였다. 메소포타미아의 대홍수는 후빙기 최적기온 시대에 중국의 양자·황하 두강 유역과 동시적으로 일어난 것이다. 이 세 지역의 홍수발생시기 측정은 기독교에서 주장하는 BCE.2350년경이 정확하다고 보여 진다.

지금까지 알려진 모든 사료에 의하면 메소포타미아의 홍수소동은 노아·엔릴·길가메시, 이 삼자의 거주지에서 일어났는데 그 지역은 노아의 방주가 떠올라간 아라라트산, 지우수드라가 앗시리아족에게 쫓겨 도망간 니퍼, 길가메시의 선박이 떠올라가 정박한 니시루산으로 이 세 지역의 위치는 아라라트산의 위치도에서 표시한 바 있다.[440]

---

439 터키 동쪽 끝 이란과 아르메니아 국경 부근에 있는 화산. 노아의 방주가 표착하였다고 전한다. 높이는 5,107m의 산.
440 문정창 『한국·수메르·이스라엘 역사』한뿌리, 2008, p 81

아라라트산(좌측의 소아라라트산과 우측의 대아라라트산)
자료: 퍼타일크레슨트, p167

2) 이집트 문명

고대문명은 메소포타미아에서만 탄생한 것은 아니었다. 일찍이 이집트 나일강 유역에서는 고도의 문명을 창출해 장기간 존속시키고, 오늘날에도 중장한 유적과 수많은 세련된 예술작품을 남기고 모든 고대문명 중 가장 많은 유적과 유물을 남기고 있는 것이 바로 이집트 문명인 것이다.

BCE.3200년에서 BCE.332년까지, 거의 3천 년 가까이 지속된 것으로 보이는 이집트 문명은 항구성(恒久性)과 변화성의 교차에 문제점이 있었다. BCE.3세기 프톨레마이오스 조 시대(BCE. 306~30)에 살았던 이집트의 역사학자 마네토(Manetho)는 3천 년의 기간을 30개 왕조 시대로 구분하고 있다. 제1왕조는 이집트의 통일과 문자의 발명으로 시작되고, 마

지막인 제30왕조는 알렉산드로스 대왕의 원정으로 끝이 났다. 이 3천
년의 긴 시기를 세분하는 문제는 정치·경제·사회적 변천 과정에 대한
명확한 자료의 부족으로 어려움이 많다.

이집트 문명의 형성에 골격이 된 제1, 2왕조는 BCE.3200~BCE.
2700년경에 존속하였는데, 그 수도가 나일 강의 중류에 있었던 티니스
(Thinis 또는 This)였기 때문에 티니스 시대(Thinite Period)라 하고, 제3왕조에
서 제6왕조까지를 상고 왕국(上古王國)시대(Old Kingdom, BCE.2700?~2200),
또는 피라미드를 많이 세웠다 하여 피라미드 시대(Pyramid Age)라 한
다. 그 후, 제8왕조에서 제10왕조까지의 제1차 혼란기(BCE.2,200~2,050)
를 거쳐 중고(中古) 왕국 시대(Middle Kingdom, BCE.2050?~1800?)에 이르
며, 이 시대는 제11왕조와 제12왕조의 통치 시기와 일치된다. 제12왕조
가 내분과 팔레스타인 지역에서 침입한 힉소스(Hyksos) 족에 의하여 망
한 후, 이집트(Egyptian)는 제13왕조에서 제17왕조까지의 제2차 혼란기
(BCE.1800?~1570?)를 거쳐 근고(近古) 왕국 또는 이집트 제국 시대(New
Kingdom 또는 Egytian Empire : 제18~24왕조, BCE.1570?~708?)로 연결된다.[441]

또한 헤르도토스(BCE.440 Herodotos,)는 "나일강이 관개(灌漑)하는 곳이
이집트이며, 아스완부터 북쪽의 하류에 살면서 그 강물을 마시는 사람
이 이집트인이다".라 기록하기도 했다. 나일강의 길이는 세계에서 두 번
째이며, 유역면적은 전국토의 4%에 불과하고 연강수량이 비록 아스완
부근에서 0㎜로 비가 전혀 내리지 않지만, 나일강 유역은 관개시설 덕
분에 2000㎜의 강수량에 상당하는 물을 공급받고 있으므로 웬만한 다
우지역에 필적할 만하다. 나일(Nile)은 셈어와 햄어 모두 하천을 뜻하는

---

[441] 네이버 지식백과] 이집트 문명 (중동사, 2008. 1. 15., 김정위, 위키미디어 커먼즈)

신왕국시대의 이집트영역(BCE.15세기)

자료: 남영우 『문명의 요람 퍼타일 크레슨트』 푸른길 2021 p 355

Nahal에서 유래된 영어식 지명이므로 사실 '나일강'이라고 부른 것은 인더스 강처럼 모순이다.[442]

　나일강이 범람하면 이집트의 하천 유역은 저지대 탓에 모두 물에 잠겨 마치 바다를 연상케 한다. 나일강의 본류는 적도 다우지대와 빅토리아호를 발원지로 하는 백나일 강인데 하르툼(Khartoum)부근에서 아비시니아 고원을 발원지로 하는 청나일강과 합류하며, 여름철에 청나일강과 앗바라 강에서 정기적으로 발생하는 홍수는 높은 생산력의 기반을 이

442　　남영우 『문명의 요람 퍼타일 크레슨트』 푸른길 2021 p 354

루게 했다.[443]

　이집트의 문명의 기원은 이집트의 역사는 메소포타미아보다 훨씬 뒤늦게 성립되었고, 이미 존재한 수메를 문명으로부터 많은 것을 배울 수 있었다. 두 문명 간의 교류에 관한 확실한 증거는 불충분하지만 초기 이집트는 예술의 모티브에는 분명 메소포타미아의 영향을 엿볼 수 있다. 일찍이 사용되던 원통형 도장과 벽돌로 쌓아올린 대형건축물에도 수메르의 영향을 찾아볼 수 있다. 고대 그리스의 지리학자 스트라본(Strabo)은 인간이 자연과 협력해 자연 속에 남아있는 부족함을 보완한다고 설명하면서 이집트의 풍요가 단지 나일강이 가져다 준 공짜 선물이아니라 이집트인들의 노동과 나일강이 하나가 되어 이룩한 결과라 했다. 고고학적인 사료와 유물의 기록 등을 연결시켜 고찰해 보면 신석기 시대에는 나일강의 하곡지대에 속하는 이른바 상(上)이집트라 불리는 가늘고 긴 토지에 햄어족이 정착했음을 알 수 있다.

　그들은 BCE.5000년경부터[444] 수렵·채집생활을 하다가 이윽고 농경생활을 시작했다. 그들 중 일부는 메소포타미아의 농민들과 거의 동시대에 일찍부터 고도의 기술을 습득했고, BCE.4000년대 중반이 되면 나일강 북쪽의 하류에 위치한 삼각주를 중심으로 인접국과의 접촉도 활발했다[445].

443　남영우 『문명의 요람 퍼타일 크레슨트』 푸른길 2021 p 355
444　브라이언 페이건, 남경태 옮김 『기후 문명의 지도를 바꾸다』, 씨마스21, 2021, P 233
　　　사하라는 BCE.5,000년부터 이때부터 조금씩 습해지기 시작해서 서남아시아 전역에 강우량이 많아졌다. 사헬지대와 같은 관목 숲과 초원이 북상해 소와 가축의 방목장으로 사용할 수 있는 건조한 목초지가 늘어나고, 사냥감의 수도 늘어나고 유목민들은 사막전역으로 퍼지고, 나일강 유역에서 청나일 강과 백나일 강이 합류하는 지점까지 그리고 멀리 서쪽으로 아이르 산맥과 더 서쪽으로 현재 말리의 팀북투 지역까지 퍼졌다.
445　남영우 『문명의 요람 퍼타일 크레슨트』 푸른길 2021 p 356

BCE.4000년경[446] 나일강 상류의 하곡지대에 위치한 상(上)이집트와 하류 북부델타지대의 하(下)이집트에 각각 왕국이 탄생했다. 기록에 따르면 BCE.3200년경에 나일강 하류의 상(上)이집트가 중하류의 하(下)이집트를 정복하고 아브 심벨(Abū Simbel)로부터 나일강 하곡에 이르기까지 총 800㎞에 달하는 대통일 국가가 탄생했다. 일반적으로 이 시기를 고대 이집트문명의 성립기로 보고 있으며, 그 후 이집트역사는 왕국은 나일강 상류까지 세력을 떨쳐 영토를 확장했다. 고대 이집트의 역사는 BCE.1000년경부터 급속히 쇠퇴하여 로마가 지중해 패권을 거머쥘 때까지 약 3000년간 지속되었다. 역사가 장구한 만큼 그 특색을 한마디로 표현할 수 없지만 고대 이집트 문명의 최대 특징은 변화와 혁신을 창출하기보다는 안정된 사회와 면면히 이어져 내려온 전통에 있었다는 사실만은 확실하다.[447]

---

446   브라이언 페이건, 남경태 옮김 『기후 문명의 지도를 바꾸다』, 씨마스21, 2021, p 185, 235, BCE.4,000까지 농부들은 유럽대륙의 작은 부분을 점유한 정도에 그쳤다. 수렵과 채집의 고대세계로 이주한 농부들은 단순한 농경술을 먼 지역까지 확산시켰고, BCE.4,000 년경 나일강 유역의 인구밀도는 사하라보다 훨씬 높았다. 1천년 뒤 이집트 문명이 시작되었을 무렵 지중해와 강 상류 방면으로 700㎞지점에 위치한 제1폭포 사이의 지역에는 약 50만 가량이 살고 있었을 것이다. 유역에서의 삶은 사막의 강우에 의존하지 않고 강의 변덕스러운 범람에 의존했다.

447   브라이언 페이건, 남경태 옮김 『기후 문명의 지도를 바꾸다』, 씨마스21, 2021, P 358

이집트와 메소포타미아 문명 주변지도

지중해
로제타
부토
알렉산드라
사이스
카이로
멤피스
수에즈
시나이 반도
헤라클레오폴리스
텔 엘 아마르나
나일 강
홍해
카르나크
룩소르
왕가의 계곡
테베
농경지
이집트 문명의 유적

자료 : 기후 문명의 지도를 바꾸다, p 241

　이집트의 역사는 일반적으로 다섯 개의 시대로 구분 고(古)왕국 시대. 중(中)왕국 시대, 신(新)왕국시대라 불리는 세 시대와 그 사이에 있는 제1중간기와 제2중간기가 그것이다. 세 번에 걸친 왕국시대는 이집트가 번영을 누렸던 시대거나 적어도 통일정권이 존재하였던 시대였다. 두 번의 중간기는 이집트가 약체화하고 안팎의 문들로 흔들린 시대였다.

이집트 역사의 연표[448]

초기왕조시대	고왕국시대	중왕국시대	신왕국시대
(BCE 3000~ BCE 2625)	(BCE 2625~ BCE 2130)	(BCE 1980~ BCE 1630)	(BCE 1539~ BCE 1075)
제1왕조 (BCE 3000~ BCE 2800)	제4왕조 (BCE 2625~ BCE 2 500)	제11왕조 (BCE 2081~ BCE 1938)	제18왕조 (BCE 1539~ BCE 1292)
제2왕조 (BCE 2800~ BCE 2675)	제5왕조 (BCE 2500~ BCE 2350)	제12왕조 (BCE 1938~ BCE 1759)	제19왕조 (BCE 1292~ BCE 1190)
제3왕조 (BCE 2675~ BCE 2625)	제6,7,8910왕조 (BCE 2350~ BCE 1980)	제1314왕조 (BCE 1759~ BCE 1630)	제20왕조 (BCE 1190~ BCE 1075)

① 파라오[449]

언제나 신비의 땅으로 느껴지는 이집트 BCE 3100년 이집트의 왕국
이 처음으로 세워졌으며, 이집트의 왕은 파라오[450]라고 불렀습니다. 당
시 왕은 엄청난 권력과 힘을 가졌는데요, 왕은 우주이자 지구였고, 자

---

448 남영우 『문명의 요람 퍼타일 크레슨트』 푸른길 2021 p 357
449 정형진 『바람 타고 흐른 고대문화의 비밀』, 소나무, 2011, p 355
이집트의 왕 파라오와 우리의 단군을 동일한 상징적 존재이다. 뱀 머리와 삼각형, 그리고 상 이
집트의 왕관은 일정한 관계가 있다. 이 펜던트는 BCE.9세기경에 만들어진 펜던트이다. 이 펜던
트를 보면 상(上)이집트의 왕들이 쓰던 고깔형의 왕관을 신성한 뱀인 우레노스가 쓰고 있다. 마
치 우리의 남근이 고깔을 쓴 것과 같다. 이러한 관념이 극단적으로 반영된 단어가 바로 '파라오
(Pharao)'이다. 이집트의 파라오는 남근을 상징하는 신(神)이다. 이는 성기 숭배를 가리키는'펠리
시즘(Phallicism)'의 'Phalli'가 파라오에서 왔다는 사실에서 알 수 있다. 또한 그리스의 디오니소
스는 제우스와 데메테르의 아들인데 그의 상징이 남근인 것도 동일한 의식의 소산이다.
450 브라이언 페이건, 남경태 옮김 『기후 문명의 지도를 바꾸다』,씨마스21, 2021, p 237
이집트 신앙은 BCE.3,100년 초대 파라오가 등장하기 한참 전에 생겼으며, 원래 사막과 정주지 사
이를 자유롭게 오가는 나일사람들에게서 시작되었다고 한다. 동부 사막의 암각화에 그려진 신들
의 형상 중에는 최초의 이집트 신에 속하는 풍요의 신, 민도 있다. 사막 한복판 에드푸 서쪽의 카
나이스에 있는 바위를 깎아 만든 신전 벽에서 민은 바나나 모양의 배를 타고 도리깨를 휘두르는
모습으로 등장한다. 윌킨스의 트레이드마크인 발기된 음경으로 쉽게 식별할 수 있다. 이 암각화
가 적어도 BCE.3,500년 이전의 이라는 대담한 주장을 펴고 있다.

연 그 자체로 여겨졌습니다. 메소포타미아문명과 이집트문명의 다른 점은 크게 차이가 납니다. 메소포타미아에서는 법을 통해 사회적인 질서를 확립했지만, 이집트는 왕이 신적인 존재, 절대적인 권한을 가졌기 때문에 특별한 법이 필요치 않았습니다. 오직 왕의 명령으로 모든 것이 이루어지는 구조였다.

이집트왕의 권력은 영원하게 여겨졌는데요, 이는 피라미드 미이라 등으로 살펴볼 수 있다.

이집트를 정복한 파라오의 모습

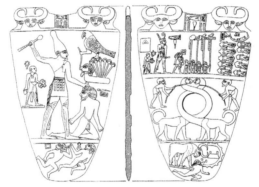

자료: 기후 문명의 지도를 바꾸다. p 241

이집트문명 유적지 사진(피라미드)

② 이집트 상형문자[451]

451 정연규 『한겨레의 역사와 문화의 뿌리를 찾아서』 한국문화사, 2008, p 473~480

사람은 무리를 이루고 서로 접촉하면서 서로의 뜻을 전달하려는 통신의 수단으로 말과 글을 이용한다. 언어는 말과 글로 나누어 생각할 수 있는데, 3,000~5,000에 달하는 인간의 언어 중에서 자기 고유의 문자를 가진 어족은 고작 100이 넘을 정도이다. 문자는 어떤 과정을 통해서 창제되는가 하는 것은 대체로 세 가지 유형으로 이루어진다. 첫째 아이콘(Icon, 象形)이다. 아이콘이란 뜻과 뜻을 전달하는 실질적, 형식적 유사성을 나타내는 것을 말한다. 지시물을 그대로 나타내는 사진이나 그림 또는감정을 표현하는 의성음(擬聲音)을 말한다. 통신수단으로 그림을 이용하는 것을 상형문자(pictogram)라고 한다. 다음과 사례로 1)과 같은 남해의 바위 위에 새겨진 글이 바로 상형문자이다.

〔예시 물 5-1〕 남해의 바위에 새겨진 그림문자

자료: 우리겨레의 역사와문화의 뿌리, p 474

멕시코의 광물학자인 니이벤(Niven)씨가 발굴 조사한 다음의 새 그림은 창조주가 발휘하는 힘을 상징하는 새의 그림이다. 미국 인디언들은 이런 새를 천둥의 새(thunder bird)라고 하며, 무(Mu)와 인도의 전설에는 이런 종류의 새가 전하여 진다. 아래의 그림을 살펴보자.

새의 눈은 두 원이다. 이것은 위글의 창조주, 태양을 상징한다. 신성문자 H는 우주에서 발생하는 네 가지 힘(cosmic forces)를 나타낸다.

〔예시 물 5-2〕 천둥 새

다음은 이집트의 상형문자는 신성문자라고 한다. 이 문자는 약간 발달한 것으로 원래 사물의 그림이지만 그림을 지시하는 기호로 쓰이고, 나아가 사물에 대응되는 일정한 소리의 기호로도 사용되었다.

〔예시 물 5-3〕이집트 상형문자

둘째 지시(指示, Index)이며, 그림의 모양이 더욱 간략해지면서 사물만을 표시하는 것이 아니고, 그 사물에 대한 개념도 표시하게 된다. 즉 뜻과 기호사이의 심리적 연관성을 갖는 통신수단이다. 연기는 불의 기호가 되고, 눈 위에 발자국은 사람이 걸어갔다고 하는 신호가 된다. 천부경(天符經)의 첫 구절과 마지막 구절은 「一始無始一 , 一終無終一」로 표현되어 있다. 즉 우주는 우리가 알 수 없는 아득한 옛날부터 시작되고, 또한 한이 없는 미래로 이어진다. 우주의 무한론을 말한다. 시작도 끝도 없이 선회하는 것은 원이다. 또 삼 극을 연결하면 삼각형이 되고, 또 네 방향을 연결하면 방(方)이 된다. 그러므로 천부경은 그 구성 형태에서 나타난 □과 시작 끝도 없는 ○과 삼극을 연결하여 얻어진 △의 깊은 끗을 담고 있다. 원 ○은 하늘을, 방 □은 땅을 , 삼각 △은 사람을 지시하는 것이다. 이러한 종교적, 철학적 생각들을 표상하는 기호들이 고대사회에 있어서 문자 창제의 기초가 되었을 것으로 추정한다.

규원사화 태시기(揆園史話 太始記)에 다음과 같은 일화가 있다.「아득한 옛날 신지(神誌) 씨께서 사냥을 갔다가 암 사슴을 발견하고 활을 당겨 쏘려고 하였으나 도망치고 말았다. 사슴을 찾아 헤메다가 모래사장에 이르러 사슴이 도망간 발자국을 보고 세상 만물의 원리를 살펴 태고 문자인 녹도문자를 만들었다.」고 하였다.

〈소도경전본훈(蘇塗經典本訓)〉에 천부경은 천제환국(天帝桓國)의 구전(口傳)의 서(書)다. 환웅대성존께서 신지 현덕에게 명하여 녹도문(鹿圖文)으로써 그것을 썼다.」고 기록하고 있다. 이러한 귀중한 유산들이 전래되지 못한 것이 참으로 유감스러운 일이다.

사슴의 그림은 어머니 나라 무(Mu)에서는 인간의 출현을 뜻하는 그림으로 나타났다. 무 제국의 천지창조에 관한 다음의 그림도 문자 창제의기원에 관련되는 인덱스 단계의 문자이다.

그림 1. 연꽃은 무 제국의 국화이며, 가장 성스러운 꽃으로 사람을 받아 왔다. 더욱이 이 꽃은 무 땅
　　　에 인간과 더불어 처음 핀 것으로 알려져 있다. 사랑과 애도의 상징으로 피고 지는 꽃과 같
　　　이 파괴되어 침몰한 어머니 나라 무의 비참한 운명을 바라보며, 이 연꽃이 명복을 빌고 있다.

그림2. 처치워드 교수는 이 그림을 인류의 고향 어머니 나라 무를 상징하는 신성문자(神聖文字) M
　　　라고 한다. 그러나 天-〇-아버지, 地-□- 어머니, 人-△-사람, 즉 天地人 三材인 천부경의 원
　　　리로 풀어보면, 아버지인 하늘의 햇볕을 받아 만물을 낳고 기르는 어머니인 땅을 상징하는
　　　것이 아닐까 생각한다.

그림 3. 무의 알파벳 4개의 M 상형문자 가운데 두 번째의 글자로 어머니 나라 무를 상징한다.

그림 4. 이 세 개의 원은 셋이라고 하는 무의 숫자표시이다. 시작도 끝도 없는 하늘은 원(圓)을 〇으
　　　로 표상하고, 하늘의 힘이 지구에 미치는 현상을 세로의 선으로 표시하는 처치워드가 해독
　　　한 나아칼(Naacal)의 점토판 그림문자의 9에서 13까지와 같다.

그림 5. 싹이 트는 두 연꽃은 무의 이웃에 있는 서쪽의 두 섬을 상징한다.

그림 6. 활짝 피어있는 이 연꽃은 사원의 벽에 그려진 것이며, 죽음을 애도하는 표현이다.

그림 7. 어머니 나라의 젖가슴을 표현한 것이다.

그림 8. 시들어가는 이 연꽃은 죽어 가는 무의 운명을 슬퍼하고 있다.

그림 9. 물속에 침몰하기 전의 건재한 무의 모습.

그림 10. 무가 어둠의 나락으로 침몰하고, 빛이 살아진 모습

그림 11. 빛이 살아지고 어두움에 쌓인 서쪽의 땅

그림 12, 서쪽의 땅 무와 마야

그림 13. 쿠이(Kui) 나라-마야의 글에서

그림 14. 무는 물속에 침몰하고, 산의 정상이 남아 이별을 고한다.

그림 15 열 부족들이 무와 같이 물속으로 살아져 갔다.

그림 16 무는 죽었다. 어두움이 그를 감싸고 있다(이집트의 사자의 책)에서.

그림 17. 무에서 빛은 살아졌다(미국 네바다 주 암벽에 새겨진 인디언의 금석문에서)

그림 18. 대양의 수평선 위에 가로놓인 무(같은 암벽의 금석문에서)

그림 19. 나무와 뱀(같은 암벽의 금석문에서)

그림 20. 무의 성스러운 책에 그려진 나무와 뱀

270

그림 21. 고대 나아칼(Naacal)의 점토판에 자주 볼 수 있는 M 자이다.
그림 22 무의 궁문(宮紋)이다.
위의 점토 반 문자들은 인류가 처음 문자를 창제한 사실을 전한다고 하겠다.

(예시 물 5-5)
천지 창조에 관한
무(Mu)의 성스러운
그림문자

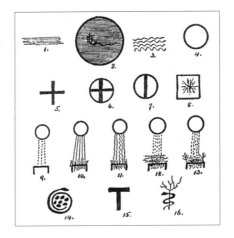

그림 1, 가늘고 곧은 수평선은 우주공간을 상징한다.
그림 2. 일곱 개의 머리를 가진 뱀이 원으로 표시한 우주공간을 횡단하고 있다. 이 뱀 신이 동양에
    서는 용으로 신격화되고, 또한 하수농경민(河水農耕民)의 토템(totem)dl 되었다. 또한 일
    곱 성시(聖市,Rishi)를 나타낸다.
그림 3. 파도치는 수평선은 지상의 물을 상징한다. 물은 생명의 근원이다.
그림 4. 이 원은 하늘 신 또는 태양신을 상징한다.
그림 5. 이 십 자는 전지전능한 하느님에게서 나오는 네 개의 성스럽고 위대한 우주의 힘을 상징
    한다. 〈부도지(符都誌)〉에서는 기(氣)화(火), 수(水), 토(土) 이 네 가지 힘으로 만물이 생성
    된다고 했으며, 그 뒤 음양오행설(陰陽五行說)로 발전하여 음양의 기가 있고, 우주의 다
    섯 가지 힘 또는 요소를 수(水), 화(火), 금(金), 목(木), 토(土)라 했다.
그림 6. 하느님과 그의 네 가지 위대하고 창조적인 힘을 상징한다.
그림 7. 라훈(Lahun)이라고 하고, 창조주의 양성 즉 음과 양의 에너지를 상징한다.
그림 8. 방(方) □은 지(地)를 뜻하며, 땅 속에 불타는 화산 또는 지진을 상징한다.
그림 9. 원(圓) ○은 천(天)을 뜻하며, 태양에서 나오는 수직의 가느다란 점선은 지구의 빛과 밀접
    한 관련이 있는 태양의 힘을 상징한다.
그림 10. 태양으로부터 나오는 수직의 가느다란 고든 선은 지구의 빛의 힘과 밀접한 관련이 있는
    태양의 힘을 상징한다.
그림 11. 태양으로부터 나오는 수직의 파도치는 선은 지구의 열과 밀접한 관련이 있는 태양의 힘
    을 상징한다.
그림 12. 물속에서 부화된 우주란(cosmic eggs, 宇宙卵)에 미치는 지구의 생명력과 밀접한 관련
    이 있는 태양의 힘을 상징한다.
그림 13. 땅속에서 부화된 우주란에 미치는 지구의 생명력과 밀접한 관련이 있는 태양의 힘을 상
    징한다.
그림 14. 생명의 어머니인 물을 상징한다.
그림 15. 타우(Tau)라고 하며 부활(復活)과 재현을 상징한다.

이집트인들은 BCE.3000년에 이르러 수메르문명으로부터 표음문자로 기록하는 발상을 터득하기는 했지만 그들이 사용한 설형문자를 도입하지 않고 사실적인 그림문자를 고안하기에 이르렀다. 이것이 신성문자(hieroglyph)라고도 불리는 상형문자인데, 설형문자에 비해 형태가 예술이긴 하지만 나폴레옹의 이집트 원정때까지 해독이 불가능했다. 1822년 나폴레옹을 수행한 프랑스의 역사학자 장 프랑수아(JeanFrancois, 2000)가 이집트의 상형문자를 해독하는데 성공한 덕분으로 고대이집트 역사가 밝혀졌다.[452] 초기왕조(BCE.3150~BCE.2613년)이전의 어느 시점에서 개발되었다고 하는데 일부 학자의 따르면 문자의 개념은 메소포타미아에서 처음 개발되어 무역을 통해 이집트에 전달되었다고도 한다. 이 최초로 등장한 문자는 간단한 그림문자였다. 점토판에 새겨진 그림문자가 서서히 바뀌 최종적으로 설형문자로 발전했다. 문자의 발명은 수메르인들만의 전유물로 끝나기에는 너무나 편리한 것이었고[453], 고대 이집트에서는 상형문자를 읽을 수 있는 계층이 신관계급에 국한되어 있었고, 당시 문자를 기록하는 서기를 양성하는 데에는 최소 12년이란 세월이 소요될 정도로 전문직이었다. 제1대 왕조 시대에 파피루스가 발명됨에 따라 상당량의 문서가 서기들에 의해 작성되기에 이르렀다. 나일강 유역에 대량

그림 16. 생명의 나무와 뱀은 유일한 생명인 인간의 어머니, 무 즉 뱀과 나무를 상징한다. 모든 자연의 삶은 환상이며, 곧 멸한다. 다만 인간은 생명이며, 생명은 영원하다는 것을 나타낸다. 위의 나아칼의 점토판 문자는 녹도문과 같은 그림문자로서 하늘 또는 태양이 갖는 우주의 힘을 묘사한 것이다.

셋째 기호(記號, Symbol)의 발달 단계이다. 의미와 기호사이의 인습적 약속 체계이며, 이 기호는 사물과 관계의 지시가 없는 임의적인 표기이다, 오늘날 세계 언어의 대부분이 이 기호 문자이다. 점토판 설형문자(楔形文字, Cuniform character) 생략(한겨레의 역사와 문화의 뿌리를 찾아서 p 480,~486 참조)

452 남영우『문명의 요람 퍼타일 크레슨트』푸른길 2021 p 365
453 남영우『문명의 요람 퍼타일 크레슨트』푸른길 2021 p 81

으로 자생하는 풀인 파피루스의 잎을 모아 껍질을 벗겨내어 가늘게 잘라 엮어 몇 번이고 두들겨 편평하게 만든 것이 파피루스 종이이다.

파피루스 종이는 양가죽으로 만든 양피지에 비해 값이 싸고 점토판이나 석판에 비해 훨씬 얇고 가벼워 보관하기 쉽다는 장점이 있다. 그러므로 중국으로부터 종이 제조업이 전해지기 전까지 오리엔트에서 대부분의 통신과 기록은 파피루스 종이를 통해 기능했다.[454]

수메르의 가장 오래된 그림문자

신성문자는 히에로글리프(Hieroglyph: 신성문자)라 불리는 상형문자는 나폴레옹의 이집트 원정때까지 해독이 불가능했다. 1822년 나폴레옹을 수행했던 프랑스 의역사학자 장 프랑수아(Jean-Francois, 2000)가 이집트의 상형문자를 해독하는데 성공한 덕분에 곧 이집트 역사가 밝혀졌다. 그리스어로 '성스러운 기록(Sacred Carvings)'을 뜻하는 히에로글리프는 BCE 3200년부터 394년까지 약 3600여 년 동안 사용되었던 고대 이집트의 공식 문자이다.

---

454   남영우 『문명의 요람 퍼타일 크레슨트』 푸른길 2021 p 365

③ 이집트문명의 특징

나일강의 축복으로 이루어진 이집트 문명, 각종 영화와 테마파크에서 차용되는 이미지로 인하여 친숙하고 잘 알고 있다고 생각하지만 사실 모르거나, 잘못알고 것이 많다. 이집트 문명은 거의 태초의 문명으로 상형문자를 만들어 냈다. 상형문자를 발명 후에도 오랜 세월이 지난 후에야 석조건축물을 만들었을 정도였다. 도로로 만든 이집트의 거대한 건축물에는 콘텐츠가 없었다. 대규모 토목공사와 건축공사에서 그 내부를 채울만한 내용물이 없었던 점이 고대 이집트문명의 허점이었다. 피라미드와 아부심벨 (Abu Simbel)의 신전, 테베의 룩소르 유적이 대표적인 사례일 것이다. 파피루스와 바퀴발명은 제1왕조시대에 등장한 것일 뿐, 일찍이 메소포타미아의 관개시설 도입한 것은 그 지방과 접촉한지 무려 2000년이 지난 후의 일이다. 상형문자는 거의 지구의 모든 문명의 상형 문자에 그 영향을 미쳤다

그런 이집트는 나일강 하류를 중심으로 한 하(下) 이집트와 상류를 중심을 하는 상(上) 이집트로 크게 나누어진다. 파라오들은 그 이름에서도 두 땅의 지배자라든가 두 땅을 움켜지는 자 같은 상하 이집트의 지배자임을 나타내는 이름을 쓰는 것에서 이집트의 지역적 특색을 알 수 있다. 이것은 이집트의 신화에서도 나타난다.

상(上)이집트의 상징인 파피루스와 하(下) 이집트의 상징을 나일강의 신인 하피(범람을 상징하는)가 엮고 있는 이 그림은 이집트의 지형을 나타내는 신화 그 자체이고 제18대 왕조의 파라오였던 투탕카멘이 역대 파라오 가운데 가장 유명한 이유는 그의 짧았던 치세에 비해 화려한 부장품을 많이 남겼기 때문이다.

최전성기의 파라오(투탕카멘: 살아있는 태양신)

아부심벨 (Abu Simbel)의 신전

3) 인도문명

인도의 역사는 호모 에렉투스가 생활하던 시기인 50만 년 전까지 소급될 수 있다. 호모 사피엔스는 7만5천 년 전 타밀나두 지방에서 생활하기 시작하였다. BCE.약 3300년 무렵부터 BCE.1300년 무렵까지 인도아대륙[455]에 최초로 등장한 고대 문명인 인더스 문명이 있었다. 인더스 문명은 BCE.1900년까지 이어진 청동기 시대의 하라파 시기와 그 이후 철기시대인 베다 시대로 구분된다. 베다 시대에 들어 힌두스탄 평원[456]에는 십육대국[457]으로 불리는 고대 도시 국가들이 세워졌다. 십육대국의 하나인 마가다에서는 기원전 6세기에서 5세기 무렵 자이나교의 창시자인 마하비라[458], 불교의 창시자인 싯다르타 고타마와 같은 사람들이 사문을 구성하여 활동하였다. BCE.4세기에서 3세기 무렵 마우리아제국이 인도의 대부분을 정복하였다. 그러나 아소카왕의 사후 마우리아왕조는 크고 작은 여러 나라로 분열되었다. 이후 1500년 동안 인도 중부에서는 여러 왕국들이 성쇠를 거듭했다.

---

455 인도아대륙(印度亞大陸, 영어: Indian subcontinent) 또는 인도반도(印度半島)는 현재 남아시아에서 인도, 파키스탄, 방글라데시, 네팔, 부탄, 스리랑카 등의 나라가 위치한 지역으로서, 지리적으로 북동쪽은 히말라야산맥, 서쪽은 아라비아 해, 동쪽은 벵골만으로 둘러싸여 있다.

456 힌두스탄평원 : 인도 대평원, 인도 -개지스평원(Indo-Gangetic Plain)은 인도 북부와 파키스탄을 동서로 달리는 대평원이다. 인도령 지역은 힌두스탄평탄 이라고도 한다. 주로 갠지스 강과 인더스 강 유역에 펼쳐지는 양 하천의 퇴적작용으로 생긴 충적평원이다. 인도의 총면적의 약 1/3을 차지하며, 서부의 건조지대를 제외하면 가장 조건이 좋은 농업지대로 인구밀도가 높다.

457 십육대국(산스크리트어: महाजनपद 마하자나파다스)은 고대 인도의 일군의 왕국들을 칭하는 낱말로, "마하자나파다스"의 문자 그대로의 의미는 "대 영역들(great realms)"이라는 뜻이다. 앙굿따라 니까야와 같은 팔리어 불교 경전에서는 16대국이 여러 번 언급되어 있다.

458 마하비라(महावीर, 기원전 599년 - 기원전 527년)은 인도의 자이나교 창시자이다. 이름의 뜻은 '위대한 영웅'으로, 한역(漢譯)은 대웅(大雄)이다.

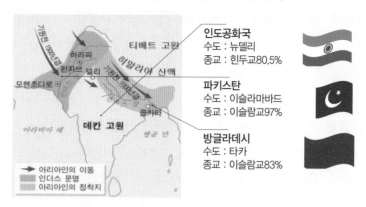

인더스, 인도 문명(B.C2500, 인더스강 유역)

인도공화국
수도 : 뉴델리
종교 : 힌두교80.5%

파키스탄
수도 : 이슬라마바드
종교 : 이슬람교97%

방글라데시
수도 : 타카
종교 : 이슬람교83%

드라비다인 | 계획도시 : 하라파, 모헨조다로 | 아리아인 | 카스트제 | 브라만교

자료 : https://blog.naver.com/meara77/222067062703에서 발췌 블록 네이브 컴(4대문명, 인도문명)

① 인더스 문명(BCE.3300~BCE.1700)

ⓐ 개요

인더스 문명(Indus Civilization) 또는 인더스 계곡 문명(Indus Valley Civilization)은 약 5300년 전부터 3700년 전까지 존재했던 청동기 문명이다. 전성기는 약 4600년 전부터 3900년 전 사이이다. 이 문명은 인더스강과 현재 파키스탄과 북서쪽 인도에 걸친 가가 하크라강(Ghaggar-Hakra) 사이에 자리 잡고 있었다. 처음 발굴된 유적지가 하라파에 있었기에 가장 부흥했던 시기의 문명은 하라파 문명이라고 부른다.

BCE.3300년 무렵 인더스강 중류를 중심으로 한 청동기문명인 인더스문명이 시작되었다. 오늘날 구자라트 주[459] 펀자브, 라자스탄주, 와 파

---

459 정연규 『수메르 이스라엘 문화를 탄생시킨 한민족』 한국문화사 2004, P 35
인도의 구자라트주의 간판에 새겨진 글자가 우리 한글과 닮고, 서낭당 곁 돌무더기, 여인네들이 냇가에 모여 정겹게 빨래 방망이질하는 모습, 우리 선조들이 타고 다녔던 과하마(果下馬)를 보고 그들은 감탄하고, 우리의 선조들이 인도에 체류했다고 생각했다. 탐사팀의 한사람인 김병호박사가 쓴 기사이다. 또1996년 3월8일자 중앙일보(한국문화 닮은 문화 아세아 10만리)의 기사.

키스탄지역인 신드 주, 펀자브 주 발루치스탄 주까지 산재해 있었다. 이 당시에 세워진 모헨조다로[460]와 같은 인더스 강변의 고대도시들은 메소포타미아, 고대이집트와 더불어 세계의 역사상 가장 앞선 시기에 건설된 도시로 평가된다.

ⓑ 인도 환경 여건 유적

인도의 문명을 보면 파키스탄 중북부의 도시유적 모헨다조로와 함께 인더스문명을 대표하는 유적이다. 파이살라바드에서 남쪽으로 70㎞ 지점 현대도시 사히왈의 서쪽 외곽에 위치하여 모헨다조로가 인더스문명의 초기 중심지였다면 하라파는 후기 중심지였다. 각각 외곽이 5㎞가 넘는 규모의 정치적 집중화를 이루었음을 시사해주고 있는데 이들 도시는 한차례이상 대규모홍수에 파괴되었던 것으로 알려져 있으며, 이 문명은 문자를 알았고, 문자체계는 약 250~500자로 구성되어 있었는데 부분적·잠정적으로 해독되고 언어는 드라비다어로 추론되고 있다.

BCE.2500~BCE.1500년 무렵 아리아인의 침공으로 쇠락하였고, 모헨다조로는 완전히 파괴된 것에 비하여 하라파는 마을 정도로 유지가 현재까지 남아있다. 그 당시 큰 도시로는 하라파, 모헨다조로, 돌라비라이다. 도시의 규모는 전성기에는 3만에 가까운 규모였으나 초창기의 번성기에 비하여 규모는 절반정도로 줄어들었고, 하라파의 유적은 1850년 탁실리를 발굴한 알

렉산더 커닝햄에 의해 처음 조사되었다. 그는 8세기 우마이야유적이

---

460 엔드류 콜린스 오정학 옮김 『금지된 신의 문명2』 2002, 사람과 사람, p 118
모헨조다로는 죽음의 언덕이란 뜻으로 파키스탄 신드지방의 남부 인더스강 라르카나 지구에 있다. BCE.3,000~1,500년 인더스문명의 중심지였다.

라 여겼는데 이후 유적은 인도제국시절 당시 영국 식민당국의 철도건설 시에 크게 훼손되었다.

인더스문명의 도시에는 전문적인 수공업자인 기술자장인이 살았고, 이들 가운데는 청동제 도구와 무기를 만드는 대장장이, 옷감을 만드는 직조공과 염색공, 토기를 만드는 도공, 장신구를 제작하는 보석공도 존재했다. 수공업이 발달하면서 외부로 교역도 활발해져 상인들은 멀리 서아시아의 메소포타미아문명지역과도 교역을 하였고, 활발한 교역을 뒷받침해주는 유물로는 인더스 인장이다. 이는 지금까지 발견된 인장만도 2,000여개가 넘는다고 한다.

인더스문명이 꽃피운 지역은 현재 강수량 250㎜이하인 매우 건조한 사막기후이다. 인더스 강주변의 관개수로에 의해 농업은 유지되고 있었으나, 인더스문명이 융성한 시기에는 지금보다 훨씬 강수량이 많고 습한 기후였다. 아자스탄 사막의 마른 호수바닥에서 사바나에서 자라는 식물의 포자가 발견되었는데 이를 통해서 인더스문명이 발원했던 지역의 기후가 지금보다 사람이 살기 훨씬 적합한 기후였음을 알게 해주고 있다.

ⓒ 인도인은 아리아인

토양을 이용한 농경과 목축을 기반으로 고도의 도시문명이 성립되었고, 그 당시 대규모의 도시의 집들은 규칙적으로 배열되었으며 하수 급수 쓰레시 처리시설까지 갖추고 있는 것으로 확인된다. 메소포타미아문명과 교역한 흔적이 토기와 청동기가 사용된 흔적이 발견되었고. 인더스문명이 영위한 집단이 묻힌 고인골 유전체의 분석 결과 이란-북인도에서 걸쳐 생활하던 수렵 채집민이 메소포타미아의 농경문화를 받아들여 인더스문명을 세우는 농경민으로 발전해 나간 것으로 생각되며[461] 인도 수렵 채집민의 혈통을 강하게 이은 드라비다인과 혈연적 열결성이 크지 않다고 하나, 그 후 인더스문명인은 북부에서 이주한 유목계인도 아리아어 사용자집단과 뒤섞여 고대 북인도인를 형성한다고 했다. 인도는 중앙아시아에서인도 유럽어족에 속하는 인도 아리아인의 진출이 BCE.18세기경부터 수천 년간 동일 분열 재통일을 반복하는 과정을 거쳤다. 흔히 아리아인이 인더스문명의 주인공으로 추정되는 드라비다인[462]을 전쟁으로 몰아내고 이들을 부렸다는 설도 있지만 연구결과들이 정착, 합장과 이합집산으로 수정되는 추세를 보이고 있다.

② 갠지스 문명
ⓐ 위치·지리, 환경
갠지스강의 발원지는 우타라카드의 강트리고(Gangotri) 빙하지역으로 해발 3892m 높이의 히말리야 산맥에서 발원하여 벵갈만으로 흘러가는 거대한 하천이다. 몬순기를 제외하면 유량이 급속도로 감소하는 인도의 다른 강과 달리 갠지스강은 일년 내내 비교적 일정한 유량을 유지하여 인근 유역의 농사에 결정적인 영향을 미치고 있어, 범람원은 인도인들을 부양해온 젖줄이었고, 많은 사람들이 이곳을 터 잡아 살아가고, 현재 농업뿐만 아니라 다양한 산업시설의 가동된 산업지대로 활용되고 있다.

---

461   다음위키 인도문명에서 발췌
462   정연규『한겨레의 역사와 문화의 뿌리를 찾아서』2008, 한국문화사, P312
       인류학자들은 그들을 힌두반도 남부의 이름을 따서 드라비다인(Dravidians)라고 불렀다. 저자는 파미르고원 흑소씨(黑巢氏)족으로 생각한다. 드라비다 언어는 타밀어(Tamil), 텔그어(Telague), 카나라스어(Canarasse), 말라야람어(Malayalam)로 구성되어 있다. 인도에 산재하고 있는 어족의 분포 상황은 황색 인종 인류학적으로 이동무리들이 북, 중, 남미로 어느 길로 옮겨갔는지 우리들의 관심과 호기심이 기대된다.(상세한 내용은 상기 책자의 p313~334를 참고하기 바람)

갠지스 강의 현황

위치	30°99′51″ N78°93′64″E	발원지	강고트리
길이	2,525km	고도	3,892m
유역면적	1,08천㎢	하구유량	12,015㎥/s

자연, 지리적 환경 : 갠지스 강은 강고트리 빙하지역에서 발원하여 히말리야산 산맥자락에 위치해 험준한 계곡은 상류을 이루고, 크고 작은 강을 합류하면서 계곡을 따라 흘러 상류 인도 북부의 대평원으로 들어간다. 평지를 흘러 람강가강과 합류하여 칸푸르를 흘러 성스러운 강인 아무나강과 합류하여, 남쪽의 손강, 북쪽의 간다키강과 코시강도 합류하여 뱅글라 데시쪽으로 동진해 하류의 후글리강은 웨스트뱅갈의 클카타를 관통하여 갠지스 삼각주의 일부를 형성하면서 뱅갈만을 빠져나간다

초기 베다 시대는 역사적으로 BCE.2000년대 후반으로 거슬러 올라간다. 역사적으로 BCE.1900년경에 발생한 인더스 문명의 붕괴 이후, 인도아리아인[463] 집단은 인도 북서부로 이주하여 북부 인더스 계곡에 거주하기 시작하였다. 인도아리아인은 BCE.2000년대 이전에 안드로노보 지평선에서 다른 인도이란인[464] 부족과 분리된 하위 집단을 대표했다. 인도이란인은 신다슈타 문화에서 시작되었으며, 그로부터 이후에 안드로노보 지평선[465]이 생겨났다. 인도아리아인들은 인접한 박트리아 − 마르기아나 지역(현재 북부 아프가니스탄)을 통해 인도 북서부로 이주했고,

---

463 인도아리아인은 인도이란어파 계통의 인도아리아어군을 사용하는 인도유럽인 집단의 총칭이다. 오늘날 약 10여 억 명이 넘는 인도아리아인들은 주로 인도를 포함한 남아시아 지역에 거주하고 있으며, 그 중에서도 북인도 지역에 거의 대부분이 인도아리아인들이 살고 있다.

464 인도이란인(영어: Indo-Iranian)은 인도유럽어족 계열의 인도이란어파를 사용하는 인도유럽인 집단의 총칭이다. 세계의 어족가운데 가장 발달한 분야가 인도 유럽(IndoEuropean)어족이다. 인도유럽에 산스크릿(Sanskrit)어가 포함된 것은 라틴어·희랍어의 인칭어미와 산스트릿트 인칭어미가 동일한 형태소라고 하는 것이 연구된 때문이다. 어휘에도 영어의 (brother)와 산스크릿트의 (bhrathar)는 같은 뿌리의 말이라고 하는 것을 알 수 있다.

465 안도로노보 문화(Andronovo culture)는 기원전 2,000년에서 기원전 1,450년경까지 번성한 중앙아시아의 스텝 지역에서 시베리아 남부의 넓은 범위에서 보고된 상호 유사한 후기 청동기시대 문화권을 통틀어 이르는 명칭이다. 따라서 단일한 문화가 아니며 문화적 복합체를 말한다.

기원전 1500년경 이란의 야즈 문화가 발흥하여 기원전 800년경 이란인들이 이란으로 이주하였다.

인도-이란 이주와 관련된 고고학적 문화. 안드로노보 문화, 박트리아-마르기아나 문화 및 야즈 문화는 종종 인도-이란 이주와 관련이 있다. GGC, Cemetery H, Copper Hoard 및 PGW 문화는 인도-아리안 운동과 관련된 문화의 후보이다.

인도 작가들과 고고학자들은 인도아리아인이 인도로 이주한다는 견해에 반대하고 인도아리아 인의 토착적 기원을 주장하였다. 이러한 관점에서, "인도 문명이 신두-사라스바티 (또는 인더스) 전통(BCE.8000년~BCE.7000년)의 초기 기간에서 유래했으며 이 전통은 깨지지 않은 것으로 간주되어야 한다. "이 주장은 인도에서 인기가 있고 인도의 역사와 종교에 대한 인도의 견해를 반영하고 있지만, 인도아리아인의 순수 토착 기원설에 대한 아이디어는 주류 학설에서 벗어났다.

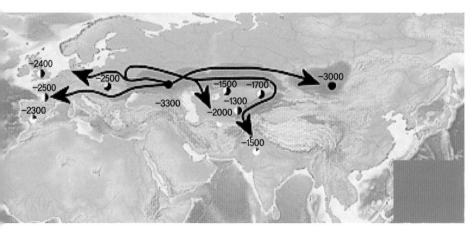

청동기시대 얌나야 대초원 유목 민족 조상이 유럽과 남아시아의 인도아대륙(印度亞大陸 또는 印度半島)으로 확산되고 인도 아리아인으로서 인도아대륙(印度亞大陸)에 도착하였다)

ⓑ 베다시대

베다 시대(영어: Vedic period, BCE.1500년 ~BCE.500년)는 인도사에서 인도 아대륙 북부에서 베다가 구성되었던 후기 청동기 시대와 초기 철기 시대, 인더스 문명의 종말과 BCE. 600년 인도-갠지스 평원 중부에서 시작된 두 번째 도시화 사이의 시기를 말한다. 베다는 여러 인도 아리아인의 부족 연합인 쿠루 왕국에서 발전한 영향력 있는 브라만교적 이데올로기의 기초를 형성한 전례 문헌이다. 베다는 역사적으로 해석된 이 시기 동안의 삶의 세부 사항을 포함하고 있으며 그 시대를 이해하기 위한 주요 자료를 포함한다. 이 문헌은 해당 고고학 기록과 함께 인도-아리아와 베다 문화의 진화를 추적하고 추론할 수 있도록 해준다.[466]

베다는 이 시기 초기에 인도 아대륙의 북서부 지역으로 이주한 고대 인도아리아어군의 화자들에 의해 정확하게 구전으로 구성되고 전달되었다. 베다 사회는 가부장적이고 부계적(父系的)이었다. 초기 인도아리아인들은 펀자브를 중심으로 한 후기 청동기 시대 사회였으며, 왕국보다는 부족으로 조직되었고 주로 목축 생활을 통해 사회가 유지되었다.

BCE.1200년에서 BCE.1000년 사이에 아리아 문화는 동쪽으로 비옥한 서부 갠지스 평야로 퍼져나갔다. 철기 도구가 채택되어 숲을 개간하고 보다 안정된 농업 생활 방식을 채택할 수 있었다. 베다 시대의 후반기는 마을과 왕국의 출현, 인도 특유의 복잡한 사회적 분화, 쿠루 왕국의 스라우타 의식에 대한 성문화로 특징지어진다. 이 시기 동안 중앙 갠지스 평원은 그레이터 마가다와 관련이 있지만 베다적이 아닌 인도-아리안 문화에 의해 지배되었다. 베다 시대가 끝날 무렵 베다 정통 교리에 도전한 슈라마나 운동(자이나교와 불교 포함)뿐만 아니라 진정한 도

---

466   네이버 위키백과에서 발췌

시와 대국(마하자나파다라고 불림)의 발흥이 목격되었다.

베다 시대에는 지속적인 영향력을 지닌 카스트 계층이 출현하였다. 베다 종교는 브라만적 정통으로 발전했으며, 기원후 무렵 베다 전통은 "힌두교"의 주요 구성 요소 중 하나를 형성하였다.[467]

ⓒ 신성한 강은 여신(갠지스 강)과 죽음의 강
• 신성한 강은 강의 여신(갠지스 강)

인도의 인더스강은 모헨다조로와 하라파로 대표되는 세계 4대문명이자 인도 최초의 문명을 만들어낸 곳이다. 한때 나일강이나 유프라테스, 티그리스 강, 황하처럼 풍부한 수량으로 비옥한 농지와 운송에 편리한 뱃길을 보장해주던 곳이었으나, 지구환경의 변화가 모든 것을 바꾸어 놓았다. 처음엔 인더스 강의 물줄기가 바뀌더니 점차 말라버리고, BCE 15세기 이 지역을 차지했던 아리아인들은 인더스 강를 버리고, 갠지스 강이 있는 동쪽으로 이동했다. 아리아인들의 이동은 결과적으로 갠지스 강은 일 년 내내 인도북부에서는 물이 거의 일정하게 흘렀고, 인도 최북단의 히말라야 4천m 고지대인 강고트리(Gangotri)의 빙하가 녹으면서 시작되었다. 강고트리에서 벵골 만이 사이에 어마어마하게 드넓은 힌두스탄 대평원은 비옥한 토지로 평원의 70%가 농사가 가능하고 이모작(二毛作)도 할 수 있는 곡창지대로 아리아인들은 BCE 7~8세기에 갠지스 문명을 만들어내고, 인의 총수자원의 25%이상을 차지하는 인도 인구의 30%에 해당하는 인구가 살고 있다. 카우지나, 칸푸르, 알리하바드, 바라나시, 파트나 등 인도의 중요한 대도시 연중 풍부한 갠지스 강가에 자리 잡고, 강이 신의 위치까지 오르려면 물질적인 풍요만으로는

---

467 다음 위키백과 우리 모두의 백과사전에서 발췌.

부족하므로, 거기에는 종교가 결부되어야 하고, 그 전에 신화라는 작업을 통해 당시의 아리아인들은 힌두교의 원조인 부라만교를 믿고, 갠지스 강은 자신들을 풍족하게 먹어 살린다하여 점차 '어머니의 강'으로 숭배을 받게 되었다. 힌두교에는 가장 중요한 창조의 신인 브라만, 유지의 신인 비슈누, 파괴의 신인 시바로 3신이 있습니다.

• 죽음의 강

그리고 북으로 흐르는 강은 갠지스뿐이고, 시바신이 살고 있는 수미산(須彌山)도 북쪽이고, 힌두교들은 시바신의 머리에 있는 반달이 이 신기한 지형을 의미하는 것으로 여겨 더 나아가 세상의 모든 강들 중에서 갠지스 강만이 시바신이 사는 천국으로 흘러간다고 굳게 믿게 되어 갠지스 강가에 수많은 화장이 이루어지는 이유가 바로 이것이다. 그래서 죽은 영혼은 신들이 사는 천상계(天上界)로 데려주어 고뇌의 원천인 윤회를 완전히 끊고 다음 생엔 좋은 신분으로 환생할 수 있고, 그래서 신계의 관문적 역할을 하는 바라나시는 인도에서 가장 성스러운 도시이고, 천국으로 인도하는 거룩한 강이다. 그러나 갠지스 강은 바라나시의 화장터 주변은 죽음을 기다리는 사람들이 묵는 숙소로 가득하고, 인도 인구의 절반은 화장실이 없고, 공장의 중금속이 뿜는 폐수도 정화장치 없이 흘러갑니다. 오늘날 환경운동가들이 갠지스에서는 물도 목욕도 모두가 금기된 아무소용이 없는 죽음의 강이 되었다.

4) 중국문명, 황하문명

황하문명(黃河文明)은 황하(黃河)유역에서 나타난 중국의 고대 문명을 통틀어 나타내는 말이다. 양자강(揚子江)문명과 함께 중국의 고대 문명을 대표한다. 신석기(新石器) 시대에 나타난 앙소문화(仰韶文化)와 용산문화(龍山文化)등을 거쳐 상(商)과 주(周)의 청동기(靑銅器) 문화로 발전하였고, 양자강(揚子江)[과 요하(遼河)유역에서 나타난 여러 문화와 서로 영향을 주고받으며 융합하여 중국(中國) 문화의 기틀을 형성하였다.

1921년 중국의 하남성(河南省) 승지현(澠池縣) 앙소(仰韶)에서 신석기 시대의 대규모 취락지가 발굴된 뒤, 황하(黃河)유역에서는 신석기(新石器)와 청동기(靑銅器) 시대와 관련된 고고학적(考古學) 발견이 잇달아 이루어졌다. 그 뒤 학계(學界)에서는 황하문명(黃河文明)을 세계 4대 문명의 발상지 가운데 하나로 꼽으며, 중국 문명이 황하(黃河)유역에서 시작되어 주변 지역으로 확산되었다는 견해가 지배적으로 자리를 잡았다.

하지만 그 뒤 중국의 각 지역에서 다양한 유형의 신석기 문화가 발견되면서 이러한 학설은 비판을 받았다. 특히 1973년 절강성(浙江省) 영소(零紹)평원의 하모도(河姆渡)에서는 벼농사와 고상식(高床式) 건축물 등의 유적(遺蹟)이 발굴되어, 양자강(揚子江)유역에서 앙소(仰韶)문화와 비슷한 시기에 황하문명(黃河文明)과는 다른 계통의 수준 높은 신석기 문화가 발달했음을 보여주었다. 그리고 동북(東北)지방의 요하(遼河)[468] 유역에

---

468 중국 동북지방에 있는 강으로 전체길이는 1,430km 서요하(西遼河)와 동요하(東遼河)이라는 2개의 원류가 요령성의 고유수(古楡樹)에서 합쳐져 흐르는 강이다. 대부분의 세계사에서 세계 4대 문명으로 이집트 문명, 메소포타미아문명, 인더스·갠지스 문명, 황하문명을 듭니다. 황하 중류의 농경 신석기문화인 앙소문화(仰韶文化)를 토대로 한 문명이 바로 우리가 일반적으로 알고 있는 황하문명입니다. 그런데 1973년 장강(양자강)하류지역에서 앙소문화보다 약 1000년 정도 앞서는 하모도(河姆渡)문화(BCE.5,000년~)가 발굴되었습니다. 이를 계기로 중국은 중화문명의 서광이 이 장강유역 하모도문화에서 빛을 발하기 시작했다고 보기 시작했습니다. 그러나 1980년대 이후 요하일대에서 하모도문화보다 앞선 신석기 유적들이 대량으로 발굴되기 시작했습니다. 곧 소하

서도 황하문명(黃河文明)과 다른 계통의 신석기 유적(遺蹟)들이 발굴되었다. 따라서 오늘날에는 황하문명(黃河文明)에서 중국의 문명이 시작되었다는 학설은 인정되지 않으며, 중국에서 나타난 고대 문명은 '중국문명(中國文明)' 혹은 '황하·양자강문명[黃河·揚子江文明]' 등으로 표현되고 있다.

① 세계4대문명 황하문명

중국은 본래 황하문명을 중국의 문명의 뿌리로 삼아왔다. 반면에 만리장성밖에는 오랑캐의 땅이라 하여 천시해 왔었다. 중국은 황하 중류지역의 신석기-청동기를 포함한 고대문명을 광의의 의미로 통칭할 때 일반적으로 황하라고 부른다. 이 황하문명지역에서 구체적이고 완벽한 청동기시대 국가단계에 진입한 상(商)나라 문명을 상문명(商文明)이라 부른다. 예를 들면 상나라 역사의 세계적인 권위자인 하버드 대학의 장광직은 상문명이라는 저서를 통하여 황하유역에서 완벽한 청동기시대 국가단계에 진입한 시기로 보고 있는데 이는 양사영의 1934년대 삼첩층 문화 이론을 바탕으로 핵심은 앙소(仰韶)문화 용산(龍山)문화, 상(商)문화가 서로 계승관계에 있다는 것이다. 고대 중원지구의 핵심문화가 어떤 상호연결성과 민족성을 갖고 있는지 흐름을 설명하는 탁월한 이론이라 하는데. 이러한 이론을 토대로 보면 최근에 새로운 발굴을 통하여(붉은 문장)만 첨부해주시면 되겠읍니다

서문화(小河西文化: BCE.7,000~BCE. 6,500), 흥륭와문화(興隆洼文化: BCE.6,200~BCE.5,200), 사해문화(查海文化: BCE.5,600~) 부하문화(富河文化: BCE.5,200~BCE.5,000), 조보구문화(趙寶溝文化: BCE.5,000~BCE.4,400), 홍산문화(紅山文化; BCE.4,500~BCE.3,000), 소하연문화(小河沿文化 :BCE.3,000~BCE.2,000) 등이 지속적으로 발견된 것입니다.

BCE.5000~BCE.3000년의 앙소문화는 BCE.2500~BCE.2000년의 용산문화로 이어지고, 이것이 다시 BCE.1600년~BCE.약 1046년의 상문화로 이어진다는 것이다.

세계4대문명은 BCE.3500년 메소포타미아의 티그리스·유프라테스강 유역에서 처음 문명이 발생하고 이집트의 나일강유역, 인도의 인더스강 유역, 중국의 황하유역이 뒤를 이었다.

고대 문명과 농경 문화

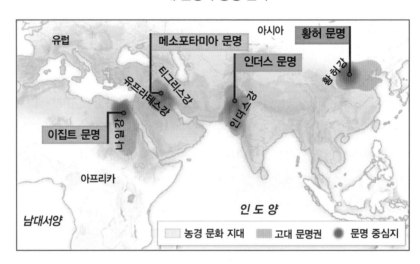

1921년 중국의 하남성(河南省) 승지현(澠池縣) 앙소(仰韶)에서 신석기 시대의 대규모 취락지가 발굴된 뒤, 황하(黃河) 유역에서는 신석기(新石器)와 청동기(靑銅器) 시대와 관련된 고고학적(考古學) 발견이 잇달아 이루어졌다. 그 뒤 학계(學界)에서는 황하문명[黃河文明][469]을 세계 4대 문명의

---

469 우실하 『고조선 문명의 기원과 요하문명』 지식산업, 2018, p 18.

발상지 가운데 하나로 꼽으며, 중국 문명이 황허[黃河] 유역에서 시작되어 주변 지역으로 확산되었다는 견해가 지배적으로 자리를 잡았다.

하지만 그 뒤 중국의 각 지역에서 다양한 유형의 신석기 문화가 발견되면서 이러한 학설은 비판을 받았다. 특히 1973년 절강성(浙江省) 영소(零紹) 평원의 하모도(河姆渡)에서는 벼농사와 고상식(高床式) 건축물 등의 유적(遺蹟)이 발굴되어, 양자강(揚子江) 유역에서 앙소(仰韶)문화와 비슷한 시기에 황하문명(黃河文明)과는 다른 계통의 수준 높은 신석기 문화가 발달했음을 보여주었다. 그리고 동북(東北)지방의 요하(遼河)유역에서도 황하문명(黃河文明)과 다른 계통의 신석기 유적(遺蹟)들이 발굴되었다. 따라서 오늘날에는 황하문명(黃河文明)에서 중국의 문명이 시작되었다는 학설은 인정되지 않으며, 중국에서 나타난 고대 문명은 '중국문명(中國文明)' 혹은 '황하·양자강문명[黃河·揚子江文明]' 등으로 표현되고 있다.

그러나 지금까지 우리는 황화문명이 중국의 시원문명이고, 다른 문명은 그 하위에 해당하는 문명으로 잘못 인식해 왔다. 그러나 고고학의 발달과 함께 발해유역에서 흥륭와문화, 사해문화, 신락문화, 홍산문화[470] 등의 발굴을 통해서 발해문명(渤海文明)이 황하문명의 영향을 받

황하문명은 중국 황하 중류지역의 신석기-청동기시대를 포함한 고대문명을 광의의 의미로 통칭할 때 일반적으로 황하문명이라고 부른다. 이 황하문명 지역에서 구체적이고 완벽한 청동기시대 국가단계에 진입한 상(商)나라 문명을 상문명(商文明)이라고 부른다. 예를 들면 상나라 역사의 세계적인 권위자인 하버드대학 장광직(張光直)은 『상문명(Shang Civillization)』이라는 책을 낸 바 있다. 이 책은 세계 각국에서 중국의 고고학, 상고사, 고대사를 배우는 사람들에게 교과서나 다름없는 책이다.

470 홍산문화의 가장 특징은 석묘계 돌무덤이다. 돌을 쌓아 묘실을 구성하는 적석총(돌무지무덤)과 돌판을 잘라 관을 짜는 석곽묘(돌널무덤)가 대능하 상류지역 요녕성 능원현 우하량유적에서 발굴되었다. 이러한 돌무덤들은 후에 석곽묘(돌덧널무덤), 석실묘(돌방무덤), 지석묘(고인돌) 등으로도 다양하게 발전하는데 만주일대와 한반도 전역에 분포하고 있고, 이것은 바로 고조선의 대표적인 묘제이기도 하다

아서 태어난 아류(亞流)문명이 아니라 오히려 발해문명이 원류문명이고 황하문명은 거기서 파생된 지류문명이란 사실이 밝혀졌다. 사실상 1980년대 이후 중국의 고고학계는 커다란 충격에 빠졌다. 역사상 동이족의 영역이었던 만리장성[471] 넘어 요하(遼河), 대릉하(大陵河) 등 발해유역(渤海流域)에서 시기적으로 또 질과 양 면에서 중원의 황하문명을 훨씬 능가하는 고고유물들이 무더기로 쏟아져 나왔기 때문이다. 1982년 사해, 1983년 흥륭와에서 발견된 주거유적은 중국에서 가장 오래된 집단취락지로서 각각 중화제일촌(中華第一村), 화하제일촌(華夏第一村)이 이라고 부르고 있다.[472] 이 취락이 조성된 시기인 8200~7600년 전 이곳은 화하족(華夏族)의 중심지가 아니라 동이족(東夷族)의 근거지였다. 뿐만 아니라 출토된 유물인 빗살무늬토기나 귀고리 등의 옥(玉)장식으로 보더라도 동이족, 특히 한반도의 문화유형과 동일하다. 문화별 특성은 시기별 지역별 다루도록 한다.

② 양자강 문명

양자강 문명(揚子江文明)은 중국 대륙의 중앙부를 횡단하는 양자강(揚子江)유역에서 나타난 중국의 고대 문명을 통틀어 나타내는 말이다. 황

---

471 승천석『고대동북아시아의 여명』백림, 2003, p31.
황하 상류 만곡부 부근의 오르도스족 등은 가을이 되면 수시로 내려와 곡식을 약탈하였는데 전국시대부터 중국은 이를 막기 위하여 장성을 쌓기 시작하였다. 이를 계기로 중국 본부의 세력들도 동북쪽으로 적극적으로 진출하게 된다. 그 선봉이 조(趙)와 연(燕)이다. 황하 만곡부 서쪽, 음산에서 상곡 북쪽의 영정하 상류까지 쌓은 것이 조장성(趙長城)이고, 그곳에서 3백리쯤 떨어진 조양(적성현)에서 다시 요하의 양평(요양)까지 쌓은 것이 연장성(燕長城)이다. 연나라는 이에 앞서 산용의 침략을 막기 위하여 역수 북안을 따라 중산에서 역수와 영정하가 만나는 지점까지 1차 연장성(燕長城)을 쌓은바 있다.
전국시대말에 연을 멸망시킨 후 이 지역을 이어받은 진(秦)은 조장성과 연장성을 연결하여 만리장성을 쌓아 북방족의 남침을 대비하였다.

472 우실하『고조선문명의 기원과 요하문명』지식산업 2018 p 260

하문명(黃河文明)과 함께 중국의 고대 문명을 대표하며, '장강문명(長江文明)'이라고도 한다.

특히 1973년 절강성(浙江省) 영소(零紹)평원의 하모도(河姆渡)에서는 벼 농사와 고상식(高床式) 건축물 등의 유적(遺蹟)이 발굴되어, 이 지역에서 앙소문화(仰韶文化)와 비슷한 시기에 그보다 높은 수준의 신석기 문화가 발달했음을 밝혀주었다. 그 뒤 양쯔강 유역에서는 황하문명(黃河文明)과 계통이 다른 고대 문명의 유적(遺蹟)들이 잇달아 발견되었고, 동북(東北) 지방의 요하(遼河)유역에서도 독자적인 계통의 신석기 시대의 유적(遺蹟)이 발굴되었다.

따라서 오늘날에는 황허문명[黃河文明]에서 중국의 문명이 시작되었다는 학설은 인정되지 않으며, 황하문명[黃河文明]보다는 중국문명(中國文明)이라는 개념을 더 일반적으로 사용하고 있다. 그리고 양자강문명(揚子江文明)은 황하문명(黃河文明)과 더불어 중국문명(中國文明)의 중요한 원류(源流) 가운데 하나로 여겨지고 있다.

장강이 지나가는 유역도

양자강(揚子江)유역에서는 하류(下流)의 절강성(浙江省)에서 상류(上流)의 사천성(泗川省)에 이르기까지 다양한 지역에서 고대 문명의 유적(遺蹟)들이 발굴되었다.

절강성(浙江省)지역에서는 하모도(河姆渡)문화[473], 마가빈(馬家浜)문화, 양저(良渚)문화 등이 발굴되었는데, BCE.5000년에서 BCE.4000년 무렵의 것으로 추정되는 하모도(河姆渡)문화는 수렵(狩猟), 어로(漁労)와 함께 벼농사를 지었으며, 돼지 등 가축으로 길렀다. 절강성(浙江省) 가흥(嘉興)에서 발굴된 마가빈(馬家浜)문화는 BCE.5000년에서 BCE.3800년 무렵의 것으로 홍도(紅陶)를 사용하였으며, 관개(灌漑)가 이루어진 흔적이 발견된다. 여갱(余杭)에서 발굴된 양저(良渚)문화는 BCE.3500년에서 BCE.1000년 무렵의 것으로 추정되며, 옥(玉)으로 만든 장신구와 비단 등이 출토되었다. 순장(旬葬)이 이루어진 묘(墓)가 발견되어 사회적 분업과 계층화가 뚜렷하게 이루어진 것으로 파악되며, 황하문명(黃河文明)의 용산문화(龍山文化)[474]와 영향을 주고 받았던 것으로 보인다.

강소성(江蘇省)에서는 청련강(靑蓮崗)문화, 강서성(江西省)에서는 선인동(仙人洞), 여통환(呂桶環)유적과 오성(吳城)문화 등이 발굴되었다. 강서성(江

---

473 정형진 『천년왕국 수시아나에서 온 환웅』, 일빛, 2013, P 116.
우실하 『동북공정넘어 요하문명론』 소나무, 2010, p 264`.
하모도(河姆渡)문화는 장강(양자강) 중류 지역에서 앙소문화보다 약 1,000년 정도 앞서는 하모도문화(BCE.5,000~)가 발굴되었다. 이를 계기로 중국은 중화문명의 서광이 장강유역 하모도문화에서 빛을 발하기 시작했다고 보기 시작했습니다. 이들의 문화특징은 신석기시대의 장강 하류 문화인들도 태양을 숭배했는데 그들은 태양을 봉조류(鳳鳥類)의 새와 결합시켰다. 그 많은 선사시대의 암각화에는 태양신 혹은 태양을 단순히 태양망(햇살모양)을 결합하거나 사람 얼굴 모습의 태양에 태양망을 표현한 것이 많다. 반면에 태양신과 소를 결합시킨 형태는 드물다.

474 우실하 『동북공정넘어 요하문명론』 소나무, 2010, p 313`.
홍산문화에서 꽃핀 '옥 문화'는 후에 산동반도 부근의 양저문화, 용산문화, 대문구문화 지역으로 확산된 경향을 보이고 있다. 홍산문화에서 가장 많은 옥기들이 부장품으로 발굴되고 있는 옥기는 돼지코를 닮았다고 해서 일반적으로 옥저룡으로 부르나,'곰'의 형상을 닮은 玉熊龍이라고 보고 있다.

西省) 만년현(萬年縣)의 선인동(仙人洞), 여통환(呂桶環)유적은 BCE.8000년 이전의 것으로, 당시 이미 벼농사가 이루어지고 있었음을 나타내고 있다. 강서성(江西省) 장수(樟樹)에서 발굴된 오성(吳城)문화는 BCE.1400년에서 BCE.1000년 무렵의 것으로 황하문명(黃河文明)과는 다른 청동기(青銅器) 유물들이 다량(多量) 출토되었다.

호남성(湖南省)에서는 옥섬암(玉蟾岩) 유적과 팽두산(彭頭山)문화 등이 발굴되었다. 도현(道縣)의 옥섬암(玉蟾岩)유적(遺蹟)은 BCE.8000년 이전의 것으로서 볍씨는 발견되었지만 재배 여부는 확인되지 않는다. 풍현(灃縣)에서 발굴된 팽두산(彭頭山)문화는 BCE.7000년에서 BCE.5000년 무렵의 것으로 이때부터 수도작(水稻作)이 시작되었음을 알려주고 있다.

호북성(湖北省)에서는 굴가령(屈家岭)문화, 석가하(石家河)문화 등이 발굴되었다. 경산현(京山縣)에서 발굴된 굴가령(屈家岭)문화는 BCE.3300년에서 BCE.2000년 무렵의 것으로 사천성(泗川省)에서 나타난 대계(大溪)문화의 영향을 받아 흑도(黑陶)가 사용되었다. 천문(天門)에서 발굴된 석가하(石家河)문화는 BCE.2500년 무렵의 것으로 남북(南北) 1.3Km, 동서(東西) 1.1Km 크기의 도성(都城)의 흔적이 나타난다.

사천성(泗川省) 무산(巫山)에서 출토된 대계(大溪)문화는 BCE.4400년에서 BCE.3300년 무렵의 것으로, 붉은 색 토기에 문양을 새긴 채문홍도(彩文紅陶)가 특징으로 나타나며, 후기(後期)에는 흑도(黑陶)와 회도(灰陶)가 나타난다. 그리고 1986년 광한(廣漢)의 삼성퇴(三星堆)에서는 독특한 특징을 지닌 다량의 청동기(青銅器)가 출토되어, 이 지역에서 고유한 문화의 발전이 오랜 기간 지속되었음을 밝혀주었다.[475]

---

475   blog Naver 不二의 블로그,

중국문화의 다기원설

요하지역의 신석기문화는 소하서(小河西) 문화, 흥륭와(興隆洼) 문화, 사해(四海)문화, 부하문화 등으로 BCE.7,000년까지 올라가고, 황하문명보다 최소 1,000년 이상 앞선다. 뒤이어 이 지역에 홍산(紅山)문화, 우하량(牛河梁)문화가 이어진다. 요하, 대릉하 유역은 바이칼지역에서 내려온 북방계 몽골리안들이 남방계 사람들과 마주치며 처음 문명을 만든 곳으로 몽골리안의 고향이자 알타이어의 고향이어야 한다. 그림에 나타난 문화의 시대는 로울러의 자료에 따랐다. 중국어의 기원에 대해서는 5개의 큰 학설이 있는데 최근 스타로스틴은 덴—다익어(Dene—Daic)에서 기원한 오스트릭(Austric)어가 원—남방언어라고 주장하면서 중국어는 덴-고카시안에서 시노—코가시안어(Sino—Causcasian)를 거쳐 나온 시노—티베트어(Sino—Causcasian)라는 주장을 제시하였다. 본인은 알타이어의고향은 역시 스타로스틴의 지적에 따랐지만, 앙소문화가 아닌 요하문명으로 비정하였다. 선문대 역사학과 이형구 교수는 『발해연안에서 찾은 한국 고대문화의 비밀』(김영사 2004)에서 "만주지방과 한반도, 즉 발해연안의유적과 유물들은 구석기부터 철기까지 한결같이 문화의 동질성을 보여주고 있다."고 밝히고, 이 지역에서 발생한 고대문화는 고조선과 부여, 고구려를 거쳐 백제 신라, 발해 구려로 이어져 왔고 일본으로 들어갔다고 주장하고 있다.[476]

---

476   이홍규 『한국인의 기원』 우리역사 2010 p 241

인류 4대 문명사의 비교

구분		중국문명		인도문명		이집트 문명	메소포타 미아문명	요하문명
		황하강	양자강	인더스	갠지스			
년대 BCE		4,500	5,000	2,500	1,500	3,000	4,000	7,000
시대		신석기	신석기	후기 청동기	청동기	통일왕국	우바이드	신석기
왕조		제요시대	제요시대		쿠루왕국	파피루스	아카드 왕조	단군
종족		한족	동방민족	드라비 다인	아리아인	셈어족	수메르인 아카드인	돌궐 (알타이어족)
특징		홍도채색	조형	하라파 배수시설	강가여신	피라미드 파라오	이륜전차	빗살무늬 토기,적석묘
문화· 유적		앙소문화 삼족토기 이리두	하모도 삼성퇴	모헨조 다로	베다문화 바라나시	피라미드 신성문자	점토판 설형문자	소하서, 흥륭와
유물		마가요 시안시 반파	봉조형 상아비상기	하라파 돌라비라	흑적토기	상형문자 신전	태음력, 60진법,	재배종기장 (黍)과 조(粟)
평가		죽간, 갑골문자	벼재배 고상식집	카스트제 무구류 전무	죽음의 강장례법	태양신	문자의 발달	옥결, 적석총

VI

중국문명과
요하문명
그리고 고조선

중화문명과 문명기원지의
변경과 그 이유

1) 최초의 중화문명의 제1차 기원지의 변경

중화문명은 북방에서 발생했고, 중화민족의 시조인 황제도 북방에서 죽었으며 대통일을 이룬 진(秦) 왕조도 북방에 있었다. 그리고 역사적으로 한족이 아닌 이민족(異民族)의 왕조가 북방에 들어서도 그 통치자들은 중심과 정통을 확보하기 위해 자신들이 황제의 자손이라 주장했다. 북방 중원지역이 중국문명의 중심이라고 보는 사고방식은 뿌리 깊게 박혀있고, 북방은 선진적이며 발전적인 문명을 지녔고, 남방은 낙후되었으며 저급한 문화만을 지니고 있었다는 잘못된 인식 때문에 그들은 그렇게 많은 돈을 쏟아 부어가며 중원을 중심으로 한 국가문명의 기원을 찾으려 애쓰는 것이다. 오래된 기원만이 강한 중국의 표상이 될 수 있다는 헛된 믿음 때문이다.

물론 한대(漢代)이후 고착화된 중원 중심의 역사관에 대해 다른 시각에서[477] 볼 것을 주장한 진잉용(陣剩勇)의 중화문명의 남래론, 혹은 녹색혁명이라 부름) 한다는 점에서 참신하다.

그러나 장강유역의 문화를 문명이라 부르는데 역법이나 뼈 피리(골적) 같은 악기들을 증거로 '중화문명 1만년' 주장하는 것은 문제가 있다[478]. 대부분의 세계사에서 세계 4대 문명으로는 앞에서 보아왔지만 황하문명은 황하 중류의 농경 신석기문화인 앙소문화[479]을 토대로 한 문명이라는 것을 우리가 알고 있는 황하문명이다. 중국 황하 유역의 신석기문화로 화북(華北)지방에서 일어난 최초의 농경문화이다. 이후 동진하여 산동반도 일대의 신석기문화인 용산문화의 모체가 되었다. 앙소문화(仰韶文化)는 붉은 채도토기인 홍도(紅陶)가 특색이며, 감숙성(甘肅省)의 마가요(馬家窯)유형, 서안(西安)의 반파(半坡)유형, 하남성(河南省)의 묘저구(廟底溝)유형으로 구별됩니다.

오랫동안 중국은 세계 4대문명의 발상지인 황하 유역의 앙소문화를 중화문명의 서광이 처음 빛을 발한 '중화문명의 기원지(起源地)'로 보아왔다. 그런데 최근 들어 단대공정과 중화문명의 탐원공정를 기초로 하

---

477 정수일 『고대문명교류사』, 사계절, 2001, p63

1979년 5월 중국 북방의 대표적 신석기 문화인 홍산문화(BCE.3만 5천년, 1935년 內蒙古 赤峰市 교외의 홍산에서 유지 발굴)지역의 중심부에 위치한 遼寧 서부 喀左縣(현 객좌심 좌익몽고족 자치현(喀左沁 左翼蒙古族 自治縣) 동산취(東山嘴)에서 대형 석조(石造) 제단(祭壇) 유지가 발견되었는데 출토된 유물 중에는 중국에서 처음 발견되는 도질(陶質) 여인나체 소상(塑像) 2점이 끼여 있었다. 두 점 모두가 머리 부분이 떨어져나가서 완전한 형태는 알 수 없었다. 잔해의 높이는 각각 5㎝, 5.8㎝이고 복부와 둔부가 돌출한 임신부형의 환조 조형물로서 제작연대는 지금으로부터 약 5천 년 전으로 추정된다. 중국인 진잉용(陣剩勇)은 ('중화 문명 남래론', 혹은 '녹색문명'이라고 부른다.)를 주장했다. 즉 이는 남방문화가 북방으로 전해져 북방지역의 국가 문명 형성에 기여했다는 보는 시각이다.

478 김선자 『만들어진 민족주의 황제의 신화』 책세상 2007. P 357.

479 앙소문화는 황하유역의 중심문화로 문화이동과 교류로 Y자형 문화벨트를 주장한 소병기(蘇秉琦)는 이 시기는 중국대륙에 있던 앙소문화와 동북지역의 문화가 교류하고 충돌하면서 새로운 문화가 형성되는 시기였을 뿐 아니라 양 지역의 주민이 섞이는 시기였다고 하였다.

는 연구방식이 되고 있고, 그리고 섬서성의 반파(半坡), 앙소문화를 비롯하여 산서성의 도사(陶寺)문화, 하남성의 용산(龍山)·이리두(二里頭)문화 등이 그러한 연구방식의 대상이 되고 있다. 중앙집권 정권이 수립되었다는 주장은 "중국문명의 발생과 발전, 지리환경의 광대함은 세계의 어떤 고문명도 따라오지 못한다"는 소위 민족 '자대감'으로 변해 버린다. 또한 중원의 앙소와 용산을 중심으로 하는 화하족의 문명이 중국문명의 주체라는 인식은 고대사회에 대한 다양한 열린 가능성을 배제한 채 존재하지도 않은 화하족이라는 새로운 민족을 창조하여, 그 시대에 이미 '중앙집권이 실현되고 발전된 관리 기구를 가진 강력한 통일국가가 존재했다'고 보는 중원 중심주의적 관점으로 나간다. 왕외(王巍)는 5000년 전부터 2770년 전까지의 역사, 즉 앙소문화 중기부터 서주시대 말기까지의 역사를 확정하는 것이 탐원공정의 최종목적이라고 말한다. 왕외(王巍)의 발언으로 2006년 현재까지 BCE.2500년, 즉 4500년 전까지의 역사가 이미 만들어졌고, 2006년부터는 다시 500년을 더 밀어 올려 원래 이학근(李學根)이 장담했던 단대공정보다 1000년이 더 올라간 BCE.3000년 역사를 확립하게 된다는 말로 이해할 수 있다. 물론 이것은 여전히 고고를 중심으로 하고 여러 학문분야가 결합한 방식으로 진행된 것이며, 황하유역뿐 아니라 장강유역, 요하유역의 문화까지도 연구범위에 포함할 것이라 한다.[480] 황하문명은 중국황하 유역의 신석기문화로 화북지방에서 일어난 최초의 농경문화이다. 이후 동진하여 산동반도 일대의 신석기문화인 용산문화의 모체가 되었고, 앙소문화는 붉은 채색도기인 홍도(紅陶)가 특색이며 감숙성 마가요(馬家窯)유형, 서안의 반파(半坡)유형, 하남성의 묘저구(廟底溝)유형으로 구별되는데, 오랫동안

480   김선자 『만들어진 민족주의 황제신화』 책세상, 2007, P 57,341,342

중국은 세계 4대 문명의 발상지인 황하유역의 앙소(仰韶)문화를 중국문명의 서광이 처음 빛을 발한 중화문명의 기원지(起原地)로 보았다.[481]

2) 양자강 하류 하모도(河姆渡)문화를 중화문명의 제2차 기원지로

1973년 양자강 하류지역에서 앙소문화보다 약 1000년 정도 앞서는 하모도문화(BCE.5000~)가 발굴되었습니다. 이를 계기로 중국은'중화문명의 서광'이 장강(長江)(양자강)유역 하모도문화에서부터 빛을 발하기 시작했다고 보기 시작했습니다. 우실하 교수는 소장하고 있는 중국 고고학 관련 VCD 자료인「문명의 서광」에서도 중화문명의 첫 서광이 빛을 발하기 시작한 것이 하모도문화라고 설명하고 있다. 이 자료는 VCD 2장씩으로 구성되어 있습니다.[482]

① 중국 최초의 원시촌락사회를 앙소문화의 반파유적으로 본다.(VCD 2장)

자료: 동북공정 넘어 요하문명론, p 264

---

481   우실하『동북 공정 넘어 요하문명론』, 소나무, 2007, P 263
482   우실하『동북 공정 넘어 요하문명론』, 소나무, 2007, P 264

중화문명[483]의 기원지를 황하유역의 앙소문화로 보다가 장강유역의 하모도(河姆渡)문화를 거쳐서 지금은 요하(遼河)유역으로 옮기기 시작했습니다. 요하지역을 중화문명의 발상지로 보고 이 지역을 새로운 요하문명으로 만드는 요하문명론을 제기하기 시작했습니다.

② 중국 최초의 문명의 서광을 장강유역의 하모도문화로 본다(VCD 2장)

자료: 동북공정 넘어 요하문명론, p 265

---

483 김선자 『만들어진 민족주의 황제신화』 책세상, 2007, P 354,355
전통적인 관점에서 본다면 황당한 주장이지만, 중원중심, 제왕중심, 한족중심, 유가중심이라는
소위 네 개의 중심이라 하지만 중화문명은 북방에서 발생했고, 중화민족의 시조인 황제도 북방
에서 죽었 으며 대통일을 이룬 진한 왕조도 북방에 있었다. 그리고 역사적으로 한족이 아닌 이민
족의 왕조가 북방에 들어서도 그 통치자들은 중심과 정통을 확보하기 위해 자신들이 황제의 자
손이라고 주장했다.

3) 요하일대 사해·홍산문화를 중화문명의 기원지로

최근 중국 요령성에서 발굴된 고고학적 유적은 중국역사를 완전히 새로 써야하거나, 선사시대에 대한 새로운 정립을 하지 않을 수 없게 만들고 있다. 지금까지 중국문명은 황하유역에서 시작된 것으로 믿어 왔으나, 이제 황하유역의 문명보다 2000년이나 올라가는 매우 고도로 발달된 새 문명이 황하 북부지방에서 발견되었다. 이 새 문명을 홍산문화(紅山文化, Hong shan culture)라고 하는데 위치는 북쪽에 있는 양 산맥에서 요령성, 그리고 내몽고까지 뻗쳐있는 지역의 문명이다. 발굴된 유물로는 원형으로 된 예배 처소, 군집된 건물, 묘소 부근의 신상(神像)을 가지고 있는 성전(聖殿), 그리고 질서정연하게 널려져 있는 무덤군 같은 것들이다. 이러한 유물들은 지금까지의 신석기 유적으로는 중국 안에서 찾아볼 수 없는 전혀 새로운 것들이다.

홍산문화란 1930년대 내몽고 치펑(적봉(赤峯))에 있는 한 부락에서 처음 발견된 문화이다. 처음에는 이 문화를 BCE.4500~BCE.3000년경 황하유역에서 매우 번창한 앙소(仰韶) 채도 문화의 후기에 발전된 문화로 보았다. 초기 홍산문화에서 나온 것은 검게 칠해진 무늬, 붉은 갯토기, 석기로 된 보습, 곡괭이, 자르는데 쓰는 예리한 석기 같은 것들이었다. 고도로 발달된 농경기구가 있었다든지 그것이 농경문화였다는 흔적을 찾을 수 없었다.

1980년대 이후 요하일대에서 하모도문화보다 앞선 신석기 유적들이 대량으로 발굴되기 시작하였습니다. 발굴된 주요 신석기문화를 이른 시기부터 간략히 살펴보면 아래와 같고, 일반적으로 홍산문화(紅山文化)를 BCE.4500~BCE.3000까지를 부릅니다. 소하서문화(小河西文

化.: BCE.7000~BCE.6500), 흥륭와문화(興隆洼文化: BCE.6200~BCE.5200), 사해문화(査海文化: BCE.5600~) 부하문화(富河文化: BCE.5200~BCE.5000), 조보구문화(趙寶溝文化: BCE.5000~BCE.4400), 홍산문화(紅山文化: BCE.4500~BCE.3000), 소하연문화(小河沿文化 : BCE.3000~BCE.2000) 등이 지속적으로 발견된 것입니다.

특히 소하서문화는 동북지역 전체에서 가장 이른 시기의 신석기문화입니다. 소하서문화는 황하문명의 중심 앙소(仰韶)문화보다는 2500년이나 앞서고 장강문명의 중심 하모도(河姆渡)문화보다도 2000년이나 앞섭니다. 이런 신석기문화를 바탕으로 홍산문화 만기의 우하량(牛河梁) 유적(BCE.3500~BCE.3000)[484]은 이미 '초기국가단계'에 진입했다고 보고 있는 것입니다. 결국 요하(遼河)지역의 신석기문화는 황하나 장강 지역보다도 빠르고 앞선 것입니다.[485]

하·상·주(夏·商·周) 단대공정, 중국고대문명 탐원공정(探原工程), 동북공정(東北工程) 등 역사관련 공정들을 통해서 중국은 이 요하지역에서 중화문명이 발생했다고 보기 시작했습니다. 곧 중화문명이 요하에서 시작되었다는 것입니다. 이것이 요하문명론(遼河文明論)입니다.

전통적으로 요하일대는 만리장성(萬里長城) 밖으로 중국의 사서(史書)에서는 그 동안 문명화된 중화민족이 아닌 야만족인 북적(北狄)과 동이

---

[484] 우하량(牛河梁) 유적은 요령성 서부의 陵源縣과 建平縣 경계에 위치하는 大凌河 상류유역이다. 우하량 유적은 그 지역에 있었던 홍산문화 말기에 속하는 것으로 6개의 돌무지무덤집단과 함께 여신묘가 확인되었는데 그 연대는 BC 3600년경이다. 제1호 돌무지무덤은 네모꼴로 동서 26.8m, 남북으로 19.5m, 그 안에 수십 자리의 돌널이 설치되어있고, 돌무지무덤에서는 용모양 등 여러 종류의 옥으로 만든 장신구와 옥환, 옥벽 등이 출토되고 여신묘(女神廟)에서는 흙으로 만든 여신의 머리가 출토되었으며 실제적인 사람의 머리와 같은 크기였다.

[485] 우실하『동북 공정 넘어 요하문명론』, 소나무, 2007, P 266

(東夷)의 거주지였습니다. 앞에서 여기에 대한 동이에 대한 개념과 지역적 범위 등을 살펴보았지만, 현대 고고학은 이 요하일대의 신석기문화가 중원(中原)의 것보다 훨씬 앞서고 발달되었다는 것을 보여주고 있는 것입니다. 중국으로서는 여러 이유로 요하지역을 놓칠 수 없게 된 것입니다.

첫째 만일 요하일대의 신석기문화를 북적(北狄)과 동이(東夷)문화권으로 보면 야만족(野蠻族)이라고 수천 년 동안 비하(卑下)하던 바로 그들이 전통적인 한족 문명보다 앞선 문명을 지닌 집단(集團)이 되는 것입니다. 이런 까닭에 중국은 중국 고대문명 탐원공정을 통해서 요하 일대뿐만이 아니라 동북만주 일대의 모든 소수 민족을 '중화민족의 일원으로 끌어들이고 있습니다. 곧 동북방의 모든 소수민족은 황제족(黃帝族)의 후예라는 논리를 개진하고 있습니다. 요하문명론(遼河文明論)이 완성되면 단군(檀君), 웅녀(熊女), 주몽(朱蒙)을 비롯한 모든 동북 만주 지역의 소수민족은 자연히 황제족의 후예가 되는 것입니다.

둘째 많은 중국학자들은 요하일대에서 남하한 이들이 상(商)나라를 세웠다고 보아왔고, 요하 일대의 주도세력은 후대의 예(濊)·맥(貊) 계열 [486]이라고 보아 왔습니다.

이 예(濊)·맥(貊)계열의 민족들이 후대의 부여 고구려로 이어지는 것입니다. 그런데 이 일대가 중원(中原)의 신석기보다 앞선다면 중화문명은

---

486 이덕일 역 『리지린의 고조선 연구』, 말, 2018, P 75
『삼국지』 「위지」 (동이전), 고구려전에는 고구려는 요동의 동쪽 천리에 있는데 남쪽으로는 조선, 예맥과 접하고, 동쪽으로는 옥저, 북쪽은 부여와 접한다.(高句麗在遼東之東千里, 南與朝鮮, 濊貊, 東與沃沮, 北與夫餘接)라고 쓰여 있는 바, 이것은 얼핏 보면 여기의 조선이 오늘의 우리나라 영역인 것처럼 보이나 사실은 그런 것이 아니며, 이 조선도 오늘의 요동에 있음을 말하는 것이다.

요하문명의 방계(傍系)문명으로 전락할 수밖에 없는 상황인 것입니다. 이런 까닭에 중국은 중화문명의 기원을 요하(遼河)일대로 옮기려 하는 것입니다.[487]

487   우실하 『동북 공정 넘어 요하문명론』, 소나무, 2007, P 267

2

○○유지(유적), ○○문화, ○○문명의 개념

　현재 한국 고고학계에서는 '○○문화'와 같은 '고고학문화' 개념이 없다. 그래서 우실하는 일반인들을 대상으로 특강을 할 때 많은 사람들이 요하문명을 이루는 흥륭와문화, 홍산문화, 하가점하층문화 등과 같은 각종 신석기-청동기 고고학문화 개념을 이해하는데 어려움을 겪고 있어서 아래에서는 '○○유지(=유적지 =유적)', '○○문화', '○○문명'이 어떻게 명명되며 어떤 차이가 있는지를 간단히 설명하기로 한다.

　첫째 특정한 지역에서 고고학적 유지=유적=유적지가 발견되면 , 대부분의 경우 그 지역의 행정 최소단위 이름을 붙여서 ○○유지(유적)이라고 명명한다.

　예를 들어서 흥륭와촌에서 발견되면 그 유적지의 이름은 '흥륭와(촌)유지', 조보구촌에서 발견되면 조보구(촌)유지 등으로 명명한다. 중국고고학계의 경우 (1) 행정 최소단위 이름에서 촌자 생략하고 (2) 유적 대신에 '유지(遺址)'라는 용어를 써서 '흥륭와 유지', '조보구유지' 등으로 명명하는데 유적=유적지라는 의미는 같다.

한국의 경우에는 ⑴ ○○유지보다는 ○○유적이라는 표현을 사용하며, ⑵ 도시지역의 경우에는 행정최소단위인 동(洞)을 붙여서 '동삼동패총유적', '복천동유적' 등으로 명명하고 ⑶ 시골지역의 경우에는 행정최소단위인 '리(里)'를 붙여서 '문암리유적', '오산리유적' 등으로 명명한다.

중국의 유적지의 경우에는 '○○유지'를 한국의 경우에는 '○○유적'을 사용하였다.

둘째 주변에서 'A유지'와 시대가 같고, 출토 유물도 같은 'B유지', 'C유지', 'D유지' 등이 발견되면 이 모든 유적지를 하나의 '고고학문화'로 묶는다. 이때 하나로 묶는 '고고학문화'의 명칭은 최초로 이른 유형이 발견된 'A유지'를 따라서 'A문화'로 명명한다.

예를 들어 ⑴ 흥륭와 유지, 흥륭구유지, 백음장한 유지 등이 같은 시대의 유적지일 경우 이를 하나로 묶어서 최초로 발견된 흥륭와유지의 이름을 따라 응륭와문화로 명명하고 ⑵ 홍산유지, 동산취유지, 위가와포유지, 우하량유지 등을 묶어서 이런 유형이 최초로 발견된 홍산유지의 이름을 따라 홍산문화로 명명하는 식이다. 현재 홍산문화에 속한 유적지는 1,200개 이상이나 된다. 이 유적지들은 모두 홍산문화라는 고고학문화에 속하는 것이다.

셋째 시간적으로 공간적으로 계승관계에 있는 ⑴ 서로 다른 신석기시대의 여러 고고학문화와 ⑵ 청동기시대의 여러 고고학문화가 발견되고, ⑶ 국가단계에 이르는 시기에까지 이어지면, 이들을 모두 엮어서 '○○문명'이라고 명명한다. '○○문명'으로 명명하는 경우에는 이들 각종 신석기-청동기시대 고고학문화가 분포하는 지역을 관통하는 큰 강의 이름을 따라 '○○(강)문명'으로 명명한 것이 보편적이다. 예를 들어 '황하문명', '나일(강)문명(=이집트문명)', '인더스(강)문명', '유프라테스-티그리스(강)문명(= 메소포타미아)'등이 이런 예이다. 최근 새롭게 발견된 '요하문명'이라는 명칭은 요서지역을 가로지르는 요하의 이름을 따서 명명한 것이다.[488]

국내에서는 'ㅇㅇ유지(=유적)', 'ㅇㅇ문화', 'ㅇㅇ문명' 개념에 대한 명확한 구분되어 있지 않기 때문에, 국내의 인터넷 블로그나 심지어 정식으로 출판된 책이나 논문에서 조차도 '홍산문명'이라는 이상한 개념을 사용하는 경우가 종종 보인다. '홍산문명'이라는 개념은 없다. '요하문명'을 이루는 여러 신석기시대 '고고학문화' 가운데 가장 주목받고 있는 '홍산문화'가 있을 뿐이다.[489]

문명과 문화의 개념과 차이는 앞장(V장 1, 문화와 문명)에서 밝힌바 있다

---

488   우실하 『고조선문명의 기원과 요하문명』 지식산업 2018, 18
489   우실하 『고조선 문명의 기원과 요하문명』 지식산업, 2018, p17~18

3

우하량 홍산유지, 유적

    홍산문화 지역에 대한 고고학적 연구는 외국인에 의해 먼저 시작 되었다. 1908년 일본인 인류학자겸 고고학자 도리이 류조(鳥居龍藏 : 1870~1953)가 홍산문화 유지를 처음 발견했다. 그 후 1914년에 당시 원세개(袁世凱)가 이끌던 북경의 북양정부(北洋政府)[490]의 초청으로 농상부 광산정책 고문으로 스웨덴의 지질학자 겸 고고학자로 안데르손(Johan Gunner Anderson: 1874~1960)이 와 있었으며 '앙소문화의 아버지'라고 불리며, 1930년대에 들어서는 중국인 학자 양사영(梁思永 : 1904~1954)의 연구가 있었다.[491] 그와 그의 동료들은 중국 북방의 장성지대에 채도와 지자형 빗살무늬토기(之字形篦紋陶)가 공존하고 마제석기와 세석기가 공존하는 등 중원과 북방 양 지역의 문화요소가 보이는 것에 지대한 관심을

---

490   1911년 신해(辛亥)혁명으로 청나라가 멸망하고 중화민국이 성립된다. 국민당의 북벌 이전까지는 북경에 북양정부(北洋政府)가 있었고, 수장은 총통 집정 대원수 등으로 불렀다. 제1대 임시대총통(臨時大總統)이 손문(孫文)이다.

491   우실하『고조선 문명의 기원과 요하문명』지식산업, 2018, p 366

보였다. 그 후 1940년대 배문중(裵文中)은 홍산후 유지에서 발견된 것들이 중원의 채도문화와 북방의 세석기문화가 장성지대에서 만나 혼합문화를 형성한 것이라는 의견을 제시하기에 이르렀다. 1950년대 초 윤달(尹達)은 더 진일보한 의견을 제시했다. 즉 앙소문화와 세석기문화가 상호영향을 미치면서 장성지대에 새로운 유형의 고고학문화가 생겼다고 보았다. 그가 이 문화를 홍산문화라고 이름 붙였다. 1970년대 이후 홍산문화에 대한 새로운 발견이 이루어지면서 남쪽의 앙소문화와 북쪽의 홍산문화가 서로 교류하고 있었음이 명백해졌다. 홍산문화의 정수인 우하량의 단묘총(壇廟塚)유지가 발견될 즈음 하북성 서북부의 위현(蔚縣) 삼관(三關)유지에서 앙소문화 묘저구유형의 찔레꽃(玫瑰花)도안의 채도와 홍산문화의 용비늘(龍鱗)문양의 채도가 함께 출토되었다.

이러한 교류는 기(冀) 서북지구에서도 발견되었다. 이는 5,000년 전의 고문화가 이미 이 지역에서 만나고 있었음을 말한다. 이러한 현상에 대해 저명한 고고학자 북경대 교수인 소병기[492](蘇秉琦)는 다음과 같이 설명하고 있다. 앙소문화 묘저구 유형의 문화와, 요서주랑지역과 연산 이북의 서요하와 대릉하 유역의 홍산문화는 각자 독자의 문화를 형성한다. 이들이 하나는 남으로 확장되고, 하나는 북으로 확장되어 종국에는 하북성 서북부에서 만나게 된다. 그 후 다시 요서의 대릉하 상류에서 중첩되어 용문양과 꽃문양이 결합한 새로운 채도가 생긴다. 홍산문화의 단(壇)·묘(廟)·총(塚)은 바로 두 문화가 만난 이후에 만들어진 것으

---

492 김선자 『만들어진 민족주의 황제의 신화』 책세상 2007. P 442.
소병기가 홍산문화를 중시하는 궁극적인 목적은 문화자체의 성격을 규명하는 데 있다기보다 그 지역의 소위 古國-邦國-帝國의 성립과정을 밝혀 통일적 다민족국가를 강조하는데 있으며. 고고의 최종목적 역시 그 스스로 밝히고 있듯이 중화문명 5,000년을 증명하고 중화민족의 단결을 촉진하는 것에 있었다.

로 불꽃(火花)같이 비약적으로 발전한 것을 보여주는 자취다. 이 새로운 문화는 앙소문화와 홍산문화가 가지고 있던 두 경제유형과 문화유형이 혼합된 문화였다.[493]

그런데 중국은 그 동안 황하유역에서 태어난 선진문화가 각지로 전파되었다는 황하중심문화를 기본정설로 견지해 왔다. 문명화된 세계로의 중국의 이상형은 통일된 '하나의 천하대국' 중국이다. 황하의 풍부한 물을 이용해 문명을 이룩해가면서 점차 주변의 야만국들을 흡수했기 때문에 중원은 중국의 중심지라는 견해이다. 이는 중국문명이 오늘날 산서성 남부 및 허남성 서부인 이른바 중원지역에서 발전했으며 주변지역으로 퍼져나갔다는 것이다. 이러한 화이관(華夷觀)을 바탕으로 그들은 중국에서의 국가의 시작을 대체로 BCE.1500에서 2000년으로 잡았다. 이것도 하상주 단대공정을 통해 하(夏)나라를 BCE.2070~BCE.1600년으로 올렸기 때문이다. 그래서 근래 중국은 이보다 1000~1500년을 더 높이 올려 '중화오천년(中華五千年)'이라고 설명한다.[494]

과거에 중국이 세계 4대문명 중에서 가장 낮은 연대를 갖고 있음에도 불구하고 삼황(三皇)오제 특히 오제(五帝)시대를 역사시대로 인정하면서 연대를 올리지 않은 것은 증거위주의 역사관을 바꾸지 않았기 때문이다.

우하량의 유적 즉 요하지역에서 결정적인 증거를 찾았는데 한마디로 BCE.3500년경부터 요령지역에 국가가 존재했다는 것이다.[495] 우하량의 홍산유적은 이들은 중국 최초의 원시 종교유적이 발견된 동산취에서

---

493   정형진『천년왕국 수시아나에서 온 환웅』일빛 2006, P 121
494   이종호『과학으로 증명된 한국인의 뿌리』2016, 한국이공학사 P 286
495   이종호『과학으로 증명된 한국인의 뿌리』2016, 한국이공학사 P 288

약 50km 떨어진 건평과 능원중간에 있다. 인근의 다른 지역과는 달리 울창한 소나무로 둘러싸인 이곳에서 제단(祭壇), 여신묘(女神廟)(사당), 적석총(積石塚)과 이집트와 유사한 피라미드, 그리고 성으로 둘러싸인 도시형태와 돌로 쌓은 방형모양의 광장이 발견되었다. 이 유물들은 방사성 탄소연대측정에 의해 BCE.4000년 전에서 3000년 전으로 거슬러 올라가며 이어서 북방 초기, 청동기시대인 하가점하층문화가 BCE.2200년 전부터 발달했고, BCE.1500년경부터 하가점상층문화, BCE.14세기부터 조양시의 위영자문화가 등장했다는 것이다. 그런데 우하량 지역 즉 요령지역은 그 동안 빗살무늬토기, 돌무덤, 비파형동검 등이 발견되어 동이족의 근거지로 비정되던 곳으로 이런 유물들이 나온 지역이라면 우리 조상들이 거주했던 터전이며, 특히 한국인의 첫 국가인 단군조선의 무대(아사달이라는 주장도 있음)로 알려져 있다.[496] 그리고 최근에 고고학계를 놀라게 하는 유물이 2012년7월 내몽고 적봉시 오한기의 흥륭구 유적에서 흙으로 구운 남신상을 발굴했다. 홍산문화유적에서 남신상이 발견된 것은 이번이 처음이다. 중국은 이를 "5300년 전의 발견" 중화조선을 찾았다. 라는 내용으로 대대적인 보도했다. 그러나 남신상이 발견된 적부시 왕기 부근에서 발견된 남신상[497]은 이 지역에 뿌리내리고 살아온 우리민족의 조상신으로 볼 수 있다."라고 했다.[498]

---

496 이종호『과학으로 증명된 한국인의 뿌리』2016, 한국이공학사 P 296

497 남신상은 전형적인 몽골인 모습을 했으며 머리카락은 정수리를 중심으로 가지런히 한 끈으로 묶었다. 새끼와 같은 끈으로 몸을 묶은 유물은 이전에 발굴된 객좌현 동산취의 여신상에서도 볼 수 있다. 이 남신상은 반가부좌(半跏趺坐)를 한 형태였는데, 이로써 좌식문화는 이때부터 발전하고 있었음을 보여준다. 이는 중요한 문화정보로, 현재 중국인은 입식문화에 익숙하다. 중국은 요하지역에서 일어난 문명을 자국의 문명이며, 특히 황제계의 문명이라고 주장한다. 중국의 그러한 주장이 사실로 받아들여지면 만주지역에서 일어난 고조선, 부여, 고구려, 예맥의 역사는 중국의 방계역사가 된다며 한국학자들은 우려하고 있다.

498 정형진『한반도는 진인의 땅이었다』알에이치코리아, 2014, p 31

홍산문화유적에서 출토된 곰상, 남신상, 여신상

자료: 이찬구 책자, p 211와 우실하 책(p 489) 자료 취합, 한반도는 진인의 땅이었다. p 31

장광직의 동이족, 하하족, 묘, 만족 분포도

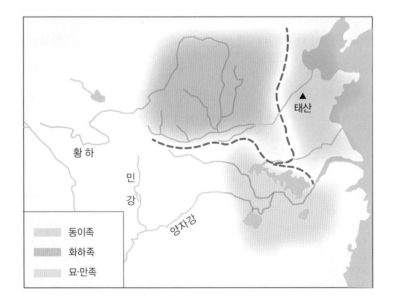

'3황 5제'는 기록마다 다르다

史书出处	三皇/五帝名称
《世本》、《帝王世系》	伏羲、神态、黄帝
《史记》	天皇、地皇、泰皇
《白虎通义》	伏羲、神衣、祝融
《风俗通皇霸》	伏羲、女娲、神农
《艺文类聚》	天皇、地皇、人皇
《白虎通义》	伏羲、神衣、燧人
《周易》	伏羲(太昊)、神衣(炎帝) 黄帝、尧、舜
《史记》	黄帝 颛顼、帝喾、尧、舜
《帝王世系》	少昊、颛顼、高辛、尧、舜

자료: 동북공정넘어 요하문명론, p276

VII

요하문명과
단군신화

1

요하지역의
자연 기후적 조건

1) 자연지형

요하문명지역은 요하상류와 중류를 중심으로 넓게 분포하며, 동·서·남·북 등 사방이 산지로 둘러싸인 분지 형태를 하고 있다. 서쪽으로는 남북으로 길게 이어진 대흥 안령산맥으로 막혀있어 대흥안령은 몽골초원과 만주초원을 나누는 경계를 이루고 있다. 동쪽은 백두산 자락의 산지들로 연해주와 구분되고, 서남쪽으로는 유연산맥이 동서로 길게 늘어져 있어, 중원지역과 구분된다.

남쪽으로는 노노이호(努魯爾虎)산맥, 송령산맥 등으로 지역이 나뉘는데, 이 산맥들은 북쪽인 적봉, 오한기, 내마기 등은 서랍목륜하—요하 수계에 속하며 이들 산맥의 남쪽인 조양, 능원, 건평 등은 대릉하—소릉하 수계로 포함 되어 나누어진다. 북쪽은 소흥안령산맥이 동서로 연결되어 있고, 더 북쪽으로는 시베리아 남단(南端)의 툰드라나 산림지역으로 요하문명 지역과 구분된다. 이 분지 지역의 한가운데에는 현재 과이심(科爾沁)사지(沙地 : 사막을 포함하는 황무지)가 자리하고 있다. 사막을

포함한 이 사지는 동서 약 500㎞, 남북 약 200㎞에 달하는 거대한 황
무지 지역이다. 요하문명의 신석기·청동기 유적들은 요하중류지역과
대릉하와 소릉하 수계의 북쪽에 집중되어 있다. 특히 주요 유적지들은
강 상류 계곡 쪽에 자리 잡고 있는 경우가 많다.

요하문명 지역의 지세도

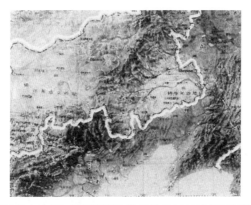

몽골초원과 경계인 대흥안령(중앙위), 중원지역과의 경계인 연산산맥

요하유역의 확대

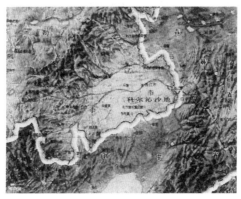

요하 중상류에는 서납목륜하, 노합하 등 지류들이 많지만 모두 서요하→대요하로 합류한다.

자료: 고조선문명의 기원과 요하문명, p 98

2) 요하지역의 수계

요하는 중국의 7대 강 가운데 하나로 수많은 고대 북방민족들의 삶을 영위하는 젓줄이고, 한나라 이전고대에는 구려하(句麗河)라고 불렀으며, 한나라 때는 대요하(大遼河), 오대 이후에는 요하, 청대에는 거류하(巨流河)라고 불렀다. 한대 이전에 '句麗河'로 불렀다는 것은 요하가 고대에 우리 민족과 밀접하게 관련되어 있음을 말해주고 있다.

과이심사지(科爾沁沙地)를 중심에 둔 요하문명 지역의 수계는 서쪽에서 동쪽으로 흘러서 요동만으로 흘러들어가 서랍목륜하—요하수계와 요령성 조양시 쪽으로 동진하다가 발해만으로 들어가는 대릉하—소릉하 수계로 나누어지는데 서랍목륜하—요하수계는 노노이호(努魯爾虎)산맥의 북쪽으로, 노합하와 교래하 등 여러 작은 지류들이 요동만으로 흘러들어 간다. 대릉하—소릉하 수계는 노노이호산맥의 남쪽으로 대릉하, 소릉하 등이 남쪽으로 흘러 발해만으로 들어간다. 따라서 두 수계는 서로 만나지는 않는다. 이런 까닭에 대릉하—소릉하 수계의 중심도시이자 홍산문화[499]의 가장 중요한 유적인 우하량유지가 속해 있는 요령성 조양시의 조양박물과 입구에서는 요하문명 대신 대릉하—소릉하를 따서 능하문명(凌河文明)이라는 용어를 사용한다. 물론 능하(凌河)문명이라는 개념은 조양지역에서만 사용되는 것으로 정식이름은 요하문명(遼河文明)이다.[500]

---

499   심백강 『한국 상고사 환국』 2022, 바른역사, P93
근래에 동북방의 발해유역 요서 일대에서 발굴된 신비(神祕)의 왕국(王國)으로 평가되는 홍산문화(紅山文化)는 바로 5,000년 전 고조선(古朝鮮)에 한발 앞서서 건설된 상고시대의 문화유적이다. 이 홍산문화가 바로 현도(玄都)씨 치우구려(蚩尤句麗)부족의 현도국(玄都國)의 실체, 환웅(桓雄)의 환국(桓國)의 존재를 증명하는 실물유적이라 하겠다.
500   우실하 『고조선 문명의 기원과 요하문명』 지식산업, 2018, p 99

요하 지역의 수계

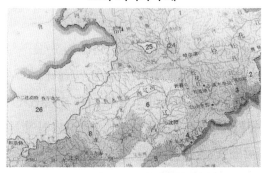

서랍목륜하+노합하·교래하→서요하+동요하→요하→대요하→요동만

요하 수계 전체

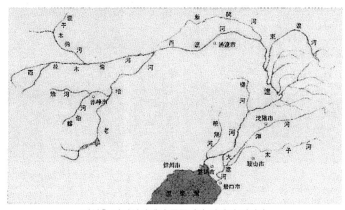

점선은 과이심사에서 물줄기가 사라진 것이다.

자료: 고조선문명의 기원과 요하문명, p 100

요하의 발원지는 서북쪽의 서랍목륜하와 서남쪽의 모합하로 두 곳이다. 그 가운데 전체의 요하의 수계는 서하목륜하의 발원지보다 조금 더 긴 노합하의 발원지로 보고 있다. 요합하의 발원지에는 '전체 요하의 발원지'라는 의미에서 요하원두(遼河源頭)라는 비석이 세워져 있다. 전체 요하의 발원지이기도 한 노합하의 발원지는 내몽고와 하북성의 서남쪽 경계지역인 하북성 평천현 칠노도(七老圖)산맥 남단의 광두산(光頭山 : 해발 1729m)자락이다. 여기서 남북 두 갈래로 나뉘어 발원하는 노합하는 동북으로 흘러서 서랍목륜하와 합류하여 서요하(西遼河)를 이룬다. 북쪽 물줄기보다 긴 남쪽의 물줄기는 요하 전체의 발원지로 알려져 있어서 최신지도에서도 이곳을 요하원(遼河源)으로 소개하고 있다[501]. 요하원두(遼河源頭)라는 글을 새긴 비석이 1990년에 세워져 있고, 요하원 국가삼림공원으로 소개하고 있다.

요하지역의 수계와 요하원두 비석

발원지 위치

요하원두(遼河源頭)비석

자료: 고조선문명의 기원과 요하문명, p 103

---

501   星珠地圖出版社『中國東北部』星珠地圖出版社, 1014, p 83

3) 기후적 조건

요령성 남부지역의 해수면은 빙하기 이후 급속하게 상승하여 소하서
문화(小河西文化 : BCE.7000~BCE.6500)의 시기에는 현재보다 약 5m 낮은
수준까지 상승하며, 흥륭와문화(興隆洼文化: BCE.6200~BCE.5200)가 시작
되는 시점에서 현재의 해수면과 비슷했지만, 지속적으로 상승하여 흥
륭와문화 말기에는 현재보다 약 6~7m 정도 높았으며, 요하문명의 꽃
홍산문화(紅山文化 : BCE.4500~BCE.3000) 전 시기에 걸쳐서도 현재보다 평
균적으로 10~13m 정도 해수면이 높았으며[502], 홍산문화 이후에는 지속
적으로 하강하지만, 하가점하층문화와 하가점상층문화 시기까지도 해
수면이 지금보다 약5m 정도 높았고, 하가점하층/상층문화 이후로도 해
수면은 서서히 낮아져서 현재의 해수면 높이에 이르게 된다.

과거 1만 년 동안의 요녕성 남부지역 해수면 변화

현재 해수면의높이를 0m로 하여 기준선을 잡고 해수면변화를 표시하고 있다

자료: 고조선문명의 기원과 요하문명, p 111

---

502 브라이언 페이건 남경태 옮김『기후 문명의 지도를 바꾸다』2021 씨마스21, p191
BCE.6,200~BCE.5,800년의 소빙하기는 애욱시네 호와 유프라테스강 사이에 위치한 많은 농경
사회들의 엄청남 재앙이었던 시기로 대표적인 증상이나 현상을 나태내고 있으나 이 책의 지은이
는 아시아동북지역(요령지역)에 대한 문명이나 국가단위의 사회발전상이 알려지지 않은 미개척된
상태여서 이 지역에 대한 기후 정보나 도시에 대한 정보가 미흡한 상태이다.

4) 요하문명의 특징

요하지역의 신석기-청동기시대 유적지는 시기가 오래된 유적지일수록 고도가 높은 곳에 있다. 이 점은 답사할 때마다 의아해하던 것이 있었는데 특히 한국의 초기 신석기 유적의 대표적인 장소인 암사동만 해도 한강에 바로 붙어있었고, 다른 신석기 유적들도 대부분 강옆에 있다. 그런데 요하문명 지역의 신석기유적들은 대부분 평지에서 100~300m위의 구릉 정상부에 형성되어 있다.

서랍목륜하의 상류지역은 강물은 풍부하지만 주변지역은 거의 반사막이나 다름없을 정도로 건조한 지역으로 변해있고, 대안령 자락으로 올라가면서 의외로 나무가 우거진 깊은 산림지대가 나온다. 이 지역을 지나 더 높이 올라가면 드넓은 오란포통(烏蘭布通)초원이 펼쳐져있고, 이 초원과 산림의 경계지역에, 초원에 내린 비가 스며들어 용천수로 솟아오르는 서랍목륜하의 발원에 자리하고 있다.[503]

요하문명 지역의 신석기, 청동기, 요하유적를 바탕으로 보면 방어나 제사 위주의 하가점하층문화의 산성유적지를 제외하고는 흥륭와-조보구문화-홍산문화-소하연문화—하가점하층문화-하가점 상층문화-요대-현재 순으로 유적지나 거주지 위치가 낮아지고 물가에 가깝게 이동하는 것을 알 수 있다. 실제로 답사를 하면 이런 상대적인 위치의 차이는 직접 확인할 수 있다고 한다.

시기가 오래된 유적지의 상대적 위치가 해수면과 직접적인 연관이 있다면 해수면이 최고조에 이른 홍산문화 유적들이 가장 높은 곳에 있어야 한다. 그런데 실제로 홍산문화보다 이른 시기의 흥륭와문화, 조보

503　우실하『고조선의 문명과 요하문명』, 2018. 지식산업, p 104

구문화 유적들이 더 높은 곳에 위치하고 있다. 그런데 해수면은 홍산문화 시기에 최고조에 이른다. 이를 어떻게 설명해야 하는 것일까? 이는 흥륭와 시기부터 이미 조(粟)와 기장(黍)을 재배하는 농경이 시작되었지만, 이들의 경제 형태는 아직은 농업보다는 산에 의지한 수렵―채집이 주된 생산 방식이었다는 점을 반영한 것이다. 따라서 흥륭와문화, 조보구문화 시기에는 홍산문화 시기보다 해수면이 낮았음에도 홍산문화 시기보다 높은 곳 즉 수렵, 채집에 유리한 곳에서 생활했던 것이다. 홍산문화 시기는 이미 대규모 농경위주로 한 사회였고, 농경에 유리한 낮은 지역으로 내려올 수밖에 없었을 것이다. 따라서 홍산문화시기에는 해수면이 최고조에 도달하지만 흥륭와문화나 조보구문화 시기보다 훨씬 낮은 '물가에 가깝고 농경에 유리한 비옥한 곳'에 자리를 잡은 것이다.[504]

504   우실하『고조선의 문명과 요하문명』, 2018. 지식산업, p 111

2

홍산문화

우하량의 홍산문화[505]유적은 원래 1938년 일본인들이 발굴한 유적지로, 당시만 해도 이 유적의 중요성을 그리 깊이 깨닫지 못했다. 그런데 1981년부터 시작하여 1983년~1985년에 주요 발굴이 진행되면서 중국을 놀라게 하는 발굴이 연이어졌다. 이들 유적은 중국 최초의 원시종교유적이 발견된 동산취(東山嘴)에서 약50㎞ 떨어진 건평(建平)과 능원(凌源) 중간에 있다. 인근의 다른 지역과는 달리 울창한 소나무로 둘러싸인 이곳에서 제단(祭壇)·여신묘(女神廟 : 사당)·적석총과 이집트와 유사한 피라미드 그리고 성으로 둘러싸인 도시 형태와 돌로 쌓은 방형(方

---

505 정형진 『한반도는 진인의 땅이었다』. 알에이치코리아, 2014, p 64~55
홍산문화인이 곰을 숭배했을 뿐만 아니라 곰을 주신으로 삼았을 가능성은 이들 유적지에서 발굴된 많은 곰 관련 유적에서 엿볼 수 있다. 여신묘에서 500m 지점의 돌무지무덤유적 여러 기에서 곰뼈가 발견되었음은 홍산문화인에게 곰을 제사지내는 습속이 있음을 보여준다. 우하량의 제16지점에서 출토된 짐승머리 삼공기(三孔器)는 짐승의 생김새가 누가 봐도 곰임을 알 수 있다. 이 유물은 삼신(三神)을 상징한다고 본다. 이때 구멍 세 개는 삼신할머니의 자궁을 상징한다. 삼신은 산신(産神)으로 세 여신 즉 할머니 여신, 어머니 여신, 딸 여신 삼대가 대(代)를 이어 끊임없이 아이를 낳는다. 이 세 여신의 자궁을 구멍 셋으로 형상화한 것이다. 우리 민속에서 항아리 세 개로 삼신을 표현하는 것은 홍산문화의 곰(웅녀)삼신에서 비롯되었다고 할 수 있다.

形)모양의 광장이 발견되었다. 이 유물들은 방사성탄소연대측정에 의해 BCE.4000 년 전에서 3000년 전으로 거슬러 올라가며 이어서 북방초기 청동기시대인 하가점하층문화(夏家店下層文化)가 BCE.2200년 전부터 발달했고, BCE.1500년경부터 하가점상층문화(夏家店上層文化), BCE.14 세기부터 조양시의 위영자문화(魏營子文化)가 등장했다는 설명이다. 바른스는 하가점 상층문화발생을 전후로 유목문화가 등장했고, 새로 생긴 유목문화의 전파가 하가점하층문화를 상층문화형태로 전환시키는 계기가 되었다고 적었다. 그는 하가점상층 유적지에서 발견된 말을 탄 사람과 달리는 토끼를 그린 동제품이(공식적으로 기마전투가 기록된 것은 BCE.484년) 동아시아에서의 기마풍습의 출현을 증명하는 최초의 물증이라고 적었다. 또한 서아시아의 스키타이 유물과 유사한 동물문양의 청동제품들이 발굴되는 것을 감안할 때 하가점상층문화는 유라시아 초원지대와의 접촉을 통해 유목민들과의 문화적 전통을 공유하게 되었을 것으로 추정했다.[506]

그런데 한국학자들이 하가점하층문화와 하가점상층문화를 주목하는 것은 이들이 홍산문화를 계승하고 있는 후속문화로 이 지역에서 발원했다고 추정하는 단군조선과 밀접하게 연결되었다고 비정하던 곳이기 때문이다. 한편 중국학자들은 근래 북방초기 청동기시대를 '초원청동기시대'라 부르며 유목민족이 근거했던 BCE.1500년에서 BCE.300년 전의 하가점하층문화를 동호지역 문화라고 부른다. 이들 유적을 근거로 고대국가가 이 지역에 존재했음을 인정하며(중국측은 '신비의 왕국'으로 부름) 그 연대를 무려 5500년 전으로 산정했다. 한마디로 BCE.2500년경부터 우하량 홍산지역에 국가가 존재했다는 것이다. 이에 대해서는 근

---

506   이종호『과학으로 증명된 한국인의 뿌리』2016, 한국이공학사, P 296

래 많은 자료들이 제공되고 있으므로 생략하며, 여신묘(女神廟)와 이곳에서 발견된 여신상(女神像)에 대해서만 설명한다.

우하량 북쪽 구릉꼭대기에 위치해 있는 여신묘는 대지가 175m×159m나 될 정도로 상당히 큰 규모이다. 사당의 터는 남북으로 제일 긴 거리가 22m, 동서로 좁은 면은 2m이지만 넓은 면은 9m나 된다. 사당은 본체와 부속 건물로 나뉘는데 본체는 여신묘를 포함한 여러 개의 사당용도 건물로 구성되어 있고, 부속건물에는 지하공간이 있으며 탄소 측정법에 의하면 여신묘의 조성 년대는 5575±80년이다.[507] 여신사당은 비교적 본존상태가 좋은데 반지혈식으로 지하부분의 깊이는 0.8~1m이며 주실부분에는 7칸의 방이 서로 연결된 구조로 좌우대칭성을 보이는데 테라코타의 원기둥들이 받치고 있는 건물로 추정한다.[508] 담장의 건축 재료는 나무와 흙에 풀을 섞었는데, 놀라운 것은 주홍색과 흰색으로 채색된 기하문양의 벽화도 그려져 있다. 이 당시 즉 역사이전의 시대임에도 불구하고 이 건축물이 선조를 숭배하는 종교의식이 벌어졌던 종묘로서의 성격을 갖추고 있는 건축물임을 의미한다.

땅의 반지혈식 부분에 쌓인 유물은 인물 조각상, 동물조각상, 도기가 있다. 진흙으로 빚은 동물은 용과 새이다.[509] 용의 조각 중 하나는 머리와 앞으로 뻗친 손톱이 남아있고, 다른 하나는 채색조각으로 아래 턱 부분만 남아있다. 새 모양 조각상은 한 쌍의 발만 남아있는데 길이가 약 15cm로 맹금류를 조각한 것으로 추정한다. 여신사당에서 인물을

---

507 이종호『과학으로 증명된 한국인의 뿌리』2016, 한국이공학사, P 297

508 孫守道 郭大順『文物』「牛河梁紅山文化 女神像的發現與硏究」1986,

509 이찬구『홍산문화의 인류학적 조명』개벽사, 2018, p 27
중국학자 이민이 홍산문화(우하량 유적)는 조이족에 귀속된다고 주장했고, 국내에는 강경구는 조이의 조선을 요녕성 북진(조양과 심양 사이)지방으로 비정했고, 심백강은 홍산의 용봉문화를 조이의 문화로 보았고, 북한의 리지린은 고조선이 형성되기 이전에 원주민이 조이였다고 했다.

묘사한 소상이 여러 개 발견되었다. 주실에서 실물대의 인물상이 오른쪽 어깨와 팔, 가슴, 왼쪽 손이 남아있었으며, 서쪽측실에서 사람 2배 크기의 팔과 다리 부위가 발견되었다. 또한 주실의 중앙에서 코의 일부분과 큰 귀가 발견되었는데 인상크기는 사람의 3배 정도로 지위가 가장 높은 신 것으로 추정한다.[510]

여신묘에서 발견된 세계를 놀라게 한 조상은 흙을 빚어서 사람 크기로 만들어 구운 소조등신여신상(塑造等身女神像)이다. 두상의 높이는 22.5㎝이며, 귀를 포함하여 넓이는 23.5㎝로 실제 사람의 크기이다. 동방의 비너스로 알려진 두상의 얼굴은 선홍색을 띠고 입술은 붉게 채색되어 있으며, 머리 뒤쪽 부분은 평평하여 벽에 걸어 놓기에 좋은 형태이다. 둥글넓적한 얼굴에 광대뼈가 튀어나왔고, 눈꼬리는 위로 올라가고 눈썹은 선명하지 않고 콧대는 낮고 짧으며, 코끝과 콧방울은 둥그스름하다. 입술은 비교적 큰 편으로 윗입술은 얇으며 입가는 둥글고 위로 살짝 치켜 올라가 미소를 머금고 있으며, 아래턱은 둥글면서 뾰족한데 전체적으로 둥그런 여성상(女性像)이다. 눈은 제법 크게 만들었고 맑고 푸른 옥(玉)구슬을 눈동자로 박았다. 특히 큰 얼굴에 눈동자를 따로 만들어 넣은 기법은 이제까지 보고된 적이 없는 기술이다. 중국의 왕웨이(王巍)는 여신상의 얼굴 생김새는 몽골인종의 특징을 뚜렷하게 지니고 있으며 황규호는 빈약한 코허리를 빼면 우리들과 비슷한 얼굴임을 곧바로 알 수 있다고 적었다.[511]

학자들은 고대사회에서 여신은 생육을 의미하며 다산과 수확을 상

---

510 이종호 『과학으로 증명된 한국인의 뿌리』, 2016, 한국이공학사, p299
     심백강 『황하에서 한라까지』 참좋은 세상, 2007,
511 이종호 『과학으로 증명된 한국인의 뿌리』, 2016, 한국이공학사, p300
     황규호 『한국인의 얼굴이야기』 주류성, 1999,

징하므로 여신 숭배사상은 상당히 성숙된 선조에 대한 숭배의식이 있을 때에 비로소 나타난다고 생각한다. 그러므로 중국에서도 다른 고대 문명처럼 여신 숭배사상이 있었으나 이를 증명해 줄 유물이 나타나지 않아 그동안 학자들을 괴롭혀왔다. 바로 이 의문점을 풀어준 것이 소조등신여신상(塑造等身女神像)이다. 특히 소조상은 당대에 살던 사람의 얼굴을 기초로 하면서도 약간 과장한 면도 보인다. 학자들은 이는 인간을 그대로 묘사한 것이 아니라 당시의 신을 형상화했기 때문으로 생각한다. 즉 인간들의 내재된 감정을 표현하는 신화적인 여신의 모습을 만들었다는 것이다. 여신묘[512]에서 일상생활 용구가 전혀 발견되지 않고 인물조소상만 발견된 것은 여신묘가 일반의 거주지가 아니라 특수한 용도를 지닌 건축물임을 알려준다. 더구나 여신사당에서 발견된 7개의 인물상이 모두 여성이라는 점이며, 학자들은 홍산문화인[513]들이 다신(多神)을 숭배한 증거로 생각한다. 당시의 사회가 매우 복잡한 구조를 가지고 있음을 뜻한다. 중국의 고고학자들은 몽골인의 얼굴을 갖고 있는 여신상을 홍산인(紅山人)의 여자 조상(祖上) 즉 중화민족의 공동조상이라고 강조할 정도로 중국역사에서 가장 중요한 유물 중에 하나로 평가한다. 그러나 중국인들이 자신들의 조상으로 설명하는 우하량 홍산

---

512 여신의 사당이라고 주장하는 여신묘는 남북이 길고 동서가 좁은 형태이다. 이는 중국의 정통적 건축형태와 같다고 말할 수 있다. 그러나 그 방향이 남서쪽으로 20도 기울어져 있다. 2도가 아닌 20도다. 학자들은 이 20도를 무시하고 그냥 기본적으로 남북향이라고 하면서 여신묘가 중국의 전통적 건축양식을 보여준다고 말한다. 남북 중축선을 따라서 여신의 사당이 세워졌고, 이것이 바로 중국의 전통적 건축 양식으로 이어진다는 논리인데 방향이 20도 기울어져 있는데 이를 남북방향이라 할 수 있는가?.

513 중국사회과학원의 왕웨이(王巍)는 홍산문화 유지에 대한 평가는 오랫동안 사람들에 의해 문화 발전이 낙후된 곳이라 여겨졌던 중국 동북지역의 서부에서 지금으로부터 5천여 년 전에 발달한 문화가 꽃피었다는 것에 사람들은 의아해 했다. 이로써 '선사시대 사람들의 문화와 사회와 발전 수준은 우리의 상상을 훨씬 초월하고 있다.'고 했다.

유적에서 발견된 소조등신여신상(塑造等身女神像)에 대해 한민족의 조상임이 분명하므로 역사가 임창숙은 『부도지(符都誌)』에 기록되어 있는 마고(麻姑)할머니로 명명하고자 제안했다.[514]

그리고 또 1970년대 말부터 시작되어 1980년대 들어서면서 장성 밖 요하일대에서 황하보다 시기적으로 앞섰고, 문화적으로도 발달된 신석기문화가 속속 확인되었다. 특히 요하문명의 여러 신석기시대 고고학 문화가운데 홍산문화(紅山文化 : BCE.4500~BCE.3000) 후기(BCE.3500~BCE.3000)에 속하는 우하량 유지에서 발견된 대규모 적석총(赤石冢), 제단(祭壇), 여신사당(女神祠堂) 등을 갖는 유적의 발견은[515] 중국학계에 대단히 큰 충격과 세계를 놀라게 한 인류문명사를 재편해야 할 정도의 일대 사건이었다. 이는 앞으로 4대 문명의 개념의 편협적인 사고로부터 바꾸어야 할 것은 물론이고, 하루 빨리 기존의 사고에서 벗어나야 한다.

곽대순(郭大順)은 중화문명이 요하일대의 흥륭와(興隆洼)문화 (BCE.6200~BCE.5200) 사해(査海)유지에서 초보적으로 시작되어, 홍산문화 우하량(牛河梁)유지에서 문명(文明)사회로 진입한다고 강조하고 있다.

---

514 이종호 『과학으로 증명된 한국인의 뿌리』 2016, 한국이공학사, P 301

515 정경희 『백두산 문명과 한민족의 형성』 만권당, 2020, p42
홍산문화의 선도문화적 면모는 시기나 내용면에서 단군사화(檀君史話)에 등장하는 환웅의 사적 또 단군사회를 부연하고 있는 선도문헌 중 배달국의 사적과 부합되기에 한국학 일각에서는 단군조선 이전의 '배달국'문화로 바라보는 시각이 등장. 홍산문화와 단군조선계 하가점하층문화와의 연속성을 밝힌 연구로 홍산문화를 발해만 문명으로 부르면서 단군조선의 선행문화임을 밝힌 연구가 시작되었고, 이에 기반하여 윤내현교수는 요서일대에서 새롭게 발굴된 신석기, 청동기, 전반에 대해 인류학의 사회발전 단계론을 적용하며 단군사화와도 연결하는 거시적인 연구가 시도되었고, 고고학단계와 인류학 단계를 일치시킨 단군사회단계(환인, 환웅, 환웅과 곰녀시대, 단군시대)를 일치시킨 것이다. 홍산문화 후기는 인류학으로 '고을사회(마을연맹체사회)단계', 단군사회로 '환웅과 곰녀의 시대'에 해당한다.

단군신화와 고조선

요하일대의 모든 신석기문화를 홍산문화 라고 통칭합니다. 이런 사람들은 요하문명을 홍산문명이라고 혼용하기도 하는데 그러나 일반적으로 BCE.4500에서 BCE.3000년까지를 홍산문화라고 부릅니다. 중국의 주요 신석기문화지역과 요하지역의 주요 유적 발견지를 앞에서 간략히 소개해 하였으나 유적지별 세부적인 내용과 고조선문명과의 관계를 알아봅니다.

1) 동북지역의 최고의 신석기문화유적지는 소하서(小河西)문화 (BCE.7000~BCE.6500)

소하서문화(小河西文化)는 1987년 중국사회과학원 고고연구소 내몽고 공작대가 노합하(老哈河)의 상류지역인 오한기(敖漢旗) 맹극하(孟克河) 좌측 연안에서 목두영자향(木頭營子鄉) 소하서촌(小河西村)에서 소하서유지를 발굴하면서 소하서문화로 정식으로 명명되었다[516].

---

516   우실하 『고조선문명의 기원과 요하문명』. 2018, 지식산업, p176

소하서유지는 총면적이 615㎡로 남북 61.5m 동서 10m 정도이며, 이 가운데 발굴면적은 약300㎡정도에 지나지 않았다.

지표면의 주거 흔적인 재(灰)가 깔려있는 지역을 통해서 볼 때 6열로 배열된 총26개의 장이 있었으며 이 가운데 3개의 방만 발굴되어 토기, 석기, 골기, 민물조개 껍데기로 만든 방기(蚌器)등이 야간씩 발굴되었다.

소하서문화의 대표적인 토기는 '민무늬 협사통형관(素面夾砂褐陶形缶)' 이다. 이것은 무늬가 없고 거친 모래가 섞인 흙으로 만든 통모양의 토기를 말한다. 또한 양(量)은 많지 않지만 세계 최초의 빗살무늬토기[517, 518]가 발견된다.. 이는 신석기 4대문화권을 대표하는 거석(巨石)문화권, 채도(彩陶)문화권, 빗살무늬토기문화권, 세석기(細石器)[519] 문화권이 수용되고 융합되고 세계적으로 유일한 지역입니다.

---

517 김상일 『인류의 기원과 한』 상생. 2018. P 75
빗살무늬토기는 수메르, 아메리칸 인디언, 모헨다조로 등 오래된 문명권 안에서는 어디서나 나타나는 문명을 잇는 띠와 같다. 중국 신석기문화를 대변하는 앙소(仰韶), 용산(龍山) 두 문화의 빗살무늬토기가 한국의 빗살무늬토기와는 상관없는 것으로 여겨져 왔으나 요령성에서 발굴된 신석기 토기가 한국의 그것과 유사하다는 사실이 밝혀졌다.

518 임효재 『한국 상고사의 제문제』 「신석기 시대의 한국과 중국 요령지방과의 문화적 관련성에 관하여」 상고사 학술회의 1987, 2, 25~26,
앞에서 주지 바와 같이 가장 이른 한국 신석기 시대의 단계는 납작밑 토기문화로 대표되어진다. 이러한 토기류는 백두산을 중심으로 우리나라 동북 해안 지역과 중국 동북부 흑룡강 일대, 그리고 요령성지방에 분포되어 있다. 이러한 토기는 그 기형(器形)상에서 평저(平底)인 점 이외에도, 문양(文樣)의 모티브, 시문기술면(施文技術面)에서의 음각, 태토(胎土)에 활석 같은 혼입물을 넣는 점 등, 토기의 유사성에서 뿐만 아니라 그 연대에 있어서도 일맥상통하는 점을 보이고 있다.

519 정연규 『 한겨레의 역사와 문화의 뿌리를 찾아서』, 2008, 한국문화사, p,15, 28, 292
돌의 문화를 크게 나누면 세석기문화와 거석문화로 구분할 수 있다. 대표적인 거석문화로 이집트의 피라미드, 영국의 스톤핸지. 프랑스의 카르나크열석, 태평양의 이스터섬의 거인상, 멕시코 올메가의 거석 인두 상, 쿠스코의 잉카제국 시대의 석축, 한국의 중심지인 지석묘(지석묘, 고인돌 무덤) 등을 들 수 있다. 8천 년 전의 신석기문화가 본격적으로 전개되고 있었는데, 특이한 것은 요동반도지역 신석기 문화유적에서 소형의 세석기 전통이 보이지 않고, 내몽고 흥륭와 나 심양의 新樂 하층유적 등 내륙의 산간지대에서는 세석기 전통이 혼합되어 있다는 것이고, 이보다 더 북쪽인 내몽골 林西, 만주의 송화강 상류 눈강(嫩江) 일대 초원지대에는 세석기 유적이 다수를 점하여 하북성 북부지역과 요동반도 남부, 한반도 서북부 일대가 대형석기 위주의 '지자(之字)' '인자(人字)'문 토기문화를 이루는 것과 대조적이다.

신석기시대의 4대문화권 도면

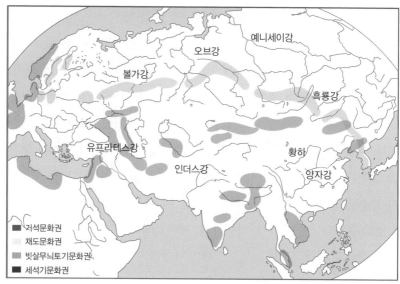

예니세이강

오브강

볼가강

흑룡강

유프라테스강

황하

인더스강

양자강

■ 거석문화권
□ 채도문화권
■ 빗살무늬토기문화권
■ 세석기문화권

자료: 우실하 『동북공정 넘어 요하 문명론』 소나무 2010, p 296

동북아시아지형도

자료: 동북공정 넘어 요하문명론 도면, p 296

요서에서 발원한 홍산문화도 그 지역의 토착세력이 되어있던 고아시아족과 새롭게 북방에서 내려온 퉁구스족과 중원의 앙소문화에서 유입된 새로운 사람들의 융합으로 형성되었다고 보는 것은 자연스런 현상이라고 봅니다. 이들 가운데는 천산(天山)을 출발해 앙소문화를 거쳐들어오는 새로운 집단인 환웅족이 되고, 요서지역에서 고아시아족의 문화를 기층으로 하고 새로 유입된 곰 토템의 퉁구스족들이 홍산문화를 주도한 웅녀(熊女)족이 된다고 보는 것입니다.[520]

바이칼에는 고아시아족이 살고 한반도에는 고아시아족과 다른 민족이 살고 있었던 것이 아니라 파미르의 천산, 즉 밝산에서 환인씨(桓因氏)에 의해 출발한 밝족이 바이칼 환웅(桓雄)천왕에 의해 새나라 신시(神市), 즉 배달국(倍達國)시대를 열었고 이들 밝족이 다시 남쪽의 밝산인 적산(赤山) 즉 오늘의 내몽골 적봉시(赤峰市)에서 밝달 환국의 전성기에 해당하는 홍산문화를 꽃피웠으며, 이들이 다시 남하하여 밝바다 즉 북경의 발해만을 중심으로 발조선을 세웠고, 발조선의 밝족 민족은 산동반도, 요동반도, 한반도로 활동무대를 넓혀나갔던 것이다.

그리고 시신을 묻는 방법은 주거지 안에 묻는 거실(居室)묘와 주거지 바깥 실외(室外)묘가 공존하였으며 시신을 웅크려 앉은 채로 수직으로 묻는 방식이었다.[521]

한국에서도 농촌지역의 행정 최소 단위인 리(里)를 이루는 시골마을은 대부분 50~60호 정도에 불과하다. 소하서문화[522] 시기에 60여개의

---

520 정형진『천년왕국 수시아나에서 온 환웅』. 2013, 일빛, p.54 113,162, 164, 537,

521 우실하『고조선문명의 기원과 요하문명』.2018, 지식산업, p 173

522 1987년 내몽고 적봉시 오한기의 소하서촌에서 유적이 발견되어 그 이름을 얻었다. 동북아시아에서 가장 오래된 신석기유적으로 판명된 이 유적에서 각종 도기 뼈제품, 석기 등이 300여점 발견되었다.

방이 밀집된 주거지가 있었다는 것은 매우 놀라운 것이다. 그러나 소하서 문화취락유적에서는 아직 주거지를 두른 환호(環濠)는 발견되지 않았다.

이런 밀집 취락이 있었기에 이어지는 흥륭와문화 시기에는 120개의 방이 환호로 둘러싸인 동북아 최초의 환호취락으로 중국인들이 명명한 화하제일촌(華夏第一村)=중화원고제일촌(中華遠古第一村)이 등장할 수 있는 것이다.[523]

소하서문화 서량(西梁)유지 분포도

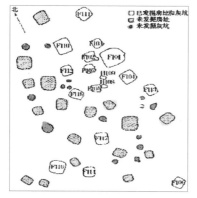

▣과 ●은 아직 발굴되지 않은 방과 회갱이다.
6줄로 배열된 총 26개의 방이 확인되었다

소하서문화 유수산 유지 9호 방 출토 유물

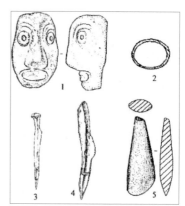

도소인면상(陶塑人面像) 2. 뼈고리(骨環)
3.4. 뼈송곳(骨錐) 5. 돌도끼(石斧)
아래의 도소인면상이 중국에서 발견된 최초의 인물상이다.

자료: 고조선 문명의 기원 과 요하문명 도면, p 187

빗살무늬 소하서(小河西) 유지 토기

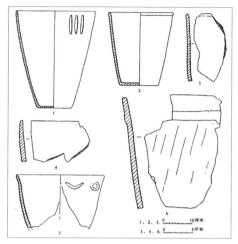

1,4: B형 통형관 2,6:A형통형관 3,5: C형 통형관
전형적인 소하서문화토기로 무늬가 없는 것이 많고,
짧은 사선을 그린 단사선문=빗살무늬토가 보인다.

자료: 고조선 문명의 기원 과 요하문명 도면, p 189

　　토기 문양의 명칭에도 한국계와 중국학계가 서로 다르다. 한국에서
는 지자문(之字文)은 중국에서도 지자문이라고 부르지만 중국에서는 일
반적으로 시문기법으로 포함해서 압인지자문(押印之字紋)이라고 부른다.
압인지자문은 소하서문화에서는 안보이지만 흥륭문화시기부터 많이 보
이고 이 부하문화, 조보구문화, 홍산문화[524] 등으로 이어진다.

524　정형진 『천년왕국 수시아나에서 온 환웅』, 일빛, 2013, p 43, 57.
　　　최근에 요서지역의 홍산문화를 황제나 전욱, 그리고 은나라의 조상들과 연결할 뿐 아니라 심지어
　　　는 여왜와도 연결하면서 중화문명의 발상지로 설명하고 있다. 요서지역의 홍산문화가 대량적으
　　　로 발굴된 1989년대 이후 그곳이 자신조상들의 땅이라고 논리를 개발하고 있다. 이는 이전까지
　　　앙소문화를 주도한 화하계통과 대문구문화를 일군 동이족이 자신들의 양대 뿌리라고 주장하던
　　　논리와는 전연 다르다. 홍산문화는 한민족의 원류와 관련된다. 이곳으로 이주해 온 공공족(共工
　　　族)은 모계사회의 전통에 머물러 있던 홍산문화에 충격을 주었다. 즉 모계사회의 전통을 가진 현
　　　지인과 부계사회로 이행한 새로운 이주민과의 결합이 일어났다. 하늘(외부)에서 온 환웅(부계사
　　　회)와 현지 지도자인 웅녀(모계사회)의 결합으로 새로운 사회(단군이 주도하는)가 탄생한 것이다.

지속적으로 이어지는 빗살무늬토기와 세석기문화는 황하문명 지역에서 발견되지 않고, 북방지역에서는 시베리아 남부–만주일대–한반도로 이어지는 전형적인 북방문화계통이다. 이것은 요하문명이 출발 당시부터 황하문명과는 전혀 다른 문명임을 보여주는 것이다. 요하문명은 기본적으로 세석기문화의 후속으로 발달된 옥기(玉器)문화를 바탕으로 황하문명과는 이질적인 전형적인 북방문화계통이다.[525] 특히 요하문명 지역에서 보이는 옥기문화의 원류인 중석기시대 세석기문화, 소하서문화에서부터 보이는 빗살무늬토기. 흥륭와문화시기에 시작되어 홍산문화에서 대표적인 묘제가 된 각종 적석총, 청동기시대 하가점하층문화에서 보이기 시작하는 치(雉)를 갖춘 석성, 청동기시대 하가점상층문화부터 보이는 비파형동검 등은 같은 시기의 황하문명 지역에서는 보이지 않는 것으로 대부분 '시베리아 남단→몽골초원→만주지역→한반도→일본'으로 이어지는 전형적인 북방계통문화와 연결되는 것이다.

그런데 여기서 잠시 국내로 눈을 돌려 현재 발굴사업 및 해외기업유치로 인한 발굴조사지인 강원도 춘천의 중도의 구석기시대의 유물이 위정자들에 국익이라는 명분으로 제대로 발굴되지 못한 현실이 안타까울 뿐이다, 이 유적이 망가지면 천추(千秋)의 한이 될 것이다.[526]

---

525 우실하『고조선 문명의 기원과 요하문명』지식산업, 2018, p 55

526 동양고고학연구소『춘천 중도 유적의 학술적 가치와 성격규명을 위한 학술회의 논문집』, 2020. 학연문화사.
춘천중도유적지: 춘천시 의암호 중도에는 청동기시대 이후 집터와 남방식 고인돌무지. 무덤관련 복합유적이다. 춘천시. 동쪽은 인제군·양구군, 서쪽은 경기도 가평군, 남쪽은 홍천군, 북쪽은 화천군과 접하고 있다. 동경 127°31′~127°47′, 북위 37°41′~38°05′에 위치한다. 면적은 1,116.83㎢이고, 인구는 27만 7997명(2015년 현재)이다. 행정구역으로는 1개 읍 9개 면 15개 행정동(29개 법정동) 196개 행정리(78개 법정리)가 있다.

강원도 춘천 중도 유물발굴지

자료 :중도문화–춘천중도유적, P 12

2) 흥륭와문화(興隆洼文化 : BCE.6200~BCE.5200)

흥륭와문화는 1982년 내몽고 적봉시(赤峰市) 오한기(敖漢旗) 보국토향 (寶國土鄕) 흥륭와촌 흥륭와유지에서 최초로 발견되었다. 1873~1993년 10년 동안 6차례의 발굴로 이루어졌다. 1983년에 흥륭와유지가 발굴되었고, 1985년에 정식으로 흥륭와문화로 명명되었다. 2001년부터 다시 대대적인 발굴이 이루어졌다. 흥륭와 문화[527]의 분포범위는 주로 적봉시 오한기를 중심으로 사방으로 확대되는데 서랍목륜하, 대릉하, 소릉하 유역에 비교적 집중되어있으며 남쪽으로는 발해만 지역에 이른다.

---

[527] `정형진『천년왕국 수시아나에서 온 환웅』 2013 일빛 p 142
그 당시의 흥륭와 문화나 홍산문화의 인구를 추정한 것을 보면 흥륭와의 인구는 1만여 명 정도였고, 홍산문화의 인구는 5~8만 명 정도였다고 한다.
참고자료 : 項春松『赤峰古代藝術』內蒙古大學出版社, 1999,9 頁

흥륭와 문화유적분포지역

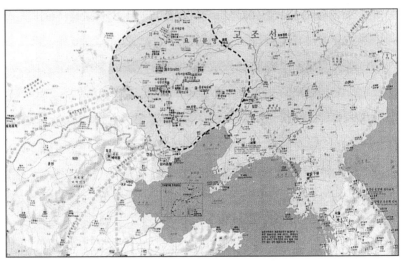

　주거지는 매우 질서있게 배치된 반지혈식 방들 주변에 환호를 둘러놓은 환호취락이 많다. 흥륭와유지의 경우 약 120개의 방이 환호로 둘러싸여있었다. 이것이 동아시아 최초의 환호취락이다.

　묘 가운데는 방의 바깥에 묘를 만드는 실외장과 방밑에 시신을 묻는 실내장 혹은 거실장이 공존한다. 세계최초의 옥으로 만든 귀고리인 옥결(玉玦), 세계최초의 재배종 기장과 조가 발견되고, 세계 최초의 치아(齒牙) 수술 흔적이 있으며. 동아시아의 최초의 환호취락 등이 발견된다.[528]

① 옥결

　흥륭와문화와 흥륭와유지에서 발견된 세계최초의 옥결인 놀랍게도

528　우실하 『고조선 문명의 기원과 요하문명』 지식산업, 2018, p 224

홍륭와촌에서 직선거리 약 450㎞가량 떨어져 있고, 수암현은 압록강변의 단동과 1~2시간정도 떨어져 있는 곳입니다. 요동반도 남단 수암현에서 생산되는 수암옥으로 만들어졌다. 우리나라의 사우나에 있는 옥 찜질방을 장식한 옥, 옥장판, 옥침대, 옥으로 만든 베개보 등은 거의 다 중국에서 수입된 수암옥이라고 한다.

중국사회과학원 考古研究所 內蒙古고고대 대장인 유국상(劉國祥)은 논문을 통해서 세계에서 가장 오래된 옥결이며, 8000년 전 홍륭와문화 시기에는 남녀 모두 귀를 뚫어서 귀걸이를 착용했고, 다른 유지에서도 비슷한 옥 귀걸이가 여러 벌 출토되었고 대부분 직경이 2.5~6.0㎝ 정도의 범위안에 있으며 재료 분석 결과 요령성 수암에서 나온 수암옥(岫岩玉)이고, 홍륭와문화가 '중국 옥문화의 기원'이라는 점을 밝혀주고 있다.[529]

세계최초의 옥 귀걸이 인 옥결발굴모습과 착용방법

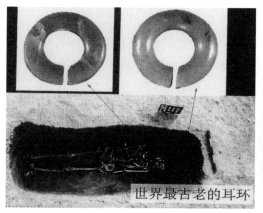

자료 :오한기 박물관자료, 『고조선문명의 기원과 요하문명』 지식산업 2018, P 227

529　우실하 『고조선문명의 기원과 요하문명』 지식산업 2018, P 226

한국의 동해안의 문암리 선사유적(사적 제426호)에 출토된 옥결은 문암리 유적의 하층에서 발견된 흥륭와와 유사한(BCE.6000~BCE.5000)으로 보이는데 발굴보고서에 의하면 문암리유적은 신석기시대 조기(BCE.10000~6000)와 중기(BCE.3500~2500)에 걸쳐있다.[530] 이와 비슷한 시기에 거의 같은 모양의 옥 귀걸이가 한반도에서 발견되었다는 것입니다. 문암리의 옥결은 일본보다 중국과의 관련성을 더 있다고 할 수 있으나 그 가운데 중국 동부지방 및 연해주 지역의 관련성을 상정할 수 있다. 옥결을 포함한 결상이식(玦狀耳飾)이 발견되는 지역은 흥륭와문화 시기부터 만주일대를 중심지로 하여 북쪽으로는 흑룡강성 상류까지, 동쪽으로는 연해주, 한반도 동-남해안과 제주도, 일본열도까지, 서쪽으로는 중국의 동해 해안선을 따라 산동반도에서 장강 남단지역까지 내려가면서 중원지역으로도 확산되며, 남쪽으로는 베트남, 대만, 필리핀 지역까지 포함된다.

동북아시아에서 결상이식(玦狀耳飾)은 흥륭와문화에서 기원하여 3갈래의 전파 루트가 있다고 본다.

첫째 등총(鄧聰)의 논리처럼 만주일대에서 중국 동해연안을 따라 산동지역→ 장강유역(일부 장강유역에서 해로(海路)로 일본 구주와 본토로 이어짐)→광주 주강 유역→ 베트남 북부와 남부 등으로 이어지는 루트이고, 둘째는 한반도 쪽으로 남하하여 한반도 동해안지역→남해안지역→일본본토와 구주로 이어지는 루트이고, 셋째는 왕외(王巍)의 논리처럼 만주일대→연해주→일본북해도→일본 구주로 이어지는 루트이다.[531]

530　　국립문화재연구소『고성 문암리 유적』 2004, P 343

531　　우실하『고조선문명의 기원과 요하문명』 지식산업 2018, P 236

② 기장(:서(黍), 조(:속(粟))[532]

세계 최초의 재배종 기장과 조가 발견된 오한기 지역은 오한기 지역은 '세계 한작 농업의 발원지(世界旱作農業 發源地)'로 명명되었다. 적봉시 오한기에 가면 이곳이 '세계 한작농업의 발원지'이자, '세계 소미(小米)의 발원지'임을 알리는 각종 입간판과 선전문구들을 많이 볼 수 있다. 신석기시대부터 시작된 세계농경문화는 크게 보아 4개 문화권으로 나뉜다. 첫째 양자강주변과 그 이남의 동남아 지역이 '쌀 재배문화권'이다. 둘째 황하이북과 만주 한반도 북부 등과 북유럽 쪽이 '기장과 조 재배문화권'이다. 셋째 메소포타미아문명 지역을 중심으로 이집트 남부와 유럽남부 지역이 '보리와 밀 재배 문화권'이다. 넷째, 중남미를 중심으로 한 '옥수수 재배 문화권'이다.[533]

많은 사람들이 만주 지역하면 유목, 수렵을 떠올린다. 그러나 이런 선입견은 이제 바뀌어야 한다. 만주 일대가 유목 위주로 바뀌는 것은 BCE.3000년에 기온이 급속히 떨어지고 건조한 기후로 바뀌기 때문이다. 그 이전 흥륭와문화 시기부터 이미 농경이 이루어졌고, 홍산문화 시기에는 대규모 농업이 이루어지는 '농업위주의 경제 형태'를 지닌 사회였다.

기장으로 나타내는 한자는 서(黍: 기장 서)와 직(稷: 기장 직)이 있다. 우리나라에서 일반적으로 서(黍)는 찰기장, 직(稷)은 메기장이라고 구분한다.

---

[532] 조(속(粟))의 옛 명칭은 화(禾),직(稷), 곡(谷)이었다, 고문헌에 "직(稷)은 오곡의 장(長)이다" 라고 한 것은 바로 조(粟)가 중국에서 제일 먼저 재배된 작물중 하나임을 말한다. 그리고 농업의 신이 직신(稷神)인 것도 가장 일찍 식량자원으로 했기 때문이다. 신석기시대 한반도의 농업은 홍산문화와 관련있으며, 앙소문화지역에서는 조(속(粟))를 주로 하는 농업을 주도했으며 홍산문화의 농경은 앙소문화 지역의 영향을 받은 것으로 조(속(粟))와 기장(서(黍))를 주로 하는 밭 농사였다고 감정학은 주장했다. 그러나 기장과 조는 모두 중국 북부에서 경작되었다고 하며 고고학적으로는 기장은 거의 나타나지 않고 조(속(粟))가 주종을 이룬다.
[533] 우실하『고조선문명의 기원과 요하문명』지식산업 2018, P 242

만주일대에서 흥기한 우리민족의 부여(扶餘 혹은 夫餘)시기까지도 주
식이 기장이었음을 알 수 있는 기록이 있다. 『山海經』 제17 「大荒北經」
에는 동호에는 부여라는 나라가 있는데, 열을 성씨로 하고 기장을 먹는
다.(有胡, 不與之國, 烈姓, 黍食)라는 기록이 있다.[534]

오랜 동안 기장이 주식이었기 때문에 동양에서는 상(商)-주(周)시대
이래로 음악을 제정할 때 기준이 되는 음악을 제정할 때 기준이 되는
황종척(黃鍾尺)은 기장(黍)1알이 척도의 기준이었다. 기장 1알이 1분(分),
9알이 1촌(寸), 기장 81(9×9)알이 황종척 1척(尺)의 길이다.[535]

새로운 천자(人)가 서면 '하늘(天)'과 '땅(地)'의 기운을 조화시켜야 했
는데, 천지인의 기운을 조화시키는 도구가 바로 동양의 악(樂)이었다. 천
지인의 기운이 잘 조화 되어 '풍년이 든 곳의 기장 1알'로 악(樂)을 만드
는 황종척의 기본 단위로 삼았던 것이다. 따라서 새로운 왕조가 서서
천자가 바뀌면, 그가 다스리는 곳 가운데 '풍년이 든 곳의 기장 1알'로
당시 황종척을 만들고 새롭게 악(樂)을 제정해야 한다. 악이 새롭게 제
정될 때마다 기장 1알의 길이가 조금씩 다르기 때문에 황종척 1척의 길
이는 왕조마다 달라졌다. 그래서 동양음악에서는 서양 음악처럼 음높
이가 시대마다 다를 수밖에 없었다.[536]

③ 최초의 치아 수술

적봉시 오한기 흥륭와문화 흥륭구유지 제1지점에 대한 발굴
(2001~2003년)과정에서 BCE.6000년경에 이미 마취와 지혈 등이 종합되
어 할 수 있는 '치아수술흔적'이 발견되었다.

534 『산해경』「제17 대황북경」: 有胡不與之國, 烈姓, 黍食.
535 우실하『전통문화의 구성원리』2007, 소나무 P 229.
536 우실하『고조선문명의 기원과 요하문명』지식산업 2018, P 251

측정한 바에 의하면 이 남자의 우측 아래턱의 제1어금니와 우측 위턱의 제1어금니는 구멍을 뚫어서 치료하였다. 우측 아래턱의 제1어금니는 사선으로 구멍을 뚫었는데 구멍의 직경은 0.5~0.8㎝, 깊이는 1㎝이다. 우측 위턱의 제1어금니는 밖에서 안으로 사선으로 구멍을 뚫었는데 지경은 0.5~0.8㎝, 깊이는 1㎝이다.

④ 최초의 환호취락

흥륭와문화(興隆洼文化)는 흥륭와 유지에서는 동북아시아 최초의 환호(環濠)취락이 발견되었다. 중국에서는 중국 최초의 마을 이라는 의미에서 중화원고제일촌(中華遠古第一村), 화하제일촌(華夏第一村), 중화시조취락(中華始祖聚落) 등으로 부르고 있다.

우리가 각종 유물이나 유적에 중국을 상징하는 '중화(中華)'나 '화하(華夏)' 라는 형용사를 강박적으로 붙이고 있다. 현재 중국을 전반적으로 상징하는 '중화'라는 형용사를 앞에 쓸 수 있을지 몰라도, 고대 중원지역의 민족개념인 '화하'라는 개념을 쓰는 것은 눈여겨 볼 필요가 있다. 기존의 역사 상식으로 화하민족은 황하문명을 건설한 세력이고, 요하문명 지역에서 거주한 적이 없다. 이 지역은 고대기록[537]에서의 거주지였다.

현재 중국에서는 요하문명을 화하족(華夏族)의 조상이라는 황제[538]로

537　동이족(東夷族)은 하(夏),은(殷), 주(周) 시대를 전후해서 이(夷), 융(戎), 적(狄),이라고 했고, 춘추(春秋)시대와 전국(戰國)시대에는 동호(東胡)라 했고, 진(秦), 한대(漢代)에는 예맥(濊貊)이라 했으며, 한 대 이후부터는 동이(東夷)를 선비(鮮卑) 또는 오환(烏丸)이라 일컬었고, 당대(唐代)에는 말갈(靺鞨), 당말(唐末)에는 거란(契丹)이라 했고, 그리고 송대(宋代)이후부터 명대(明代)에 이르기까지는 여진(女眞)이라 칭하였다.

538　김선자 『만들어진 민족주의 황제신화』 책세상 2007 p 434
　　　광서대학의 王艷玲과 무한대학의 崔倫强은 公孫軒轅이 신농 '천자'시대에 살았으며 이 당시는 신농씨의 세상이 쇠할 무렵이었다고 했다. 당시 헌원은 황제가 아니라 諸侯였을 뿐이며, 헌원을 황제라고 칭한 것은 蚩尤를 주살한 이후의 일이라고 한다.

보는 시각을 정립해 가기 위해서 '화하제일촌(華夏第一村)' 같은 명명이 이루어진다는 점도 알아야 한다.

흥륭와 문화시기부터 등장하는 환호취락(環壕聚落)은 이후에 홍산문화 등으로 이어져 여러 곳에서 발견된다. 흥륭와문화의 취락유적은 주거지 주변을 감싸는 도랑인 환호가 있는 환호취락과 환호가 없는 비환호 취락 두 종류가 있다.

환호취락은 주로 흥륭와문화의 이른 시기인 1기 취락유형으로, 흥륭와유지, 백음장한(白音長汗) 유지, 북성자 유지가 대표적이다. 비환호취락은 흥륭와문화의 조금 늦은 시기인 2기와 3기 취락유형으로 흥륭구유지, 남태자유지 등이 대표적이다. 현재까지 발굴결과를 보면 흥륭와문화에서는 비환호취락에 견주어 확실히 많다.[539]

흥륭와문화시기의 환호취락에서 보수적으로 보아도 600~700명이 거주하였다는 것은 참으로 놀라운 발견이다. 그러나 흥륭와문화에 앞서는 소하서문화 취락에서도 환호는 없지만 이미 60개의 방이 밀집되어 약 240~360명이 거주하는 집단거주지가 발견되었다. 흥륭와문화 시기에는 그 규모가 더 커진 것뿐이다.

흥륭와유지의 환호취락과 흥륭구유지의 비환호취락에서 보듯이, 흥륭와 문화시기에 이미 700~900여명의 사람들이 120~145가구에 밀집되어 대규모 취락을 이루고, 기장(黍)과 조를 경작하여 정착생활을 했다.[540]

국내의 춘천 중도 선사유적의 가치는 우리나라 고대사를 관통하는 매우 주요한 유적이다. 홍산유적보다 4배나 큰 세계문화유산으로 로마의 유적보다 수천 년 앞선 1만년의 우리 역사와 문화의 실증, 중국의

---

539   우실하 『고조선문명의 기원과 요하문명』 지식산업 2018, P 261
540   우실하 『고조선문명의 기원과 요하문명』 지식산업 2018, P 269

동북공정과 일본의 역사침탈 등 강대국들의 역사왜곡과 조작질을 막아 낼 최후의 보루로 수장급 선조들의 명소인 고인돌이 무려 166기가 현충원 처럼 즐비한 성지가 세계 최대의 역사유적 위에 레고랜드 같은 테마파크를 꼭 세워야 할까? 동북공정을 뒤집을 만한 증거물들이 많은 유적지인데 강원도에 중국이 무엇 때문에 공을 들이는지 생각해 볼 일이다.[541]

⑤ 동북아시아 최초의 적석총과 한반도

내몽고 적봉시 임서현(林西縣)의 남쪽 서랍목륜하(西拉木倫河) 북쪽 쌍정점향(雙井店鄉) 백음장한촌(白音長汗村)에서 발견된 백음장한 유지에서는 1988~1991년까지 3차례에 걸쳐 발굴을 통해 7267.3㎡의 주거 유적이 확인되었다. 흥륭와문화 시기의 다른 유적지에서 대부분의 무덤은 장방형의 흙구덩이를 파서 시신을 묻는 토광묘(土壙墓)이다. 그러나 백음장한 2기 흥륭와문화 시기 유적에서는 동북아시아 최초의 다양한 형태의 적석묘, 돌무덤(석묘)이 발견된다. 8000년 전에서 놀랍게도 동북아시아 최초의 기본적인 형태의 토광적석묘(土壙積石墓)와 좀 더 발달된 석관적석묘(石棺積石墓) 혹은 적석석관묘(積石石棺墓)가 발견된다.

고고학에서 석곽묘(石槨墓 : 돌덧널무덤)와 석관묘(石棺墓 ; 돌널무덤)는 구별하기도 하고 석곽묘를 석관묘의 한 유형으로 보기도 한다.

이형구는 기존 한국계의 주류였던 돌무덤의 '시베리아 기원설'을 비판하면서 "돌로 축조된 석관묘, 적석총 같은 이런 묘제는 그 당시 발해 연안에서 살고 있던 이른바 동이민족이 사용하던 고유한 묘제이다. 이런 묘제는 시베리아에서 온 것이 아닙니다"[542]라고 강조합니다.

541   이형구 『춘천 중도유적의 학술적 가치와 성격규명을 위한 학술회의』 2020, 학연문화사. p 71~90
542   이형구 『한국 고대문화의 기원 발해연안 문명』 상생 , 2015, p 170

석관적석묘 = 바닥과 4방모두 석판 + 덮개돌 + 적석

발굴전의 적석모습

자료: 고조선문명의 기원과 요하문명, p 278 ,상, 중, 하

적석 제거한 모습

자료: 고조선문명의 기원과 요하문명, p 279

남녀합장묘로 토광 + 적석묘 형태이다

 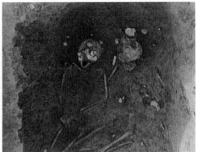

외부모습 　　　　　　　　　　　　　　내부모습

사천성 맥평(麥坪)유지 BCE2,500~2,000)의 신석기시대의 석관묘

이것이 사천성 지역에서 발견된 가장 이른 시기의 석관묘이다.
덮개돌은 없는 단순한 형태이다.

자료: 조선 문명의 기원과 요하문명론, p 281

⑥ 최초의 석인상

흥륭와문화에서 동북아시아 최초의 석인상들이 많이 발견된다. 석인상은 돌로 사람의 형상을 만들어 무덤 앞이나 기타 장소에 세워둔 것을 말한다. 제주도의 돌하르방이나 동자석, 우리나라 각 지역에 있는 석장승 등이 모두 이런 석인상의 범주에 들어갈 수 있다.

이른 시기의 석인상은 동유럽, 중아아시아, 몽골, 시베리아남단, 만주일

내에 이르는 북방 초원 지역에서 시기와 형태를 달리하며 두루 발견된다.

"유목민족들의 물질 및 정신문화를 보여주는 이 석인상들은 몽골의 동쪽에서 서쪽지방에 이르기까지 광대한 지역에 걸쳐 아주 풍부히 산재해 있다. 이러한 석상인들은 몽골인민공화국 지역뿐만이 아니라 소련의 토바, 올라르하크 알타이, 남러시아 평원, 중국의 신강위구르 자치구 등 중앙시아의 대부분 지역에서도 나타나고 있으며 먼 서쪽의 도나우강 유역에서도 발견되고 있다"[543]

돌궐석인상, 폴롭츠 석인상, 몽골석인상비교

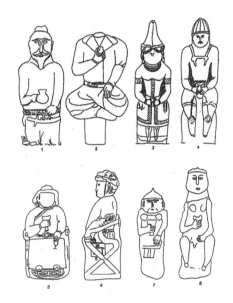

1. 돌궐석인상(러시아의 알타이 지방), 2. 돌궐석인상(텁 아이마크), 3,4. 폴롭츠 석인상(남러시아 평원), 5,6,7,8. 중세 몽골 석인상(수흐마아타르 아이마크)

자료 : 고조선문명의 기원과 요하문명, P 292

543 데 바이에르 , 박원길 옮김 『몽골석상인의 연구』 혜안 1994, p13
이 책에 수록되고 연구된 몽골인석인상은 모두 66기이며, 데 바이에르 교수가 모두 직접 답사한 것들이다. 수흐바아타르 아아마크 51기, 도르노트 아이마크 5기, 돈트고비 아이마크 2기, 우르항가이 아이마크 2기, 고비알타이 아이마크2기, 도른고비 아이마크1기, 헨티 아이마크 1기 등으로 나타난다.

고대로부터 '북방초원의 길'로 연결된 거의 모든 지역에서 유사한 형태의 석인상들이 발견된다는 것이다. 다양한 시기와 형태의 석인상들에 대해서는 "유라시아 유목민들 사이에서는 사람의 형상을 본뜬 석인상을 만드는 습관이 아주 일찍부터 형성되어 있었다. 학자들은 그 관습이 청동시대부터 시작되었다고 보고 있다."[544]라고 한다.

임서현에서 출토된 석수는 등에 돌기가 여러 개 난 모습이 우리나라 무령왕릉의 석수와 너무나 닮았다.

무령왕릉석수[545]

옆면

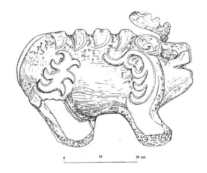

평면

---

544 우실하 『고조선문명의 기원과 요하문명』 지식산업 2018 P 291,

545 『백제무령왕릉』 백제문화연구소. 1991,12 P 270

3) 사해문화

사해문화(查海文化)(BCE.5600~)는 요령성(遼寧省) 서부 의무려산(醫巫閭山) 동쪽의 부신(阜新) 몽고족 자치현에서 1982년에 발견되었다.

1982년 이후 현재까지 7차례의 고고발굴이 이루어졌다 발굴면적은 7600㎡(약 2500평) 방 유적지 30여 곳에서 토기 200여점이 발굴되었다. 유적지 전체면적은 3만㎡에 이른다.

특히 사해유적에서는 돌로 쌓은 용형상물인 석소룡과 도기 파편의 부조 용문양이 발굴되어

중화제일룡(中華第一龍)이라 불리며, 흥륭와에서 세계 최초의 옥 귀걸이가 발견되기 전까지는 세계에서 가장 오래된 세계제일옥(世界第一玉)이 발견된 지역이며, 흥륭와에서 중화제일촌(中華第一村)이 발견되기 전까지 요하제일촌(遼河第一村)으로 불리던 집단주거지가 발견된 중요한 유적지입니다.

① 세계 제일옥(世界第一玉)의 발굴

1982년 사해유적에서는 20여점의 옥기(비수, 도끼, 관옥, 구슬, 귀걸이, 화살촉 등)가 발견되었다. 이것은 사해문화보다 조금 앞서는 흥륭와문화(興隆洼文化: BCE.6200~BCE.5200)[546]에서 '세계 최초의 옥귀걸이'가 발굴되기

546　브라이언 페이건 남경태 옮김 『기후 문명의 지도를 바꾸다』 씨마스21, 2021, p 161~192
이 시기의 기후를 보면 BCE.6,200~BCE.5,800년의 소빙하기는 애욱시네 호와 유프라테스 강 사이에 위치한 농경사회들에 엄청난 재앙이었다. 혹독한 햇볕은 지력을 잃은 땅마저 놔두지 않고 거북 등처럼 갈라놓았다. 구름 한 점 없는 하늘에 먼지만 풀풀 날렸다. 호수와 강이 말라버렸고 사해가 바닥을 드러냈다. 무자비한 농경사회는 쪼그라들거나 아예 사라져버렸다. 그러나 BCE 5,800년의 조그만 부락은 삼천년이 흐르면서 최초의 도시를 이루었다. 에리두니푸르, 우르, 우루크 같은 도시중심지들은 관개가 잘돼 좁은 수로들이 미로처럼 얽혀 있는 밭들이 둘러싸고 있다. 그리고 또 BCE.6,200년 로렌타이드 빙상이 붕괴하면서 초래된 소빙하기에서 절정에 이르렀다. 인류에게 닥친 최대의 재앙 가운데 하나가 BCE.5, 600년경에 일어났다.

이전까지 세계에서 가장 오래되었다고 '세계제일옥(世界第一玉)'으로 명명
된 것이었다.

② 중화 제일용(中華第一龍)의 발굴

중국에서 고고학적 발굴이 되면서 용의 형상물이 여러 지역에서 나
옵니다. 사해문화에서 중화제일용이 발굴되는 것을 설명하기 위해서는
'중화제일용(中華第一龍)'의 연대가 점차 올라가는 과정을 살펴볼 것이 좋
을 듯합니다. 첫째 1971년 홍산문화의 중심도시 가운데 하나인 적봉시
옹우특기(翁牛特旗) 삼성타납촌(三星他拉村)에서 BCE.3000경의 옥저룡(玉
猪龍)[547]이 발견되었습니다. 이 옥저룡은 현재의 중국 영토안에서 발견된
가장 이른 시기의 용형상물이라는 의미에서 처음으로 '중화제일용(中華
第一龍)'으로 명명되었습니다.[548]

적봉시 옹우특기 삼성타랍촌에서 발견된 중화제일룡

자료: 동북공정 넘어 요하문명론. P 132

---

547 옥조웅룡이라는 것은 최근 새롭게 붙여진 이름이고, 발굴 당시에는 옥저룡으로 불렀다. 옥조웅
    룡으로 이름이 바뀐 것은 당연히 황제와 관련지으려는 의도 때문이다. 옥저웅룡이 황제를 유웅
    씨라고 부른 실증적 증거라는 이러한 주장 역시 고고 발굴과 문헌 자료의 중국식 결합방식을 보
    여준 것이다.
548 우실하『동북공정 넘어 요하문명론』,소나무 2010, p 131

둘째 1987년 하남성(河南省) 복양시(濮陽市) 서수파(西水坡) 앙소문화 유적지 1호 묘에서 놀랍게도 BCE.4400년경(탄소 측정연대 BCE.4460±135년)의 용형상물이 발견되었습니다. '중화제일룡(中華第一龍)'의 자리가 바뀐 것입니다. 서수파(西水坡)의 '중화제일룡(中華第一龍)'은 묘 주인을 가운데 두고 동쪽에 있는 용의 형상물은 길이가 1.78m, 서쪽에 있는 호랑이 형상물은 길이가 1.39m 되는 것이었습니다.

이것은 앞서 발견된 홍산지역의 중화제일용과 구별하기 위해서 '천하제일용(天下第一龍)'이라고 부르기도 합니다. BCE.4400년까지 올라가니 중국이 아니라 세계에서 가장 오래된 것이라는 자부심이 들어간 표현이었습니다.

서수파에서 발견된 '중화제일룡(中華第一龍)'은 무덤 주인의 좌우에 조개껍데기(방(蚌)를 쌓아서 만든 것이어서 방소룡(蚌塑龍)이라고 부릅니다. 특히 무덤 주인의 좌측에는 용의 형상이 있고, 우측에는 호랑이 형상이 있어서 큰 관심을 끌었던 것입니다. 왜냐하면 음양오행론과 풍수지리에 입각한 좌청룡(左靑龍), 우백호(右白虎)로 해석될 수 있기 때문입니다. 이학근(李學勤)은 이 유적의 연구를 통해서 사신도(四神圖)의 기원이 서수파에서부터 기원했다는 논문을 발표하기도 했습니다. 이에 대해서는 이미 많은 연구들이 진행되었습니다.[549]

---

549   우실하 『동북공정 넘어 요하문명론』 소나무. 2010, P 133

복양시 서수파에서 발견된 좌청룡, 우백호 형상

조개껍데기로 쌓은 용

자료: 동북공정 넘어 요하문명론, P 134

복양시에서는 '천하제일룡(天下第一龍)'의 발굴을 기념하여 중국의 용의 고향이라는 '중화용향(中華龍鄉)'이라는 기념비를 세운 '중화제일용비방(中華第一龍碑坊)'을 세웠고, 1995년 10월 중순에 복양시에서 '용문화 중화민족학술연토회(龍文化與中華民族學術研討會)'라는 학술대회를 개최했으며, 참석한 학자들은 용향(龍鄉)이라고 새긴 동판(銅版)을 복양시에 전달했으며, 2005년 11월12일 에는 복양시 중심광장에 '중화제일룡(中華第一龍)'이라는 조각상(彫刻像)을 설치하기도 하였다.

그러나 이런 놀라움도 잠시였고, 1994년에는 이보다 거의 1000년 이상 앞서는 용 형상물이 발견되었습니다. 그것이 바로 사해문화(査海文化)에서 발견됩니다.

셋째 1994년 6월 사해유적지에 대한 7차 발굴에서 삼성타납촌(三星他拉村)의 중화제일용(中華第一龍)과 서수파의 중화제일룡(中華第一龍)보다 앞서는 BCE.5600년경의 돌로 쌓은 용 형상물인 석소룡(石塑龍)이 발견되었습니다.[550]

사해문화의 석소룡과 용문도편

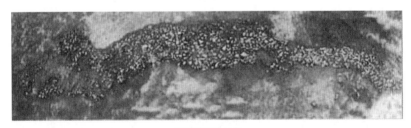

발굴당시의 모습

---

550   우실하 『동북공정 넘어 요하문명론』소나무. 2010, P 135

현재의 발굴지를 묻고 그 위에 모조품을 만들어놓았다.

자료: 동북공정 넘어 요하문명론, P 137

　'중화제일룡(中華第一龍)'의 영예가 서수파(西水坡)에서 사해문화(査海文
化)로 넘어간 것입니다. 그럼에도 불구하고 서수파의 것이 중원(中原)의
앙소문화(仰韶文化) 지역에서 나왔다는 것이 중요해서인지 그들은 서수
파의 방소룡(蚌塑龍)도 아직 '중화제일룡(中華第一龍)'이라고 부르고 있습
니다.

그러나 2004년 5월17일부터 20일 대련대학에서 열린 '중국옥문화·옥학 제4회 학술연토회'에서 학자들은 사해유적에서 발굴된 용형상물을 '중화제일룡'으로 보아야 한다고 정리했고, 2004년 7월 24일 28일까지 적봉학원에서 열린 '제1회 홍산문화국제학술연토회'에서 발표된 중국사회과학원 고고연구소의 유국상(劉國祥)의 논문에서도 사해유적의 용형상물을 '중화제일룡'이라고 부르고 있습니다.[551]

사해문화 유적지에서 1982년 발굴된 두 가지의 용형상물은 BCE.5600년경의 것으로 돌을 쌓아 용형상물을 만든 석소룡(石塑龍) 혹은 파소룡(擺塑龍)과 용의 몸체에 비늘까지 표현한 토기 파편인 용문도편(龍紋陶片) 두 조각입니다.

특히 석소룡 사해문화 유적지 한 가운데 있는데, 길이 19.7m, 넓이가 1~2m에 이르는 엄청난 크기를 자랑합니다. 이를 통해서 중국학자들은 요하일대가 '용문화기원지(龍文化起原地)'라는 것을 공식하기에 이릅니다.

중국에서 신석기시대의 용형상물은 대부분 요하지역에서 발견되며, 특히 홍산문화 옥저룡의 수량은 어마어마합니다. 중국 전역에서 발견되는 용형상물 가운데 가장 이른 시기부터 몇 가지를 열거하면 아래와 같습니다.[552]

가. 요령성 부신 사해유적의 석소룡(BCE.5600년경)

나. 하남성 복양시 서수파의 방소룡(BCE.4400년경)

다. 호북성 황매현의 석소룡(BCE.4000년경)

라. 내몽고 적봉시 오한기(敖漢旗) 소산(小山) 유적의 도준용문도(陶尊龍紋圖)(BCE.4000년 이상)

---

551   유국상 『紅山文化墓葬形制與用玉制度研究』, 首屆紅山文化國際學術研討會, 2004, 자료집
552   우실하 『 동북공정 넘어 요하문명론』 소나무. 2010, P 136

용문도편무늬

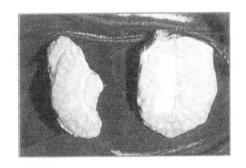

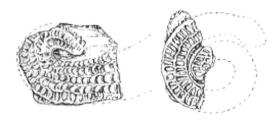

마. 요령성 능원현(凌源縣)과 건평현(建平縣) 사이 우하량(牛河梁) 유적의
　　다양한 옥저룡(玉猪龍)(BCE.3500년경)

바. 내몽고 옹우특기(翁牛特旗) 삼성타납촌(三星他拉村) 옥조룡(玉雕龍)
　　(BCE.3000년경)

사. 요령성 건평현(建平縣)에서 채집된 옥저룡(玉猪龍)(BCE.3000년경)

아. 요령성 건평현(建平縣)에서 채집된 옥저룡(玉猪龍)(BCE.3000년경)

자. 안휘성　함산능가탄(含山能家灘)　유적의　배형옥룡(环形玉龍)
　　(BCE.3000년경) 등입니다.

③ 요하제일촌의 발굴

사해문화유적지는 앞서 흥륭와문화의 '중화제일촌(中華第一村)'이 발굴되기 이전까지는 '요하제일촌(遼河第一村)'으로 불리는 곳입니다. 유적지 중앙에 용 형상물이 있고 주변에 50여개의 주거지와 10여 개의 묘가 발견되었습니다.

사해유적에서도 빗살무늬토기가 발견됩니다. 흥륭와 문화에서 빗살무늬토기가 발견된 이후 대부분의 요서지역 신석기문화에서는 빗살무늬토기와 지자문(之字紋)토기가 발견됩니다. 기타유적지에서 발견된 다양한 옥기 등은 따로 설명하지 않고, 사해유적보다 연대가 늦은 유적에서 발굴되는 것들은 생략하고 사해유적에서 발굴된 빗살무늬토기까지만 소개한다.[553]

사해문화의 석소룡 주변의 집단주거지 유적과 빗살무늬토기

발굴 당시의 모습으로 주거지 가운데 석소룡(石塑龍)이 보인다.

553   우실하『동북공정 넘어 요하문명론』소나무. 2010, P 140

주거지에서 발굴된 토기들

자료: 동북공정 넘어 요하문명론, P 139

4) 부하문화(富河文化)

부하문화(富河文化 : BCE.5200~5000)의 최초유적지인 부하구문유지
(富河溝門遺址)는 1957년에 내몽고문물공작대가 적봉시 파림좌기(巴林
左旗) 부하진(富河鎭), 호얼토향(浩爾土鄕) 부하구문촌(富河溝門村)에서 처
음으로 발견되었다. 1962년에야 부하구문유지에 대한 발굴이 이루어
지고 부하문화로 명명되었다. 초기 발굴 당시에는 부하문화의 시기를
BCE.5200~BCE.5000년경으로 보고 있다. 이곳 이외에도 인근의 금구
산(金龜山)유지, 남양가영자(南楊家營子)유지 등 3곳의 부하문화 유적지
가 발견되었다.[554]

부하구문유지는 동쪽으로는 랑하(狼河)의 상류인 부하가 흐르며 유

---

554   우실하『동북공정넘어 요하문명론』소나무. 2010, P 140

적지 뒤로는 멀리 북쪽은 적산으로 동쪽은 가록산(嘉鹿山)과 고양산(高陽山)으로 둘러싸여 있다. 부하문화의 경제 형태에 대해서는'농경위주'였다는 시각과 주로 '어업과 수렵위주로 농경을 겸' 했다는 시각이 공존하고 있다.

부하문화의 경제 형태에 대해서 두 시각이 공존하는 것은 과도기에 해당하기 때문이라고 볼 수 있다.[555]

부하구문유지 위치도

자료: 고조선문명의 기원과 요하문명, p 304

555

양(羊)의 견갑골(肩胛骨) 모양 (높이 15.5cm. 최대폭 9.5cm. 우실하교수 소장)

안쪽면 바깥면 길게돌출된 위쪽끝 동물에서는 중앙부는 빛을 투과
것이 견갑극 이부분이 위쪽임 할 정도로 얇다.

자료: 고조선문명의 기원과 요하문명, P 306

① 최초의 복골(卜骨) 발견

부하문화의 최초 유적지인 부하문화유지에서는 동북아시아 최초의
점을 친 뼈인 복골 몇 점이 발견되었다.[556] 동물의 견갑골(肩胛骨), 다리
뼈, 발굽 또는 거북이나 자라의 주로 배 껍질 등을 구워서 '점을 치는데
사용된 동물의 뼈'를 복골이라고 하고, 이것을 불에 굽거나 지져서 '갈
라진 금를 보고 점을 치는 행위를 복골'이라고 한다. 거북이나 자라의
경우 대부분은 배 껍질이고, 등껍질은 아주 적다.[557]

초기의 복골은 견갑골 등을 불에 구워서 뼈가 갈라진 형태를 보고

556 우실하『동북공정 넘어 요하문명론』소나무 2010, P142
     골복의 실물은 우리나라에서는 1960년에 발굴된 경상남도 창원 웅천(熊川)패총에서 사슴뿔을
     이용한 복골 6점이 처음으로 발견되었다. 웅천문화기는 김정학의 편년으로 초기철기시대(기원후
     1세기~3세기)에 속하는 시기이다. 1973년에는 부산 조도패총에서도 1점이 발견되었다. 복골의 전
     통이 주나라이후 점차 없어지고 주역의 근원이 되는 서법(筮法)이 바뀐 것을 감안하면 백두대간
     의 동쪽 한반도 동남부 특히 가야~신라로 이어지는 초기 국가성립 시기까지도 북방문화가 유지
     되고 전파되었다는 것을 말해주는 것이다.
557 우실하『고조선문명의 기원과 요하문명』지식산업, 2018, p 305

점을 치는 것이었다. 그러나 청동기시대 하가점하층문화 시기부터는 대부분의 경우 바깥 면에 돌출된 견갑극(肩胛棘=견갑골마루)을 제거하고, 뼈에 금이 잘 가게하기 위하여 여러 형태의 홈을 팠다.

현재 사용하는 한자에서 점을 치는 것을 나타내는 '점(占)'자나 '복(卜)'자는 모두 골복을 할 때 뼈가 터져나간 모양을 그대로 상형한 글자다.

부하문구가 주목받는 것은 중국에서 가장 오래된 복골이기 때문이다. 골복(骨卜)은 북방에서 시작되어 상(商)나라를 통해서 중원으로 내려갑니다. 상나라 초기에도 골복이 유행했는데 후기로 가면 우리가 잘 아는 거북의 배, 껍데기나 동물의 어깨뼈인 견갑골에 갑골문을 음각하는 갑골점(胛骨占)으로 바뀝니다.

이러한 골복문화는 본래 동이족 문화였고, 그 최초의 기원이 되는 복골이 BCE.5000년경 요하 부하구문(富河溝門)유지에서 발굴된 것이다. 복골은 1000년 후에는 중원지역에서도 보인다. 중원지역에서 현재까지 가장 이른 시기의 복골은 BCE.4000년경에 황하문명 지역의 앙소문화(仰韶文化) 3기의 하남성 절천(淅川)의 하왕강(下王岡)유지, 감숙성 무산(武山)의 마가요(馬家窯)문화 석령하유형(石嶺下類型)에서 발견된다.[558]

문자가 있는 소 견갑골로 만든 복골

558 우실하 『고조선문명의 기원과 요하문명』 지식산업, 2018, p 308.

전형적인 갑문(甲文)이 새겨진 복갑(卜甲)과 세부 사진

자료: 우실하 『고조선문명의 기원과 요하문명』 지식산업, 2018, p 312

크뢰버(Kröber)에 따르면 골복문화 가운데 동북아시아에서 유럽으로 전해진 골복과 아프리카 지역에서 발견되는 골복은 불에 굽는 것이 생략되었고, 시베리아 동북단의 코리야크족과 축치족에게는 현재까지도 골복 전통이 남아있으며, 베링해를 건너 북아메리카 원주민들에게도 남아 있다고 한다.[559]

상나라이전 하나라 시기의 이리두(二里頭)문화와 이리강(二里岡)문화의 유지에도 복골이 많이 보인다. 이 지역에서는 양, 돼지, 사슴, 소등의 견갑골이나 다리뼈가 대부분이지만 거북이나 자라의 배 껍질로 만든 복갑(卜甲)도 양은 많지 않지만, 하(夏)—상(商)—주(周) 시대에는 많이 보인

---

559 A, L. Krober Anthropology: Race, Language, Culture, Psychology, Prebistort, New York : Harcourt, 1948년 2판(1923) P 477~478

우실하 :『고조선문명의 기원과 요하문명』 지식산업, P 315

다. 요하문명지역이나 한반도 지역에서는 복갑(卜甲)이 보이지 않는다.

이후 상-서주 시기에는 복골이 대량으로 발견되고 복갑도 많은 수량이 발견된다. 그러나 서주시기에는 주역점의 기원인 시초점(蓍草占)이나 서죽점(筮竹占)으로 대체되기 시작하고, (西周) 중기 이후에는 중국에서 골복문화가 사라지게 된다. 서주 중기 이후에는 현재까지 사천성 초기 철기시대의 유적 한 곳에서만 발견되었다. 이제까지 복골이 발견되는 유적지는 주로 요하나 황하의 강줄기를 따라 집중적으로 분포한다. 황하문명 지역에서 발견되는 이러한 복골은 부하문화가 위치한 요서지역에서 전파된 것으로 본다.

중국 고고학의 대원로였던 소병기(蘇秉琦)[560]는 신석기시대에 황하문명과 요하문명의 교류관계를 설명하기 위해서 'Y자형 문화대(Y字形的文化帶)'이론을 제시하였다.

소병기[561]는 요하문명의 홍산문화 시기에 이미 황하문명의 앙소문화와 교류한다는 점을 강조한다. 홍산문화 시기에 보이는 채도는 그 강력한 증거 가운데 하나라고 강조한다. 대부분의 홍산문화를 연구하는 학자들도 인정하는 것이다.[562]

---

560 중국고고학계의 태두인 소병기는 홍산문화의 중요성을 황제시기의 활동중심은 홍산문화의 전성기와 맞물린다. 홍산문화가 곰과 용(熊龍)을 주요 신으로 숭배한 증거들이 많이 발견된다며 오제(五帝)전설에 관한 기록이 사실성을 인정받을 수 있을 것이다. 그것은 옥웅조룡(玉熊雕龍)이 黃帝 또는 五帝전설의 열쇠가 될 수 있음을 뜻한다. 우하량 홍산문화 유적지는 홍산문화를 갖고 있던 고대국가의 소재지일 뿐만 아니라 '중화오천년' 옛 국가의 상징이다. 또 여신상은 홍산인의 여자 조상인 동시에 중화민족의 공통의 조상이다. 라고 설명했다. 홍산문화의 성격을 강조한 나머지 중국학계의 짙은 정치성을 띠고 있음을 보여주고 있다.

561 이찬구『홍산문화의 인류학적 조명』개벽사, 2018, p 237
소병기 제자 곽대순은 소병기의 말에 근거해 사해-흥륭와문화의 사회발전단계가 이미 원시씨족공동체의 번영기를 넘어 "1만 년 문명의 첫걸음 단계에 진입하였음을 알려준다."고 평가할 만큼, 흥륭와 신상(神象)의 그물망무늬는 새 토템의 신성화라는 역사의 전화를 알리는 의미라고 본다.

562 우실하『고조선문명의 기원과 요하문명』지식산업, 2018, P 320

요하문명과 황하문명의 교류관계를 보여주는 소병기의 Y자형 문화대 도면

자료: 우실하 『고조선문명의 기원과 요하문명』 지식산업, 2018, p 315

요서지역에서 시작된 골복의 전통은 한반도의 백두대간 동쪽을 타고 내려와 한반도 동남해안 일대에서도 많이 보입니다. 이 골복 문화도 결국 동북지역과 한반도가 동일문화권이었다는 것을 웅변하고 있습니다. 김정학(金廷鶴)은 복골의 전통이 주로 북방 아시아족에 기원한다는 점을 아래와 같이 밝히고 있습니다.

복골은 북중국과 만주지방에서 많이 발견되어 주목할 만한데, 이들 지방은 신석기시대 이래로 수렵·방목을 주 생업으로 한 북방 아시아족이 살고 있었다. 동물의 뼈, 특히 견갑골에 금을 내어 점복하는 습속은 이들 수렵·유목을 주로 북방 아시아족에서 기원한 것을 시사한다.[563]

김정학 『가야의 문화와 사상』, 「한국사상사대계」, 한국정신문화연구원, 1991, P 147

한반도에서 발견된 복골은 많다. 현대까지 가장 이른 시기의 것은 모두 두만강변인 함경북도 무산군 무사읍 범의구석유적 혹은 호곡동유적((BCE.1000~500)에서 현재까지는 가장 이른 시기의 것이 발견되며 아후 철기시대, 삼한시대 통일신라시대까지도 이어지고 일본의 야요이시대로 전파된다. 청동기시대(BCE.1000~500, BCE.2000~BCE.1000년기 전반기)의 복골이다.

청동기시대, 철기시대 이래로 한반도 지역에서는 부여, 고구려, 마한, 백제, 변한, 가야, 통일신라까지 지속적으로 발견된다. 한반도의 경우 대부분 남해안에 밀집되어 나타난다. 이 복골문화는 전형적인 동이족(東夷族)의 문화이다.

② 골복의 전통으로 알 수 있는 신석기 동일문화권

우리는 골복의 전통이 변한-가야지역(경남 창원, 부산, 조도, 김해 부원동)에서 집중적으로 발견되고 있는 점에 주목할 필요가 있다. 골복의 전통도 북방 문화와 연결된 것으로 볼 때, 빗살무늬토기나 옥 귀걸이 등이 전래되는 길을 따라서 백두대간 동쪽으로 전파·전래된 것으로 볼수 있다. 이런 골복의 전통이 중국에서 주나라 이후에 점차 없어지고 『주역(周易)』의 근원이 되는 서법(筮法)으로 바뀐 것을 감안하면, 백두대간의 동쪽인 한반도도 동남부 특히 변한-가야-신라로 이어지는 지역은 초기 국가성립시기까지도 북방문화가 유지되고 전파되었다는 것을 말해 주는 것입니다.[564]

결론적으로 부하문화에서 발견된 가장 오래된 복골의 전통은, 중국

---

564 이런 점에서 보면 신라 김씨 왕조가 스키타이-시베리안 계통의 유목민이 남하한 것이라는 견해가 설득력이 있어 보인다.

에서는 상(商)나라를 통해서 중원지역으로 내려가 유행하다가 뒤에 갑골점(胛骨占)으로 바뀌고, 서쪽에서 밀려온 주(周)나라이후 점차 사라집니다.

그러나 만주와 한반도, 일본 일대에서는 신석기시대에 남하한 골복전통은 한반도 백두대간 동쪽을 타고 내려와 한반도의 동·남해안과 일본지역으로 전래·전파되며, 이 지역에서는 복골의 전통이 상당히 오랫동안 지소되어 『삼국지(三國志)』「위서(魏書)·동이전」[565] (부여조(夫餘條)외 왜조(倭條))에 기록되는 3세기까지도 지속되었다는 것을 알 수 있다. 이것은 신석기시대 이래로 요서지역을 포함한 만주지역과 한반도가 동일문화권(同一文化圈) 지역이라는 것을 보여주는 것입니다.

5) 조보구문화(趙寶溝文化)

조보구문화(BCE.5000~BCE.4400)는 적봉시 오한기 중심지에서 동북으로 25㎞ 떨어진 고가와 포향(高家窩鋪鄉) 조보구촌(趙寶溝村) 조보구유지에서 발견되어 명명된 신석기 문화이다. 최초의 발견지인 조보구유지는 9만㎡의 유적지에서 방 유적지와 재 구덩이인 회갱(灰坑) 140여개가 발견되었다. 조보구문화의 분포범위는 흥륭와문화의 범위가 그대로 확장된 형태로 북쪽으로는 서랍목륜하 북쪽 파림좌기(巴林左旗)를 넘어까지, 남쪽으로는 발해만 인근까지, 동쪽으로는 요하의 본줄기 근처까지, 서쪽으로는 난하 근처까지 포함한다.[566]

---

565 『삼국지(三國志)』「위서(魏書)」·〈동이전〉에는 변진의 풍속을 소개하면서 죽은 사람을 장사지낼 때는 큰 새의 깃을 함께 묻어주는데 그 뜻은 죽은 사람의 영혼이 새의 깃을 타고 날아가도록 하려는 것이다(以大鳥羽送死 其意欲使死者飛揚)라고 하였다. 이것은 새를 토템으로 하였던 鳥夷가 三韓에 남긴 풍습의 하나였다고 본다.

566 우실하 『고조선문명의 기원과 요하문명』 지식산업, 2018, p332

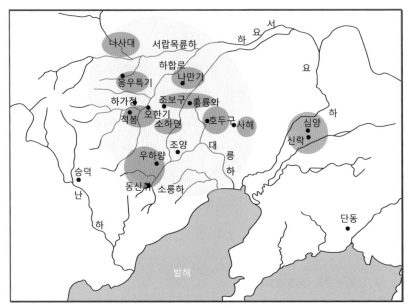

자료: 우실하 『고조선문명의 기원과 요하문명』 지식산업, 2018, p 333

① 조보구문화 존형기(尊型器)의 기법

조보구문화에서는 요하문명 지역에서 최초로 토기전체를 검게 칠한 흑도(黑陶)가 나온다. 조보구문화에서 처음 보이는 특이한 형태의 존형기(尊型器)는 '둥근 발우(鉢盂)모양 그릇의 위가 수직으로 연장된 모양'이다. 이런 형태의 그릇은 후대 청동기에서는 존(尊)이라고 부른다. '존형기(尊形器)'라는 명명은 '청동기 가운데 하나인 존(尊)모양의 토기'라는 의미이다. 조보구문화의 여러 유적지에서는 많은 존형기가 출토되었다.

7000년 전의 신석기시대 토기들은 대부분 색이 칠해지지 않고, 문양이 있어도 빗살무늬토기처럼 나뭇가지 등으로 선을 그은 문양이 일반적인 모습이다. 7000년 전의 토기에 그림을 그려 넣은 채도(彩陶)자체도 드물지만, 채도라고 하더라도 단순히 연속된 기하문(幾何紋)이나 간단한 동물이나 물고기 등을 붓으로 그린 수준이다. 그러나 조보구문화에서 여러 점 출토된 존형기(尊形器)는 7000년 전이라고 상상하기 힘든 발달된 기법이 보인다.[567]

신령도안 전개도

오한기박물관 전시 자료: 조수룡(좌) 녹수룡(중) 저수룡(우)

신령도안 탁본 자료

자료: 우실하 『고조선문명의 기원과 요하문명』 지식산업, 2018, p 336, 338, 339

---

567   우실하 『고조선문명의 기원과 요하문명』 지식산업, 2018, p 334

신량도안 제작기법을 볼수 있는 세부사진

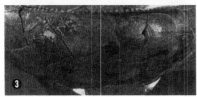

❶ 녹수룡부분
❷ 저수룡부분
❸ 조수룡부분

조보구문화에서는 고고학에서 소위 번개무늬 혹은 뇌문이라고 불리는 문양이 장식된 흑도가 대량으로 발견된다. 조보구문화를 대표하는 존형기 외에도 또 하나의 대표적인 토기가 다양한 형태의 번개무늬토기=뇌문토기들이다. 조보구문화를 대표하는 존형기나 번개무늬 토기 등은 대부분 검은 색을 띄고 있는 흑도(黑陶)이다.

이런 기법들은 소하서문화와 흥륭와 문화시기에 이미 사선문(斜線紋), 사선격자문(斜線格子紋), 점열문(点列紋) 등을 이용해서 빗살무늬토기를 제작했었기 때문에 가능한 기법으로 '빗살무늬토기 기법의 발전적 변형'이라고 할 수 있다.[568]

② 요서지역 최초의 채도

조보구문화에서는 토기표면에 검댕을 입히고 조약돌 등으로 문질러

---

[568]   우실하 『고조선문명의 기원과 요하문명』 지식산업, 2018, p 340

서 광을 내는 마광(磨光) 흑도(黑陶)가 최초로 보이지만 사선문, 사선격문, 점열문 등으로 도안내부를 채우는 특별한 기법은 소하서문화-흥륭와문화의 빗살무늬기법을 계승하여 발전시킨 것이고, 홍산문화[569] 후기에 앙소문화와 교류되면서 처음으로 앙소문화 토기와 유사한 홍도(紅陶)바탕에 검정색으로 그림을 그린 채도가 보이기 시작하였다.

이러한 신석기시대 토기의 지역적 특징을 비교하면서, 번개무늬토기에 대해서 연해주를 포함한 동북지방 평저형 빗살무늬토기 지역에서 모두 보이고, 이 지역이 당시에는 하나의 문화권이었으며, 한반도 중부의 암사동유적, 미사리유적에서도 변형된 번개무늬토기가 보이는 것으로 결국 북에서 남으로의 주민이동과 관련되었다고 보인다. 요하문명의 발견으로 이런 번개무늬토기의 최초 발견지가 조보구문화[570]임이 밝혀진 곳이다.

함경북도 선봉군 굴포리 서포항유적3기(BCE.3000~2500) 타래가 무늬토기에는 조보구문화에서 보이는 세련된 제작기법이 보인다.

---

569 홍산문화를 중국은 우하량 홍산문화 유적지를 중국 상고시대의 社會發展史, 傳統文化史, 思想史, 宗敎史, 建築史, 美術史의 연구대상으로 삼고 화하족(華夏族)의 조상을 제사지냈던 성지(聖地)로 간주하면서 東方文明의 빛이라고 자랑하고 있다. 그런데 중국인들이 홍산문화를 중국의 역사로 인정했다는 것은 한국인에게 매우 중요한 사실을 알려준다. 홍산문화 유적의 발견으로 요령(遼寧)지역이 먼저 발전되어 중국문명의 뿌리가 되었음을 인정했다는 것이다. 이것은 홍산문화가 황하문명보다 빨리 고대국가를 형성했으며 황하(黃河)문명과 홍산문화가 전혀 다르다는 것을 공식적으로 천명(闡明)한 것과 다름 아니다.

570 이찬구『홍산문화의 인류학적 조명』개벽사, 2018. p 54
새를 중심으로 한 도기 및 옥기의 제작연대는 오랜 역사를 지니고 있다. 흥륭와문화나 조보구문화에서 보듯이 새 토템의 발원은 남방의 양저문화나 능가탄문화에도 나타지만, 시기적으로 중국의 남방이 아닌, 요서에서부터 시작해 우하량유적을 거쳐 소하연문화까지 전해 왔다고 보는 것이다. 조보구문화 중의 일부 전형 기물류(존형기 등) 및 기하형 무늬 장식은 소하연문화중에서 일부 종적을 볼 수 있다.

한반도지역의 신석기시대 번개무늬토기

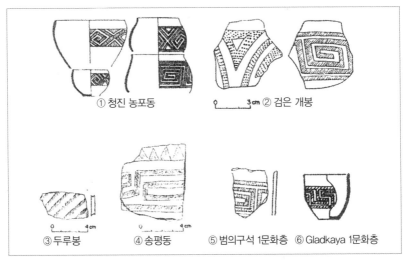

① 청진 농포동   ② 검은 개봉   ③ 두루봉   ④ 송평동   ⑤ 범의구석 1문화층   ⑥ Gladkaya 1문화층

자료: 고조선문명의 기원과 요하문명, P 345

소규모의 출토된 유물사진

자료: 홍산문화의 인류학적 조명, p 151~152

이러한 기법의 토기는 비슷한 시기의 황하문명 지역에서는 보이지 않는 양식이다. 이러한 상황은 요하문명지역이 황하문명 지역과는 다른 독자적인 문화권이었음을 보여주는 것이고, 또한 요하문명이 연해주 한반도 지역과 밀접히 연결되어 있다는 주는 것이다.

6) 소하연문화(小河沿文化)

소하연문화(小河沿文化 : BCE.3000~BCE.2000)는 동석병용시대로 석기시대와 청동기시대를 잇는 고리 역할을 합니다. 이는 고조선[571] 초기에 해당한다. 소하연문화(小河沿文化)를 뒤이어 초기 청동기시대인 하가점하층문화(夏家店下層文化)(BCE.2000~BCE.1500년)로 이어지는 것입니다. 하가점하층문화는 청동기문화로 유국상(劉國祥)은 이 시기에는 '고급문명사회(高級文明社會)'에 진입한다고 보고 있습니다.[572] 그런데 소하연유적에는 홍산문화와는 달리 부호문자가 뚜렷하게 나타난다. 옹우특기의 대남구촌의 石棚山 52호 묘에서 7개의 부호가 새겨진 직통관(直筒罐)이 출토되었고 새모양의 도기도 나왔다. 이 도부(陶符)문자를 이공독(李恭篤)은 '원시도화 문자부호'라 칭했다.[573]

① 갑골문의 전신 도부문자의 발견

소하연문화에서 가장 주목을 끄는 것은 갑골문 이전의 원시 상형문

---

571 고조선은 소병기의 연구에서 아예 배제되었다. 소병기의 주장대로 홍산문화의 주인공들이 20세기 만족에게 까지 자신들의 문화를 전승시켰다고 하자. 그렇다 해도 오랜 세월 배제해온 거란족과 만족의 문화를 이제 와서 포획하려는 한족의 의도가 너무 드러나는데다, 이것이 중국의 통일적 다민족 일체론의 완성을 위한 것이라는 점이 훤히 보인다. 일명 끊이지 않는 문명의 증거(屬生型)이라는 단어에는 너무 많은 괴이쩍음이 담겨 있다.

572 劉國祥『西遼河流域新石器時代至早期靑桐時代考古學文化槪論』, 遼寧師範大學學報(社會科學版). 2006, 第1期 p 113~122

573 이찬구『홍산문화의 인류학적 조명』개벽사 2018, p 44

자인 도부(陶符), 도문(陶文) 혹은 도부문자(陶符文字)의 발견입니다. 소하
연문화 대남구(大南溝) 묘지(52m)에서 출토된 토기 가운데, 몸통 주위에
7개의 도부문자(陶符文字)가 새겨진 것이 발견되었습니다.[574]

　　많은 학자들은 소하연문화에서 발견된 도부문자가 한자의 기원인 갑
골문과 연관이 있다고 보고 있습니다. 동이족(東夷族)들이 요서지역에서
남하하면서 상나라를 세웠다는 것이 이제 상식적으로 받아들여지는
상황에서 요서지역에서 발견된 도부문자는 갑골문의 전신이 될 수 있
다는 것입니다. 설지강(薛志强)에 의하면 이 도부문자 이외에도 요서지역
에는 갑골문자가 연결될 수 있는 암각부호(巖刻符號)도 있다고 합니다.

　　서요하 유역의 강 양안의 암벽에는 갑골문과 대응할 수 있는 홍산
제문화시기의 암각부호가 남아 있다. 예를 들면 왕(王), 전(田), 포(圃),
상(桑), 등의 글자이다. 소하연문화 토기의 7개 도부도 한자의 기원과 연
관이 있을 것이다. 학계에서는 이 7가지 부호에 대하여 해독하였지만
그 결과가 여러 가지이어서 한가지로 귀결할 수 없다. 그러나 학계의 논
쟁을 거친 공통의 결론은 7가지 도부가 전달하려는 뜻이 같다는 점이
다. 이러한 공통의 결론은 7가지 도부로 하여금 문자적 요소를 구비하
게 하였는데, 그것이 바로 표의(表義)기능이다. 여러 연구논문 가운데서
적봉학원 엽임경(葉淋耕)교수의 해독이 가장 합리적이다. 그는 소하연문
화의 도가부호를 원시적 상형문자(象形文字)라고 보면서 그 뜻을 번역해
내었다.[575] 위의 인용문에서 설지강(薛志强)이 소개한 적봉학원의 엽인경
은 7가지 도부문자를 하나의 원시적인 제문으로 보고 해석하였으나 그

574　우실하『동북공정 넘어 요하문명론』, 2010. 소나무, P 151
　　　遼寧省文物考古研究所·赤峰市博物館, '『大南溝 紅山文化墓地發掘報告』, 科學出版社, 1998
575　薛志强『중국문화의 형성과 발전에서 홍산문화가 차지하는 특수한 지위와 영향』, 학술회의 자료
　　　집, p 64~65

런 해석이 적합한지는 논외로 하더라도 요서일대에서 갑골문의 전신이라는 도부문자나 암각부호(巖刻符號)가 발견되고, 이것이 한자의 기원과 연결된다는 논리는 매우 중요한 것입니다. 왜냐하면 이들이 내려가면서 상문명(商文明)을 건설하는 주체가 되기 때문입니다. 이런 도부문자나 암각부호의 전통이 있었기에 상나라에서 갑골문이 증장하게 되는 것입니다. 상나라 주도세력이 남하한 동이족(東夷族)이라는 것은 이제 중국 학자들 사이에도 일반적으로 받아들여지고 있습니다.

② 세계를 놀라게 한 요서 신석기문화

BCE.7000 년경의 소하서문화[576]에서 시작된 요서지역 신석기 문화에서 실로 엄청난 고고학적 자료들이 새롭게 발견되고 있습니다. 대부분 80년대 중반이후부터 발굴되기 시작했고, 현재도 새로운 발견과 발굴이 이루어지고 있습니다. 발굴이 진행되면서 요서지역 신석기시대의 연대도 계속 올라가고 있습니다. 지금까지 추세로 보아서는 앞으로도 세계를 놀라게 할 유물들이 발견될 가능성은 매우 높다고 보입니다. 이렇게 새롭게 발견되는 고고학적 자료를 바탕으로 이 지역을 세계에서 가장 오래된 문명권으로 가꾸려는 것이 최근 중국에서 등장하는 요하문명론입니다. 문제는 요서 지역에서 기원한 모든 고대 민족들은 신화(神話)시대부터 중화민족(中華民族)의 일원이었고, 황제(黃帝)의 후예(後裔)라

---

576 이찬구 『홍산문화의 인류학적 조명』 개벽사, 2018, p 222, 305
   황제가 북방민족이란 근거는 너무 약하다. 그의 탄생지는 산동 곡부이고, 무덤은 섬서성 연안에 있다. 특히 요서의 소하서문화와 흥륭와문화에서 나온 빗살무늬토기를 제작한 사람들이 황제문화와 무관하다는 점을 고려하면, 고조선의 원주민이 조이족이었다는 이지린의 주장을 다시 주목하지 않을 수 없다. 조이족의 생산 곡물은 그 이름대로 조(:속(粟)였고, 요서지방은 조와 기장(서(黍) 농업의 기원지로 알려졌다.

는 중국(中國)의 시각입니다.[577]

7) 홍산문화와 한반도

홍산문화는 BCE.4500년까지 올라가는 신석기문화로 내몽고와 요령성 접경지역인 적봉, 조양, 능원, 객좌 건평 등을 중심으로 유적들이 분포하고 있습니다. 홍산문화는 앞으로 시기별에 따른 나누어 살펴보겠습니다. 특히 홍산문화 만기(BCE.3500~BCE.3000년)의 우하량유적은 거대한 제단(祭壇), 여신묘(女神廟), 적석총(積石塚)이라는 삼위일체(三位一體)의 거대 유적을 갖추고 있고, 상당히 발달된 단계에 도달해 있습니다. 최근 중국학자들 가운데는 홍산문화 만기 우하량유적이'초기국가단계(初期國家段階)' 혹은 '초기문명단계(初期文明段階)'에 진입했다고 보는 사람들이 대부분입니다.

요하문명이라는 명명이 이루어지게 된 결정적인 계기는 1980년 초에 발견된 홍산문화 후기의 우하량(牛河梁)유지의 발견이다. 앞에서 본 홍산문화 이전의 소하서문화(小河西文化), 흥륭와문화(興隆洼文化), 부하문화(富河文化), 조보구문화(趙寶溝文化)의 발견도 놀라움의 연속이지만, 홍산문화 우하량(牛河梁)유지[578]의 발견은 중국은 물론 세계 고고학계를

---

577 우실하 『동북공정 넘어 요하문명론』, 2010. 소나무, P 154

578 정경희 『백두산 문명과 한민족의 형성』 만권당, 2020, P 94,148, 149
우하량 유적은 홍산문화 후기(BCE 3,500~BCE 3,000년)에 해당하는데 이와 동 시기 형태면에서는 홍산문화 일반의 원(圓)·방(方)을 형태소로 하는 우하량 제13지점 초대형 피라미드를 상회하는 거대 규모의 전방후원형 삼환제단(三環祭壇)의 발굴, 여신상, 제단, 등 형식, 또 규모면에서는 오히려 홍산문화를 능가하는 등 모든 면에서 사람들의 이목을 집중시켰다. 요서 홍산문화지역 및 요동 백두산지역이 상고시기 제천문화의 양대(요서 요동) 중심이었음이 드러났고, 요하문명의 동진이라는 시각에서 장백산 문화를 바라보고 있던 중국 측의 방향에 배치되는 유적이었던 것이다. 여신상은 신앙형 자세의 여신상이 등장하기 시작하여 반가부좌에 양손이 배를 감싼 전형적인 수행형 자세의 여신상으로 발전되었다. 여신상의 전통이 장백산으로 전해져 만발발자의 도소인두상(陶塑人頭像)으로 나타났고, 후대 고구려까지 이어진 것으로 본다.

놀라게 하기에 충분한 충격이었다.

가. 홍산문화의 조사 발굴자들

① 도리이 류조(조거용장(鳥居龍藏: 1870~1953)

홍산문화에 관심을 둔학자는 20세기 초 일본학자 도리이 류조(조거용장(鳥居龍藏: 1870~1953)일본의 인류학자, 고고학자, 민족, 민속학자, 동방학가(東方學家)였던 도리이 류조는 1886년부터 동경인류학회 회원으로 활동하기 시작했고, 1892년에는 동경제국대학 이과대학 인류학연구실의 표본 관리원으로 일하면서 본격적으로 학자로서 조사와 연구를 시작한다.

그는 이미 1895년에 동경제국대학 인류학연구실에서 파견되어 예전의 열하성(현재는 내몽고, 요령성, 하북성 등으로 분할)이었던 동부 몽골지역의 여러 사전(史前) 문화유적지를 발견하고 돌아갔었다.

1907년부터 도리이 류조 부부는 적봉 남부에 있는 객나심기우익기(喀喇沁右翼旗) 왕부(王府)의 초청으로 당시에 왕부 옆에 세워진 근대적 학교인 승정학당의 일본어 7교사로 재직하고 있었다. 그의 주된 야심은 왕부의 힘과 인맥을 이용하여, 적봉일대에서 인류-고고학 조사를 하는 것이었다. 교사로 재임하는 기간에 그는 적봉일대를 조사하면서 60여 곳의 신석기시대 유적을 발견하였다.[579]

1908년에 그는 적봉시의 홍산과 영금하 연안을 조사하면서, 홍산에 있는 청동기시대 유적과 후에 홍산문화에 속하는 것으로 알게 된 적석총 등 많은 유적지를 발견하였다. 그는 1914년에 동경제국대학에서 발행하는 『과학잡지』에 「考古學民族學研究: 東蒙古의 原居民」이라는

579　우실하『고조선문명의 기원과 요하문명론』2018, 지식산업, P 360

이 글을 통하여 그가 발견한 것들을 소개하였는데, 이 유적들이 동호인 문화라고 생각한다. 후에 이 글을 하버드대학에서 1923년부터 곡학을 공부하던 梁啓超의 아들 양사영(1904~1954)이 읽게 되었고, 양사영이 1930년 귀국한 후에 적봉지역에 큰 관심을 두고 조사하게 되는 계기가 되었다.

② 스웨덴의 지질학자 안데르손(Johan, Gunner Andersson; 1874~1960)

안데르손은 스웨덴의 지질학자 겸 고고학자로, 1914년 당시 원세개(袁世凱)가 이끌던 북경의 북양정부(北洋政府)[580]의 초청으로 농상부 광산정책 고문으로 와 있었다. 그는 황하문명의 주요 신석기시대 고고학문화인 앙소문화(BCE.5000~BCE.3000)를 발견 앙소문화의 아버지라고 불리며, 유명한 북경원인(北京猿人)이 발견된 구석시대 동굴 유적인 주구점(周口店)유지의 최초의 발견자이기도 하다, 중국에서는 안데르손에 대한 음차인 안특생(安特生)이라고 불린다.[581]

같은 해 1921년 6월, 안데르손은 당시 요령성 봉천시 (현재 瀋陽市)에 속한 금서현(錦西縣: 현재 葫蘆島市)에서 석탄광을 조사하던 중에 사과둔 마을의 동굴에서 원시문화유적을 발견하고 발굴까지 하였다. 발굴 이후에 그는 봉천 금서 사과둔(沙鍋屯) 동형층「奉天錦西沙鍋屯 洞穴層」이라는 글을 발표하였다. 그가 발굴한 이 유적은, 60년이 지난 후에야 홍산문화 바로 뒤에 이어져서 후 홍산문화로 일컬어지는 소하연문화(小河

---

580 1911년 신해혁명(辛亥革命)으로 청나라가 멸망하고 중화민국이 성립된다. 국민당으로 북벌 이전까지는 북경에 북양정부가 있었고, 수장은 총통, 집정, 대원수 등으로 불렸다. 제1대 임시대총통은 손문(孫文)이었다.

581 우실하『고조선문명의 기원과 요하문명』지식산업, 2018, p 363rf

沿文化) 유적지로 밝혀졌다.[582]

비록 외국인에 의한 것이지만, 중국 근대 고고학 발굴의 첫 사례가 후홍산문화로 불리는 소하연문화유적이었던 것이다. 그러나 본격적인 홍산문화의 유적지는 아니었다.

③ 프랑스 신부 리상(Emile Licent)과 사르댕(Pieere Teilhard de Chardin)

프랑스 예수회 소속의 신부이자 지질학자 겸 고고학자였던 리상 (Emile Licent : 1876~1952, 중국이름 桑志華)과 사르댕(Pieere Teilhard de Chardin : 1881~1955, 중국이름 德日進) 은 리상이 천진시에 세운 '북강박물원(北疆博物院)'을 전초기지 삼아서 지질, 고고조사를 진행했다. 북강박물원은 현재의 천진자연박물관(天津自然博物館)의 전신이다.

1923년 여름, 이들은 구석기시대 후기의 수동구(水洞溝)유지를 발견하고 체계적인 발굴까지 하였다. 이것이 중국에서 최초로 체계적인 발굴된 구석기시대 유적이 되었고, 이로 인해 리상과 사르댕은 '중국 구석기시대 고고학의 개척자'라고 불린다. 제대로 된 주구점(周口店)발굴보다 3년 앞선 시점이었다.

1920년대에 리상과 사르댕은 당시의 열하성(熱河省) 경내에서 22곳의 새로운 신석기시대 유적지를 발견하였는데, 그 가운데 홍산 뒤쪽의 홍산후유지도 포함되어 있다. 1924년 이들은 홍산 뒤쪽에서 처음으로 채도(彩陶)조각들을 발견하였고, 이곳에 신석기시대 유적이 존재한다는 것을 확인하였다. 이것이 후에 홍산문화[583] 명명지로 밝혀진 유적이다.

---

582 安特生(袁復礼 譯)「奉天錦西沙鍋屯洞穴層」, 『中國古生物誌』 第1冊 第1號(1923.4) : 于建設(主編)『紅山文化槪論』, P 2

583 홍산문화 유적지의 발굴 결과는 중국학자들을 놀라게 했고, 결국 중국대륙의 앙소-용산문화와는 전혀 다른 요령지역의 홍산문화 전승지는 만주대륙-한반도-일본열도 전체를 포괄하는 '빗살

그러나 발굴까지는 이어지지 않았다.

④ 양계초(梁啓超)의 차남 양사영(梁思永)

양사영(梁思永: 1904~1954)은 저명한 철학자이자 정치가였던 양계초(梁啓超: 1873~1929)의 둘째 아들이다. 양사영은 1923년 하버드대학에서 고고학과 인류학을 공부하였고, 1930년 여름에 석사학위를 마치고 귀국하여 당시의 중앙연구원(中央研究員) 역사어언연구소(歷史語言研究所)에서 고고학자로 재직하고 있었다. 그는 고고학 분야에서 서양식 정규 교육을 받은 첫 번째 학자로'중국 근대고고학 개척자'로 불린다.

그는 귀국직후인 1930년 8월에 흑룡강성 앙앙계(昂昂溪)유지를 발굴하였고, 1931년에는 하남성 안양시 은허(殷墟)유지 발굴에도 참가하는 등 많은 유적지 발굴에 참가하였다. 신중국 건립 후에 최초로 중국사회과학원 원사(院士)가 되었다. 사후에 그가 쓴 글들을 모아 1959년에 『양사영고고논문집(梁思永考古論文集)』이 출판되었다.

1930년 11월에 적봉 지역에 와서 현재의 오한기, 파림좌기, 파리우기, 암서현 등 적봉시 경내 곳곳을 돌아다니며 조사하였다. 적봉시내에서도 영금하 연안과 홍산 아래쪽을 조사하면서 많은 홍산문화채도와 지자문(之字紋) 토기 파편들을 수습하였다. 그는 이 조사결과를「열하성사포간묘, 임서쌍정, 임서 쌍점 적봉 등 지역 채집 신석기시대 석기와 토기 파편」(熱河省 查布干廟, 林西 双井, 赤峰 等處所採集新石器時代石器與陶片) 이

무늬-민무늬토기, 비파형동검'등을 공유하는 공동체라는 것을 인정하게 만드는 계기되었다, 이곳에서'중국문명'이란 '황하문명'을 의미한다. 즉 중국이 견지했던 중국문화와 전혀 다른 동이족의 문화이며, 연대도 앞선 것이 분명해지자 중국의 태도는 돌변, 과거에 동이 즉 북방민족의 유산을 부정하던 인식에서 탈피하여 이들 문화를 중국문화의 틀 안에 수용하겠다는 것이다. 이것이 주변국과 마찰을 빚고 있는 동북공정(東北工程)의 실체라는 것을 알 수 있다.

라는 논문으로 1936년에 발표했다.[584]

양사영은 1931년 9,18사변으로 홍산문화에 대한 본격적인 발굴과 연구는 후일을 기약할 수밖에 없었다.

⑤ 일본주(日本駐) 적봉영사관 무타데쓰지(牟田哲仁)

1933년 3월 적봉시는 일본에 완전 점령되었다. 1917년 적봉시에 개설된 일본영사관의 대리 대사 무타데쓰지(牟田哲仁)은 대단한 골동품수집가였고, 홍산 근처에서 출토된 청동기, 석기, 토기, 등도 많이 소장하고 있었다. 1933년에 그는 홍산지역에서 출토된 된 소장품들을 당시에 적봉에 와서 고고조사를 벌이고 있던 경도대학(京都大學)에 연구용으로 1차로 기증하였다.

이를 통해서 일본 고고학자들도 홍산지역에 본격적인 관심을 가지기 시작하였다. 1차 기증을 하고 얼마 지나지 않아서 또 다른 일본 고고학자들이(鳥取森男, 金子健爾 등) 홍산일대에서 조사를 하고 돌아갈 때, 무타 데쓰지는 이들을 통해서 자신이 소장하고 있던 홍산문화 관련 유물들을 '일본동아고고학회(日本東亞考古學會)'에 2차로 기증하였다.

1933년에 무타데쓰지가 두 례에 걸친 일본학계에 기증한 홍산문화 관련 유물은 많은 일본 고고학자들이 관심을 끌게 되었다. 결국 2년 뒤인 1935년에 무타 데쓰지로부터 1차로 기증을 받았던 경도대학 주도로 홍산후 유지를 발굴하게 되었던 것이다.[585]

---

584 양사영, 『梁思永考古論文集』 「熱河省 査布干廟, 林西 双井, 赤峰 等處所採集新石器時代石器 與陶片』 P107~144

585 우실하 『고조선문명의 기원과 요하문명』 지식산업, 2018, p 368

⑥ 홍산문화의 꽃 우하량(牛河梁)을 최초로 발견한 동주신

동주신(佟柱臣 :1920~2011)은 1941년 길림고등사범전과학교(吉林高等師範專科學校)를 졸업하고 능원(凌源)중학교 교사로 있다가 1945년부터는 심양박물관(瀋陽博物館) 부연구원으로 있었으며, 1949년부터는 현재의 국가박물관인 북경역사박물관(北京歷史博物館)에서, 1961년부터는 중국과학원 고고연구소의 연구원, 교수를 역임한 분이다. 그는 주로 홍산문화의 중심지인 능원(凌源), 적봉(赤峰), 승덕(承德) 등지의 신석기시대 유적지를 연구한 고고학자이다.

그는 능원중학교 시절 그는 시간이 날 때마다 학교에서 가까운 능원, 적봉 일대를 답사하고 조사하였다. 1943년 봄 동주신(佟柱臣)은 학교에서 멀지 않은 요령성 조양시에 속한 능원현(凌源縣 :현재 능원시)과 건평현(建平縣) 경계의 우하량(牛河梁)이라고 불리는 지역에 답사를 갔고, 인근 밭 주변에 흩어진 돌무더기들이 그의 주의를 끌었다. 이곳이 후에 우하량 유지의 제2지점으로 적석총(積石塚)과 천단(天壇) 등이 밀집된 지역이다.[586]

⑦ 홍산문화의 명명자 윤달

1935년 하마다 고사쿠(濱田耕作: 1881~1938)가 주도한 홍산후유지의 발굴 당시에서 '홍산문화'라는 명명은 이루어지지 않았고, '적봉 제1기 문화'로 불렸다. 후에 '적봉 제1기 문화'가 윤달(尹達)에 의해서 '홍산문화'로 정식으로 명명되었다.

---

586 중국의 전통사학가들은 황하유역을 중국문명의 요람으로 봤지만 근래 홍산문화에서 발견되는 유물과 유적으로 중국문명의 중심지가 결코 한 곳이 아님을 강조하는 계기가 되었으며, 이른바 중화문화의 다원화(多元化)였고, 여기서 요하문명론이 대두된 것이다. 그러므로 우하량유적에서 발견된 옥기와 제단이 그 후의 왕실건축에 기원이 되었다는 논리를 전개한 것이다. 동시에 요하문명이 중화문명의 한 부분으로 기능하면서 접목되어 간다는 주장을 하게 되었다.

오늘날 통칭되는 홍산문화라는 것은 1955년 12월 출판된 윤달(尹達)의 『중국 신석기 시대』라는 책에서 정식으로 명명된 것이다.[587]

나. 홍산문화와 동북아시아
① 홍산문화의 분포와 범위

홍산문화[588]는 '요하문명의 꽃'으로 불리는 신석기시대 고고학문화로 2011년 기준으로 이미 1000곳이 넘었고, 이후 계속적으로 발견되어 1100개가 넘었다. 2017년 한 해 동안 요령성지역에 또 다시 146곳의 홍산문화의 유적지가 새롭게 발견되어 1,200개가 넘는다.

요하문명이 꽃피던 시기 요하문명의 중심지였다고 할 수 있는 요하 중류 지역이 지금은 남북 약 200㎞, 동서 약 500㎞의 거대한 과이심사지(科爾沁沙地)로 변해 버렸다. 현재 내몽고 적봉시는 홍산문화 유적지 최대밀집지역이다.

② 홍산문화의 개괄

요하의 꽃으로 불리는 홍산문화는 동북아시아 고대사와 관련된 새로운 사실을 밝혀주고 있다. 첫째 하마다 고사쿠에 의해 최초로 발굴

---

587 尹達 『中國新石器時代』, 三聯書店, 1955,
이 책은 1979년에 재판이 나올 때는 제목이 『新石器時代』로 바뀐다.

588 이찬구 『홍산문화의 인류학적 조명』 개벽사, 2018, p 329
조양시 능원 우하량유적은 홍산문화의 후기에 속하며, 환웅의 조이족과 웅녀의 곰족이 결합해 이룩한 신시(배달국)의 일부이다. 조이란 말은 사마천의 『사기』에 나타나며, 이미 고힐강, 문숭일 등의 석학들이 언급하였다. 중국의 이민, 하광악, 이배뢰 학자 등이 자세히 밝힌바 있고, 북한의 리지린 학자도 이에 포함한다. 우하량의 토템문화는 한국의 단군신화에서 언급된 환웅, 웅녀, 단군의 이야기와 일치한다. 특별히 우하량유적은 여신의 신권을 중심으로 새와 곰을 숭배한 것과 천원지방의 사상과 천제문화를 남겼다. 이는 한국의 고유문화와 맥락을 같이 한다. 또 우하량의 유적의 문화는 인류에게 평화와 종교적 수행의 소중함을 일깨워주고 있다. 그래서 우하량유적은 필자는 특별히 배일숭조(拜日崇祖)의 '우하량신시고국(牛河梁神市古國)'이라 칭한다.

되고, 1955년 윤달(尹達)(1905~1983)에 의해서 정식 명명(名命)되었다. 세계적인 주목을 받게 된 것은 1979년 동산취(東山嘴)유지를 시작으로 1982~1985년 우하량(牛河梁)유지가 본격적으로 발굴되기 시작하면서 부터이다.

둘째 홍산문화(紅山文化)는 홍산문화 전기(BCE.4,500~BCE.3500:신석기시대) 홍산문화 후기(BCE.3500~BCE.3000: 동석병용(銅石竝用)시대)로 구분한다. 홍산문화 단계에서는 이미 발달된 농경사회로 접어든다. 홍산문화 시기는 농업 위주이면서 수렵과 목축을 겸하는 사회였다.

셋째 홍산문화 만기의 우하량 유지에서는 동(銅)으로 주조한 도가니 조각과 순동(純銅) 귀고리가 발견되어 동북지역 최초의 동석병용(銅石竝用)시대로 보고 있다. 홍산문화 후기는 흔히 후기홍산문화로(後紅山文化)로 부르는 소하연(小河沿)문화(BCE.3000~BCE.2000)로 이어지는 신석기시대와 청동기시대를 잇는 고리역할을 한다.

넷째 제단(祭壇) 여신전(女神殿) 각종 형태의 거대 적석총이 발견된 우하량유지는 홍산문화 후기 유적이다. 홍산문화 후기의 우하량유지는 이들을 갖추어 이미 '초기 국가단계' '고국단계' '초기 문명단계'에 진입했다. 고 보고 있으며, 이 우하량유지는 홍산문화의 꽃이자, 요하문명의 꽃이다. 우하량유지는 BCE.3500년경에 조성된 것으로 탄소 년대 측정이후 나이테 조정을 거친 절대 연대 BCE.3779~3517년이다.[589]

다섯째, 동북아시아 최초의 적석총[590]인 토광적석총(土壙積石塚)과 석

---

589 우실하 『고조선문명의 기원과 요하문명』 지식산업, 2018, p 57
590 이찬구 『홍산문화의 인류학적 조명』 2018, 개벽사, p 75
       요동반도의 적석총은 약4,600년 전에 시작된 것에 비해 흥륭와문화 백음장한유적에서 발굴된 적석 묘의 상한연대 약 8,000년 전 이상으로 측정된다. 그런데 주목되는 것은 대략 2,000년의 시간 차에도 불구하고, 홍산문화의 기본구조는 백음장한의 적석총을 그대로 계승하고 있다는 점이다.

관적석총(石棺積石塚)은 흥륭와문화 백음장한 2기 유적지에서부터 이미 나온다. 그러나 흥륭와문화의 대표적인 묘제가 되지 못한다. 적석총 가운데 홍산문화가 가장 발달된 양식이라고 할 수 있는 '계단식 적석총'을 비롯한 각종 돌무덤은 홍산문화 시기에 모두 보이며 홍산문화 시기에 보편적인 묘제가 된다.

특히 홍산문화에서 피라미드식의 거대한 계단식 적석총이 최초로 등장한다. 이런 적석총과 계단식 적석총은 이 시기에 적석총은 황하문명이나 장강문명 지역에서는 보이지 않는 것이다. 흥륭와문화 시기에 시작된 적석총문화는 홍산문화 시기에 보편화되어 후에 만주 일대의 청동기시대와 철기시대의 묘제로 지속적으로 이어지고 후에는 고구려 백제 가야, 신라, 일본의 묘제로 연결되는 것이다.

여섯째, 한 변이 20~30m에 이르는 3층 계단식 적석총을 비롯한 다양한 크기의 적석총들은 1명의 '지고무상(至高無上)한 존재', '왕의 신분(王子身分)에 상응하는 인물' 출현했고, '신분의 등급 분화'와 '예제(禮制)의 조기 형태'가 이미 제도화되었음을 나타낸다.

일곱째, 홍산문화 후기에는 이미 인간 실물의 1배, 2배, 4배의 여신을 모신 여신 신전인 여신묘(女神廟)가 단독으로 등장하며, 여신상(女神像)들은 실물의 1배~3배까지 층차를 보이며 '주신(主神)'이 이미 출현했음을 보여준다.

여덟째, 거대한 제단, 여신묘, 다양한 거대 적석총과 계단식 적석총 등을 갖춘 '초기국가단계', '초기문명단계'에 진입한다. 학자들 가운데 이 단계를 군장국가(君長國家: chiefdom)로 보기도 한다.[591]

---

591   우실하 『고조선문명의 기원과 요하문명』 2018, 지식산업, p 384

③ 홍산문화의 꽃 우하량(牛河梁)유지

요령시 조양시 능원현과 건평현에 걸쳐져 있는 우하량 유지군 지역에는 홍산문화부터 요(遼), 금(金)시대까지 총 111개의 많은 유적지가 밀집되어 있다.

우하량유지[592] 제1지점 제1건축지는 여신 신전인 여신묘 지역이다. 여신묘 전체는 크게 남단실(南單室)과 북다실(北多室) 2개의 건물로 구성되어 있다. 현재 유적지를 그대로 보존하면서 그 위에 우하량유지 제1지점 보호전시관을 세워놓았다. 전시관 좌측 숲에는 실제 여신묘의 1/3 크기로 모형을 만들어놓았다. 전시관 주변에는 소나무 숲인데, 많은 소나무에는 화하모조지, 천하우하량(華夏母祖地 天下牛河梁)이라고 쓴 붉은 리본들이 엄청나게 많이 묶여져 있다.

과연 이 여신들이 중국인의 조상이라는 화하족의 여성 조상일까? 사실여부와 상관없이 이미 중국에서는 홍산여신을 '중화조모(中華祖母)'라고 부르고 있고, 이런 시각은 홍산문화에 대한 대부분의 책이나 방송 등을 통해서 확산되고 있다.

요하문명은 중원의 황하문명과 상관없는 독자적인 문명이다. 물론 홍산문화 후기부터 황하문명지역과 교류를 하게 된다. 황하문명지역보다 문화적으로 앞서 있던 이 지역은 고대로부터 동이족(東夷族), 예맥족

---

592 이찬구『홍산문화의 인류학적 조명』개벽사 p 14
우하량유적은 BCE.3,500년경으로 추정되며, 신석기시대에 해당된다. 이곳에 많은 유적 중 가장 훌륭한 것이 제단(祭壇)이다. 제단과 함께 적석총은 천원(天圓地方)의 형태를 이루고 있으며 그 당시 사람들도 이 제단을 거룩한 장소로 여기며 정착했을 것이고, 이곳도 한국의 단군신화로 보면 신시(神市)처럼 성화된 지역으로 불렀을 것이다.

(濊貊族)의 지역이었고[593, 594], 이들은 고조선, 부여, 고구려, 등과도 직간접으로 연결되는 지역이다. 홍산여신(紅山女神)은 중화조모(中華祖母)가 아니라 동이조모(東夷祖母) 혹은 예맥조모(濊貊祖母)라고 생각한다.[595]

홍산문화는 앙소문화계통의 원시문화로서 결국은 앙소문화의 변형체로서 중국 문화발생의 한 근원이 되기 때문에 요하유역은 중국 문명 발상지의 하나가 된다는 사실이다. 따라서 홍산문화는 황하문명과는 특징이 다르지만, 중국의 역사 속에 편입하여 중화문화의 일부로 간주하는 것이다. 중국이 그 동안 얻은 고고학적 성과를 토대로 신화(神化)가 아닌 실존했던 고대국가 문명으로 인정하는 사실이 알려지자 한국 학자들에게도 전혀 예상치 못한 변화를 주었다. 이를 역으로 설명하면 홍산문화 지역에서 동이족의 국가 '신비(神祕)의 왕국'의 존재를 중국학자들이 증명해준 것이다. 즉 중국이 주장하는 '중화오천년'이야말로 바로 한민족의 역사가 오천년 전으로 올라가는 것을 의미한다. 이형구 박사는 아래와 같이 설명한다. 한국학계에서는 적석총과 석관묘의 진원

593 심백강 『교과서에서 배우지 못한 우리역사』. 2014, 바른역사 , p 31
내가 생각하기에 예맥민족은 조이(鳥夷)민족과 연결시켜 이해하는 것이 비교적 합당할 것이다. 예 맥족은 오랜 역사를 지닌 민족이며 동시에 또한 강대한 민족이기도 하였다. 한나라 초기에 중국 의 북쪽지역(섬서성·산서성·하북성의 북쪽)과 황해·발해연안(조선반도포함)에 모두 그들의 족 적이 있었다. 그들은 일찍이 자신들의 피와 땀으로 이 일대의 황무지를 개척하였는데 그것보다 빠른 서한이전의 시기에는 조이민족(새 토템 집단)의 한 갈래로서 소호씨(少皞氏)족에 속해 있었다. 순임금과 은나라와는 혈통적으로 매우 밀접한 관계에 있었고, 동이집단 중의 기타 각 민족들과도 많게 혹은 적게 혈연관계를 유지했다. 사전(史前)의 흑도(黑陶)문화시기로부터 유사(有史)시대에 이르기까지 저들은 하나의 일괄된 맥을 유지하며 발전해왔다. ~생략

594 심백강 『교과서에서 배우지 못한 우리역사』. 2014, 바른역사 , p45
하나의 종족은 시간이 오래 흐르다 보면 무수한 민족으로 분파하게 된다. 그래서 하나의 종족 안에는 무수한 민족을 포함하게 된다. 맥(貊)이라는 하나의 종족이 동북의 밝달에서 출발하여 9 개 민족으로 분파되어 구이(九夷)가 되었고, 다시 사방의 동·서·남·북으로 퍼져 나가 사이(四夷) 즉 사방의 동이(東夷)민족을 형성하게 되었다. 그런 점에서 맥(貊)은 종족명(種族名)이고, 이(夷) 는 민족명(民族名)인 것이다.

595 우실하 『고조선문명의 기원과 요하문명』 2018, 지식산업, p 435

을 시베리아로 보지만, 홍산문화에서는 이보다 2000년 앞서 같은 유물이 나왔다. 이는 우리문화에 중요한 의미를 부여한다. 묘제를 같이 썼다는 것은 문화 및 인류의 동질성까지 유추할 수 있다.[596] 우리나라의 역사도 시베리아와 같은 북방계 기원설 외에 발해연안설(渤海沿岸說)이 존재한다. 홍산문화로 대표되는 요하지역의 선대문화가 고조선문화와 연결될 수 있는 가능성이 제기됨으로써 한국 고대문화의 기원문제는 물론 요하문명론에 대응할 수 있는 근거와 함께 학계의 커다란 과제가 되었다. 그렇다면 한국문화의 시원도 북방시베리아설, 요하발해연안설, 그리고 남방기원설로 대두될 가능성이 있다 하겠다[597]. 특히 단군의 고조선 건국연대가 BCE.2333년이라고 하는데 하가점하층문화와는 연대가 거의 일치하고 출토 유물도 단군 신화의 내용과 유사한 점은 많은 것을 제시한다. 중국학자들 사이에서 랴오시(遼西)지역이 중원문화와는 다른 독특한 문화임을 인정하는 사람들이 많고, 심지어 어떤 이는 개척으로 고조선문화라고 단정하기도 한다. 또 중원문화가 랴오시 문화에 영향을 준 게 아니라 랴오시 문화가 중원문화에 영향을 미쳤을 것이라는 학자도 있다. 그러므로 하가점하층문화 이전에 존재했다는 홍산문화지역에 이미 국가(신비의 왕국)가 성립했다는 사실을 감안하면 그동안 논란의 대상이었던 고대국가가 존재했단 추론은 물론 이들 문명이 도리어 중원 문명에 영향을 주었다는 것도 불가능한 일만은 아니다. 여기서 홍산문화가 우리민족(예맥)의 원시(原始)문화라면 우리문화가 중국에 앞서 중화문화에 큰 영향을 주었다는 설명도 가능하다.[598] 홍산문

596   이형구 『발해연안에서 찾은 한국고대문화의 비밀』 2004, 김영사.
597   이종호 『과학으로 증명된 한국인의 뿌리』 2016, 한국이공학사, P 311
598   이종호 『과학으로 증명된 한국인의 뿌리』 2016, 한국이공학사, P 310~311

화가 발굴됨에 따라서 지금까지 국내적으로 우리 역사의 원조인 단군시대에 대한 불신과 단군신화는 만들어진 신화이다. 라고 하는 국내강단사학계에 신화(神化)시대가 아닌 실사(實史)시대로 인정해주는 계기되어 자국에 대한 역사에 편협된 사고와 자국의 역사에 대한 염세적이고 사대적인 사고방식에 경종을 울려주게 된 것 이 무엇보다도 커다란 수확이라고 하겠다.

우하량의 홍산여신

발견된 인간 실물 크기의 여신 얼굴, 눈동자는 옥으로 단추처럼 만들어 끼웠다

자료: 고조선문명의 기원과 요하문명. P 444

수행으로 우주와 하나 됨을 추구하는 여신상

자료: 홍산문화의 인류학적 조명. P 261

④ 웅(熊)토템[599]

우하량유지에서 홍산여신이 모셔져 있는 여신묘[600, 601] 이외에도 주신의 좌우에 보조신격(補助神格)으로 흙으로 만든 곰(熊)과 맹금류 매(웅: 鷹)로 보이는 새가 신의 사자처럼 모셔져 있었다. 매는 실제보다 크게 만들어 곰과 비슷한 크기로 맞추었던 것 같다. 곰의 경우에는 이빨이 흰 색으로 채색된 흔적도 발견되었다. 우하량유지에서 집중적으로 많이 발견되는 곰 형상의 옥웅룡(玉熊龍)에는 아래위 송곳니가 교차된 모양의 것이 채집되어 있다.

홍산인들이 돼지 곰, 매를 모두 토템[602]으로 삼았지만 주 토템은 곰이었다고 보며, 곰 토템족인 홍산인들이 단군신화의 곰족=웅녀족과 연결될 가능성이 있다고 본다. 단군의 고조선 건국을 BCE.2333년으로 본

---

599 정형진 『바람타고 흐른 고대 문화의 비밀』, 소나무, 2011, p 44
지금까지 알려진 자료중 가장 오래된 곰 신앙의 흔적은 중부유럽에 있는 알프스산에서 발견되었다. 그곳의 2,000m 높이의 있는 동굴에서 곰의 두개골과 대퇴골이 발견된 것이다. 고고학자들에 따르면 함께 발견된 석기와 식물은 무려 7~12만 년 전이라고 한다. 곰의 두개골과 대퇴골은 돌로 짜맞춘 상자 속에 들어있었다. 더욱 주목을 끄는 거대한 곰의 두개골 입에 대퇴골이 하나 물려져 있는 것이다. 그것은 분명 인공적이고 의례적인 행위를 한 흔적이다. 이 유적 발굴을 주도한 에밀 바클러(Emil Bachler)는 네안데르탈인의 마음속에 이미 종교적인 사고가 형성되어 있었다고 주장한다. 그러나 그들의 마음에는 신이 곰의 모습을 하고 있었을 것이라고 했다. 그러나 프랑스의 대표적인 고고학자인 앙드레 르루아-구랑(A.Leroi Gourhan)은 그것은 현생인류인 크로마뇽인이 만든 것이라고 주장한다.

600 이찬구 『홍산문화의 인류학적 조명』 개벽사 2018, p 210.
여신묘의 현실은 여신과 곰 토템의 웅신(熊神)과 새 토템의 조신(鳥神)의 세신은 같은 지위임에도 여신(女神)에게 신권(神權)이 부여되었을 것이다. 웅신의 토템족을 단군신화 속의 곰족이라면 조신(鳥神)의 토템족을 곧 새족이라 할 수 있다. 새 토템과 곰 토템이 여신의 신적인 권위아래 토템으로서 서로 연합하여 공동체 즉 토템연합을 구성하였다고 보는 것이다

601 정경희 『백두산문명과 한민족의 형성』2020, 만권당, p 566
요서지역의 여신묘·여신상 분석, 옥기 분석을 통해 홍산문화의 사상·종교적 배경이 샤머니즘(巫)이 아니라 삼원오행론(三元五行論)이라는 선도세계관에 기반한 선도문화였음을 밝혔다.

602 토템(Totem)은 동일종족, 나의 친족이라는 개념, 특정한 동 식물로써 자신들의 종족을 대표하게 하거나 자신들의 조상으로 삼고, 그 해당 동식물과 자기를 동일시하는 상징물이며, 다른 종족들과 자신을 구별하게 함.

다면 곰을 토템으로 하는 곰족과 호랑이를 토템으로 하는 호랑이족은 환웅족(桓雄族)을 만나기 이전부터 존재했다. 호랑이족은 환웅세력과 합치지 못하고 떨어져 나가고, 곰족은 환웅족의 앞선 문화를 받아들여 웅녀족으로 거듭나 환웅족과 혼인동맹을 맺는다. 이 사이에서 단군이 태어나 성장한 후에 고조선을 세운 것이 BCE.2333년이다. 우하량 유지로 대표되는 홍산문화 후기(BCE.3500~BCE.3000)는 고조선을 건국하기 약 1000년 전으로 환웅족(桓雄族)을 만나기 전의 곰족의 문화일 수 있다는 것이다. 홍산문화에서 가장 두드러진 특징은 홍산인들이 곰 토템 족이라는 점이다. 이를 단적으로 보여주는 것이 홍산문화에서 발견되는 옥이다. 홍산지역에서 발견되는 옥룡은 옥저룡·대청룡·옥도룡·대홍룡·소청룡·황색포장룡(黃色包漿龍)과 변색룡 등 이십여 종으로 구분된다.[603] 옥의 형태는 다양하지만 동물형태중에서 가장 많은 것은 옥저룡(玉猪龍)과 옥웅룡(玉熊龍)이다. 이는 홍산인들이 이미 돼지와 곰을 숭배하고 있음을 보여준다. 1987년 하남성(河南省) 복양시(濮陽市) 서수파(西水坡) 앙소문화 유적지1호 묘에서 발견된 용형상물이 탄소연대측정에 의해 BCE. 4460±135년으로 확인되자 '중화제일용'의 자리가 바뀌었다. 그러나 혼동을 피하기 위해 이를 '천하제일용'으로 부르기도 한다. 그런데 그 동안 이들 옥룡을 기본적으로 용, 돼지로 생각했는데 근래 중국학자들은 상당수의 옥룡이 곰[604]이며, 돼지로 생각했던 것도 돼지가 아

---

603 이종호 『과학으로 증명된 한국인의 뿌리』 2016, 한국이공학사, p 345
604 김선자 『만들어진 황제신화』 책세상 2007, p 448
    곰은 원래 중원 땅에서 살았던 농경 민족들의 것이 아니라 북방지역에서 살았던 유목민들의 이것
    이다. 오랫동안 중원 사람들이 야만의 땅으로 여겼던 장성 이북 지역의 곰이 발달된 문명의 땅이
    었던 중원의 용의 기원이라는 주장 자체가 중원 중심론자들에게는 받아들이기 힘든 것이지만, 다
    른 측면에서 보면 그러한 주장이 장성 이북 지역 민족들의 삶이나 종교 신앙과 깊은 관련이 있는
    곰마저 중원문명권안으로 포획하려는 또 다른 시도가 아닌지, 면밀한 관찰이 필요한 시점이다.

니라 곰으로 추정한다. 돼지로 생각했던 옥을 자세히 관찰한 결과 동그
랗게 말린 몸체와 뭉툭한 주둥이를 갖고 있으며 갈기가 없고 아래위로
교차된 송곳니가 보이는 것을 볼 때 돼지가 아니라 곰이라고 번복했다.
신비(神祕)의 왕국이 존재했다는 우하량에서는 보다 많은 곰 형상이 발
견된다. 우하량 여신묘(女神廟)에서 진흙으로 만든 두 개의 동물 형상이
발견되었다. 진흙으로 빚은 동물조각 하나는 머리와 앞으로 뻗친 손톱
이 남아 있고 다른 하나는 채색조각으로 아래턱부분만 남아 있다. 이
들 두 개의 동물은 최종적으로 곰 형상으로 확정되었다.

소병기(蘇秉琦)[605]의 제자 곽대순(郭大順)[606]은 다음과 같이 말했다. "우
하량 여신묘에서 흙으로 만든 용 두 마리가 출토되었다. 그 중 하나는
여신묘 남쪽의 방에서 출토된 것으로 채색된 동물의 아래턱 부분이다.
아래턱의 전반부가 길고 뾰족하게 생겼는데 송곳니는 폭이 넓고 위쪽
이 구부러진 것으로 보아 돼지라기보다는 곰의 형태를 닮았다. 다른 하
나는 주실(主室)에서 발견되었는데, 앞 입술의 끝부분이 위로 말렸고 두
발 모두 발톱이 네 개인 것으로 보아 돼지보다는 곰을 닮은 웅룡으로
추정된다."[607]

여신묘의 주실에서 확인된 동물의 양발도 영락없는 곰의 발로 네 발
톱이 나온 조상과 같은 동물은 곰이 유일하다고 알려진다. 또한 옥으로
조각한 웅룡은 홍산문화 옥기(玉器) 가운데 가장 많이 발견되는데 20여

---

605 홍산문화와 앙소문화가 부딪쳤다는 하북성 장가구 상건하 유역이 바로 지금의 탁록이며, 치우와
    황제의 전쟁이 일어난 신화 속 지명인 탁록은 황제가 치우와 염제 부락을 병합해 대통일을 이루
    었다는 곳이다. 탁록은 소병기가 "5,000년 중국의 역사를 보려면 탁록으로 가라!"고 주장한 바로
    그곳이다. 이곳은 바로 중화삼조당이 세워진 그곳이다.
606 곽대순은 소병기의 뜻을 이어받아 황제를 비롯한 오제 전기의 인물들이 활동했던 지역이 바로
    홍산 문화 유적지가 있는 요령지역이라는 주장을 하기에 이른다.
607 郭大順『龍出遼河源』백화문예 2001,

건이나 된다. 웅룡(熊龍)은 말굽형 베개, 구름형 옥패, 방원형 옥벽(屋壁) 등과 함께 홍산문화 옥기의 4대 유형중 하나로 꼽힌다. 그런데 홍산문화에서 중요시 되는 곰 토템즉 동이족의 문화원형은 매우 오래전으로 거슬러 올라간다. 구 소련의 역사학자 오과라기아부는 곰 토템족의 원류에 대해 다음과 같이 설명한다.[608] "1만 여 년 전에 파미르고원에 춤 잘추고 노래 잘 부르는 황색인종이 녹지에 살고 있었는데 그 민족이동으로 이동하여 천산과 알타이 산맥에 살았다. 이들을 알타이어족이라 하는데 이들이 점차 동으로 이동하여 바이칼호에서 몽골사막으로 분산한 일파가 9,000여 년 전에 적봉시 오한기, 흥륭와 등에서 살았고, 약 6,000년 전에 중국의 적봉시 홍산에서 홍산 고국(古國 : 신비의 왕국)을 세웠다.[609]"

1만 여 년 전부터 홍산지역에 살던 곰 토템족은 계속적으로 곰을 숭상했다. 이러한 풍습은 우하량에서 발견되는 부장품의 하나인 옥웅룡(玉熊龍)이 죽은 자의 가슴에 주로 놓여있다는 것으로 알 수 있다. 시신의 가슴에는 가장 등급이 높은 옥기가 놓인 점에서 중요하다. 이것은 단순한 장식이 아니라 일종의 신물(神物)을 의미한다. 홍산인의 숭배동물 가운데 웅룡은 특정한 지위를 갖는데 이는 홍산인들이 여신과 함께 곰을 숭배하는 곰 토템 족이라는 것을 보여준다. 우하량 16지점 3호에서 짐승머리 형태로 3개의 구멍이 뚫린 짐승머리형옥기가 발견됐다. 홍산문화 옥기 예술의 정수라고 불리는 쌍웅수삼공기(雙熊首三孔器)[610]이

608   이종호『과학으로 증명된 한국인의 뿌리』2016, 한국이공학사. P 347
609   김선주『인류문명의 뿌리 동이』. 2009, 상생출판, p 55
610   우실하『 고조선문명의 기원과 요하문명』 2018, 지식산업 P 547
       홍산문화 각종 삼공기와 3개의 태양이 뜨는 환일(幻日)현상, 즉 태양의 좌우에 2개의 '가짜 태양'
       이 나타나 마치 3개의 태양이 떠있는 것 같은 특별한 현상은 한자로는 '가짜 태양'이라는 의미의
       환일(幻日), 영어권에서는 선독(Sundog, Sun dog) 혹은 모크 선(Mock Sun:가짜 태양), 과학적

다. 홍산문화 옥기 가운데 3개의 구멍이 뚫린 특이한 형태의 삼공기들이 발견되었다. 홍산문화에서 발견되는 삼공기는 크게 4가지 형태가 있다. 첫째 3개의 구명좌우에 동물머리를 장식한 쌍수삼공기(雙獸三孔器)가 있다. 이것은 장식된 동물을 곰이라고 보아서 쌍웅수삼공기(雙熊首三孔器) 또는 웅수삼공기(熊首三孔器)라고 불리기도 한다. 홍산문화의 토템 동물 가운데 하나인 곰의 머리를 장식한 것이다. 둘째 3개의 구명좌우에 사람의 얼굴을 장식한 것으로 쌍인수형삼공기(雙人首型三孔器) 혹은 인수삼공기(人首三孔器)라고 부르는 것이다. 쌍웅수삼공기와 형태는 모두 같으나 동물 머리 대신에 사람 얼굴이 장식된 것이다. 셋째 3개의 구명좌우에 특정한 동물 장식은 없이 길쭉하게 돌출되어있는 것이다. 넷째 3개의 구명만 있고 조우에 아무런 장식이 없이 둥글고 매끈한 삼공기가 있다. 이것은 현재까지 발표한 중국학자들을 포함한 여러 나라 학자들의 모든 논문이나 저서에서 삼련벽(三聯壁) 혹은 삼련옥벽(三聯玉壁)으로 잘못 알려져 있는 것이다.[611, 612]

삼공기

용어로는 파힐리언(Parhelion)이라고 불린다. 요약하면 공기속에 뜬 얼음의 결정에 태양빛이 반사·굴절했을 때 일어나는 현상을 말하며 무리해라고도 한다.

611   우실하 『고조선문명과 요하문명』 2018, 지식산업 P 551
612   이찬구 『홍산문화의 인류학적 조명』 개벽사, 2018,p 194

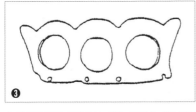

❸ 쌍인수삼공기(雙人首三孔): 우하량 제2지점 1호총 12호묘 출토
❷ 천진박물관 소장 삼공기
❸ 대만 고궁박물관 소장품.
❹ 삼련옥벽으로 잘못 알려진 삼공기: 파림좌기 나일사태(那日斯台)유지 출토

자료: 고조선문명의 기원과 요하문명, P 552

　처음에는 양쪽 동물을 돼지로 보았지만 최종적으로 곰으로 확정되
었다. 짧지만 둥근 귀와 눈, 모가 났으면서도 둥근 이마, 뾰족하면서도
둥근입, 얇고 벌어진 아랫입술 등 영락없는 곰의 모습이다. 홍산문화의
중심지라 볼 수 있는 우하량에서 계속적으로 곰 뼈가 출토되었다. 우하
량2지점4호 적석총에서는 완벽한 곰 아래턱뼈가 나왔다. 우하량[613] 적
석총에서 확인된 쌍웅수삼공기(雙熊首三孔器)와 곰뼈, 그리고 바로 인근
에 있는 여신묘에서 확인된 진흙으로 만든 곰 형상은 이들이 곰을 기
본으로 제사지냈다는 것을 의미한다. 이런 곰 숭배 전통은 홍산문화를
이은 소하연문화 유적에서도 확인된다. 웅룡은 우하량뿐 아니라 오한
기, 시마무렌 강 이북의 파림우기(巴林右旗)와 파림좌기(巴林左旗), 하북성

613　이찬구 『홍산문화의 인류학적 조명』 개벽사 2018, P 267
　　　우하량의 단묘총의 삼위일체는 하늘제사(2지점 원형 천제단) 또는 종교적 집단수행(1지점의 여신
　　　묘), 조상제사문화(적석총)의 극치를 보여준다. 이를 두고 소병기는 중화문명의 서광이라 극찬했
　　　으나, 이는 인류문명의 서광이며, 다른 차원에서 천지인(天地人)의 극치를 보여준다고 판단한다.
　　　우하량의 제단은 제사용으로 단을 쌓은 것이 특징이다. 특히 곽대순(郭大順)은 풍시(馮時)의 말
　　　을 인용해 제2지점 3단원의 원형제단이 세 겹형 제단이며, 그 밖의 둘레직경이 22m이고, 내(內),
　　　중(中),외(外)의 세 겹이 등비수열을 이루며, 『주비산경』(칠형도)에서 보면 태양 일주운동의 궤적
　　　을 표시한 것으로서 하늘과 조상과 천지에 제를 지낸 곳이라 했는데, 즉 태양을 향한 전형적인
　　　둥근 원형(圓形)의 천제단(天祭壇)이라는 의미이다.

의 위장현(圍場縣)등 폭넓은 지역에서 확인되고 있다. 내몽골 오한기(敖漢旗) 백기랑영자(白旗郎營子) 유적에서 곰 머리채도(熊首彩陶)도 발견된다. 당초에 개머리 장식이라고 보고되었지만, 넓은 이마와 뾰족한 주둥이, 짧은 두귀, 그리고 머리에 비해 굉장히 넓은 목 부분은 전형적인 곰의 머리인데 이들을 곰 모양의 제기라 부른다.[614]

동이족으로 인식되는 상(商)나라에도 홍산문화 옥조각 웅룡의 전통이 이어졌다. 상나라 유적인 안양(安陽) 은허(殷墟)에서도 홍산문화와 유사한 결상이식이 확인된다. 이를 근거로 곽대순은 우하량 지역을 포함한 광대한 지역에 곰 형상이 발견된 이유를 다음과 같이 설명한다. 홍산인이 숭배한 동물신은 여러 신(神) 가운데 으뜸인 주신(主神)이며, "홍산인은 바로 곰을 숭배한 족속이었다." 곰 숭배는 동북아시아의 종족이 갖고 있는 보편적인 신앙인데, 그 중에서도 대표적인 나라가 바로 단군신화에 곰 이야기가 나오는 한국 최초의 국가인 고조선이다.[615] 물론 중국에서 황제가 곰과 연계된다고 갑자기 몇몇 단어를 끌어들였지만 동이족에 면면으로 이어진 곰에 대한 믿음을 대체할 수 있는 것은 아니라는 지적이다.[616,617]

614   이종호『과학으로 증명된 한국이의뿌리』, 2016, 한국이공학사, p 349
615   김선주『인류문명의 뿌리 동이』. 2009, 상생출판,p 93
616   이형구·이기환『코리안 루트를 찾아서』다물지 200호 기념 다물총서 제5집
617   이종호『과학으로 증명된 한국인의 뿌리』, 2016, 한국이공학사, p 350

옥웅룡에 보이는 아래위 똑같은 크기의 송곳니와 실제 곰

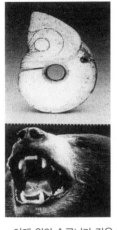

아래 위의 송곳니가 같은 크기로 돼지와는 구별된다.

옥저룡의 갈기와 실제 야생 돼지

전형적인 옥저룡과 야생에서 보이는 갈기

야생돼지의 가장 특징인 위로 솟아 오른 아래 송곳니

자료: 고조선문명의 기원과 요하문명, P 454

⑤ 동북아 최초의 적석총

적석총은 이미 백음장한유적 2기에 흥륭와 시기에 출현하는데, 흥륭와문화시기에는 대부분 토광묘위주였고 적석총은 특별한 것으로 당시에는 보편적인 묘제는 아니었다. 그러나 홍산문화시기에는 각종 형태의 돌무덤이 보편적인 묘제는 아니었다.

그러나 중국학자 곽대순[618]은 홍산문화 적석총 내부의 묘장[619]의 형태를 신분등급에 따라 5개 유형으로 나누어 본다. 즉 첫째 적석총 한가운데 있는 4방향에서 2~3단의 계단식으로 파 내려가 묘광을 만든 중심대묘(中心大墓)는 최고신분의 묘, 둘째 묘광의 한쪽만 2~3단의 계단식으로 파 내려가 묘광을 만든 대계식묘(臺階式墓)는 중심대묘 다음의 신분을 지닌 사람의 묘, 셋째 갑류(甲類)석관묘는 옥기를 부장한 중-소형의 석관묘로, 넷째 을류(乙類)석관묘는 옥기가 없고 석기나 채도가 부장된 석관묘, 다섯째 부속묘(附屬墓)는 부장품이 전혀 없는 토광묘로 나눈다.[620]

홍산문화 우하량유지에서 발견되는 다양한 돌무덤의 묘장 내부와 최근 춘천 중도유적지에서 발견되는 청동기시대 각종 돌무덤의 묘장 내부 모습을 비교하여 제시한다.

---

618 이찬구 『홍산문화의 인류학적 조명』 2018, 개벽사, p 77
적석총은 무덤의 기능 이외에도 무덤본체는 제사를 지내는 제단의 성질도 겸했을 것이고, 제단에서 제사 거행은 새토템의 문화유산으로 평가할 수 있다. 문숭일은 조이족이 새토템, 새숭배족의 구체적이고 실존적 표현이다. 우리민족에게 새신이란 말이 있다. 다른 말로는 조신이란 말과 같다.

619 고고학에서 가장 중요시하게 여기는 분야가 묘장법이다. 죽은 사람을 장례 치르는 의식이야말로 오랜 기간 변하지 않는 그 민족 고유의 전통이기 때문이다. 중국의 경우 殷 이전에는 땅을 파서 묘실을 만들고 시신과 유물을 안장하는 土壙墓가 유행하였고, 周代에 들어와서야 나무로 곽을 짜서 묘실을 만드는 木槨墓가 유행하였다. 역사상에서 홍산문화와 동일한 석묘계의 묘장법을 채용하고 있는 나라가 고조선이므로 고조선의 전단계인 홍산문화는 고조선의 선조들이 이룩한 문화로 보지 않을 수 없 다. 돌을 이용하여 구조물을 축조하는 방식이 고조선 이후 부여, 고구려에도 계속하여 전승되는 한민족 고유의 산물임을 두말할 필요가 없는 것이다.

620 우실하 『고조선문명의 기원과 요하문명』 2018 지식산업 p 463

우하량유지 제2지점의 다양한 묘장 구조

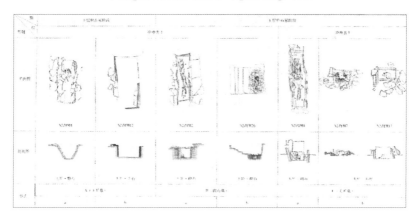

춘천 중도 유적 청동기시대 돌무덤의 묘장구조

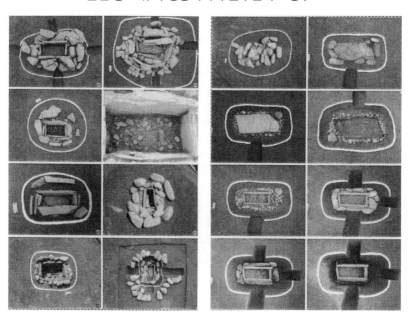

자료: 우실하 『고조선문명의 기원과 요하문명』 2018 지식산업 p 472
중도문화- 춘천 중도 유적   이형구 편저 p 90~120

중도유적의 돌무덤은 청동기시대 중-후기에 해당하며 구체적으로는 BCE.9~6세기로 보고 있다. 중도유적은 홍산문화와는 2000년 이상의 시간차가 있음에도 불구하고, 중도유적에서 발견되는 묘장의 형태 대부분이 이미 홍산문화에서 보인다.

적석총의 가장 발달된 형태인 계단식 적석총의 기원도 홍산문화에서 시작되어 고구려, 백제, 가야, 일본으로 이어진다. 계단식 적석총은 당시는 물론 현재에도 황하문명 지역에서는 발견되지 않는다. 고구려 국내성이 있는 집안시(集安市) 일대에는 장수왕릉, 광개토대왕릉을 비롯하여 수천 기의 3~7층 계단식 적석총이 남아 있다. 백제 석촌동 고분군(사적 제243호)에는 한변이 20~50m나 되는 3층 계단식 적석총이 복원되어 있다.[621]

한성백제기 석촌동 적석총2호분의 복원도면

자료: 고조선문명의 기원과 요하문명, p 475

---

621   우실하 『고조선문명의 기원과 요하문명』 2018 지식산업 p 473

⑥ 동북아 최초의 3층 천단(天壇)

역사시대에 천단[622]은 황제만이 세울 수 있는 것이었다. 형식적으로 제후국의 위치였던 고종이 대한제국을 선포하고 황제로 등극하면서 새롭게 건립한 천단인 원구단(圜丘壇)도 '3층 계단식원형천단'의 구조였다. 동북아시아 천단의 기본형이 된 최초의 천단인 우하량유지 제2지점 원형제단이다. 다른 적석총들과는 달리 이 제단은 가운데 부분에서 무덤이 발견되지 않는다. 따라서 제단으로 보고 있으며, 이것이 동북아시아 천단의 기원이라고 보고 있다.[623]

⑦ 원형 적석 건축물

우하량유지 제13지점의 거대 피라미드 형식의 7층 원형 적석 건축물은 아직 정식 발굴되지 않고 시굴(試掘)을 진행하여 전체적인 구조만 밝혀진 상태이다. 여기서 제2지점의 거대한 계단식 적석총, 천단, 제13지점의 거대 적석 건축물 등의 구조를 보면, 이것들을 설계하고 시공하는 전문적인 석장인(石匠人)이 직업적으로 분화되어 있었다고 본다. 특히 천단에서 보이는 내접원, 외접원, 외접사각형, 내접사각형 등의 관념은 이러한 견해가 충분히 가능하다는 것을 웅변하고 있다고 본다.[624, 625]

---

622   이찬구『홍산문화의 인류학적 조명』 2018, 개벽사, p 268
       만약 우하량 제2지점의 유적의 성질이 방구와 환구에 속한 토론이 성립된다면 BCE.3,000년의 이 홍산문화의 방구는 지금까지 우리가 알고 있는 최초의 지단이다. 우하량의 삼환석단(三環石壇)은 옛 바빌론의 삼환보다 2,000이나 앞섰다고 한다. 그러므로 우하량의 천문학은 자생으로 생긴 것이며 서양으로부터 온 것이 아니다. 우하량 삼환석단은 고고학적으로 역사를 자진 개천이론이 BCE. 3,000년에 이미 일정한 수준으로 발전했다는 것을 증명한다.
623   우실하『고조선문명의 기원과 요하문명』 2018 지식산업 p 476
624   우실하『고조선문명의 기원과 요하문명』 2018 지식산업 p 481
625   이찬구『홍산문화의 인류학적 조명』 2018, 개벽사, p 268
       우하량 제2지점의 유적의 성질이 방구와 환구에 속한 토론이 성립된다고 할 때, BCE. 3,000년의 이 홍산문화의 方丘는 지금까지 우리가 알고 있는 최초의 지단(月壇)이며, 圜丘는 최초의 천단(日壇)이라고 했다.

3층 계단식 원형 천단(天壇)의 모습과 평면설계도

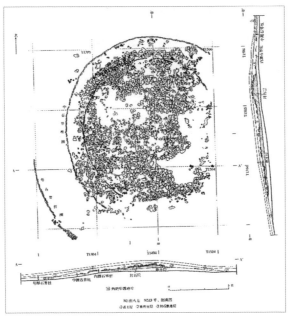

천단의 평면도

자료: 우실하 『고조선문명의 기원과 요하문명』 2018 지식산업 p 478

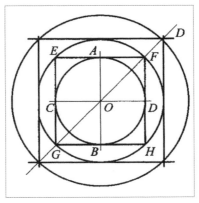

천단의 평면설계도

자료: 고조선문명의기원과 요하문명. P 581

⑧ '동(銅)귀고리'의 발견

홍산문화 후기의 우하량유지에서 동북아시아에서 가장 이른 시기 동제품 가운데 하나인 순동(純銅)으로 만든 '동귀고리'가 발견되었다.

중국사회과학원 고고연구소 하상주고고연구실에서 동기(銅器)와 청동기(靑銅器)의 등장에 대해서 알아보면 세계최초의 동기 주조법은 BCE.6000년경 터키 아나톨리아 고원에서 시작되었다. 세계최초로 청동기시대에 진입한 곳은 BCE.4000년경 이라크 일대의 메소포타미아 남부 지역이다. 중국의 최초의 청동기는 감숙성(甘肅省) 동향(東郷) 임가(林家) 마가요(馬家窯)문화 마가빈유지에서 발견된 BCE.3000년경의 청동도(靑銅刀)이다.[626]

요(堯)임금의 도성인 평양으로 알려진 도사(陶寺)유지가 쇠망하고, 1~2백년 후에 중원(中原)의 배꼽에 해당하는 낙양분지(洛陽盆地)에서는 하(夏)나라의 도읍인 이리두유지(二里頭遺址: BCE.1750~1530)가 발견된다. 이리두(二里頭)유지에서는 동아시아 최초의 청동예기(靑銅禮器)들이 보이기 시작한다.[627]

⑨ 홍산문화의 편두(偏頭)관습

홍산인들은 인공적으로 두개골을 변형시키는 편두[628] 관습을 지니고 있었다. 변한과 진한 사람들이 모두 편두 전통을 지니고 있었다는 것을 연관지어보면, 이것 또한 홍산문화와 한반도의 연관성을 푸는 중요한 열쇠 가운데 하나가 될 수 있다. 홍산문화 우하량유지에서 확인된 대

---

626 우실하 『고조선문명의 기원과 요하문명』 2018 지식산업 p 484
627 우실하 『고조선문명의 기원과 요하문명』 2018 지식산업 p 485
628 편두는 돌과 같은 외압에 의해 인공적으로 변형된 두개골을 말한다. 일반적으로 '납작머리'라고 하는데 대개 유목민에게 나타나는 풍습이다.

부분의 두개골이 편두를 한 것으로 보아서 홍산인들에게 편두는 보편적이었던 것으로 보인다. 그러나 국내 홍산문화 시기의 편두 전통은 아직도 국내학계에 잘 알려져 있지 않다

『三國志』「魏書」(東夷傳)에는 진한 사람들도 어린아이 때에 편두를 했다는 것을 기록하고 있다. 즉 진한 사람들은 "어린아이가 출생하면 곧 돌로 머리를 눌러서 납작하게 만들려 하기 때문에 지금 진한 사람의 머리는 모두 납작하다"라는 것이다.[629, 630]

8) 청동기 시대 하가점하층문와 하가점상층문화

하가점하층 문화 하가점문화(BCE 2300~BCE 1600)는 요하문명의 중심지인 내몽고(內蒙古) 적봉시(赤峰市)[631]와 요령성(遼寧省) 조양시(朝陽市)를 중심으로 동쪽으로는 심양(瀋陽)일대까지 확대되어 요하(遼河)유역까지. 서쪽으로는 북경(北京)을 지나 삭주(朔州) 지역까지, 남쪽으로는 발해만(渤海灣)을 끼고, 서남쪽으로 천진(天津)시와 화북성(華北省) 보정시(保定市) 지역까지. 북쪽으로는 서랍목륜하(西拉木倫河)를 넘어 적봉시(赤峰市) 파림우기(巴林右旗) 지역까지 분포한다. 그러나 유적지의 수는 요하문명의 중심지인 대능하(大凌河), 오합하(烏盒河), 요하(遼河)일대가 압도적으로 많다. 현재까지 발견된 유적수는 이미 3000곳을 넘어섰다.[632]

저 넓은 대륙안에서 유독 동북방의 요서 홍산 지역에서 동아시아문

---

629   『三國志』「魏書」(東夷傳) 兒生 便以石壓其頭 欲其褊 今辰韓人皆褊頭
630   우실하『고조선문명의 기원과 요하문명』2018 지식산업 p 495
631   내몽고 적봉시는 동아시아문명의 서광으로 일컬어지는 홍산문화유적이 발굴되었다. 홍산문화는 단(壇)·묘(廟)·총(塚)으로 상징된다. 홍산문화는 유적의 하늘에 제사지내는 천제단 여신을 모시는 사당, 그리고 적석총, 이는 중국 고고학계의 태두 소병기(蘇秉琦) 등에 의해 건국 전야의 유적으로 판명되었다.고 한다.
632   우실하『고조선문명의 기원과 요하문명』2018 지식산업 p 566

명의 서광이 먼저 열리게 된 배경은 무엇인가, 이 지역은 오늘날의 내몽고 남쪽, 하북성 동쪽으로 농경과 수렵이 가능하다. 북쪽으로 올라가면 초원이 있고, 서쪽으로 들어가면 농경지대가 있으며, 남쪽으로 내려가면 발해만이 있어 농경과 목축과 수렵이 동시에 가능한 드넓은 중국대륙에서 가장 살기 좋은 천혜의 땅이다. 이 살기 좋은 천혜의 땅에서 농경을 위주로 하고 거기에 곁들여 수렵을 병행하여 다른 지역보다 물질적 생활에 풍요를 누릴 수 있었고, 이런 좋은 경제적 조건을 바탕으로 선진적인 문화가 발달하였다. 따라서 중원이 아닌 이곳 동북방 요서에서 동아시아문명의 서광이 최초로 빛을 발하게 된 것이다. 그러면 이곳 동북방 요서지역에서 홍산문화[633]를 일군 주역은 과연 누구였는가. 그들은 바로 토템으로 말하면 하늘을 자유롭게 비상하는 새를 숭배하는 조이[634]였고, 종족은 말하면 백민(白民)·발인(發人)·박인(亳人)이었다. 이들은 뒤에 중국의 사가들에 의해 맥(貊)·맥(貉)·맥(貉)등으로 호칭되었고, 이들이 분파되어 예맥족(濊貊族)을 형성하였다. 이들의 후예가 바로 고조선·삼한·부여·고구려·백제·신라로 이어진 혈통을 계승한 오늘의 이 한국인인 것이다. 동해의 안쪽 발해의 모퉁이에 나라가 있으니 그

---

633 홍산문화는 전기·중기·후기로 나누어 설명할 수 있다. 복희의 용봉(龍鳳)문화는 홍산문화의 전기에 해당하고, 치우의 구려(九黎)문화는 홍산문화의 중기에 해당하며, 단군의 구이(九夷)문화는 홍산문화의 후기에 해당한다.

634 심백강『교과서에서 배우지 못한 우리역사』. 2014. 바른역사 p88~91
사마천『사기』「오제본기」에는 舜임금을 설명하는 가운데 鳥夷관한 기록이 나온다. 鳥夷가 문헌상 처음으로 나타난다.『후한서』「동이열전」에는 九夷는 구체적으로 열거하지만 鳥夷의 이름은 보이지 않는다. 상고시대에는 伏羲의 姓이 鳳이었다는 것은 그 부족들의 토템이 鳳鳥였음을 반영된 것으로『左傳』의 기록에 의하면 太暤 伏羲氏는 風姓의 조상이며 龍은 상서로움이 있어 관직명으로 삼았다. 용은 비상을 의미하는 점에서 鳳鳥토템과 맥을 같이한다. 따라서 伏羲의 토템은 龍·鳳으로 상징되며 龍과 伏羲을 토템으로 하였던 伏羲는 바로 鳥夷의 시조였다고 말할 수 있다.동양 인류문명의 시조로 말해지는 태호 복희, 그는 상고시대 조이의 지도자였다. 내몽고 적봉시의 홍산문화는 용봉문화로 상징된다. 중화 제1용과 중화 제봉이 모두 홍산문화 유적지에서 발굴되었다.

이름을 조선이라 한다(東海之內 北海之隅 有國 名曰 朝鮮)[635]

내몽고 남쪽 하북성 동해 발해의 모퉁이 발해만 부근을 중심으로 건국한 『산해경(山海經)』에 나오는 이 조선(朝鮮)이 바로 『관자』에 나와 있는 발조선(發朝鮮)이다. 발조선은 곧 발인(發人)의 조선(朝鮮)이고, 발인의 조선(朝鮮)은 곧 밝달족의 조선이다. 단군조선(檀君朝鮮)·발조선(發朝鮮)은 밝달조선의 한자표기이므로 우리말 밝달 조선과 의미가 같은 동의어인 것이다.[636]

부사년(傅斯年)은 『동북사강(東北史綱)』에서 동북에서 출발한 상(商)나라를 중국 역사의 출발점으로 간주하고 다음 같이 말하였다. 상나라의 일어남은 동북으로부터 왔고, 상(商)나라는 멸망하자 동북을 향해 떠나갔다. 상나라는 중국역사의 제1장이 되고 또한 동북역사의 첫 페이지가 되기도 한다(「商之興也 自東北來 商之亡也 向東北去 商爲 中國信史之第一章 亦 卽爲東北之第一葉」)

동북방에서 출발하여 '박(亳)'에 도읍한 상나라는 민족을 따져 보면 맥족(貊族) 즉 '밝달족'으로 우리와는 동족지간이다. 밝달족이 발해의 모퉁이 동북방 요서에서 세운 첫 국가가 고조선(古朝鮮)이고 이들이 나중에 중원으로 진출하여 건립한 나라가 상(商)나라이다. 동북방이 밝달민족, 이들이 동이사(東夷史)의 주역일 뿐만 아니라 중국역사의 첫 페이지 또한 이들에 의해서 장식되었던 것이다.[637]

---

635   정재서역주 『산해경』 「해내경」 1993, 민음사, p 327.
      「東海之內 北海之隅 有國 名曰 朝鮮, 天毒, 其人水居 畏人愛之」
636   심백강 『교과서에서 배우지 못한 우리역사』. 2014. 바른역사 p 56,
637   심백강 『교과서에서 배우지 못한 우리역사』. 2014. 바른역사 p 57.

하가점하층문화 분포 지역

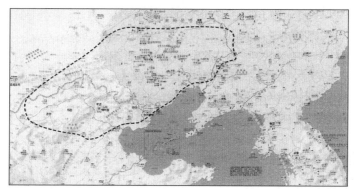

자료: 고조선문명의기원과 요하문명, P 566

① 하가점하층문화의 치(雉)를 갖춘 석성

석성자체는 신석기시대부터 내몽고(內蒙古) 오란찰포맹(烏蘭察布盟)의 양성현(凉城縣) 대해(岱海) 서북의 언덕 지역에서 4곳, 내몽고(內蒙古) 포두시(包頭市) 대청산(大靑山) 남쪽 기슭에서 9곳, 내몽고 이극소맹(伊克昭盟) 준격이기(准格爾旗)와 호화호특시(呼和浩特市) 청수하현(靑水河縣) 사이의 황하를 낀 양쪽언덕에서 9곳, 황하를 조금 더 내려온 섬서성(陝西省) 가현(佳縣)지역에서 1곳 등 총 23곳에서 발견 된다[638]

주로 내몽고 중부의 남단지역과 황하를 끼고 내려오는 위쪽이다. 그러나 이 신석기시대의 석성(石城)들에서는 '치(雉)를 갖춘 석성'은 발견되지 않는다. '치(雉)'는 석성을 쌓으면서 중간중간에 돌출부를 쌓은 것을 말한다. 중국학계에서는 이것은 말머리처럼 튀어나왔다는 의미에서 '마면(馬面)'이라고 부른다. 하가점하층문화[639]의 가장 특징적인 것이 석성이

---

638 서길수 『고구려 석성의 시원의 관한 연구-신석기시대 석성』, 고구려발해연구, 23집, 2006, P 112~113, (표1 참조)

639 이찬구 『홍산문화의 인류학적 조명』 2018, 개벽사, p 143
제단으로 알려진 홍산문화와 하가점문화유지에서도 모두 정확한 정남북 방향의 배치구조가 드

고, 그 가운데서도 '치를 갖춘 석성'이다. 하가점하층문화의 석성이 집중적으로 발견되는 곳은 내몽고(內蒙古)의 음하(陰河), 영금하(英金河), 맹극하(孟克河) 일대, 요령성(遼寧省)의 대릉하(大陵河), 소릉하(小凌河) 일대, 하북성(河北省)의 평천현(平泉縣) 일대 등이다. 이 가운데 많은 석성들은 치(雉)를 갖추고 있다.[640]

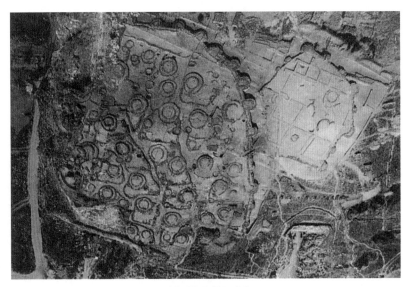

삼좌점유지 항공사진

러났고, 즉 당시 천문관측은 남북방향을 측정하고, 제단도 천문방향에 따라 배치하는 체계적인 구조를 갖추고 있었다. 이들 제단유지에서 천원지방의 형태와 별자리 홈까지 발견되고 있어 제단이 단순 제례가 아닌 제천의식용으로 사용된 것으로 해석되고 있다.

640   우실하 『고조선문명의 기원과 요하문명』 지시산업 2018, p 567

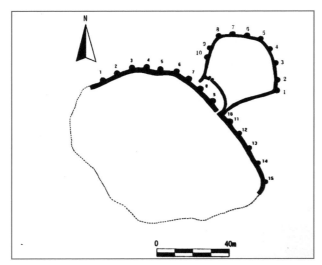

삼좌점유지 평면도와 치[641]

자료: 고조선문명의 기원과 요하문명, p 569

석성은 크기도 다양한데, 음하유역에서 발견된 석성 52개 가운데 3만㎡이상의 큰 석성이 7개이다.[642] 하가점하층문화 석성에서는 이미 석성의 치(雉)를 길게 연장하여 감싸서 한쪽 방향으로 들어오게 만든 옹성문(甕城門)도 이미 등장하며, 이것이 후대의 옹성의 효시라고 할 수 있다.[643]

하가점하층문화에서 만이 발견되는 가운데는 '치를 갖춘 석성'이 수도 없이 많이 발견되었다. 하가점하층문화에서 '치를 갖춘 석성'이 발견

641 우실하『고조선문명의 기원과 요하문명』지시산업 2018, p 568
    치(雉)를 갖춘 석성은 하가점하층문화에서 시작되었으나, 한동안 잊혀 있다가 고구려의 석성에서
    화려하게 부활한다. 치를 갖춘 석성과 일반적인 석성은 방어력에서 큰 차이를 보인다. 치가 있는
    석성에 적이 벽을 타고 올라오면, 정면과 양쪽의 치 등 3면에서 방어할 수 있다. 단적으로 이야기
    하자면 치(雉)를 갖춘 석성에서는 성벽을 타고 올라오는 뒤통수에도 화살을 날릴 수 있는 것이다.
642 서길수『하가점하층문화의 석성 연구』「고구려발해 연구 」,2007, 제31집, P 454
643 서길수『하가점하층문화의 석성 연구 』「고구려발해 연구 」제31집, P 114

되기 이전까지는, 이것이 고구려 석성만이 지닌 특성이라고 생각하는 학자들이 많았다. 그러나 '치를 갖춘 석성'은 하가점하층문화시기 요서 지역에서 처음으로 등장하는 것이다. 이후 이것이 고구려까지 연결된 것이다. 이후 고구려에서 화려하게 부활하여 고구려 석성의 독특한 특성이 되는 것이다.

하가점 하층문화의 치를 갖춘 석성의 특징을 잘 갖추고 있으면서도 가장 완벽하게 보존된 곳이 적봉시 홍산구 초두랑진(初頭朗鎭) 삼좌점촌(三座店村)의 삼좌점(三座店)유지이다. 삼좌점유지는 음하(陰河)의 좌측에 있는 작은 산인 통자산(洞子山)의 꼭대기에 있다.

삼좌점(三座店)유지는 큰 석성과 그 옆의 작은 석성으로 이루어져 있고, 큰 석성에는 반원형의 치(雉)가 15개, 작은 석성에는 치(雉)가 10개가 잘 보존되어 있으며, 석성의 성벽은 2중으로 치(雉)는 3중으로 쌓아서 만들어졌으며, 큰 석성 안에는 주거지와는 돌담을 쌓아서 분리한 골목길도 나 있다.

'치를 갖춘 석성'은 하가점하층문화에서 시작되었으나, 한동안 잊혀 있다가 고구려 석성에서 하려하게 부활한다. '치를 갖춘 석성'과 일반적인 석성은 방어력에서 큰 차이를 보인다. '치가 있는 석성'에 적이 성벽을 타고 올라오면, 정면과 양쪽의 치(雉)등 3면에서 방어를 할 수 있다. 단적으로 이야기하자면 '치를 갖춘 석성'에서는 성벽을 타고 올라오는 적의 뒤통수에도 화살을 날릴 수 있다는 것이다.[644]

고구려(BCE.37~AD 668)가 700년 동안이나 수나라 당나라 등과의 전쟁을 거치면서 단일국가를 유지할 수 있었던 데에는 고구려의 치를 갖

---

644   우실하 『고조선문명의 기원과 요하문명』 지식산업, 2018, p 568

춘 석성도 큰 역할을 하였다고 본다. 고구려 당시에 중원에는 석성은 있었으나 '치(雉)를 갖춘 석성(石城)'은 없었다. 고구려와의 많은 전쟁을 치루면서 치의 중요성을 알게 된 중원지역에서도 이것을 모방하기 시작한다. 고구려 석성의 치는 하가점문화에서 기원하는 것이고, 여러 우여곡절이 있었겠지만 고구려에서 화려하게 부활하여 지속되었다는 점을 기억해 두어야 한다.

② 하가점상층문화와 비파형동검

현행 우리나라 역사교과서의 대부분은 비파형동검, 고인돌, 미송리식 토기와 팽이형 토기 등을 고조선을 상징하는 유물로 본다. 비파형동검은 이 가운데서 가장 중요한 유물 가운데 하나이다. 대부분의 경우 비파형동검[645] 등이 발견되는 지역을 '고조선의 영역', '고조선의 문화권', '고조선의 문화 범위와 세력 범위' 등으로 본다.

2007년 개정된 교육과정에 따라 제작된 중학교의 역사교과서에서 해당부분을 보면

첫째 청동기시대에 만든 비파형동검과 고인돌(탁자식), 미송리식 토기와 팽이형토기는 주로 만주와 한반도 북부지방에서 집중적으로 발굴되는 데 이를 통해 고조선의 문화권을 짐작할 수 있다.[646]

둘째 비파형동검과 고인돌(탁자식), 미송리토기 등의 고조선문화를 대표하는 특징적 유물이다. 고조선은 이들 유물이 분포하는 지역과 밀

---

645 홍산 옥기중에 옥봉(玉棒)이 나왔는데 비파형동검이 출토된 묘장에서 출토된 옥봉의 최고 길이가 30. 9cm로 오늘날 우리의 1자 길이 30.3cm와 매우 근사하여 자와 연계하여 설명하여도 무리는 없을 것 같다. 최근에 발견된 고려자 1자의 길이 35.6cm, 통상 고구려 1자는 35.5cm, 당척은 29.7cm, 한척은 22~23cm, 진전척(晉前尺)은 34.75cm로 알려져 있다.
646 서길수『하가점하층문화의 석성 연구』「고구려발해 연구」,2007, 제31집,

접한 관련이 있다.[647]

셋째. 탁자식 고인돌과 비파형동검 등의 유물이 출토되는 지역을 통해 고조선영역을 짐작할 수 있다.[648]

오늘날 이 지역에서 출토되는 비파형동검과 탁자식 고인돌, 미송리형토기와 팽이토기는 이러한 고조선의 문화 범위와 세력 범위를 잘 보여주고 있다.[649]

현행 역사교과서에서는 대부분 이런 고조선의 영역 혹은 문화권이나 세력권의 범위를 동이족의 범위와 함께 지도로 만들어서 싣고 있다. 이는 대부분 역사학자들도 이들 유물이 발견되는 지역이 고조선의 영역[650]이나 문화권 혹은 세력권의 범위로 보고 있다는 것이다.

비파형동검의 경우 요서 요동, 한반도 징역에서 집중되어 있으나, 중국 동해안 지역의 북경지역과 산동반도 일대에 몇 점보이고, 일본규슈 지역에서도 소수가 발견된다. 비파형동검은 한반도일대에도 분포하지만, 한반도 지역으로 남하한 이후 일정기간이 지나면 소위 한국식 동검으로 불리는 세형동검으로 변해간다. 이런 까닭에 대부분의 역사교과서는 동이족의 분포 범위, 비파형동검 분포 범위, 세형동검의 분포 범위를 한 장의 지도에 표기해놓았다.

647   이문기 외『중학교역사(상)』두산, 2011,P 31
648   양호환 외『중학교역사(상)』교학사 2011 P 36
649   김종수 외『고등학교 한국사』, 금성 2014, P 29
650   방민규『치아 고고학으로 본 한국인의 기원』, 맑은 샘 2017, P 134
       한국인의 기원문제와 관련하여 고조선의 영역과 존재시기 및 주민문제 등을 떼어놓을 수 없는
       이유는 한국의 선사시대나 고대사 연구의 주요한 과제가 고조선의 역할 때문이다.

일반적인 비파형동검 분포도

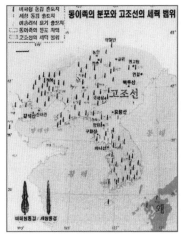
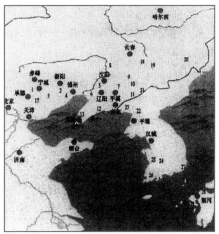

일반적인 비파형동검 분포도   중국학자들이 그린 분포도

자료: 우실하 『고조선문명의 기원과 요하문명』 2018 지식산업 p 575

적봉시 영성현 남산근(南山根)유지 10호묘 출토

자료 :우실하 『고조선문명의 기원과 요하문명』 2018 지식산업 p 575, 577

    비파형세형동검의 분포현황을 보면 우리에게 익숙한 비파형동검의 분포도는 대부분 요동 요서, 한반도 지역을 중심으로 그려진다. 그러나 비파형동검이 발견되는 최북단은 북위 49도 부근에 있는 현재의 호룬패이시(呼倫貝爾市) 악온극자치기(鄂溫克自治旗 : 에벤키족차지기) 이민하매광(伊敏河煤鑛)유지이다. 이곳에서 비파형동검 1점이 발견되었다. 비파형동

검이 발견되는 최북단인 이민하매광유지는 호륜패이시 악온극자치기에 있다. 중요한 것은 이곳이 대흥안령을 서쪽으로 넘어 간 지역이라는 것이다. 이 지역은 홍산문화 초기에 해당하는 합극문화 합극유지(哈克遺址 : BCE 5000~BCE 3000)가 있는 호륜패이시 해랍이구 합극진에서 가까운 지역이다.[651]

이러한 상황은 비파형동검 문화도 홍산문화와 마찬가지로 북쪽으로 더 확대될 수 있는 가능성을 보여주는 것이다. 적봉지역은 '북방초원 청동기문화'와 '비파형동검문화'가 만나는 지역이다. 그래서 이 지역에서는 칼날은 비파형동검인데 북방 초원 청동기문화의 청동검처럼 칼자루와 칼날이 일체형으로 주조된 동검들이 발견된다. 두 이질적인 문화가 만나는 지역인 것이다.

③ 비파형동검 종합

2000년 현재가지 비파형동검은 총331개가 출토되었는데 적봉시를 중심으로 한 내몽고 동부지역이 19개, 요령성의 요서지역이 91개이고 요동지역이 128개, 길림장춘지역이 18개, 한반도지역이 75개 등이다.[652]

전체 331개 가운데 요령성의 요서,-요동지역이 219(66%)개로 압도적으로 많고, 내몽고를 포함하면 238개(72%)가 밀집되어 있다. 요하문명 지역인 내몽고 동부19개와 요령성서부 (91개)를 포함하는 요서지역 (19+81-110개)에서 전체 (331개)의 1/3이 발견 되었다. 물론 한반도 지역보다 시기적으로 빠르다. 이것은 비파형동검이 요서→요동→한반도로 이

---

651   우실하『고조선문명의 기원과 요하문명』지식산업 2018, p 573

652   김정배『동북아의 비파형동검문화에 대한 종합연구』p 4「표1」, 상세한 출토지는 p 82 분포도와 p 83~94 동북아 출토 비파형동검 일람 참조

동하면서 확대되는 것을 의미하는 것이다.

2018년 1월에 열린 요령성문물고고연구소의 「2017년도 요령성 고고 업무 회보회(遼寧省考古業務匯報會)에서 발표한 보도 자료에 따르면, 2017년도에도 요령성 심양시에 속한 작은 시(市)인 신민사의 법합우진(法哈牛鎭) 파도영자촌(巴圖營子村)에서 동으로 900m 거리에 북외유지(北崴遺址)에서 비파형동검1개가 발굴되었다. 심양시문물고고연구소에서 진행한 북외유지에 대한 발굴은 2016년부터 시작되었다. 2917년 5~11월 발굴 과정에서 청동기 시대 방과 묘장 등이 발굴되었는데, 이곳에서 비파형동검, 청동도끼의 돌거푸집인 선형동부석범(扇形銅斧石範) 등의 청동기가 발견되었다. 북외 유지는 신락상층문화(新樂上層文化) 시기에 해당하는 것으로, 방 유적지의 연대는 3800~3000년 전이다. 이 비파형동검은 묘의 부장품이 아니라, 방 유적지 외부에서 발견된 것이다.[653] 곽대순(郭大順)에 따르면 이것이 현재까지 중국의 동북 3성 지역에서 발견된 비파형동검 가운데 가장 이른 비파형동검이다.[654]

비파형동검 혹은 요녕식 동검은 칼몸, 칼자루, 칼자루 끝장식의 세 부분으로 조립하게 되어 있는 것이다. 시대가 내려가면서 점차 폭이 좁아지고, 좀 더 직선화되지만 약하게나마 비파형은 그대로 유지된다. 이렇게 직선화되면서 야하게나마 비파형을 유지한 것이 비파형동검보다 조금 늦은 시기에 한반도에서 많이 발견되어 소위 '한국식 동검' 혹은 '세형(歲刑)동검'으로 불리는 것이다. 이것이 비파형동검이 한반도지역에서 지역화된 것이다.[655]

653 遼寧日報 2018, 1,19, 「2017年度 我省重要考古成果發布」

654 중국신문망, 『妖靈北崴遺址出土東北地區年代最早靑銅劍』, 2018. 2.10

655 우실하 『고조선문명의 기원과 요하문명』, 지식산업, 2018, p 577

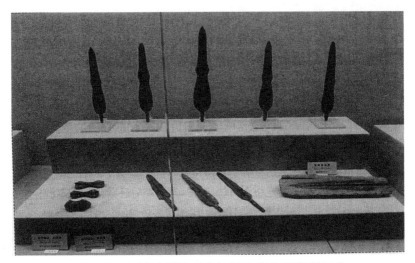

박스중앙에 전시된 비파형동검8개와 거푸집1개 칼자루 끝장식 3개

자료 :우실하 『고조선문명의 기원과 요하문명』, p 581

④ 비파형동검에 비친 단군상

조양시 박물관의 비파형동검 전시 박스 옆에는 비파형동검과 같이 출토되는 투구, 청동단추가 장식된 장화 등을 갖춘 당시의 군장급 인물의 동상이 전시되어 있다. 만일 비파형동검 출토지역을 고조선과 연결시킨다면 이런 모습이 바로 고조선 시기의 군장이나 장군의 모습일 것이다.[656]

그런데 우리나라의 단군영정은 어깨 부분에는 풀떼기를 엮은 것을 쓰고 있고, 허리부분에는 넓은 나뭇잎을 엮어서 돌려놓은 모습이 많다. 고조선의 시작을 비파형동검이 BCE.1000년경으로 보든, 그보다 이른 BCE.2333년으로 보든 상관없이 이 시기는 풀과 나뭇잎으로 장식된

---

656   우실하 『고조선문명의 기원과 요하문명론』 2018, 지식산업, p582

418

옷을 입는 원시시대가 아니다. 단군영정을 마치 문명시대 이전의 원시적 인물처럼 풀과 나뭇잎으로 장식하는 것은 스스로 단군의 위상을 격하시키는 것이다. 이에 비하여 중국의 신화적인 인물들인 황제, 요, 순 등의 그림에서는 모두 면류관 등의 관을 쓰고 각종 장식이 된 옷을 입고 있다.

현재 남겨진 단군영정의 토대가 되는 것은 대종교에서 전해진 것을 바탕으로 하고 있는데, 그 하나는 1908년 12월31일 동경에서 두일백(杜一白)이 나철(羅喆: 1863~1916)에게 전해주었다는 설과 1910년 3월 강원도의 도인 고상식(高上植)이 나철에게 전해주었다는 2 가지 설이 있다.[657]

이 단군영정에서부터 이미 풀과 나뭇잎으로 장식되어 있다. 이것은 현재 대종교 총본사에 모셔져 있는 것과 거의 똑 같은 모습이다. 단군의 영정이 대중적으로 확산된 것은 1920년 4월1일에 창간한 동아일보가 1920년 3월 11일자 1면에 단군영정을 공모하는 기사를 싣고, 음력으로 개천절 1922년 11월 21일자 3면에 단군의 영정을 공개한 것이 큰 역할을 했다. 정부의 공인은 아니지만 공식적으로 「동아일보」를 통해서 공개된 단군영정도 풀과 나뭇잎으로 두른 모습이다. 이것 역시 대종교의 초기 영정과 거의 똑 같다. 대종교와 「동아일보」가 공개한 영정을 바탕으로 해방 이후에는 이곳저곳에서 조금씩 다른 단군영정이 그려졌으나 예전의 모습이 반복된다. 그 가운데 하나가 원광대박물관에 소장되어 있다. 민간의 단군영정(檀君影幀)과는 달리 정부에서는 2점의 표준영정을 공인하였는데, 1949년에 대종교에 전해져오는 '풀과 나뭇잎으로 두른 것'을 단군영정으로 공인하였고, 또 하나는 1978년에 현정회(顯正

---

657   임채우『대종교 단군영정의 기원과 전수문제』선도문화, 제11집, 2011, P 21

會)가 새로 그린 '풀과 나뭇잎이 사라진 것'을 다시 '정부 표준영정'으로 승인하였다. 현재 정부가 공인한 2개의 영정은 전혀 다르다. 1978년 현정회의 단군영정에서부터는 어깨와 허리부분에 걸쳐졌던 풀과 나뭇잎이 사라진 것이다.

남북한은 단군을 공통의 국조로 모시는 단일민족이다. 그러나 현재 남한과 북한에서 각각 2개씩의 공인된 단군영정이 있지만, 남북한의 단군영정은 서로 다르다. 또한 각종 아동용 도서에는 근거도 없는 다양한 모습의 단군이 그려져 있다. 최근 남북한 「단군영정의 통일을 위한 제안」이라는 논문을 통해서 남북한의 통일시대를 준비하는 첫 걸음으로 남북한 학자들의 '남북단군영정 통일사업'을 제안하였다. 결론 부분을 그대로 살펴보면 아래와 같다.

첫째, 단군영정의 존안(尊顔) 모습은 요서, 요동, 한반도 북부지역의 청동기시대 유적에서 발견된 두개골의 평균치를 바탕으로 만들어져야 한다.[658]

둘째 두발과 의복 문제는 각 분야별 학문적 성과를 바탕으로 남북한 학자들의 고증과 의견 검토를 거쳐 통일된 모습을 영정에 담아내야 한다. 참고로 홍산문화 시기부터 이미 신분이 높은 사람은 두발을 위로 올려 정갈하게 정리하였고, 마제형통관을 쓰고 있었다는 점을 기억해 두어야 한다.

셋째 새로운 남북한 통일 단군영정에는 귀고리를 달아야 한다. 귀고리의 모습은 옥결(玉玦)이나 금결(金玦)의 형태일 것으로 본다. 앞서 논의했지만 만주일대에서는 신석기시대부터 남녀가 모두 귀고리를 했었고,

---

658   우실하 『고조선문명의 기원과 요하문명론』 2018, 지식산업, p583

420

북방민족들은 지속적으로 남성도 귀고리 했었으며, 우리나라에서도 선조 5년 (1572년)까지는 남성이 귀고리를 했었기 때문이다.[659]

넷째, 현재 사용되는 단군영정 가운데 어깨와 허리부분을 나뭇잎이나 풀떼기로 장식한 것은 더 이상 사용되어서는 안 된다. 요하문명의 새로운 발견은 단군조선이 건설되는 시기에 이미 발달된 문명사회에 들어섰음을 웅변하고 있기 때문이다.

다섯째 고조선을 '건국'한 단군의 모습은 '늙은 할아버지 모습'이어서는 안 되며, 평상시의 건장한 장년의 모습과 비파형동검을 들고 청동제 투구와 갑옷 그리고 청동제 단추로 장식된 장화를 신고 있는 비파형동검을 든 장군 모습이 가능하다고 본다.

물론 이것은 아직은 개인적인 제안 일 뿐이다. 이후에 남북한이 기존의 단군영정을 만들 때의 기준과 문제점, 단군영정의 통일에 따른 기대효과 등을 면밀하게 따지고 남부간의 관련 전문가들과의 학술회의, 의견교환 등을 통해서 차근차근 단계를 밟아가며 지혜를 모아야 할 것이다.

비파형동검이 1개 출토된 것과 이것을 만드는 거푸집 1개가 출토된 것은 큰 차이가 있다. 거푸집이 출토된다는 것은 그 지역에서 비파형동검을 제작했다는 것을 의미하며 비파형동검을 만드는 거푸집은 조양시박물관 뿐만 아니라 오한기박물관에도 비파파형동검 2개와 함께 전시되고 있고, 오한기의 신주박물관은 오한기박물관보다도 더 규모가 큰 개인 박물관인데 여기에는 비파형동검이 그대로 들어있는 거푸집도 전시되어 있다. 비파형동검은 적봉, 조양, 오한기를 잇는 지역은 청동기시

---

659   우실하 『고조선문명의 기원과 요하문명』 2018 지식산업, p 583

대 유적이 매우 밀집되어 있는 '청동기시대 유적지의 최대 중심지'였다. 이에 대해서 앞에 보여준 청동시대의 유적 분포도를 참고하기 바라며, 결국 이 지역은 비파형 동검을 비롯한 각종 청동기를 제작했던 '초기 중심지'였던 것이다. 이 지역은 단군조선의 초기 중심지였을 가능성이 높다고 본다.[660]

우리나라의 단군영정

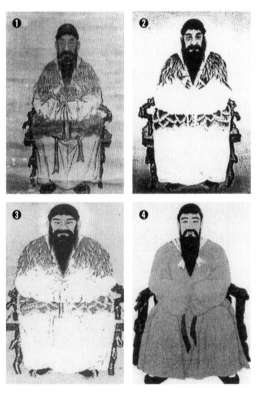

❶ 대종교에서 전해왔다는 영정(부여박물관) ❷ 광복이후의 영정(원광대 박물관)
❸ 대종교의 정부공인진영(1949년) ❹ 현정회공인영정(1978년)

자료: 고조선기원과 요하문명론, p 585

---

660   우실하 『고조선문명의 기원과 요하문명』, 2018, 지식산업, p 586

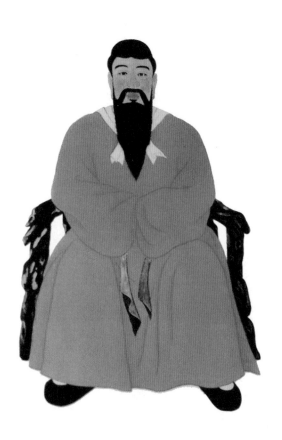

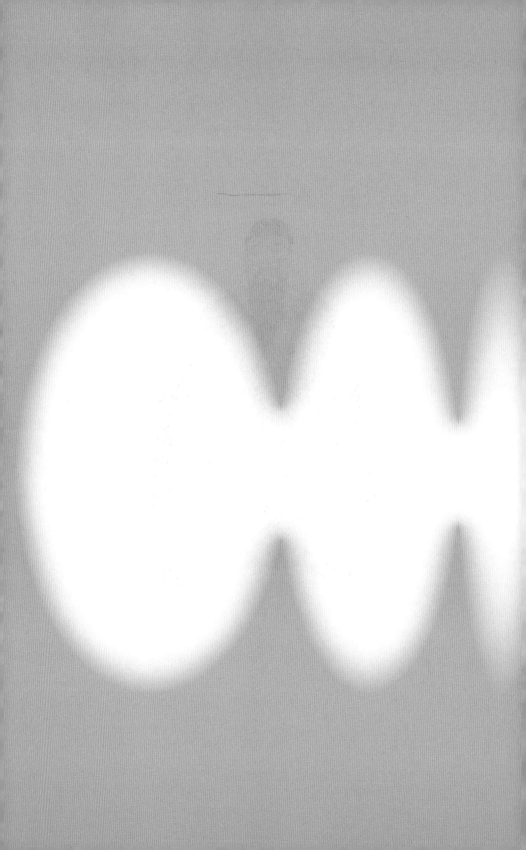

VIII

홍산문화와
춘천
중도유적

1

춘천 중도유적 및
주변 선사유적 분포현황

　강원도 춘천시 중도에 위치하는 중도유적은 1970년대 후반에 그 존재가 알려졌으며, 1980년 국립중앙박물관에 의해 중도 1호 주거지가 조사된 이래 지표조사와 발굴조사가 10여 차례 이상 진행되어 신석기시대부터·청동기시대·철기시대·삼국시대 유적이 확인된 통사적(通史的)으로 관통하는 유적이다. 즉 한국 고대사를 관통하는 중요한 역사의 축소판이나 다름없다. 특히 청동기시대 최고의 마을 유적이 주로 분포한 것으로 알려졌다. 최근의 고고학 조사에 의하면 신석기시대 후기에 서해안 수위 상승으로 한강 하류지역에 물이 차기 시작하면서 서울지역을 포함한 한강 하류의 인류가 지대가 높은 한강 중,상류 지역인 춘천지역으로 이동해 생활하면서 청동기시대의 사회집단을 형성한 것으로 추정되는 매우 중요한 유적이다.[661]

661　이형구 『춘천 중도 유적의 학술적 가치와 성격규명을 위한 학술회의』 논문집 2020. p115

춘천 고인돌 및 청동기 유물현황도

춘천 중도 및 주변지역 선사유적 분포현황도

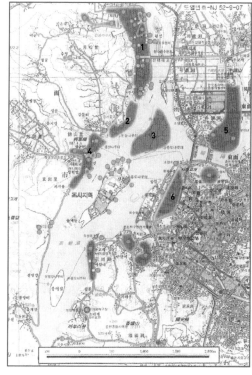

1	신매리 유적
2	금산리 유적
3	상중도 유적
4	현암리 유적
5	우두동 유적
6	근화동 유적

2

중도유적의 발굴현황

　춘천중도유적은 1980년부터 1984년까지 국립중앙박물관에서 5차례 걸쳐 발굴해 270여 기의 유구를 확인하고 중도발굴보고서를 5권이나 내 놓은 유적이다. 이외 1980년대에도 270여 기의 유구가 발굴 조사되었고, 2010년에는 소위 "4 대강 살리기 사업"에 따른 발굴조사에서도 200여 기의 유구가 발굴 조사되기도 했다. 2013년부터 시작된 레고랜드사업부지 내 1단계 발굴조사에서 1400여 기의 유구가 발굴되었고, 2011년 2단계 개발국 조사에서도 650여기의 유구가 발굴되었다. 마지막 단계 발굴에서는 1430기가 조사되었다. 이와 같이 레고 랜드 조성예정 부지내에서 총3000여기의 유구가 발굴조사 된 것이다.

중도유적 발굴현황

조사대상 : 565,250㎡(49,6%)	제외지역: 574,923㎡(50.4%)	비고
－ 시굴 : 122,025㎡(10.7%) － 발굴 : 443,225㎡(38.9%) 　1 단계 : 203,127㎡(17.8%) 　2 단계 : 240,098㎡(21.8%)	－ 보전지역(A, C) : 82,400㎡(7.2%) • 적석총 지대(A) : 20,900㎡(1.8%) • 보존지역(C) : 61,514㎡(5.4%) － 자연습지(B) : 112,400㎡(9.9%) － 기타(D. B) : 389,109㎡(33.3%) • 문화재 미 발굴(D) 및 발굴조사 　유보(E)	총면적: 1,140,173㎡ (100%)

중도 로고랜드 개발 계획도

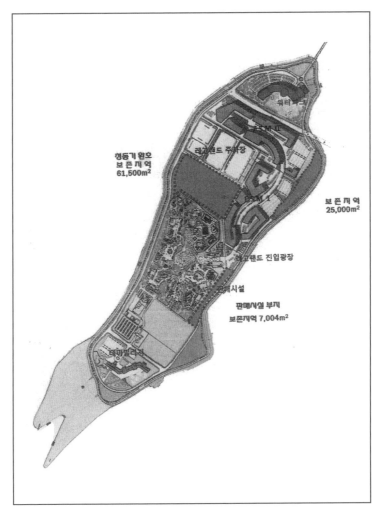

워터파크

존 M Ⅱ

레고랜드 주차장

행등기 완오
보 존 지 역
61,500m²

존 M Ⅰ

보 존 지 역
25,000m²

레고랜드 진입광장

판매시설

판매시설 부지

보존지역 7,004m²

테마갤러리

자료: 춘천중도유적 학술논문, p 125, 중도문화– 춘천중도유적 p 19

1) 문화재정밀발굴조사 현황

- 발굴기간 : 2013. 4.25 ~ 2015.12.10.
- 대상면적 : 총 443,225 ㎡(1단계 203,127㎡, 2단계 :240,098㎡)
- 조사기관: 5개 기관(한강 고려, 예맥, 한백, 한얼)
- 1단계 : 유구(종류별)조사현황(2015. 6월 기준)

	주거지	수혈	환호	고상식 건물지	분묘	주구	구상 유구	경작 유구	계	비고
1단계	882	360	1	9	98	1	8	8	1,367	경작유구는 기관별 중복있음
2단계	178	94		3	33	3	29	5	345	

2) 유물별 발굴현황

금속	옥석유리	토도	골각	소계	비고
14	3,025	2,026	2	5,067	유물수량은 추후정리후 변동 있음

3

중도유적의 발굴상 특성

2013년부터 2017년까지 중도 레고랜드 부지 240980㎡를 발굴한 결과 청동기시대의 방어시설인 둘레 400m 크기의 환호를 비롯한 청동기시대의 주거지·고상가옥·저장 구덩이·경작지 등 3000여기의 유구와 160여기의 돌무덤이 확인되었다. 이들 유적에서는 비파형동검과 선형동부, 옥착(玉鑿), 옥부(玉斧) 등 청동기시대(고조선시기) 지배층의 유물이 약 1만점의 석기·토기와 함께 출토되었다.

1) 신석기~청동기시대 유구

대체적으로 시대 미상의 구상유구로 보고되어 왔는데, 하·중·도의 중앙부를 중심으로 거의전역에 분포하고 있다. 암묵적으로 청동기시대 가장 이른 시기의 유구로 취급하고 있으나, 구체적인 어떤 면에서 경작유구인지 설명이 결여되어 있다. 춘천 천전리 유적의 것은 발표자가 당초 청동기시대 수전에 형성된 논둑의 흔적으로 보았던 것이다. 이는 보고서의 오독으로 판단된다. 이것이 경작유구라면 적어도 경작면이 어디를 말하는지 직시되어야 하고, 가장 기본적인 경작면에 대한 설명이 결여되어 있다. 소위 흑갈색 구(溝)로 구분된 평면단위가 무엇을 의미하는지, 식물고고학 측면에서 어떠한 증거가 보이는 설명이 필요하다. 토층의 층위를 보면 "(청동기 유구 형성층)-구지표층2-초기삼국 및 청동기 분묘 형성층-구지표층1-삼국시대 분묘 및 경작유구 형성층"으로 설명하고 있다. 그런데 중도 유적의 최대 발굴 성과인 생활공간과 매장공간이 구분되어 확인한 것으로 알려져 있다. 적어도 층위설명에 의하면 생활공간과 매장공간은 층위 설명에 의하면 형성시기의 차이가 있다.[662]

2) 주거지 및 환호(環壕)

한국에서도 농촌지역의 행정 최소단위인 리(里)를 이루는 시골마을은 대부분 50~60호 정도에 불과하다. 중국의 소하서문화(BCE.7000~BCE.6500) 취락유적에서는 아직 발견되지 않았다. 이른 밀집취락이 있었기에 이를 둘러싸는 환호로 이어지는 흥륭와문화(BCE.6,200~BCE.5,200)의 특징인 시기에는 120개의 방이 환호로 둘러싸인 동북아 최초의 환호취락으로 중국인들은 화하제일촌(華夏第一村)=중화원고제일촌(中華遠古第一村)이라 명명하였다. 중도유적(中島遺迹)에서 1000여[663]기의 주거지가 발굴되었는데 대부분 청동기유적으로 우리나라 단일구역내 발굴된 최대의 유적으로 세계적으로도 그 유례를 찾아보기 어려운 유적이다. 중도유적에서 1000여기의 주거지가 발굴되었는

---

662 이형구『춘천 중도유적의 학술적 가치와 성격규명을 위한 학술회의』2020, 학연사, p31

663 브라이언 페이건, 남경태 옮김『기후 문명의 지도를 바꾸다』씨마스21, P 197~199
고대기후에 대한 확실한 정보가 없다. 소빙하기가 끝나고 최초의 거주지가 등장한 것은 BCE.5,800년경이었다. 수백 년이 지나면서 소규모 농촌공동체의 집단을 이루고 그 중심에 하나의 대규모 정착촌이 생겨났다. 최초의 이주가 일어난지 600년이 지나 BCE.5,200년경 그 중 가장 큰 도시는 면적 약10ha에 달했고, 가옥수는 2,500채 인구는 4,000명이었다. 인구 대부분은 다른 사람들이 생산한 식량으로 살았다.

데 이들 주거지 가운데 2/3 가량은 청동기 중후기의 주거지로 분류하고 있다. 청동기 중·후기의 인구가 650가구의 인구밀도를 가정할 때 한가옥에 3대가 1가구당 8~10명이 살았다고 보면, 중도에 대략 5200~6500명의 거주한 셈이다. 그러나 이번에 발굴한 면적은 중도전체의 1/6정도에 불과하다. 중도전체면적을 상상해볼 때 이보다 많은 인구를 가정해 할 수 있을 것이다. 청동기시대에 중도에 적어도 5000명이상의 주민이 거주했던 청동기시대의 대도시이다. 또 이는 삼한시대(三韓時代)에 인구는 2500~3500명이면 한 나라의 구성원과 같다고 하였다.[664] 중도유적은 삼한(三韓)시대보다 천년가량 앞선 시기이다.

그리고 이렇게 큰 대형도시가 건설되었다면 그 실체는 무엇인가? 우리는 이를 군장사회를 넘어 초기국가단계사회에 도달하지 않았을까 추측해보는데 그것이 바로 고조선시기의 정치집단의 실체일 수도 있을 것이라 추측해 본다.

환호(環壕)[665]는 중도유적의 중앙에 약간 북쪽에 분포되고 있는 주거지 밀집지역의 주거지가 앉은 위치가 전면을 모두 동남향으로 배치돼 있고, 또한 질서정연하게 계획된 포국(布局)이 마치 기획도시(企劃都市) 같은 느낌을 준다. 그리고 주거지 밀집지역의 중심구역에서 둘레가 400m (내부 면적 1만㎡)나 되는 방형 환호가 발굴되었다. 환호는 마치 성곽의 해자(垓子)처럼 긴 도랑을 파서 경계를 이루고 있지만, 한편으로는 짐승이나 적의 침입을 막기 위한 방어용(防禦用)시설이다. 주거지 밀집지역의 중심구역에 둘레가 404m(내부면적 1만㎡)나 되는 네모난 형태의 방형 환호(環濠)가 발견되었다.[666]

664 이형구 『춘천중도의 고대 공동체사회』 한국고대사 탐구. 2015, P 406~408

665 흥릉와문화 시기부터 등장하는 환호취락은 이후 홍산문화 등으로 여러 곳에서 발견된다. 흥릉와문화의 취락유적은 주거지 주변을 감싸는 도랑인 환호가 있는 환호취락(環壕聚落)과 환호가 없는 비환호취락 두 종류가 있다.

666 이형구 『춘천 중도유적의 학술적 가치와 성격규명을 위한 학술회의』 2020, 학연사, p 72

방형환호를 두른 중심구역 안에서 발굴된 주거지(E구역 40호)에서는 우리나라 청동기시대의 대표적인 유물인 이른바 비파형청동단검(비파형동단검)[667]이 석제 검파두식(劍把頭飾)과 함께 출토되었고, 대형 장방형주거지(E구역 37호)에서는 청동도끼와 청동제(銅斧)와 검파두식이 출토되었다. 그리고 초대형 장방형 주거지(E구역 459호)에서는 옥부(玉斧)와 옥착(玉鑿) 등 의례기(儀禮器)가 출토되었다고 하는 사실은 더욱 지배자의 신분을 잘 나타내고 있다.[668] 환호는 중심취락을 에워쌓아 방어용으로 조성되었으며 그 안에는 지도자급의 주거지를 비롯해서 창고, 제작소(무기및 공구), 대형건물, 공공장소, 제의장소, 특별시설물 등 일정 공간의 범위 구획이 다른 공간 또는 경계하는 시설을 갖추고 있는 중도유적의 환호는 정치 경제의 핵심지대인 성읍(城邑)을 형성하고 있다.

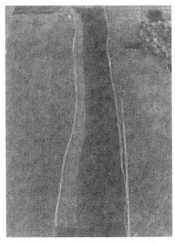

| 춘천중도 B 구역 환호3구간 전경 | 진주 옥방1지구 이중환호 전경 |

자료: 춘천중도유적 의 학술적 평가와 성격규명을 위한 학술회의 P 73

---

[667]　후기 청동기시대 하가점상층문화(BCE.1,500~BCE.300) 이 시기에는 비파형동검이 출토되는 시기로 한국학자들이 고조선과 연결시키고 있다.

[668]　이형구 『춘천 중도유적의 학술적 가치와 성격규명을 위한 학술회의』 2020, 학연사, p 73

3) 토기

중도유적의 발굴조사자는 "돌을 띠 새김무늬인 각목돌대문(刻木突帶 紋)토기가 출토된 주거지는 BCE.11세기 이전 청동기시대의 가장 이른 단계에 속한다".고 하였다. 그리고 "C구역 20호 주거지에서 출토된 둥근 바닥 바리모양의 원저 심발 형(圓底深鉢形)토기는 신석기시대에서 청동기 시대로 넘어오는 전환기를 보여주는 중요한 유물이다".고 하였다.[669] 이 와 같은 유형은 신석기시대로부터 청동기시대로 넘어가는 과도기[670]의 유형이다. 춘천 천전리, 적석식 고인돌무덤(지석묘)에서 출토된 토기의 구연부(아가리부분)에 빗살무늬[671]가 시문(施紋)된 토기편이 수습된 것으 로 미루어보아, 천전리 토기는 신석기시대에서 청동기시대로 이행하는 과정을 밝힐 수 있는 좋은 자료이다.

소하서문화(BCE.7000~BCE.6500)는 지금으로부터 8000년 전 경에 빗 살무늬토기가 제작되었다. 발해연안에서 이른 시기 빗살무늬토기가 출 토되는 유적으로는 발해연안 서부의 황하 하류의 자산(磁山)·배리강 (裵李崗)문화, 북부의 대릉하(大陵河)상류의 사해(査海)·흥륭와(興隆窪) 문화 그리고 요하 하류의 신락(新樂)문화, 요동반도 광록도 소주산(小 珠山)하층문화, 압록강 하류 단동 후와(後窪)문화가 있다.[672] 발해연안

669 이형구 『춘천 중도유적의 학술적 가치와 성격규명을 위한 학술회의』 2020, 학연사, p 75
670 과도시기(過渡時期)는 해수면의 상승으로 신석기시대에서 청동기시대로 넘어가는 시기에는 인류 들이점점 산으로 올라가서 살게 되면서 태토(胎土)가 거칠고 나빠져 토기제작에 사용된 흙이 부 드럽지 않고 거칠고 모래가 많이 섞여 빗살무늬를 새기기가 힘드니까 구명(孔列)을 뚫던가, 아니 면 짧은 선(短斜線)으로 장식하게 되는 것이다. 구멍이나 단사선도 무늬라고 할 수 있다. 이 시기 를 과도시기라 부를 수 있다. 과도기가 지나면 무늬가 하나도 없는 토기가 많아진다. 그래서 이 시 기를 무문토기(無文土器)시대라고 부르고, 이 시기가 바로 청동기시대이다
671 우실하 『고조선문명의 기원과 요하문명』 지식산업, 2018, P206
소하서문화 토기를 보면 모래가 섞인 협사(夾砂)토기가 주를 이루는데 전형적인 무늬가 없으며 흥륭와 토기에 비해 1.5배 정도 두껍고, 부가 퇴문, 와점문, 엽맥문, 단사선문, 지갑문 등이 있고, 연속된 단사선문의 토기는 최초의 빗살무늬토기라 할 수 있다.
672 이형구 『발해연안문명』 2015, 상생출판사. P 78~124

의 빗살무늬토기의 발생은 대략 BCE. 6000~5000년경으로 이 시기는 BCE.5000~4000년경에 출현하는 시베리아(Siberia)의 빗살무늬토기보다 무려 1000년 이상이나 앞선다. 뿐만 아니라 시베리아의 빗살무늬토기는 무늬를 새기는 방법이나 그릇모양이 발해 연안의 빗살무늬토기와는 계통이 서로 다르다. 혹자는 청동기시대 문화의 주요 특성인 무문토기도 그것을 만들어 사용하던 사람들이 시베리아로부터 한반도에 이주해 와 신석기시대 사람들을 몰아내고 한반도에서 살아왔다고 하였다.[673] 그러나 발해연안과 한반도에 살던 인류들은 신석기시대부터 기후와 자연환경에 적응하면서 토기와 석기 등 생활도구를 만들어 사용하였던 사람들이다.

4) 청동기

E구역 비파형동검(ⅡB유형 40호 방형주거지(E-40)의 에서 검신 전단부가 두 토막으로 출토되었다. 불에 탄 주거지의바닥면에서 출토되었는데 검신의 전단부가 두 조각으로 부러져서 발견되었다. 봉부에서 결입부 중단까지 남아있다. 잔편 길이는 14.5㎝이고, 돌기부는 폭 2.6㎝이다. E구역 ⅢA유형 37호장방형주거지에서 선형동부(扇形銅斧) 1점이 출토되었다. 불에 탄 주거지의 바닥에서 공부(銎斧)내에 소량의 탄화목(炭化木)이 남아있는 상태로 출토되었다. 그리고 부근에서 금속제 검파두식(劍把頭飾)이 출토되었다. 비파형동검(ⅡB유형 40 방형주거지)과 선형동부(扇形銅斧)

---

673 김원룡 한국고고학개설』. 일지사 1973, p 62~63

김정배 『한국민족문화의 기원』 고려대출판부, 1973, p 210

이 부분에서는 고대사에 저명한 역사학자들의 역설이지만. 최근의 요서지역의 고고학의 유물, 유적의 발굴이 제대로 정리되지 않은 상태에 대한 결과로 보아야 할 것이다. 앞으로 문명의 고대사는 세계적으로 개편작업이 이루어져야 할 것이지만, 세계문명사의 발달과정도 새로운 작업이 이루어져야 할 것이다. 앞의 본문과 서로 모순된 이야기를 보여주고 있다.

(ⅢA유형주거지 출토)가 각각 다른 유형의 주거지에서 출토되는 것이 특징이다. 이번에 중도유적에서 출토된 비파형동검이 1938년 춘천부근에서 출토된 비파형동검의 검엽부와 유사하다.[674] 최근 춘천시 우두동 석관묘에서 비파형동검의 등대 부분만 남아 있는 이색적인 동기 1점이 검파두식, 양익형(兩翼形) 2단경(段莖) 동촉 등 수점의 동기와 함께 출토되었다.[675] 발굴자는 비파형동검을 재가공해서 사용했을 것이라고 한다. 강원도 홍천 방량리에서도 비파형동검의 봉부가 수습되었다는 사실은 매우 큰 의미가 있다. 홍천지역은 구석기시대로부터 신석기시대, 청동기시대, 철기시대, 삼국시대로 이어지면서 춘천지역과 동일문화권을 형성하고 있다. 일반적으로 비파형동검을 언급하게 되면 학계에서는 바로 고조선의 문화로 추정하고 있다. 지금까지 비파형동검은 적석총이나 석곽묘, 석관묘, 지석묘 등 돌무덤에서 출토되었는데 중도유적에서는 주거지(방형)에서 출토되었다고 하는 점이 특징이다.[676]

중도지석묘에서 수습된 비파형동검은 청동기시대 중기의 특징을 가지고 있다. 조사자는 "돋을 띠 새김무늬(각 목돌대문토기)가 출토된 집터는 BCE. 11세기 이전, 청동기시대의 가장 이른 단계에 속하며 BCE. 9~6세기 장방형주거지가 다수 확인되고 있다."고 하였다. 춘천지역에서 고조선시기의 전형적인 비파형동검과 청동기유물이 주거지와 석관묘와 고인돌 무덤에서 출토되었다. 춘천지역 일대에서 전형적인 비파형동검이 6점이나 출토되었는데, 이는 우리나라에서 가장 집중적으로 출토되고 있다. 특히 이 점을 주목해야 할 것이다.

---

674   김정배 『한국민족문화의 기원 』 고려대학교 출판부,1973. P 210

675   국립중앙박물관『한국의 청동기문화』 범우사, 1992, PL29-3
       국립춘천박물관 『강원 고고학의 발자취』 2004. P 23

676   이형구 『춘천 중도유적의 학술적 가치와 성격규명을 위한 학술회의』 2020, 학연사, p 79

5) 석기(石器)와 옥기(玉器)

① 석기

Ⅰ유형주거지에서 출토된 석기로는 석부, 석도, 석검, 지석, 연석, 방추차 등이 있다.

Ⅱ유형 주거지에서 출토된 석기로는 석부(蛤刀, 柱狀扁刀, 有溝), 석도(魚形·舟形) 일체형석촉, 석검, 석착, 지석, 연석, 방추차 등이 있다.

Ⅲ유형주거지석기로는 석부(蛤刀, 柱狀扁刀·有溝), 石刀(魚形·片舟形), 서촉(일단경식·일체형) 석촉, 석검, 석창, 석착, 지석, 연석, 방추차 등이 있다.

Ⅳ유형 주거지에서 출토된 석기로는 석부, 연석, 미완성석기 등이 있다. Ⅳ유형의 출토된 석기류의 유물은 미완성 석기, 격지, 방추차, 합인·편인석부, 고석, 지석, 연석 등이 출토되었으나, 미완성석기의 출토량이 다수를 차지한다.

E구역 ⅢA유형 37호 장방형 주거지에서 선형동부, 검파두식과 함께 한 무더기의 일단경식 석촉과 일체형 석촉이 출토되었다. 청동기류의 출토 예로 미루어 보아 상당히 지위를 가지고 있는 인물의 주거지로 추정된다. E구역 ⅢB유형 455호 세장방형 주거지에는 점토다짐토와 노지와 연접해서 작업공간으로 추정되는 수혈구덩이가 확인되었는데, 내부에서 작업대로 추정되는 割石을 비롯하여 미완성(未完成)석기 편들과 미상석기들이 그대로 놓여 진 상태에서 노출되었다. 이 주거지는 아마 비교적 규모가 큰 작업장으로 추정된다.

Ⅰ.Ⅱ.Ⅲ유형에서는 農耕道具와 가공도구가 출토되는 것으로 보아 일반주거지로 추정되며, Ⅲ유형주거지와 Ⅳ유형주거지는 작업장으로 추정된다.[677]

---

677   이형구『춘천 중도유적의 학술적 가치와 성격규명을 위한 학술회의』2020, 학연사, P 79

② 玉器

A구역의 9호 묘역식 지석묘에서 원형 소옥한 점이 출토되었다. 그리고 C구역 묘역식 석관묘에서 이식(耳飾)으로 판단되는 반원형 형태의 옥 2점이 출토되었다. E구역의 Ⅰ유형의 469호 장방형주거지에서 옥부(玉斧)와 옥착(玉鑿)이 출토되었다. 장축 19~20m 내외의 초대형 주거지이다. 옥착은 옥월과 같이 쓰일 수도 있다. 부(斧)와 월(鉞)은 작은 토끼와 큰 도끼를 말하는 것인데, 고대사회에서 임금이 지방행정관이나 출정(出征)하는 장군에게 내리는 권위의 징표이다. 옥부나 옥월은 고대사회에서 최고책임자급의 인물이 소지하는 상징적 의례용례기(儀禮用禮器)이다. 이런 옥기들이 출토된 초대형 주거지는 이 지역의 최고책임자급의 주거지가 아닌가 추측된다.[678]

중도유적의 주거지와 무덤에서 옥부와 옥착, 관옥, 소환옥, 곡옥 등 옥기류들이 출토되고 있다는 사실은 고조선시대 인류들의 영생불멸(永生不滅)신앙을 짐작할 수 있다. 그리고 옥을 숭상한다면 이는 영생불멸의 신앙적(信仰的) 요소를 갖춘 종교(宗敎)와 일정한 관계가 있다고 볼 수 있다.

③ 고인돌무덤(지석묘)[679]

청동기시대의 고인돌무덤이 춘천지역은 매우 독특하고 고대문화 중심지역으로 소위 북방식과 남방식이 함께 공존하고 있지만, 한편 묘광

---

678 이형구『춘천 중도유적의 학술적 가치와 성격규명을 위한 학술회의』 2020, 학연사, P 80
679 박용숙『한국고대미술문화사론』 1992, 일지사 P 299.
지석은 옛날 麻姑할머니의 집이라는 것이다. 그러나 전설은 지방에 따라 다소의 차이가 있으나 성주, 강동지방서의 소문은 마고할미를 위해서 장수들이 만들어 준 것이라 하며 陽德郡 文興里民은 마고할미 자신이 將帥이어서 자신이 그 大石을 運來建造한 것이라 하였고, 孟山邑民의 所說은 마고할미는 극히 인자한 이라 貧寒한 사람들에게 저고리를 벗어주고 치마를 벗어주고 고의도 벗어주고 나중에는 속옷까지 주었으므로 赤身으로 나다닐 수가 없어서 부끄러우니까 支石을 만들어 그 속에 蹲居한 것이라 하였다. 황해도 봉산지방의 전설은 마고할미가 그 扁平石을 一枚는 頭上에 이고, 一枚는 兩脇에 一枚씩 끼고, 一枚는 잔등에 지고 와서 건조한 것이라 한다.

을 덮고 그 위에 덮개돌을 덮는 개석식(蓋石式) 혹은 적석식(積石式)이라고 하는 고인돌무덤(지석묘)이 사용되고 있다. 이는 중도에서 이번 발굴을 통하여 많이 들어난 묘제(墓制)로 적석식 고인돌무덤은 중도유적을 대표하는 문화유형이다.[680]

춘천 천전리 지석묘   춘천 중도유적의 묘역식 지석묘

자료: 이형구 『춘천 중도유적의 학술적 가치와 성격규명을 위한 학술회의』 2020,학연사, P 80

대표적인 형태를 보면 적석식 고인돌무덤과 함께 분포되고 있는 묘제로 석관묘라고 하는 단독형 무덤이 있고, 석관묘에 돌을 덮은 적석식 석관묘가 있고, 판석이나 돌로 묘곽을 만들고 주변에 돌을 덮은 적석식 석관묘가 있다. 고고학에서 이런 형식을 묘역식 고분 또는 묘역식 지석묘라 한다. 이는 중도의 사회집단의 묘제이다.

680   이형구 『 춘천 중도유적의 학술적 가치와 성격규명을 위한 학술회의』 2020, 학연사, P 80

중도C구역의 방형 적석총(수장급무덤)이 철거되기 전의 모습

중도유적내 묘역식 고인돌무덤(지석묘)군이 철거되기 전 광경

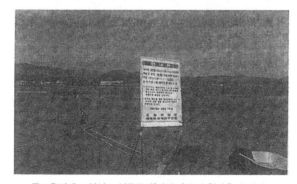

중도유적내 묘역식 고인돌무덤(지석묘)군이 철거후의 장면

중도유적과 홍산문화(紅山文化)
유적과의 관계

1) 대능하유역의 적석총 및 석관묘의 성격

중국 요령성 조양시 대능하유역의 우하량 적석총안에 수십기의 석관을 안치하고 있다. 그리고 三官甸子 석관묘와 호두구(胡頭溝) 석관묘의 외부 둘레에는 석장(石圍圈)을 축조하고 있다. 이와 같은 구조는 석실을 보호하는 역할과 성역화하는 역할을 겸하고 있기 때문에 앞서의 우하량적석총의 적석 외곽과 일맥상통한다고 볼 수 있다. 그리고 석관묘 또는 적석총의 주변이나 상층부에 석장을 시설하거나 적석 구조를 갖추는 형식은 동북아의 석묘문화(石墓文化)에서 흔히 볼수 있다.[681]

그리고 이들 적석총에서 특히 주목되는 것은 수장유물 이외에 적석총의 상부와 석관묘의 상부 및 석장에서 채도 또는 홍도계의 무저 혹은 유저(有底) 원형통기가 출토되고 있다고 하는 점이다. 이는 매우 특수한 장속으로 발해연안의 홍산문화에서 보이는 특유의 묘제로 모종의 제

---

681   이형구 『춘천 중도유적의 학술적 가치와 성격규명을 위한 학술회의』 2020, 학연사, P 82

사와 관련이 있지 않을까 생각된다.[682] 이와 같은 특수한 묘제는 이후에
출현하는 동북아의 고대묘제와도 어떤 관련이 있을 것으로 생각된다.[683]

중국학자들은 이 분묘들을 BCE.3000년 경으로 추정하공 있으며,
이 적석총 사회를 '국가단계의 사회'라고 규정하고 있다.

2) 요동반도의 적석총

발해연안 북부 대능하유역의 우하량 적석총과 호두구(胡頭溝)묘지의
석관묘는 발해연안 동부요동반도의 적석총에 이어지고 있는데 이 시기
에 중국 산동반도의 용산문화시기에 해당하며,요동반도의 문화유형으
로는 소주산 상층문화시기에 속한다. 그리고 우하량과 호두구 '수립체
성석관'은 홍산문화 이후에 나타나는 초기청동기시대의 문화인류형인
하가점하층문화에 이어지는데, 그 대표적인 예가 대능하중류 풍하문화
(豊下文化)의 석관묘, 오한기(敖漢旗) 범장자(范仗子) 석관묘 및 하북성 당
산시 소관장(小官莊) 석관묘이다. 또한 하가점하층문화의 다음단계인 중
기 청동기시대의 하가점상층문화에서 크게 유행하였다.[684] 호두구묘지
에서 찾아볼 수 있는 주목할 만한 사실은 홍산문화시기의 석관묘(M1)
의 바로 윗층에서 한반도(韓半島)를 포함한 발해연안에 보편적으로 분포
되고 있는 전형적인 비파형청동단검[685]을 출토한 석관묘(M2)가 발견되었

---

682 紅山文化는 발해연안 북부, 중국 요령성 서북부와 내몽고 동남에 분포하고 있는 신석기시대 중,
     후기 문화이다. BCE.3,500~BCE.2,500년 문화로 石墓와 祭壇과 神殿이 특징이다.
683 원통형기(圓筒形器)는 뒤늦은 시기이지만 우리나라에서는 최근에 한강유역의 백제초기의 몽촌
     토성(夢村土城)에서 발견된 바 있고, 日本에서는 고분(古墳)시대의 大型古墳에 副葬하는 圓筒形
     植輪(하니와)이 있다.
684 이형구『춘천중도유적의 학술적 가치 및 성격규명을 위한 학술회의』2020, 학연사, P 82
685 이형구『춘천중도유적의 학술적 가치 및 성격규명을 위한 학술회의』2020, 학연사, P 82 주)
     비파형청동단검(琵琶形靑銅短劍)은 흔히 靑銅短劍이라고도 하고, 遼寧式銅劍 또는 滿洲式銅
     劍이라고도 한다. 이 靑銅短劍은 청동기시대중엽에 湯海沿岸 북부와 동부 및 한반도에 분포하
     고 있는 발해(渤海)연안의 독특한 靑銅兵器이다. 이들은 석관묘(石棺墓)나 석곽묘(石槨墓)에서
     출토되고 있는데, 이를 靑銅短劍墓라고도 칭한다.

다고 하는 사실이다.

BCE.3,500년경의 홍산문화시기로부터 다음 시기의 청동기시대에 걸쳐 하가점하층문화와 하가점상층문화에서 크게 유행한 석관묘(혹은 석곽묘) 같은 시기에 요동반도를 비롯하여 송화강유역의 서단산(西團山)문화[686]와 두만강유역의 소영자(小營子)문화에서 크게 유행하게 되고 이어서 한반도에서도 계속 유행한다. 한반도의 적석총으로는 황해도 봉산군 침촌리(沈村里) 적석총 및 강원도 춘천시 천전리 적석총을 들 수 있다. 천전리 적석총에서는 마제석촉·벽옥제관옥 및 적갈색무문토기 등이 발견되었다. 특히 석촉과 관옥은 침촌리 적석총에서도 발견되고 있어 매우 주목되고, 이와 같은 축조방법과 形制는 대능하유역의 적석총이나 요동반도의 적석총과 일맥상통하고 있음을 알 수 있다.

우하량(牛河梁)유적의 홍산문화에서 보이는 양상과 매우 유사하고, 우하량의 유적을 중국학자들은 이 분묘들을 BCE.3000년경으로 추정하고 있으며 이 적석총 사회를 '국가단계의 사회'라고 규정하고 이를 방국(邦國)이라고 하였다.[687]

중도유적이나 남강유적의 적석유구(지석묘)와 석관묘, 석곽묘 등 돌무덤의 형태나 구조면에서 발해연안 북부 중국 요령성 조양시 우하량유적

---

686 이형구『춘천중도유적의 학술적 가치 및 성격규명을 위한 학술회의』2020, 학연사, P 83 주)
서단산(西團山)문화는 발해연안동북부 동요하와 송화강 상류사이의 장춘(長春)·길림(吉林)지구에 주로 분포하고 있다. 서단산은 길림시 남 2.5㎞ 지점의 작은 산구릉에서 발견된 청동기시대의 유적을 일컫는다. 이는 석관묘를 대표적인 특징으로 하고 있다. 서단산문화의 석관묘는 비교적 높은 산능선 위에 위치하고 있는데 그 축조방법은 土壤을 파고 돌과 石板으로 石棺을 쌓는 이른바 첩체석관묘(疊砌石棺墓(疊砌墓)와 수립체성석판법(堅立砌成石板法)(립체묘(立砌墓)이 있다. 첩체석관법은 한 면을 다듬은 할석(割石)으로 석관을 쌓아올리는 방법이고, 견립체성석판법은 돌과 석판을 세워서 석관을 조립하는 방법을 일컫는다.
687 이형구『춘천중도유적의 학술적 가치 및 성격규명을 위한 학술회의』2020, 학연사, P 85
곽대순『홍산문화』문물출판사, 2005, P196

444

의 적석총 석곽묘 석판묘 등 홍산문화의 돌무덤에서 보이는 양상과 매우 유사하다는 사실을 알게 되었을 뿐 아니라 이들은 동일계열의 문화권이라고 하는 사실을 알게 되었다. 우리는 흔히 문화의 동질성과 민족의 동질성은 서로 통한다 말한다.[688]

대릉하 유역에서 한반도에 오기까지는 요동반도와 길림지방을 거쳐야하고, 대릉하 유역에서 한반도로 바로 전파되었다고 보기에는 하기보다는 요동반도를 거쳐서 한반도에 이르게 된다.

중도는 고고학상으로는 청동기시대로 편년되고 있으나 역사적 편년으로는 고조선시기로 이는 어쩌면 우리가 잊고 있었던 고조선시기의 하나의 실체일 수 있다.

고인돌무덤(지석묘)

---

688   이형구 『발해연안 한국고대사의 비밀』 2004, 김영사, p 95~102

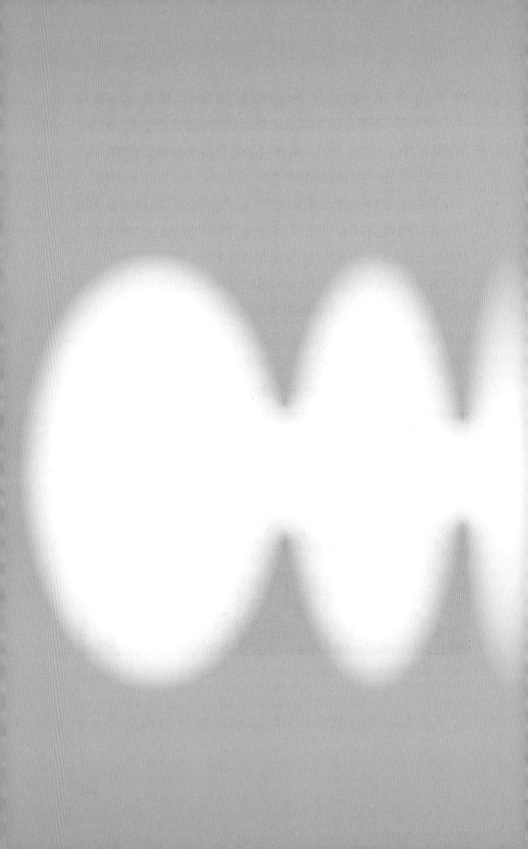

IX

나가는 말

1

중국의 역사전쟁과 위조
그리고 동북공정

    중국은 이미 하상주단대공정(夏商周單大工程, 1996~2000)을 통해서 중국의 고사서 『위지(魏志)』에서 밝힌 BCE. 2333년 단군시대의 역사보다 약 300년 늦은 하나라(BCE.2070) 상나라(BCE.1600), 주나라(BCE.1046)의 역사시대를 복원하였고, 이 공정을 성공적으로 끝낸 중국의 사회과학원은 후속작업으로 2000년부터 중국문명탐원공정(中國文明探原工程)을 진행하고 있다. 신화와 전설의 시대로 알려진 3황인 복희(伏羲), 신농(神農), 헌원(軒轅), 5제인 소호(少昊), 전욱(顓頊), 고신(高辛), 요(堯), 순(舜)시대까지를 중국의 역사로 복원하여 그들의 역사를 1만 년 전 즉 환인시대와 같은 연대의 10000년 전으로 끌어올리고, 이를 통해서 중국의 역사가 세계 최고의 문명임을 밝히려는 거대한 프로젝트를 진행하고 있다. 2003년 8월 24일자 중국의 光明日報에 "高句麗는 중국 동북지방의 少數民族이며, 고구려[689]는 中國歷史의 일부분이다."라는 기사가 실렸다.

---

689 김선자 『만들어진 민족주의 황제신화』 책세상 p 449
고구려도 황제의 후손 이라하는 과정을 거쳐 소병기는 본격적으로 중화문명 5,000년의 역사를 쓰기 시작한다. 그것은 소위 '고국-방국-제국'으로 이어지는 三部曲과 '원생-차생-속생'으로 이

하(夏)나라 이전 오제(五帝)의 시대가 5백년이었다고 『사기(史記)』에 기술되어 있다.

「史記卷一五本紀 黃帝者 小典之子註 索隱 爲五帝之首 系本並以 伏羲 神農爲三皇 小昊 高陽 高辛 唐堯 虞舜爲五帝 黃帝號有熊 以其本是有熊國 君之子也 黃帝 都軒轅之丘因以爲名 索隱 小典者 諸侯國號 非人名也 八帝五百餘年」[690]

이상에서 보아 왔듯이 신화적 진실이 역사적 진실로 둔갑하는 현실을 묵과 하는 것은 학술적 태도가 아니기 때문이다. '있음직한 진실'과 '있었던 진실'은 엄연히 다른 것이니까. 이것은 분명히 알아야할 것은 현재 중국지도자들이 원하는 강한 중국, 최고의 문명을 가진 중국을 만들기 위해서는 민족 대단합이 반드시 필요하고, 이를 위해서는 한족 뿐 아니라 다른 55개의 소수민족도 포획하여 위대한 중화 민족의 범주에 넣기 위해서는 새로운 상징이 필요한 그 상징으로 등장한 것이 바로 中華三祖堂[691]이 이러한 의도로 만들어진 성과물이다.

그렇지만 있었던 진실 하나만 보드라도 황제는 유웅국(有熊國) 소전(小典)군주의 둘째 황자이며 수구에서 출생했는데, 수구(壽丘)는 노나라 지방의 동문 북쪽 지금의 연주 부곡현이라 밝히고 있다. 홍산문화 우

어지는 '三模式'이다. 소병기에 따르면 단·묘·총으로 대표되는 홍산문화는 5000년 고국(원생)이며 오제 시대의 전기에 해당하고, 이보다 조금 늦은 산성시 도사지역에서 형성된 중원 고국(차생)은 오제시대 후기의 요순시대에 해당하며, 청동문화가 발달했던 하가점 하층문화는 중원의 夏왕조와 대응하는 방국에 해당한다.

690 三皇은 伏羲, 神農, 黃帝, 五帝는 小昊, 高陽(顓頊), 高辛(帝嚳), 堯, 舜 등 八帝의 통치기, 즉 帝王의 世紀가 五百年이라는 이야기이다. 이 이야기는 한사람역문화연구소 사기연구실 『신주사기』「오제본기」P 122의 해설과는 상당한 차이를 보이고 있다.

691 오늘날 중국은 한족 외에 55개의 소수민족으로의 다원적인 중국을 이끌기 위해 1992년 베이징 인근 탁록현에 삼조당을 짓고 염제, 황제와 치우를 중국인의 3대 조상으로 모셨다. 하지만 중국 고서에 치우는 황제 헌원과 탁록현에서 70여회의 전투를 벌인 구여(九黎)의 군장(君長)으로서 동이족의 우두머리였다. 이러한 투쟁의 발단은 산서성 운성염지(運城鹽池)일대로, 소금싸움으로 알려지고 있다.

하량(牛河梁) 유적에서 여인상(女人像)이 발굴되었는데, 이 여신상이 나온 여신묘(女神廟)에서 흙으로 만든 곰 아래 턱 뼈가 발굴되었는데, 단군신화에 등장하는 웅녀의 원형일 가능성이 있다. 18세 거불단 환웅과 유웅국의 웅녀가 후(侯)가 되었다는 사실을 알 수 있다. 단군의 외가가 유웅국(有熊國)이요, 헌원이 유웅국 출신이라는 점에서 더욱 호기심이 가는 대목이다. 더욱 『산해경(山海經)』에 따르면 삼황오제는 중국의 한족이 아니고 동이족이었다고 증언하고 있다. 이들은 힌 옷을 입고 사는 숙신(肅慎)에서 배출된 인물들이라는 것이다. 대북대 교수 서량지(徐亮之)는 말하기를 지금으로부터 4천여 년 전 은(殷)나라 대 이전뿐 아니라 은대(殷代) 이후의 주나라, 춘추전국시대까지의 중원은 동이족의 활동지였다고 했으며, 산동지방을 위시해 하남(河南) 강소(江蘇), 안휘(安徽), 호북(湖北), 하북(河北)및 발해 요동반도지방은 동이(東夷)가 점유하고 있었다고 했다. 문헌상으로 숙신은 단군조선의 봉후국에 수봉된 신지(神誌)의 후예들이라고 『규원사화(揆園史話)』는 전하고 있다.[692, 693] 읍루(挹婁), 말갈(靺鞨), 물길(勿吉), 금(金) 여진족(女眞族)들도 같은 후예들이다. 황하문명의 유적은 하남성의 낙양 서쪽 양사오촌의 은나라 유적지에서 발굴된 채도(彩陶)와 산동성의 용산진(龍山鎭)에서 발굴된 흑도(黑陶)문화가 있다. 서량지(徐亮之) 교수는 동이는 원시 세석기문화인이었다고 하고, 동이인 순(舜)은 흑도문화의 창시자였을 것이라고 했다.

이러한 때에 우리의 역사를 지키는 것이야말로 민족의 뿌리와 정체성을 지키고 민족적 자긍심을 지켜내는 실로 소중한 일임이 아닐 수 없다. 중원에서 활약한 영수들의 사적을 밝혀 중국의 대 공정에 맞설 우리의 상고사를 하루 속히 광복해야 할 것이다.

---

692   정연규『한겨레의 역사와 문화의 뿌리를 찾아서』한국문화사, 2008, p 526
693   이형구『춘천중도의 고대 공동체사회』한국고대사탐구. 2015, , p 62

2

일제의 식민지 정책

　동서고금을 막론하고 한 나라의 국력과 그 국력을 구성하고 있는 사회 각 분야의 힘은 그 나라의 자원이나 물질, 그리고 특히 과학문명의 발전 여하에 따라 좌우된다는 것은 역사발전의 진리요, 누구도 부인할 수 없는 상식이다. 그러나 이와 같은 발전을 이룩할 수 있는 근본적인 힘의 원천은 그 나라를 사랑하고 계속 육성, 발전시키고자 하는 변함 없는 국민의 의지와 기상 그리고 도덕성과 정통성에 기준한 가치관 및 공동체 의식으로 형성된 국민 의식인 것이다. 이러한 국민 의식은 올바른 역사교육을 함으로써 정체된 민족기상이 형성되는 것이다.

　일제의 식민사관의 역사가 얼마나 일제의 식민지 침략 정책을 충실히 수행하였는가를 알기 위해 실례를 들어 설명한다면, 경술국치(庚戌國恥)후 무단정치로 악명이 높았던 초대 데라우치(寺內)총독이 실패하자, 뒤를 이어 부임한 2대의 사이토(齊藤實)총독은 무단정치 대신 문화통치를 내걸고 조선 사람을 위한 교육시책에 관하여 조선총독부 간부회의에서 그의 교육 시책을 천명하였던 것이다. 이것이 바로 그 후에 발족한 총독부 직속의 조선사편찬위원회 설립 취지이자 목적이 된 것이 물론이다. 사이토의 역사 교육 시책을 요약해보면 다음과 같다.

첫째. 조선 사람은 그들의 진정한 민족사를 알지 못하게 하라, 그렇게 함으로써 조선인의 민족혼, 민족정신 그리고 민족문화를 상실하게 만들라.

둘째. 조선인 조상들의 무능과 악행들을 과장하여 폭로하라. 그렇게 함으로써 조상들에 대한 경시와 멸시의 감정을 유발하게 하고, 동시에 역사상의 인물이나 사적에 대한 부정적 역사지식을 유도하여 그들로 하여금 조상들에 대한 실망과 허탈감에 빠지도록 하라.

셋째는 바로 이때에 일본 제국의 역사상의 사적, 문화 및 위대한 인물 등을 소개하면 이것이 조선 사람을 반 일본인으로 만드는 동화정책이다. 이 허위 역사편찬사업에 당시 편수관으로서 일본의 사학자 이마니시(今西龍)와 같이 주도적으로 편수 집필한 사람이 자타가 공인하는 친일 사학자들이였으며, 해방 후에도 아이러니컬하게도 이들의 조선사가 일제로부터 독립한 대한민국의 국사로 당당하게 둔갑하여 오늘에 이르고 있다.

우리의 미래상

우리는 빛난 우리겨레의 역사를 바로 찾아 튼튼한 역사의 뿌리를 디디고 밝은 세계사를 창조해야 한다. 사람은 역사를 갖고 그것을 거울삼아 반성하고 보다나은 미래가 약속하듯이 정신적으로 사대주의의 역사병에서 비하(卑下)의 의식을 우리는 무엇보다 먼저 버려야 할 것이다.

다산 정약용(丁若鏞)은 단군을 그리워하고 그의 가르침을 잊을 수 없었던 것은 우리 겨레에게 나쁜 버릇으로 남아있는 사대주의 때문이었다고 했다. 남을 흉내 내는 데만 급급한 우리들의 고질화된 사대주의라는 한국병을 2백 년 전 벌써 다산이 다음과 같이 탄식하고 있었다.

안타깝다. 우리나라 사람들이여
좁은 우리 속에 갇혀있구나.
삼면은 바다로 둘러싸이고
북쪽은 높은 산 주름잡아
사지를 늘 꼬부리고 있으니
큰 뜻인들 어찌 채울 수가 있으랴.

성현은 참으로 만 리 에 있으니

누가 능히 이 어두움을 열어 주리오

머리 들고 누리 바라보아도

보이는 것은 없어 정신만 아득하여라.

남을 섬기고 흉내 내는 데만 급급하다가

제 정신 차릴 틈이 없구나

어리석은 무리들은 한 천자를 받들고

같이 절을 하고자 소리 지른다.

도리어 순박하던 단군시대의

꾸밈없는 그 시절만 못하리로다

(박성수 지음 단군문화 기행에서)

한국의 역사학자들은 중앙아시아에 있었던 단군이 도읍한 아사달을 황해도 구월산으로 비정했고, 중원대륙을 제패하고 있었던 동이의 강역을 반도로 좁은 땅으로 축소시킨 이유가 무엇인지 알 길이 없다. 바로 우리의 정신병인 사대주의와 유학에는 유학만 따르고 한국이라는 주체 없는 맹종에서 나온 것이다. 단재 신채호님은 우리 역사를 작게 만든 장본인은 남이 아닌 우리들 자신들이라고 한탄하지 아니하였던가.[694]

그러나 한편으로는 새로운 미래세대와 희망를 찾아 생각해 보면 황제와 단군과 아마테라스의무거운 이름이 새겨진 휘장, 동아시아 삼국이라는 지리적 경계 위에 깊고 두껍게 드리워진 기원의 신화라는 거국적으로 휘장을 걷어낼 수 있기를, 그리고 이 휘장 밖으로 미래를 향한 미네르바의 올빼미가 훨훨 날아오를 수 있기를, 만들어진 기억들에서 벗어나 기억의 공유를 통해 모두가 살릴 수 있는 새로운 신화의 샘물

---

694   정연규 『한겨레의 역사와 문화의 뿌리를 찾아서』 한국문화사 2008. P, X

을 함께 발견할 수 있기를 기대해 본다.

이제 세상은 변해도 너무 많이도 한참 변했다. 개개인의 천성과 인권이 존중되는 세상이다. 누구도 지배하지 못하는 인본중심의 가치를 토대로 하는 자유 민주주의를 기본으로 하는 시대이다. 그러나 국가의 존망은 그 나라 국민에게 달려있다. 지난날의 민족의 뉘우침을 큰 대오(大悟)로 여기며, 이미 보았듯이, 인류의 시원문명과 문화를 창출한 민족이다. 우리 상고시대의 선인들은 어느 나라 어느 민족보다도 뛰어나다는 것을 우리 스스로는 모르는 세계의 경전이라 할 수 있는 1만 년 전의 우주론적 경전인 천부경(天符經), 삼신(三神:造化, 敎化, 治化)과 천지인(天地人)으로 이어지는 신교(神敎)⁶⁹⁵의 진리를 창출한 배경에는 초대 환웅천황의 건국 이념인 홍익인간(弘益人間)사상은 "최대 다수에 의한 최대 행복을 추구하는 사상"은 지구상의 어느 민족에게도 볼 수 없는 이타(利他)의 고매한 정신이다. 이러한 타의 추종을 불허하는 민족적인 자존을 더욱 굳건히 하고, 지난날의 유교에 의한 사대(事大)와 존화(尊化)로 주눅되어 펴지 못하고, 일제의 왜곡과 조작된 엉터리 역사에서 깨어나지 못하는 현실이, 이제 새로운 시대의 새 아침을 맞듯이 다시 찾는 역사의 복원으로 세계적이고, 대륙적인 기상과 사상으로 세계적인 지도자의 길로 매진할 것을 MZ⁶⁹⁶세대들에게 기대해 본다.

---

695 神敎(Shamanism) : 神과 人間이 결코 둘이 아니라는 것을 가장 강하게 나타내는 말이 神人이다. 神人은 육체는 사람일지라도 神을 대신하여 하늘의 뜻을 세상에 전하고, 지상의 사람들을 모두 神界의 사람이 되게 하는 임무를 지니고 있다. 神人이 거주하는 곳은 神市라고 하는데, 그것은 蘇塗를 말한다. 소도의 기능은 여러 가지가 있지만, 가장 중요한 것이 祭이다. 祭天·祭地·祭人이 있다. 단군의 神敎는 祭天에서 시작하여 제2세단군 夫婁시대에 환인·환웅·단군 三神으로 확장되었으며, 또한 시조 단군께서 天範에 입각하여 백성들을 敎化했다고 한다.

696 MZ세대란 : 이들은 현재의 2, 30 세대의 젊은이들로 나날이 발전과 성장을 지향하며, 不義에 저항하는 불굴의 투지와 용기, 義를 추구함에 오로지 청정하고, 크게 깨우침을 깨달아, 공명정대함이 상식이 되어 흐르는 사회와 홍익인간의 이념을 국민적인 통감으로 추구하고, 인류의 화합을 지향하면서, 우리 민족의 고유하고 높고, 순결한 맑은 심성으로 정통과 사상을 세계화에 이바지하고 실현하는 미래의 젊 은 세대.

참고문헌

1. 기본사료 및 논문

환단고기(삼성기전 산·하), 단군세기, 태백일사(삼신오제본기, 환국본기. 신시본기, 삼한관
경, 소도경전본훈,) 후한서, 『後漢書』『史記』, 증선지(曾先之), 규원사화(揆園史話),
『禮記』,『산해경』,『삼국사기』,『삼국유사』,『삼국지(三國志)』,『國語』,『신주 사마천
사기』,『淮南子』,『帝王世紀』,『孔子家語)』,『漢書』,『春秋左傳』.

2, 논문

KBS 다큐프라임『한반도의 인류』2009년
국립문화재연구소『고성 문암리 유적』2004,
기수연『고대동이연구 – 그 개념과 실체의 변천을 중심으로』, 단국대, 1994.
金庠基『東夷와 淮夷·西戎에 대하여』동방사 논총 1974
동양고고학연구소『춘천 중도 유적의 학술적 가치와 성격규명을 위한 학술회의 논문집』,
    2020. 학연문화사.
遼寧日報 2018, 1,19,「2017年度 我省重要考古成果發布」
劉國祥『西遼河流域新石器時代至早期青桐時代考古學文化概論』, 遼寧師範大學學報(社會
    科學版). 2006, 第1期
서길수『하가점하층문화의 석성 연구』「고구려발해 연구 」,2007, 제31집,
安特生(袁復礼譯)「奉天錦西沙鍋屯洞穴層」,『中國古生物誌』第1冊 第1號(1923.4) : 于建 設(
    主編)『紅山文化概論』,
양계초『부록 지리와 연대-알 수 있는 최초의 연대』부록
유국상『紅山文化墓葬形制與用玉制度研究』, 首屆紅山文化國際學術研討會, 2004, 자료집
이성규『중국고문헌에 나타난 동이관』학연문화사, 2004
이형구『춘천 중도 유적의 학술적 가치와 성격 규명을 위한 학술회의』2020. 학연사
이형구·이기환『코리안 루트를 찾아서』다물지 200호 기념 다물총서 제5집
임채우『대종교 단군영정의 기원과 전수문제』선도문화, 제11집, 2011
중국신문망,『妖靈北崴遺址出土東北地區年代最早青銅劍』, 2018.

3.저서

blog Naver 不二의 블로그

郭大順『龍出遼河源』백화문예 2001,

국립문화재연구소『고성 문암리 유적』2004,

기수연『고대동이연구 - 그 개념과 실체의 변천을 중심으로』, 단국대, 1994.

김상일『인류문명의 기원과 한(韓)』상생, 2018

김선자『만들어진 민족주의 황제신화』책세상 2007

김선주『인류문명의 뿌리 동이』. 2009, 상생출판,

김선주『홍산문화』. 2012, 상생출판,

김원룡『한국고고학 개론』일지사 , 1992,

김정학『가야의 문화와 사상』,「한국사상사대계」, 한국정신문화연구원, 1991

김종수 외『고등학교 한국사』, 금성 2014,

김희영 편역『중국 고대 신화』, 육문사, 1993.

남영우『 문명의 요람 퍼타일 크레슨트』, 주) 푸른길 2021.

네이버 지식백과] 이집트 문명 (중동사, 2008. 1. 15., 김정위, 위키미디어 커먼즈)

데 바이에르 , 박원길 옮김『몽골석상인의 연구』혜안 1994,

동양고고학연구소『춘천 중도 유적의 학술적 가치와 성격규명을 위한 학술회의 논문집』,
        2020. 학연문화사.

리지린, 이덕일 해역『리지린의 고조선 연구』 말, 2018

문정창『한국 수메르 이스라엘 역사』한뿌리 2008

문정창『고조선사 연구』, 한뿌리, 1993,

문정창『한국·수메르·이스라엘역사』한뿌리, 2008,

문정창『한국고대사』인간사 1988,

박성봉, 고경식 역『해역 삼국유사 제1권』,「기이편」1991

박제상 엮음, 김봉열 옮김,『부도지』마고문화, 2019,

박제상 원저 윤치원 편저『부도지』, 2009, 대원,

박제상 지음 김봉열『부도지』

박제상 지음 김은수『부도지』

박제상 지음, 김은수 번역『부도지』, 한문화 , 2021.p

박제상원저 윤치원,『부도지』

방민규『치아 고고학으로 본 한국인의 기원』, 맑은 샘 2017,

『백제무릉왕릉』백제문화연구소. 1991,

范文瀾『中國通史簡編』(修正本)第1冊. 人民出版社 , 1965

부사연『이하동서설』. 우리역사연구재단, 2011,

브라이언 페이건 남경태 옮김『 기후 문명의 지도를 바꾸다』씨마쓰21,

三笠宮崇仁(みかさのみや たかひと:1915~2016)『大世界史』一卷 (文藝春秋史 刊)

새무엘 노아 크레이머 박성식 옮김『역사는 수메르에서 시작되었다.』, 가람, 2020

星珠地圖出版社『中國東北部』星珠地圖出版社, 1014,

손보기『신석기시대 예술과 신앙』1983,『한국사론』

송호정『단군, 만들어진 신화』산처럼, 2004.

승천석『고대 동북아시아의 여명』백림, 2003,

『삼성기 하편』과『태백일사 제3편』「신시본기」

신채호『조선상고사』. 비봉, 2014

심백강『교과서에서 배우지 못한 우리역사』. 2014, 바른역사,

심백강『교과에서 배우지 못한 우리역사』, 2014, 바른역사

심백강『한국 상고사 환국』2022, 바른역사,

안경전『환단고기』상생츨판 2013,

안호상『나라역사 육천년』, 한뿌리 북캠프 2006,

앨버틴 가우어, 강동일 옮김『문자의 역사』, 새날, 1995

양계초『부록 지리와 연대-알 수 있는 최초의 연대』부록

양호환 외『중학교역사(상)』교학사 2011

엔드류 콜린스 오정학 옮김『금지된 신의 문명1』2002, 사람과 사람,

엔드류 콜린스 오정학 옮김『금지된 신의 문명2』2002, 사람과 사람,

여사면『중국민족사』「총론」, 1987. 중국대백과전서출판사. p 3

우실하『동북공정 넘어 요하 문명론』소나무 2010,

우실하『고조선문명의 기원과 요하문명』지식산업, 2018

우실하『전통문화의 구성원리』2007, 소나무

우창수『아사달 인류 최초의 문명을 품다(상)』아사달, 2012 ,

우창수『아사달 인류최초의 문명을 품다(하)』, 아사달, 2012,

윤내현『윤내현교수의 한국고대사』삼광, ``1990

윤내현『중국의 원시시대』단대출판부

윤내현『중국의 원시시대』단대출판부 p 23.

尹達『中國新石器時代』, 三聯書店, 1955,

陰法魯 許樹安 主編『중국고대문화사』1 북경대학출판사 , 1989,

왕대유『삼황오제시대』중국사회출판사 , 2000,

이대구『고대 일본은 한국의 분국』한가람연구소, 2021

이덕일『사기 2천년의 비밀』만권당, 2022,

이문기 외『중학교역사(상)』두산, 2011

이선복『고고학개론』이론과 실천, 1989

이종호『과학으로 증명된 한국인의 뿌리』2016, 한국이공학사,

이중재『상고사의 재발견』1993, 동신,

이진아『지구위에서 본 우리역사』. 2017, 루아크

이찬구『홍산문화의 인류학적 조명』개벽사, 2018,

이형구『발해여안에서 찾은 한국고대문화의 비밀』2004, 김영사.

이형구『춘천 중도 유적의 학술적가치와 성격 규명을 위한 학술회의』2020. 학연사

이형구『춘천중도의 고대 공동체사회』한국고대사탐구. 2015,

이형구『한국 고대문화의 기원 발해연안 문명』상생 , 2015,

이형구『발해연안문명』상생출판사 2015,

이형구·이기환『코리안 루트를 찾아서』다물지 200호 기념 다물총서 제5집

이홍규『한국인의 기원』우리역사재단, 2010,

임채우『대종교 단군영정의 기원과 전수문제』선도문화, 제11집, 2011

임효재『한국 고대문화의 흐름』집문당, 1992.

장광직 지음 윤내현 옮김『상문명(Shang Civilization)』, 믿음사, 1989.

長澤和俊 저, 민병훈 역『신 실크로드론 동서문화의 교류』1991, 민족문화사,

정경희『백두산문명과 한족의 형성』, 만권당 2020.

정수일『고대문명교류사』, 사계절, 2010

정연규『한겨레의 역사와 문화의 뿌리를 찾아서』2008, 한국문화사,

정연규『수메르 이스라엘 문화를 탄생시킨 한민족』2004, 한국문화사.

정연규・신세용『파미르고원의 마고성』, 2021, 한국문화사.

정재서 역주『산해경』민음사 1993,

정재서역주『산해경』「해내경」1993, 민음사,

정형진『바람타고 흐른 고대문화의 비밀』, 소나무 2011,

정형진『우리의 잃어버린 고대사를 찾아서 한반도는 진인의 땅이었다』RHK 코리아, 2014,

정형진『천년왕국 수시아나에서 온 환웅』2013, 일빛,

정형진『고깔모자를 쓴 단군』, 백산자료원 2003,

조병호『성경과 5대제국』통독원, 2011,

조병호『성경과고대정치』통독원2016,

존 카터 코벨, 김유경엮음『한국문화의뿌리를 찾아서』1999. 학고재

최남선『불함문화론』

최춘태, 갑골음으로 잡은 식민사학・동북공정, 주)북랩, 2017

최태영『한국 고대사를 생각한다.』눈빛 2019,

홍순만『우리 고대사 이야기』파워북 2011,

ㅅ

인류시원문명

요하문명은 한반도로 흐른다

1쇄 인쇄 2024년 11월 20일
1쇄 발행 2024년 11월 23일

지은이 이대구
펴낸이 한영국
펴낸곳 리치미디어(Rich Media)

등 록 제406-2012-000005호
주 소 경기도 파주시 지목리(신촌동) 131번지 12
전 화 02)2269-7201
팩 스 02)6335-9242
이메일 h0kook@korea.com

ISBN 979-11-976252-2-0 (93910)
값 28,000원